Riemann

MATT TAIBBI

KLEPTOPIA

Wie uns Finanzindustrie,
Politik und Banken
für dumm verkaufen

Aus dem Englischen von
Heike Schlatterer und Anne Emmert

Riemann

Die amerikanische Originalausgabe erschien 2011
unter dem Titel »Griftopia« bei Spiegel & Grau, einem Imprint von
The Random House Publishing Group, New York, N.Y., USA.

Für meine Frau, Jeanne

Umwelthinweis
Das für dieses Buch aus 100 % Recyclingfasern hergestellte
und mit dem blauen Engel ausgezeichnete Papier *Top Recycling Pure*
von Lenzing Papier, Austria, liefert Carl Berberich.
Die Einschrumpffolie (zum Schutz vor Verschmutzung)
ist aus umweltfreundlicher und recyclingfähiger PE-Folie.

1. Auflage
Deutsche Erstausgabe
© 2012 der deutschsprachigen Ausgabe
Riemann Verlag, München
in der Verlagsgruppe Random House GmbH
© 2010, 2011 Matt Taibbi
Lektorat: Ralf Lay
Satz: Barbara Rabus
Druck und Bindung: GGP Media GmbH, Pößneck
Printed in Germany
ISBN 978-3-570-50140-5

www.riemann-verlag.de

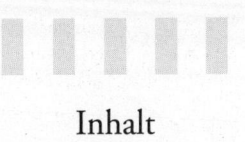

Inhalt

1

Der Abzocker-Archipel *oder*
Warum die Tea Party keine Rolle spielt

»Herr Vorsitzender, liebe Delegierte, liebe Mitbürger ...«

Das Gebrüll der Menge ist ohrenbetäubend. Den einen Arm in die Hüfte gestemmt, während die Menschen um mich herum heftig drücken und schieben, gelingt es mir, in mein Notizbuch zu kritzeln: »Hier ... gibt es absolut kein Halten mehr!«

Es ist der 3. September 2008. Ich bin im Xcel Center von St. Paul, Minnesota, um mir die Dankesrede der frisch gekürten republikanischen Vizepräsidentschaftskandidatin Sarah Palin anzuhören. Die Rede markiert den emotionalen Höhepunkt des gesamten Präsidentschaftswahlkampfs 2008, eines Wahlkampfs, der durch Tobsuchtsausbrüche und krudes Stammesdenken auf beiden Seiten gekennzeichnet ist. Nach achtzehn langen Monaten, die ich bereits in diesem trostlosen Umfeld berichte, kommt mir der Wahlkampf mittlerweile vor wie eine Endloskeilerei um allen möglichen Mumpitz, der über das Internet kräftig aufgeplustert wird.

Wie die meisten Journalisten muss ich meine ganze Energie darauf verwenden nachzuvollziehen, wer wen mit Bob Dole verglichen hat, wessen Minister dabei erwischt wurde, wie er vor laufendem Mikro über Amerika hergezogen ist, wer Matt Drudge ein Bild von wem in traditioneller afrikanischer Tracht geschickt hat ... und deshalb bin ich den weiten Weg gekommen, um mir die historische Palin-Rede anzuhören, ohne auch nur den leisesten

Schimmer davon zu haben, dass die amerikanische Wirtschaft zwei Wochen später in der schlimmsten Finanzkatastrophe seit der Großen Depression implodieren wird.

Wie die meisten Amerikaner kenne ich mich mit der Hochfinanz nicht aus. Seit Monaten gibt es nun schon Anzeichen für eine Finanzkrise: In der ersten Hälfte des Jahres 2008 war der Untergang von Bear Stearns zu beklagen, einer der fünf führenden US-Investmentbanken. Eine zweite Bank, Lehman Brothers, hatte in den ersten sechs Monaten des Jahres 73 Prozent ihres Werts eingebüßt und stand nur noch zwei Wochen vor dem Bankrott, der die weltweite Krise auslösen sollte. Im selben Zeitraum sollte eine dritte der fünf größten Investmentbanken, Merrill Lynch, infolge eines riesigen Lecks, das Jahre waghalsiger Spielerei und Schuldenmacherei gerissen hatte, gemeinsam mit Lehman Brothers untergehen. Merrill wurde später mit staatlicher Unterstützung mit der Bank of America verkuppelt, ein dubioser Hinterzimmer-Deal, der im Präsidentschaftswahlkampf später keine zentrale Rolle spielte.

An der Wurzel all dieser Katastrophen standen der Zusammenbruch eines gigantischen Schneeballsystems auf dem amerikanischen Immobilienmarkt sowie eine riesige Investmentbetrugsblase, die fast ein Jahrzehnt lang die amerikanische Wirtschaft am Laufen gehalten hatte. Das ist eine ziemlich große Story, doch im Moment weiß ich davon noch nichts. Es spricht nicht gerade für den amerikanischen Journalismus, dass ich in dem Pressekorps, das 2008 vom Wahlkampf berichtet, mit meiner Ahnungslosigkeit durchaus nicht allein dastehe. Keiner von uns hat einen Schimmer von dem Kram. Wir sind alle viel zu sehr damit beschäftigt, darauf zu achten, ob Kandidatin X beim Treueschwur die Hand auf dem Herzen hat oder Kandidat Y so oft in die Kirche geht, wie er behauptet.

Der Anblick Palins auf dem Podium beeindruckt mich noch nicht sonderlich. Sie sieht aus wie die Chefstewardess auf einem Flug der Piedmont Airlines von Winston-Salem nach Cleveland – es fehlen nur die gerösteten Mandeln und das Polyestertuch. Mit der randlosen Brille der Junioren-Anti-Sex-Liga und der aufgeplusterten Hochfrisur wirkt das alles wie ein billiges Halloweenkostüm, das McCains Vizepräsidenten-Suchmannschaft nach Mitternacht bei Walgreens aufgetrieben hat: vierteiliges Kostüm, Modell »angepisste Vorstadtweiße«, 19,99 Dollar plus Mehrwertsteuer.

Wenn ich meine Sportjournalistenbrille aufsetze (mit der man es als Berichterstatter problemlos durch den gesamten Präsidentschaftswahlkampf schafft, sofern man gern improvisiert), komme ich zunächst zu der Schlussfolgerung, dass John McCain das Spiel noch herumzureißen versucht, indem er diesen völlig übertriebenen Wahlkampfjoker bringt, um ... ja, wen zu ködern? Frauen? Übergeile ältere Ehemänner? Piedmont-Kunden?

Ich weiß noch nicht, wie das Endspiel ausgeht, aber nach McCains bis dahin grandios unbeholfener Wahlkampfvorstellung zu schließen, kann der Trick nicht besonders intelligent sein. Also, denke ich bei mir, höre ich mir diese Nullachtfünfzehn-Stümperei eine Weile an, nehme ein paar Zitate für meinen Artikel mit und schnappe mir auf dem Weg zum Ausgang noch zwei, drei Häppchen, ehe ich in mein Hotel zurückkehre. Wird mein Auto noch da sein, wenn ich rauskomme? Genau darum kreisen meine Gedanken, als Palin ihre Rede beginnt.

Dann höre ich zu. Sie fängt mit ihren Referenzen an. Sie hat einen Sohn und einen Neffen in Uniform – nachprüfen. Einen Trupp patriotischer, mit Muttermilch gesäugter Kinder mit Hallmark-Channel-Namen (eine Bristol, eine Willow *und* eine Piper, ein außergewöhnlicher Hattrick in Weiß, der Martin Mull[1] alle Ehre machen würde) – nachprüfen. Der Ehemann: stummer Macho auf einem Motorschlitten – nachprüfen. So weit ist das alles übliche Wahlkampfdeko, doch dann fängt sie mit Harry Truman an:

> Meine Eltern sind heute Abend hier, und ich bin so stolz, die Tochter von Chuck und Sally Heath zu sein. Vor vielen Jahren nahm ein junger Landwirt und Kurzwarenhändler aus Missouri einen ungewöhnlichen Weg zur Vizepräsidentschaft.
>
> Ein Beobachter schrieb damals: »In unseren Kleinstädten wachsen gute Leute heran, in Ehrlichkeit, Aufrichtigkeit und Würde.« Ich weiß schon, was für Leute er im Sinn hatte, als er Harry Truman lobte.
>
> Ich bin mit diesen Leuten aufgewachsen.
>
> Das sind die Leute, die besonders hart arbeiten in Amerika, die unsere Nahrungsmittel anbauen, unsere Fabriken am Laufen halten und in unseren Kriegen kämpfen.
>
> Sie lieben ihr Land in guten und in schlechten Zeiten, und sie sind immer stolz auf Amerika. Ich habe das Privileg genossen, den Großteil meines Lebens in einer Kleinstadt zu verbringen.

Ich stehe während der Rede inmitten einer Horde Delegierter aus, wie ich glaube, Colorado, die bei den Worten »Das sind die Leute, die besonders hart arbeiten ...« in Jubel ausbrechen. Ich sehe zu Palin auf, die nun so etwas wie ein zuversichtliches Grinsen auf dem Gesicht hat. Kein Feixen, das zu behaupten wäre unfair, aber sie strotzt vor Selbstbewusstsein, nachdem sie diese bedeutungsschwangeren Sätze gesprochen hat. Bis zum Ende ihrer Rede wird ihre Stimme nun sehr entschlossen klingen. Bevor ich es überhaupt merke, hat sie den gesprochenen Teil des Programms hinter sich gelassen und ist mühelos zur Signalübermittlung übergegangen, ein Stadium, das die meisten Politiker, wenn überhaupt, nur mit größter Anstrengung erreichen und eher unbeholfen absolvieren. Doch Palin ist alles andere als unbeholfen: In diesem Teil der

Rede wirft sie ihren Anhängern vertraute Begriffe hin, auf die sie anspringen wie auf eine Hundepfeife, und vollführt dabei dreifache Rittberger und Salti rückwärts. Sie spricht über ihre Erfahrungen als Bürgermeisterin von Wasilla, Alaska:

> Eine Kleinstadtbürgermeisterin ist wahrscheinlich so etwas Ähnliches wie ein *community organizer*, nur dass sie echte Verantwortung hat. Ich möchte hinzufügen, dass wir in einer Kleinstadt nicht so genau wissen, was wir von einem Kandidaten halten sollen, der die arbeitende Bevölkerung lobt, wenn sie zuhört, und berichtet, wie verbittert sie sich an ihre Religion und ihre Waffen klammert, wenn sie nicht zuhört.
>
> Uns sind Kandidaten lieber, die nicht in Scranton so über uns reden und in San Francisco anders.

Die anwesenden Fernsehleute werden sich unweigerlich auf die Beleidigung Barack Obamas konzentrieren und etwas viel Wichtigeres übersehen: dass Palin, die noch vor wenigen Sekunden die Kleinstadtbewohner als »sie« bezeichnete, jetzt von »uns« bzw. »wir« spricht: *Wir* wissen nicht, was *wir* davon halten sollen, *wir* wollen dies und jenes. Die Zuhörer, die zum »Wir« gehören, wissen Bescheid. Diejenigen, die – wie ich – nicht dazugehören, wissen sogar noch mehr.

In einem landesweiten Wahlkampf, in dem die Kandidaten fast bis zur letzten Sekunde penibel jeden Verdacht meiden, dass sie womöglich nicht zu allen Amerikanern sprechen, ist Sarah Palins »Wir« ungewöhnlich. *In*klusivität, telegene Freundlichkeit und Friedfertigkeit sind üblicherweise die Währung des US-Wahlkämpfers. Der Kandidat sagt so wenig Konkretes wie irgend möglich und hofft, dass einigen der Unentschlossenen seine Zähne besser gefallen als die des Gegners – so läuft das Geschäft für gewöhnlich.

Aber Palin hat diese Regeln kühn beiseitegefegt: Sie hält eine leidenschaftliche Bunkerrede vor einem seiner selbst im höchsten Maße bewussten »Wir«, das sich über seine Feinde definiert, von denen es umzingelt ist, Feinde, die Palin nun in ihrer zunehmend dreisten und feurigen Rede hochmütig einen nach dem anderen abwatscht.

Sie ist bereits auf die »Experten« und die »Meinungsforscher« losgegangen, die McCain abgeschrieben haben, den *community organizer* Obama, sogar die Stadt San Francisco (*wir* wohnen ja auch eher in Scranton), aber wichtiger ist die Aussage, dass die Kleinstadtbewohner »besonders hart arbeiten«. Der Jubel bei diesen Worten galt der Anerkennung, denn Palin macht damit unmissverständlich klar, dass es Leute gibt, die nach Meinung ihrer Zuhörer eben nicht »besonders hart arbeiten«, nicht in unseren Kriegen kämpfen, nicht unser Land lieben.

Und *wir* wissen, wer *die* sind.

Was Palin da macht, ist nichts Neues. Sie kopiert gewissermaßen Dick Nixons Schachzug, als er sich an die »vergessenen Amerikaner« richtete, die sogenannte schweigende Mehrheit, die weißen Vorstadtbewohner der Unter- und Mittelschicht (besonders im Süden), die den Kulturkämpfen der sechziger Jahre tatenlos zusahen. Mit dieser Strategie gewann Nixon die Wahl gegen Humphrey, indem er den Demokraten den Süden abnahm, und sie ist seither ein Eckstein der republikanischen Wahlkampfplanung.

Der Trick, den Zorn der Weißen auf dem platten Lande zu schüren – gegen die zunehmende Einwanderung, gegen den Untergang alter Werte, gegen den Glamour der Popkultur, gegen die Macht des Staates –, ging für die Republikaner über die Jahre so wunderbar auf, dass Hillary Clinton ihn sogar für ihren Vorwahlkampf gegen Obama übernahm.

Palins »Wir« in St. Paul unterscheidet sich somit der Sache

nach nicht weiter von dem, was sich ein halbes Dutzend Politiker vor ihr ausgedacht haben. Aber weder Nixon noch Hillary, ja nicht einmal Ronald Reagan – dessen natürliche, etwas naive Fröhlichkeit überdeckte, dass er die Massen spalten und aufhetzen konnte – haben diese Botschaft je mit so viel politischem Geschick und so viel Anziehungskraft vorgebracht wie diese Piedmont-Flugbegleiterin, die auf dem Rednerpult des Xcel Centers plötzlich eine neue Gestalt annimmt.

An diesem Abend mit Palin im selben Gebäude zu sein ist ein Erlebnis, das einen verändert und merkwürdig verunsichert. Es ist, als erlebe man die Szene aus »Indiana Jones und der Tempel des Todes«, in der einem Mann mit bloßer Hand das Herz herausgerissen wird, live und auf Höhlenbewohner-Niveau. Eine gespenstische Situation: Tausende korpulenter Konservativer aus dem Mittleren Westen beten am Altar des »Großen Produzenten«, angeführt von einer charismatischen Erzpriesterin, die einen gellenden Kriegsschrei ausstößt. Der Subtext, der Sarah Palins Rede zugrunde liegt, lautet: »Andere Politiker behaupten, dass sie gegen diese Arschlöcher kämpfen – ich werde es tun.«

Sie spricht zu Wählern, deren Land international geächtet wird, das keine Industrienation mehr ist, das zunehmend zu einem wirtschaftlichen Vasallen der Chinesen und der Saudis verkommt und das nur noch eine Woche vom fast vollständigen finanziellen Kollaps trennt. Niemand hier würde einer Rede Glauben schenken, die Besseres verspricht.

Aber den kulturellen Bürgerkrieg, den hat man – egal, wie pleite man auch sein mag. Und wenn ihr den wollt, kann ich, Sarah Palin, ihn euch geben. Es ist eine kraftvolle, elektrisierende Rede, doch das Merkwürdige daran ist ihr scheinbarer Mangel an Wahlkampfkalkül. Es ist der durchsichtige Versuch, Militanz und Frustration unter die Leute zu bringen, die Gruppenidentität einer gekränkten Bevölkerungsschicht zu festigen und diese Schicht kräftig aufzustacheln. Das ist eine weitere Entwertung des bereits entwerteten Wahlvorgangs. Jetzt sind nicht mehr nur die langfristigen Ergebnisse der Wahlen irrelevant, sondern für eine ganze Gruppe von Akteuren wie Sarah Palin ist sogar der Ausgang der Wahl unwesentlich. Diese Rede zielte nicht darauf ab, eine landesweite Wahl zu gewinnen, sondern darauf, einen neuen Star einzuführen, eine angebliche Dienerin des Volkes, die so verlogen ist, dass sie sich später nicht einmal die Mühe macht, ein Wahlamt zu bekleiden.

Die Rede war ein Riesenerfolg. Als ich das Gebäude verlasse, stecke ich hinter zwei Delegierten fest, die begeistert Sarah Palins Kernaussagen wiederkäuen:

Butt-Head: Kennst du den Unterschied zwischen einer Hockey Mom[2] und einem Pitbull?
Beavis: Ja.
Butt-Head: Ich meine, weißt du noch, was sie gesagt hat?
Beavis: Ja klar!
Butt-Head: »Der Lippenstift«, sagte sie!
Beavis: Genau, der Lippenstift! *(Beide brechen in Gelächter aus.)*

Ich tippe einem von den beiden auf die Schulter. »He«, sage ich. »Darf ich Sie beide mal was fragen? Was, glauben Sie, wird Sarah Palin erreichen, wenn sie gewählt wird?«

Beavis glotzt mich an. »Ich glaube, sie holt sich Amerika zurück«, sagt er. Eine solche Auskunft auf einer Wahlkampfveranstaltung ist in etwa so, wie wenn jemand auf die Frage, warum man Coca-Cola trinkt, antwortet: »Coke macht mehr draus.«

»Ja, gut«, sage ich. »Aber was soll sie denn politisch durchsetzen? Oder welche Gesetze, glauben Sie, wird sie auf den Weg bringen?«

Als die beiden stirnrunzelnd meinen Presseausweis betrachten, weiß ich, dass das Spiel vorbei ist. Ich gehöre nicht zum »Wir«. Butt-Head geht in Verteidigungsstellung und schützt seinen Freund vor der feindlichen Macht der liberalen Medien.

»Moment mal«, sagt er. »Für wen arbeiten Sie eigentlich?«

Da sind wir nun beim großen Unterschied zwischen Amerika und der Dritten Welt angelangt: In Amerika stellen unsere Spitzenpolitiker eine Mordsshow für uns Wähler auf die Beine, während in der Dritten Welt der Großteil der Bevölkerung völlig leer ausgeht. In der Dritten Welt wissen die meisten Leute, wo sie stehen, und geben sich keinen Illusionen hin. Hin und wieder bekommen sie vielleicht eine Militärparade und dürfen den Soldaten zuwinken, die salutierend, Augen nach rechts, an ihnen vorbeimarschieren. Wenn sie Glück haben, spendiert ihnen ihr Staatschef ein bisschen Mainstream-Unterhaltung und kommentiert im örtlichen Palast für Enthauptung einen Schwergewichtstitelkampf. Alles, was dem Land einen Platz auf der Erdkarte sichert, hebt die nationale Stimmung und lenkt die Leute davon ab, dass sie barfuß das Fass des internationalen Kapitalismus auskratzen müssen.

Aber der arme Tropf aus der Dritten Welt geht leer aus. Er muss auf staubigen unbefestigten Schutthalden leben und abgelaufene Nahrungsmittel essen. Er muss den Rücken krumm machen, damit er überhaupt alt genug wird, um sich fortzupflanzen; und er stirbt schließlich völlig überflüssigerweise bei einem Arbeitsunfall, an Mangelernährung oder an einer längst vergessenen Krankheit. Derweil hauen der Staatschef und etwa achtzehn seiner glücklichsten Freunde die wirtschaftliche Lebensleistung dieses fleißigen Menschen und 47 Millionen seiner Mitbürger auf den Kopf, residieren in Villen auf Ibiza oder in Südfrankreich und unterhalten eine Flotte imposanter Jachten und ein Dutzend Sportwagen.

In Amerika bekommen wir mehr. Alle vier Jahre wird eine

wunderbar choreografierte achtzehnmonatige Show aufgeführt, ein Mega-Event namens »Präsidentschaftswahlen«, das die Bevölkerung bis zur Besessenheit in seinen Bann zieht. Jeder kann seine Hoffnungen und Träume auf die K.-o.-Schlacht ums Weiße Haus projizieren, das große alabasterfarbene Symbol der Macht, das wir oft im Fernsehen zu sehen bekommen. Wer gewinnt und wer verliert, ist für ziemlich viele Leute in diesem Land unheimlich wichtig. Warum das so ist, zählt zu den großen unerforschten Rätseln unserer Zeit: ein Änigma, das in der wichtigsten schrecklichen Wahrheit über die US-Politik verwurzelt ist.

Die da lautet: Nichts von alledem ist uns wirklich wichtig. Die Präsidentschaftswahl ist ein Drama, das wir Amerikaner als reine Unterhaltung zu konsumieren gelernt haben und an das wir keine Erwartungen für konkrete Veränderungen in unserem Leben knüpfen. Den allermeisten Menschen, die den Wahlkampf in diesem Lande verfolgen, genügt als Lohn dafür, dass sie für den einen oder anderen Politiker Wahlkampf machen, das warme und wohlige Gefühl, dass die eigene Mannschaft das große Spiel gewonnen hat. Oder, was noch wichtiger ist, wenn ein verhasster Gegner verliert. Sie interessieren sich für das Wahlspiel nicht so sehr als Bürger, sondern eher als Anhänger eines Teams.

Wähler, die Emotionen in Wahlen investieren, von denen sie im Inneren ihres Herzens wissen, dass sie für sie keinerlei Veränderungen bringen werden, hängen einer Fantasie nach. Deshalb träumen sie immer noch von Politikern, deren oberstes Ziel es ist, das Land anständig zu führen und als florierendes Industrieland mit großen internationalen Ambitionen zu bewahren. Die Wähler merken nicht oder wollen nicht wahrnehmen, dass die Spitzenpolitiker dieses Landes diesen Traum schon vor langer Zeit begraben haben. Sie kennen die nüchterne Wahrheit und blicken jenseits der Fantasie in die Zukunft – auf ein Amerika, das auf Drittweltniveau abgestürzt ist.

Diese Politiker gleichen den Drogenbaronen, die im Crack-Zeitalter in den amerikanischen Ghettos regieren, Männer (und einige Frauen), die sich nur dafür interessierten, ihre Macht zu erhalten und von dem verbliebenen Cash so viel einzusacken, dass sie noch möglichst lange in einem Cadillac Escalade oder einem BMW 633i durch die Gegend fahren konnten. Unsere Spitzenpolitiker wissen, dass wir uns in ein gigantisches Ghetto verwandeln, und sie sacken jede Radkappe ein, die sie in die Finger bekommen können, bevor wir anderen aufwachen und merken, wo der Hase langläuft.

Der Motor für die Plünderung der alten Ghettos war der Drogenhandel, der mit brutaler Effektivität zwei Zielen diente. Das Narcobusiness sorgte dafür, dass sich das Geld in den Händen der Escalade-hungrigen Dealer vor Ort konzentrierte, während dank der Narcochemie die Menschen in ihrem Revier zu schwach und zu mutlos waren, als dass sie etwas dagegen hätten ausrichten können. Je mehr Dope man ins Viertel pumpt, desto schwächer, zugedröhnter und abhängiger sind die Leute, die dort leben.

Im neuen amerikanischen Ghetto ist der albtraumhafte Motor die Blasenwirtschaft. Dieses Hightechcasino zerstört die Viertel genauso wie das Dope, nur dass nicht mit Crack oder Heroin gehandelt wird, sondern mit Krediten. Mit brutaler Effizienz schaufelt es, genau wie das Narcobusiness, das Geld der Bevölkerung in wenige Hände, und wie im Narcobusiness demoralisiert sein Produkt (Schulden) die Kunden so weit, dass sie dauerhaft abhängig sind.

Im Ghetto gibt es keine authentischen Träume mehr, sondern nur einen kurzlebigen und billigen Abklatsch. Wer keinen echten Wohlstand erlangt – ein Haus, ein Bankguthaben, einen Garten, Geld für das College der Kinder –, besorgt sich ein gefälschtes Wohlstandssymbol: ein Goldkettchen, eine Fendi-Handtasche, ein aufgemotztes Auto, bar bezahlt. Niemand ist lange wirklich reich, aber man kann so tun, als ob, ein paar Tage, Wochen oder vielleicht sogar monatelang. Den Leuten geht es mit dem Gold gleich ein bisschen besser, aber die wahren Verbrecher, die über die Stadtautobahn am Ghetto vorbeirasen, lachen nur über sie.

Dasselbe gilt für unser neues Ghetto. Statt echter politischer Bewegungen, echter Veränderung, gibt es nur noch haarsträubenden Showbiz-Schmu für Leute, deren Sehnsüchte nicht weniger absurd und aussichtslos sind wie die Wohlstandsträume der kleinen Gauner mit ihren Goldkettchen. Anders ausgedrückt: Wir bekommen gemäßigte Politiker vorgesetzt, die den Wirtschaftskonsens nicht infrage stellen, verkleidet als revolutionäre Anführer wie Barack Obama oder als herrlich mitreißender Oppositionsjux wie die Tea Party – die Scheinbewegung für echte Proleten, die an jenem Abend in St. Paul, an dem Sarah Palin die Rede an ihr »Wir« hielt, geboren wurde.

Wenn die amerikanische Politik Hand und Fuß hätte, dann gäbe es bei uns nicht zwei etwa gleich große politische Parteikolosse, die unablässig um dieselben 5 bis 10 Prozent unentschlossener Wähler kämpfen, die Blauen gegen die Roten. Vielmehr müssten sich die Parteien auf Wohlhabende und Habenichtse aufteilen: Eine Handvoll fieser Banker von der Upper East Side würde sich gegen 280 Millionen stocksaure Kreditkartenkunden und Kreditkunden um das Amt bewerben. Das ist die logischste demografische Aufteilung eines Landes, in dem der Anteil des reichsten Bevölkerungsprozents am Wohlstand der Nation von 34,6 Prozent vor der Krise im Jahr 2007 auf über 37,1 Prozent im Jahr 2009 gestiegen ist. Das Vermögen der meisten Amerikaner schmolz dagegen in der Krise stark zusammen: Hatte der amerikanische Durchschnittshaushalt 2007 ein Eigenkapital von 102 500 Dollar, so waren es im Jahr 2009 nur noch 65 400 Dollar, während das oberste 1 Prozent sein Eigenkapital mit einem Rückgang von

19,5 Millionen Dollar auf 16,5 Millionen Dollar relativ stabil halten konnte.

Aber wir werden nicht erleben, dass sich unsere politischen Parteien an diesen augenfälligen wirtschaftlichen Trennlinien ausrichten. Das liegt vor allem daran, dass es so schrecklich einfach ist, große Wählergruppen mittels medienfabrizierten Unsinns auf eine wütende Jagd nach dem eigenen Schwanz zu hetzen; und die Tea Party ist ein klassisches Beispiel für dieses Phänomen. Will man begreifen, warum Amerika solch ein Paradies für Oberschichtdiebe ist, braucht man sich nur anzusehen, wie eine künstlich hergestellte Bewegung wie die Tea Party die Wut der Öffentlichkeit, die sich eigentlich gegen Downtown Manhattan richten sollte, umlenkt und neutralisiert.

Dass die Tea-Party-Wähler das Schneeballsystem hinter der Blasenökonomie wahrscheinlich nie erkennen werden, hat zwei Ursachen. Zum einen schlägt die Tea-Party mit ihren marktgängigen Phrasen clever Kapital aus Otto Normalverbrauchers Unmut über die in der Tat übergriffigen staatlichen und kommunalen Verwaltungen, die Kleinunternehmen unablässig Geld für Gebühren, Bußgelder und Lizenzen aus der Tasche ziehen.

Die zweite Ursache liegt auf der Hand: Die Blasenwirtschaft ist unheimlich schwer zu durchblicken. Wenn man auch nur den Hauch einer Chance haben will, sie zu begreifen, muss man viel Zeit aufwenden und sich über Verbriefung, Risikoabsicherung, Schuldverschreibungen und anderes mehr schlau machen – ein Stoff, der schrecklich kompliziert ist und, zu schnell verdaut, tödliche Langeweile verbreiten kann.

Solange die Öffentlichkeit die Thematik nicht richtig durchschaut, kommt die Abzockerkaste mit so gut wie jedem ihrer Winkelzüge durch, denn die meisten Wähler, insbesondere die konservativen, tendieren zu der Überzeugung, dass die Wall Street ihr Geld mit völlig normalen kapitalistischen Geschäften macht und dass jeglicher Versuch, diesen Wirtschaftszweig Restriktionen zu unterwerfen, nur oberflächlich getarntem Sozialismus gleichkäme.

Deshalb ist es solch ein genialer Schachzug der Tea Party, dass sie die dümmsten Trottel unseres großen blauen Planeten an ihre Spitze setzt. Eine Tea Party, die sich hinter Schwachköpfen wie Sarah Palin und Michele Bachmann versammelt – der Kongressabgeordneten aus Minnesota, die behauptet, dass der Film »Aladin« Hexerei propagiert und dass keine globale Erwärmung droht, weil »Kohlendioxid etwas Natürliches ist« –, hat den Antiintellektualismus zur Devise erhoben. Sie hält es daher auch für völlig überflüssig, die Fragen zu stellen, die man stellen müsste, wollte man die Blasenwirtschaft begreifen.

Bachmanns Herangehensweise an die Hochfinanz ist ein hervorragendes Beispiel für den Ansatz »Dümmer geht immer«. Mit großem Pomp sondert sie Gedanken ab, die ein Kindergartenkind in die Fördereinrichtung katapultieren würden, etwa die Behauptung, der staatliche Freiwilligendienst AmeriCorps diene nur dazu, Kinder in liberale »Umerziehungslager« zu zwingen (Bachmanns eigener Sohn arbeitete zufällig als Lehrer in einem Ameri-Corps-Projekt). Oder sie stellt in den Raum, die US-Wirtschaft sei vor Barack Obamas Wahl »zu 100 Prozent privat« gewesen (später erklärt sie, Obama habe in den ersten eineinhalb Amtsjahren »51 Prozent der amerikanischen Wirtschaft« unter seine Kontrolle gebracht).

Als die Chinesen vorschlugen, den Dollar als internationale Leitwährung abzulösen, dachte Bachmann, der Dollar selbst solle ersetzt werden und die Amerikaner müssten künftig ihre Sixpacks Sprite im örtlichen Supermarkt mit Yuan bezahlen. Um dieser Gefahr entgegenzuwirken, sprach sie sich für ein Gesetz aus, welches verhindere, dass »der Dollar durch eine fremde Währung ersetzt wird«. Als Journalisten wie ich ihr Büro mit Anrufen bombardierten, um nachzufragen, ob die Kongressabgeordnete, eine ehemalige Steueranwältin, den Unterschied zwischen Währung und Leitwährung kenne und ob sie überhaupt wisse, was zum Teufel sie da rede, sah sich ihre Sprecherin Debbee Keller zu einer Stellungnahme veranlasst, in der es hieß, Bachmann habe von den USA gesprochen und das Gesetz würde sicherstellen, dass der Dollar die Währung der Vereinigten Staaten bliebe.

Ein mir bekannter Mitarbeiter der Demokraten rief mich an, nachdem er Wind von Bachmanns Währungsgesetz bekommen hatte. »Wir haben hier eine Menge Schwachköpfe sitzen, Kleinstadtanwälte, die noch nie östlich von Indiana waren, aber Michele Bachmann … So was wie die haben wir noch nie erlebt.«

Sie hat eine Menge Kritiker, die aber ihr politisches Genie völlig verkennen. Obwohl sie tagtäglich und in aller Öffentlichkeit demonstriert, dass sie mit ihrem Politikwissen nicht einmal den Aufnahmetest an der Uni bestehen würde, versäumt sie es nie, ihre Schlüsselbotschaft unters Volk zu bringen, die da lautet, dass grundsätzlich der Staat das Problem ist und es im Lande nichts gibt, was sich nicht mit dem gesunden Menschenverstand lösen ließe (nicht ohne Grund bezeichnen sich viele Tea-Party-Gruppen als »Commonsense-Patrioten«, die sich in »Commonsense-Kampagnen« engagieren).

Gesunder Menschenverstand, das klingt super, aber wenn man zu faul ist, dem Rätsel des Kohlendioxids auf den Grund zu gehen, wenn man in einem Alter, in dem man in den US-Kongress einziehen darf, noch nicht verstanden hat, wie die Atmung funktioniert, dann kapiert man auch so etwas wie Credit Default Swaps, Collateralized Debt Obligations und Zinsswaps nicht. Nur wer diese Finanzinstrumente und ihren Gebrauch (und Missbrauch) durchblickt, begreift, dass die Wall Street in den vergangenen Jahrzehnten ihr Geld nicht mit normalen kapitalistischen Geschäften erworben hat, sondern mit Betrügereien und kriminellen

Machenschaften. Es ist kein Zufall, dass Bachmann im Sommer
2010 (da gründete sie gerade den Tea-Party-Caucus im Repräsentantenhaus) einer der schärfsten Gegner einer Finanzregulierungs-
reform war. Ihr wichtigster Einwand gegen das von Senator Chris
Dodd und dem Kongressabgeordneten Barney Frank eingebrach-
te, völlig unzureichende Reformgesetz lautete, damit werde das
»Ende freier Girokonten« besiegelt.

   In unserer Welt geht es nicht mehr um Ideologie, sondern um
Komplexität. Wir leben in einem komplexen bürokratischen Staat
mit komplexen Gesetzen und komplexen Geschäftspraktiken.
Und die wenigen Gruppen, die sich die Mühe machen, diese
Komplexitäten zu meistern, haben automatisch die politische
Macht. Andererseits spiegeln Bewegungen wie die Tea Party eine
verbreitete Sehnsucht nach einfacheren Zeiten und einfachen
Lösungen wider: Man werfe mit der US-Verfassung nach dem
ganzen Chaos, und schon ist alles in Ordnung. Gegen die Einwanderung baut man einen hohen Zaun. Man schafft die US-
Notenbank ab, das Handelsministerium, das Bildungsministerium. Manchmal ist das offene Bedürfnis nach einfachen Antworten, das Spitzenpolitiker der Tea Party an den Tag legen, so
aufrichtig und anrührend, dass man fast vergisst, wie schwachsin-
nig die meisten von ihnen sind.

   »Das steht nicht im Zuständigkeitskatalog der US-Verfassung«,
sagt Bill Parson, ein der Tea Party nahestehender republikanischer
Senatskandidat in Nevada, der im Frühjahr 2010 so freundlich
war, mir seinen Bundesstaat zu zeigen. Ich hatte ihn gefragt, wie
er zu einer Reihe geplanter Vorschriften für den Finanzmarkt
stehe, nach denen etwa Derivate wie Credit Default Swaps an öffentlichen Börsen gehandelt und abgewickelt werden sollten wie
Aktien.

   Parson ist groß, ein stämmiger, leutseliger Ex-Marine, der wie
viele ehemalige Militärs nie gelernt hat, dass ein Bürstenschnitt

bei einem Mann über fünfzig seltsam wirkt. Er und seine Wahl-
kampfmanagerin, eine kluge und scharfzüngige Frau namens
Karel Smith, eine Blackjack-Dealerin mittleren Alters, führen
mich in den Vorwahlkampf der Republikaner in Nevada ein, an
dem zahlreiche Tea-Party-Kandidaten teilnehmen, darunter auch
Sharron Angle, die schließlich zur Kandidatin gekürt wurde.

Ich war nur nach Nevada gefahren, um in Erfahrung zu bringen, ob in einem der Vorwahlkämpfe jemand Interesse an der Finanzkrise bekundete. Alle wollten sie über das Gesundheitswesen
reden und über Einwanderung, doch kaum erwähnte ich die Wall
Street, erntete ich bestenfalls glasige Blicke (auf einer Wahlkampfveranstaltung in einem Vorort von Las Vegas spuckte ein Kandidat
buchstäblich vor Wut aus, weil er offenbar dachte, ich wolle ihn
hereinlegen, als ich ihn nach seiner Meinung zu den Ursachen für
den Zusammenbruch des Versicherungskonzerns und Finanz-
dienstleisters AIG fragte). Parsons Steckenpferd waren derweil
konservative Grundsatzfragen, die in meinen Augen vollkommen
sinnfrei waren. Einmal erklärte er mir fast eine geschlagene Stunde
lang den Unterschied zwischen Leuten, die sich konservativ geben, und solchen, die es sind. »Es gibt Leute, die sagen: ›Also, ich
glaube wirklich, man muss anderen helfen, aber ich bin ein Konservativer‹«, sagte er. »Aus ihren Aussagen lässt sich kein Beweis
dafür ableiten, dass sie konservativ sind. Verstehen Sie den Unterschied?«

Ich nicke mit einem gezwungenen Lächeln – anderen zu helfen
ist also schlecht, ja? Ich will Parson wirklich mögen, denn er ist
unglaublich gastfreundlich, obwohl er weiß, dass ich für den ver-
hassten *Rolling Stone* arbeite, aber oft kann ich seinen Worten
kaum folgen. Immer wieder versuche ich, ihn auf die Wirtschaft
zurückzubringen, doch er kontert jedes Mal mit der Feststellung,
wir müssten die Ministerien für Energie und Arbeit abschaffen,
einmal ganz zu schweigen von den Finanzaufsichtsbehörden wie

der Securities and Exchange Commission und der Commodity Futures Trading Commission. Das Energie- und das Arbeitsministerium stünden nicht in der Verfassung, sagt er.

»Aber das gilt doch auch für Zahnpasta und Antibiotika«, erwidere ich. »Ich meine, die Verfassung wurde vor langer Zeit geschrieben. Da fehlt so einiges. Hier geht es um einen riesigen Komplex der Finanzkriminalität, den man sich damals noch gar nicht vorstellen konnte. Wie überwachen Sie das, was nicht in der Verfassung vorgesehen ist?«

Parson runzelt die Stirn und blickt vor sich auf die Straße – wir fahren bei Nacht durch die Wüste von Nevada. Dann dreht er sich leicht zu mir hin und wirft mir so einen Blick zu, der die Intensität seiner Worte unterstreichen soll: »Ich komme immer wieder darauf zurück, was im Zuständigkeitskatalog der Verfassung steht ...«

Parsons Wirtschaftstheorie fußt auf derselben schlichten Idee, an die Bachmann und die anderen Tea-Party-Leute glauben: Die Wirtschaft reguliert sich selbst, vorausgesetzt, Wirtschaft und Regierung sind gänzlich getrennt. Dass dies objektiv unmöglich ist, dass für die Privatwirtschaft heutzutage nicht nur ein Berg nationaler Vorschriften gilt (viele von ihnen, wie wir sehen werden, eingeführt auf ausdrücklichen Wunsch der Finanzwelt, die sich damit einen Vorteil verschaffen oder erhalten wollte), sondern auch eine Vielzahl internationaler Vorschriften, geht vollkommen vorbei an der Tea Party, die weiter fest an das Ideal des reinen Kapitalismus glaubt.

Bachmann machte dies in mehreren faszinierenden Wortbeiträgen deutlich, in denen sie sich gegen die globale Integration aussprach und ihrer Überzeugung Ausdruck verlieh, dass sich die US-Wirtschaft von unreinen Außenseitern abschotten lasse, so wie sich Teile Kaliforniens durch einen großen Zaun von Mexiko abgrenzen ließen. »Ich will nicht«, sagte sie, »dass die USA in einer globalen Wirtschaft sind, in der unsere ökonomische Zukunft mit der Simbabwes verknüpft ist.«

Dass ein Dummkopf wie sie tumbes Zeug daherredet, hat im Großen und Ganzen nicht viel zu bedeuten. Entscheidend ist, dass dieser Glaube an die völlige Deregulierung und den reinen Kapitalismus nach wie vor politischer Mainstream ist, nicht nur in der Tea Party, nicht einmal nur bei den Republikanern, sondern so gut wie überall im politischen Spektrum der USA rechts von Bernie Sanders[3]. Gewöhnliche Amerikaner dazu zu bringen, sich derart mit den politischen Wünschen ihrer Bankiers und Kreditgeber zu identifizieren, ist keine leichte Aufgabe, und doch geschieht es – man muss nur etwas nachhelfen.

Ich will jetzt mal etwas Radikales über die Tea-Party-Leute sagen: Sie sind nicht alle durchgeknallt. Sie liegen nicht einmal immer falsch. Doch sie sind, ohne es zu merken, ein Anachronismus. In einer Welt, die von Gaunern des 21. Jahrhunderts beherrscht wird, fechten sie eine Schlacht der sechziger Jahre aus. Sie haben sich dazu anstacheln lassen, in längst verlorengegangenen Kulturkämpfen kostspielige neue Offensiven loszutreten und gegen eine staatliche Vorherrschaft anzukämpfen, die es in Wahrheit in dieser Form seit Jahrzehnten nicht mehr gibt – oder vielleicht sollte man besser sagen: die keine Rolle mehr spielt. Eine neue Symbiose aus staatlichen Interessen und privater Blasenwirtschaft, die den Leuten das Geld aus der Tasche zieht, bleibt, obwohl sie exponentiell wächst, derweil unentdeckt.

Die Tea Party ist kein homogenes Gebilde, sondern vieles auf einmal. In Nevada traf ich ein breites Spektrum von Leuten an, die unter einem Banner versammelt waren – von eingefleischten Libertären, die nach dem Vorbild eines Ron Paul die Drogengesetze aufheben wollen und die Kriege im Irak und in Afghanistan ablehnen, über unzufriedene George-Bush-Anhänger und Mainstream-Republikaner, die sich neuerdings fanatisch gegen staatliche Ausgabenprogramme sperren, und fundamentalistische Christen, die sich von der reaktionären Wut der Bewegung angesprochen fühlen und an den »Werten« der Tea Party andocken wollen, bis hin zu Militärfreaks und Waffennarren, die für die fest erwartete Tea-Party-Revolution die Organisation der Bunker übernehmen und schon einmal ausreichend Dosennahrung horten.

Es ist daher unzutreffend, wenn man die Tea Party als einheitliche, zusammenhängende Bewegung darstellt. Andererseits haben so gut wie alle Tea-Party-Leute (ausgenommen vielleicht die Libertären, die in der Mehrzahl echte Dissidenten sind und sich seit Jahrzehnten am Rand des politischen Spektrums aufhalten) eines gemeinsam: Sie wurden von genau den Leuten mobilisiert, die sie eigentlich mit ihren Mistgabeln bedrohen sollten. Man könnte die Tea Party lose definieren als fünfzehn Millionen angepisster Weißer, die sich von einer Handvoll Banken und Investmentfirmen mit Werbespots auf Fox und CNBC dazu anstiften lassen, Jagd auf Mexikaner zu machen, weil sie angeblich die Gesundheitsfürsorge für Bedürftige einsacken.

Den offiziellen Beginn der Tea Party läutete ein klassischer Medienschwindel ein. Am 20. Februar 2009 ging ein dreister Fernsehheini namens Rick Santelli auf CNBC in die Luft. Santelli gilt heute als Prophet der Tea-Party-Bewegung, eine Art Johannes der Täufer des Finanzwesens, der noch vor Beginn der wahren Revolution die Schädel der bürgerlichen Zuschauer mit Empörung füllte.

CNBC agiert mehr oder weniger offen als Propagandaorgan der habgierigen Wall-Street-Banken, finanziert mit Werbeeinnahmen der Finanzdienstleistungsbranche. Dass dies den Tea-Party-Leuten, die Santelli im Internet zum Helden hochstilisierten, entgangen ist, überrascht nicht weiter: Eines der wichtigsten psychologischen Charakteristika der Tea Party ist ihre paradoxe Begeisterung für Autoritätspersonen, gepaart mit einer narzisstischen Überhöhung des eigenen »revolutionären« Widerstandsgeistes. Aufgrund dieser Schwäche lässt sich jener Teil der Bevölkerung von Sarah Palin, Glenn Beck und Konsorten so gut manipulieren. Der Vorteil ist, dass sich die Anhänger dank ihrer Bereitschaft, Befehle entgegenzunehmen, wirkungsvoll organisieren lassen (man versuche einmal, hundert Progressive zu einem beliebigen Thema an einem Ort zu versammeln). Leider erscheint es ihnen aber auch überhaupt nicht abwegig, sich von der Schimpftirade eines PR-Strohmanns, der für transnationale Blutsauger wie JP-Morgan Chase und Goldman Sachs die Propagandakohle schaufelt, zu einer Revolution anstacheln zu lassen.

Rick Santelli reagierte am 20. Februar 2009 auf die Ankündigung des neuen Präsidenten Barack Obama, seine Regierung werde dem Homeowner Affordability and Stability Plan grünes Licht erteilen. Dieses Gesetz sollte es Familien, die vor der Zwangsvollstreckung standen, ermöglichen, in ihren Häusern zu bleiben.

Das Volumen von 75 Milliarden Dollar entsprach einem Zehntel des von George Bushs Finanzminister Hank Paulson auf den Weg gebrachten Bankenrettungsprogramms TARP, das notleidenden Wall-Street-Unternehmen frisches Kapital in die Bilanz pumpte. Es umfasste ein, vielleicht auch zwei Hundertstel der gesamten Wall-Street-Rettungsmaßnahmen, zu denen neben TARP auch eine Vielzahl weiterer staatlicher Maßnahmen zählte, unter anderem die Rettung von AIG und Bear Stearns sowie umfassende zinslose Kredite, die den Banken unter anderem über die Einlagefazilität zugutekamen.

Auch wenn es die Tea Party heute abstreitet, war sie während dieser Rettungsmaßnahmen überwiegend still. Jedenfalls bildete sich damals keine Gegenbewegung. Dieselben überwiegend rechten Kräfte, die später die Tea-Party-Bewegung anschoben, schwiegen, während die Bundesregierung JPMorgan Milliarden gab, um Bear Stearns zu erwerben. Ungeachtet ihrer natürlichen Abneigung gegen alles Französische und Europäische schwiegen sie auch dann noch, als ausländische Unternehmen wie die französische Bank Société Générale über die AIG-Rettung Milliarden von Dollar erhielten. Die Tea-Party-Heldin Sarah Palin unterstützte TARP leidenschaftlich, ohne dass sie bei der Wahl einen Denkzettel dafür verpasst bekommen hätte.

Nein, erst als ein neuer Präsident, ein schwarzer demokratischer Präsident, ein Rettungsprogramm einbrachte mit einem Volumen von einem Bruchteil dieser Maßnahmen, ging die Tea Party in die Luft. Anlass war nicht etwa, dass Steuergelder dafür draufgingen – die waren ja Monate zuvor billiardenweise ausgegeben worden –, sondern dass sie an die falschen Leute gingen. Denn das Obama-Programm zielte nicht auf Sarah Palins »Wir«, nicht auf die Leute, die »besonders hart arbeiten«, sondern überproportional auf arme Minderheiten. Santelli bediente sich einer ähnlichen Sprache wie Palin, als er auf dem Parkett der Terminbörse von Chicago vor laufenden Fernsehkameras seine Schimpfkanonade abfeuerte: »Wie wäre es, wenn Sie eine Website erstellten, auf der die Leute in einer Volksabstimmung darüber entscheiden könnten, ob wir wirklich die Hypotheken der Verlierer subventionieren wollen!«, kläffte er, an Barack Obama gerichtet. »Oder wollen wir lieber Autos und Häuser aus der Zwangsvollstreckung aufkaufen und sie Leuten geben, die auch eine Chance haben, erfolgreich zu sein? Wollen wir Leute belohnen, die *das Wasser tragen können, statt es nur zu trinken?*«

Das war der Moment, der alles veränderte. Nach diesen Worten, die Kult wurden, mischte sich ein Börsenhändler ein. »Das ist ja eine völlig neue Idee!«, sagte er sarkastisch.

Man muss an dieser Stelle den Kontext begreifen. An der Terminbörse von Chicago werden Rohstoffe gehandelt, zum Beispiel Terminkontrakte für Soja, Mais und andere Agrarprodukte. Die Weißen mit Schlips, zu denen Santelli sprach, hatten im Sommer 2008, als die Preise für Rohstoffe – Nahrung, Öl, Erdgas – in die Höhe schossen, obwohl sich bei Angebot oder Nachfrage kaum etwas verändert hatte, die Rohstoffblase kräftig mit aufgepumpt.

Nur ein Jahr vor Santellis Schimpftirade war es rund um den Erdball, unter anderem in Indien, Haiti und Mexiko, wegen der stark gestiegenen Preise für Nahrungsmittel wie Brot und Reis zu Unruhen gekommen – und damals hatten sogar die großen Banken zugegeben, dass die Ursache dafür eine Spekulationsblase war. »Die Märkte sehen für mich nach einer Blase aus«, hatte Jim O'Neill, Chefökonom bei Goldman Sachs, während der ersten Nahrungsmittelblase gesagt. Und er musste es wissen, denn der Goldman-Rohstoffindex wird weltweit am intensivsten gehandelt, und die Bank profitiert daher von einer Blase am stärksten.

Die Hasardeure, vor denen Santelli sprach, hatten mit ihrer Entscheidung, eine Spekulationsblase aufzupumpen, das menschengemachte Finanzdesaster, dessentwegen Menschen rund um den Erdball buchstäblich hungern mussten, also mit ausgelöst.

Und sie waren es auch, die, während Santelli seine »spontane« Schimpftirade losließ, auf dem Bildschirm die Rolle des »Amerika« übernahmen, das die Nase gestrichen voll hatte. Als CNBC-Moderator Joe Kernen bemerkte, die Rohstoffhändler in Santellis Publikum seien wie »Wachs in Ihren Händen«, widersprach Santelli. »Sie sind nicht wie Wachs in unseren Händen«, rief er. »Das ist Amerika!« Er drehte sich zu seinem Publikum um und fügte hinzu: »Wer von Ihnen will die Hypothek Ihres Nachbarn ablösen, nur weil der sich ein zusätzliches Badezimmer geleistet hat und jetzt seine Rechnungen nicht bezahlen kann? Heben Sie die Hand.«

Auf diese rhetorische Frage hin buhte »Amerika« laut. Die

Leute hatten es ja so was von satt, den faulen Schwarzen »das Wasser zu tragen«!

»Präsident Obama«, schimpfte Santelli weiter. »Hören Sie zu?« Sodann bestellte Santelli das Feld für die erste Tea Party. Und das ging so:

> *Santelli:* Wissen Sie, in Kuba gab es früher Herrenhäuser und eine relativ anständige Wirtschaft. Dann sind die vom Individuum zum Kollektiv gegangen. Heute fährt man dort 54er Chevys, vielleicht das letzte großartige Auto aus Detroit.
>
> *Kernen:* Die fahren sie sogar auf dem Wasser, das ist schon ein komischer Anblick.
>
> *Santelli:* Da haben Sie es.
>
> *Kernen:* Hey, Rick, wie steht es mit der Auffassung, die Wilbur [Ross] geäußert hat, dass man mit dem Hypothekendarlehen 2 Prozent runtergehen kann …
>
> *Santelli:* Man könnte auf minus 2 Prozent runtergehen, und die könnten sich das Haus nicht leisten.
>
> *Kernen:* … und trotzdem 40 Prozent hat, die es nicht schaffen. Warum sind die dann in dem Haus? Warum versuchen wir, sie in dem Haus zu halten?
>
> *Santelli:* Ich weiß, dass Mr. Summers ein großartiger Ökonom ist, aber, Mensch, das wüsste ich auch gern.
>
> *Rebecca Quick:* Wow, Wilbur, Sie heizen den Leuten ja echt ein.
>
> *Santelli:* Wir wollen im Juli eine Chicago Tea Party abhalten. Ihr Kapitalisten, die ihr zum Lake Michigan kommen wollt, ich fange jetzt mit der Organisation an.

An dieser Stelle brach die Menge in Jubel aus. Der Ausschnitt wurde im Internet auf Anhieb zur Sensation, und die Tea Party war geboren. Der beherrschende Gedanke der folgenden Tea

Partys war die Wut der »Wasserträger« darüber, für die »Wasser-trinker« zu zahlen, eine Wut, die sich zu einer hysterischen Abneigung gegen den »Sozialismus« und »Marxismus« der neuen Regierung der Demokraten auswuchs.

Die Tea Party nahm auch andere Themen aufs Korn, insbesondere das Gesundheitssystem, doch die Grundidee steckt in dieser Santelli-Geschichte.

Erneut muss man sich den Kontext in Erinnerung rufen, in dem die Schimpftirade stand. Bush und Obama hatten in einem politischen Kraftakt, der sich unter den beiden Präsidenten praktisch nicht unterschied, ein Rettungsprogramm von historischem, von monströsem Ausmaß auf den Weg gebracht – Gesamtausgaben von 13 bis 14 Billionen Dollar, da ich dies schreibe. Das Geld wurde nach dem Trickle-down-Prinzip verteilt, um die schlechten Investments der Bankspekulanten zu retten, die in der Häuserblase mitgemischt hatten.

Die Banken, die Bush und Obama retteten, hatten Verhaltensweisen an den Tag gelegt, die als »wahnsinnig« zu bezeichnen untertrieben wäre. Im Jahr 2004 hatten sich die fünf größten Investmentbanken des Landes (Merrill Lynch, Goldman Sachs, Morgan Stanley, Lehman Brothers und Bear Stearns) beim damaligen SEC-Chef William Donaldson dafür stark gemacht, die Restriktionen für die Kreditvergabe aufzuheben, damit sie noch mehr Geld in die Finger bekamen, das sie auf miese Investments wie Mortgage-Backed Securities, also durch Hypotheken gesicherte Wertpapiere, verwetten konnten.

Mit ihren Wetten auf die wachsende Häuserblase machten sie so viel Geld, dass es ihnen nicht mehr ausreichte, für jeden Dollar, den sie besaßen, 12 Dollar zu verwetten, das Maximum, das damals nach der sogenannten Nettokapitalregel erlaubt war. Daher brachten Hank Paulson (damals Chef von Goldman Sachs) und andere Donaldson dazu, die Regel einzukassieren und den Banken ein Verhältnis von Fremdkapital zu Eigenkapital von mehr als 20:1 zu erlauben. Im Falle von Merrill Lynch lag es sogar bei 40:1.

Das war ausgemachte Zockerei, die mit der gewaltigsten Rettungsaktion der Geschichte belohnt wurde. Das Ausmaß der Verantwortungslosigkeit überstieg das Vorstellungsvermögen jedes Hausbesitzers. Das einzige Problem war: Es war unsichtbar. Als die Wirtschaft auf Talfahrt ging, wusste die Öffentlichkeit, dass sie sauer sein und dass jemand dafür verantwortlich sein musste. Nur wer?

Santelli versorgte mit seiner Schimpftirade die Zuschauer, die schon stocksauer waren, mit einem Ziel für ihre Wut, und das waren nicht die Finanzdienstleister und auch nicht die parteiübergreifenden Bemühungen, die Wall Street zu subventionieren. Vielmehr streute Santelli das Gerücht, dass arme Schlucker die Krise verursacht hatten. Die Zuschauer dachten dabei automatisch an Minderheiten, egal, wie viele arme Weiße sich zu viel Geld für zu viel Haus leihen. Es war die klassische Rassenpolitik: Der Plantagenbesitzer hält sich die Mistgabel vom Leib, indem er arme Weiße gegen arme Schwarze aufhetzt. Und das funktionierte hervorragend.

Es ist der 27. Februar 2010, und ich befinde mich in Elmsford, einer sehr kleinen Stadt in Westchester County nördlich von New York City. Es ist der erste Jahrestag der ersten Tea Partys, die eine Woche nach Santellis Schimpftirade stattfanden.

In einem bescheidenen italienischen Restaurant namens Alamora Ristorante unweit der Stadtmitte treffen sich die Mitglieder der örtlichen Tea Party – die White Plains Tea Party –, um miteinander anzustoßen und einander in ihrer Existenzangst zu bestärken.

Eigentlich hatte ich hingehen und mich als Journalist für den *Rolling Stone* outen wollen, doch als ich die traurige, anscheinend

fensterlose italienische Kneipe betrete, das rot-weiß-blaue Krepp-
papier sehe und in die wütenden Gesichter der Weißen mittleren
Alters blicke, überlege ich es mir anders.

Ich spüre, dass jeder hier meine fehlgeleiteten politischen Ansichten förmlich riechen kann. Wäre ich jetzt in einem »Termi-
nator«-Film, dann stünden an der Tür Deutsche Schäferhunde,
die meine liberale geisteswissenschaftliche Ausbildung und meinen jüngsten Kontakt mit einer DVD der Comicsatire »Ghost
World« wittern und mich lautstark verbellen würden.

In den Regalen an den Wänden haben die örtlichen Tea-Party-
Vertreter ihre konservativen Lieblingsbücher versammelt, unter
anderem Glenn Becks *Arguing with Idiots* (auf dessen Umschlag
Beck eine, haha, DDR-Uniform trägt) und *Liberty and Tyranny: A
Conservative Manifesto* vom Senkrechtstarter Mark Levin. Ich
komme dem Wunsch nach, eine Petition gegen Chuck Schumer[4]
zu unterschreiben, ohne die ziemlich katholisch wirkende Schar
auf die Wurzel meiner Probleme mit Schumer hinzuweisen, dass
er mich nämlich ein paar Jahre zuvor wegen einer Kolumne attackiert hatte, in der ich den Tod des Papstes bejubelte.

Die Gäste werden in den Speisesaal gebeten, wo es Reden und
einen Film geben wird. Blödsinnigerweise setze ich mich in die
erste Reihe neben den Fernseher – wenn ich vorzeitig gehen will,
muss ich auf dem Weg nach draußen an mindestens zwei Dutzend
Augenpaaren vorbei. Als ich sitze, werfe ich einen Blick in die
Zeitung, die jeder von uns erhalten hat, ein Machwerk namens
Patriot. Die Schlagzeile des Aufmachers lautet: »Beim Black History Month sollte es um schwarze Geschichte gehen.« Der Autor,
eine bemerkenswerte Persönlichkeit namens Lloyd Marcus,
schreibt am Ende der Seite über sich selbst: »Lloyd Marcus
(schwarz), Amerikaner ohne Bindestrich, Liedermacher, Entertai-
ner, Autor, Künstler und Tea-Party-Patriot.«

Der Kulturmutant Marcus verfasste das Lied, das heute als

Hymne der Tea Party gilt. Wenn Sie es noch nicht kennen, hören Sie mal rein – der Songtext rockt. Er beginnt folgendermaßen:

> Mr. President, Ihr Plan ist ein Flop, eine sozialistische List,
> Die nur den amerikanischen Traum zerfrisst.
> Die Erfolgreichen plündern und denen was geben –
> das finden Sie fair –, die nichts leisten im Leben.

Bob Dylan, mach mal Platz …! Jedenfalls beginnt auch Marcus' Text im *Patriot* spannend: »Manche Leute sagen im Spaß«, schreibt er, »dass der Black History Month eigentlich ›Die-Weißen-und-Amerika-nerven-Monat‹ heißen müsste.«

Er führt aus, dass sich der Black History Month zu sehr den negativen Seiten des Verhältnisses zwischen dem weißen Amerika und seinen Brüdern afrikanischer Herkunft widmet, Sklaverei, Folter und dergleichen, und die Arbeit der vielen guten Weißen, die nett zu den Schwarzen waren, völlig übersieht. (Oder wussten Sie, dass ein weißer Lehrer George Washington Carver geraten hat, Landwirtschaft zu studieren?)

Marcus zufolge dient diese antiweiße Propaganda zur Geschichte der Schwarzen dem düsteren, aber pragmatischen Ziel, den Mächtigen ein schlechtes Gewissen zu machen, damit sie noch mehr unserer hart verdienten Steuerdollars in Wohlfahrtsprogramme für Schwarze stecken.

Ich sehe mich um. Man muss schon ziemlich den Verstand verloren haben, um wie Marcus zu behaupten, der Black History Month sei eine Verschwörung, um dem Kongress mehr Geld für Schwarze zu entlocken. Die gleichgültige Reaktion der Weißen jedoch, die diesen durchsichtigen Nonsens lesen, ist für mich noch grotesker.

Oft wird von ihren Kritikern behauptet, die Tea Party sei ein nur oberflächlich getarnter Aufstand der Weißen, doch meines

Erachtens geht das an der Sache vorbei. Für mich ist die herausragendste Eigenschaft der Tea-Party-Bewegung ihr skurriles psychologisches Profil. Die Tea Party gleicht einer epidemischen narzisstischen Persönlichkeitsstörung, die darin besteht, dass sich die Betroffenen ausschließlich mit sich selbst und ihren eigenen Verletzungen befassen und es daher gar nicht als absurd empfinden, wenn eine Horde bürgerlicher Weißer bei der Behauptung, im Black History Month würden nette Weiße nicht ausreichend gewürdigt, zustimmend nickt.

Wie diese Zusammenkunft illustriert, hat die Tea-Party-Bewegung durchaus berechtigte Anliegen. Doch ihre Wurzeln – Santellis Schimpftirade – hat sie in einer wahnhaften Selbstüberhöhung gigantischen Ausmaßes.

Wenn man den Leuten so zuhört, sind sie die einzigen Menschen in Amerika, die ihr Land lieben, die Gesetze befolgen und einer Arbeit nachgehen. Sie sind einsame Märtyrer für das verschüttgegangene nationale Ethos des Fleißes und der Eigenverantwortlichkeit, und die einzige Belohnung für ihre übermenschlichen Leistungen besteht darin, dass sie steuerlich zur Ader gelassen und ihre Steuergelder anschließend für Wohlfahrtsprogramme ausgegeben werden – selbstverständlich zugunsten der undankbaren Minderheiten, die Amerika und die Weißen hassen und islamistische Terroristen lieben.

Ihre Sprache ist bestimmt von rassistischen Phrasen und Signalwörtern, auf die ihre Anhänger anspringen, doch der Rassismus brennt bei weitem nicht so lichterloh wie ihr abgrundtiefes Selbstmitleid und ihre Selbstgefälligkeit. Es fiele erheblich leichter, den Leuten zuzuhören, wenn sie nicht ständig darüber jammerten, dass sie zu wenig gewürdigt werden und dass sie in Amerika weit und breit die Einzigen seien, die die Verfassung gelesen haben. Ja, wenn man ihnen lange genug zuhört, möchte man sie am liebsten an einen Stuhl fesseln und sie dazu zwingen,

mit eigenen Augen zuzusehen, wie ihr Steuergeld an drogenab-
hängige illegale Einwanderer verteilt wird.

Das ist schade, denn wenn sie ihre erbärmliche Wehleidigkeit
überwinden und ihre Anliegen artikulieren, so sind diese in einer
echten Sorge um das verwurzelt, was in unserem Land geschieht.
Im Fall der Revolutionäre von Westchester County galt die Wut
einem Prozess, den eine liberal gesinnte gemeinnützige Organisation aus New York City gemeinsam mit dem Ministerium für
Wohnungsbau und Stadtentwicklung (HUD) gegen das County
angestrengt hatte. Der Vorwurf lautete, in Westchester habe man
fehlerhafte Förderanträge beim HUD gestellt und Gelder des
Bundes eingefordert, ohne den staatlichen Richtlinien für *Affirmative Action*, also die Förderung von Minderheiten zum Zwecke
der Aufhebung der Rassentrennung, gerecht zu werden.

Das County verlor den Prozess und sollte nun auf Anordnung
der Bundesregierung 700 neue Sozialwohnungen für Einkommensschwache in der Region bauen. Obwohl der soziale Wohnungsbau im County traditionell näher an New York City stattgefunden hatte, sollten nach den neuen Vorgaben »erschwingliche
Wohnungen« in Elmsford und vergleichbaren Städten entstehen,
egal, ob sie es wollten oder nicht.

Der erste Redner ist Tom Bock, Feuerwehrmann und ehemaliger republikanischer Kandidat für das Parlament des County.
Bock ist kein Mitglied der Tea Party (wie er herausstrich, als ich
später mit ihm sprach), teilt jedoch viele ihrer Ansichten. Als er
gebeten wird, vor der Gruppe zu sprechen, greift er diese Problematik auf.

»Wir hätten uns in diesem Prozess nie auf einen Vergleich ein-
lassen dürfen«, sagt Bock, ein stämmiger Mann in Jeans und mit
dem typischen Polizistenschnurrbart. »Ich glaube nicht, dass
Westchester County rassistisch ist. Es mag einzelne Rassisten geben, aber ich glaube nicht, dass hier irgendjemand einem, der sich

ein Haus leisten kann, verbietet, nach Westchester zu kommen,
nur weil er der falschen Rasse angehört.

Was die Leute hier allerdings nicht gut finden«, fährt Bock
fort, »ist, wenn jemand wegen des *Geldes* nach Westchester zieht.«

Die Leute jubeln. Merkwürdig an Bocks Rede ist, dass im
Verlauf des Prozesses niemand die Bürger von Westchester des
Rassismus bezichtigt hat. Es wurden keinerlei Vorwürfe wegen
Rassismus oder Rassentrennung im County erhoben. Das gesamte Verfahren wurde hinter verschlossenen Türen von Anwälten
erst angestoßen und dann beigelegt, und zwar überwiegend von
auswärtigen Anwälten. Diese beschuldigten die *Verwaltung* von
Westchester, beim Einreichen der Berge von Papier, die für die
veralteten Wohnungsbauprogramme aus der Ära Johnson und
ihrer *Affirmative Action* nötig sind, nicht die gebotene Sorgfalt
aufgewendet zu haben.

Die Vorgaben für den Wohnungsbau in Westchester, die sich
aus diesem Prozess ableiteten, zählen zu den politischen Absurditäten, die jeden Bürger in die Arme der Tea Party treiben würden – ein klassisches Beispiel für die linke Unsitte, sich übertrieben
in alles einzumischen, gepaart mit einer sozial völlig sinnfreien
Abzocke durch opportunistische Anwälte, die ein Auge für idio-
tensichere Geschäfte haben.

Was war geschehen? Eine gemeinnützige Organisation namens
Anti-Discrimination Center aus New York City stolperte über
eine Vorgabe in den Bundeswohnungsbaurichtlinien, nach der
Kommunen, die Wohnungsbauzuschüsse des Bundes beantragen,
eine Analyse durchführen müssen, um festzustellen, ob innerhalb
der Bevölkerung eine zu starke Rassentrennung stattfindet. Dann
hängte sich das Anti-Discrimination Center an Westchester
County auf, das diese Vorgabe bei seinem Zuschussantrag offenbar als reine Formalität behandelt, also keinerlei Analyse durchgeführt hatte, und zog vor Gericht.

Wie schwer dieses bürokratische Versäumnis wog (»Die haben im Grunde vergessen, ein Kästchen anzukreuzen«, erklärte einer der beteiligten Anwälte), darüber lässt sich trefflich streiten, doch unstrittig ist, dass sich das County faktisch eines Gesetzesverstoßes schuldig machte. Die Regierung Obama schloss sich dem Center in dem Prozess an. Und als sie merkten, dass sie keine Chance hatten, erklärten die Anwälte des Countys der Verwaltung, ihr bleibe nichts anderes übrig, als über die juristische Planke zu gehen. Man einigte sich mit der Regierung auf einen Vergleich.

So weit, so gut. Doch dann lief die Sache aus dem Ruder. Der Vergleich war ein typisches Beispiel für eine völlig widersinnige Rassenpolitik. Weiße Anwälte verklagten weiße Anwälte (der Rechtsbeistand des Anti-Discrimination Center Craig Gurian ist ein glatzköpfiger New Yorker mit Bart, der aussieht, als sei er der Immobilienwerbung in *The Nation* entsprungen), damit schlecht verdienende Schwarze und Hispanoamerikaner, die in Städten wie Mount Vernon und Yonkers in der Nähe von New York City lebten und mit dem Prozess rein gar nichts zu tun hatten, stattdessen weit weg von New York in Sozialwohnungen weißer Schlafstädte wie Mount Kisco und Croton-on-Hudson untergebracht werden konnten.

Dafür, dass sie den armen Minderheiten so heldenhaft unter die Arme gegriffen hatten, erhielten die weißen Anwälte einen richtigen Batzen Geld. Das Anti-Discrimination Center bekam 7,5 Millionen Dollar, die Kanzlei Relman, Dane & Colfax aus Washington 2,5 Millionen Dollar und EpsteinBeckerGreen, die Kanzlei, die Westchester County vertreten hatte, wurde für ihre Dienste mit 3 Millionen Dollar entlohnt. »Es war keine einzige Bevölkerungsminderheit beteiligt«, sagte einer der Anwälte.

Gerade einmal 50 Millionen Dollar wurden derweil für die neuen Sozialwohnungen bereitgestellt, doch auch dieses Geld wird vielleicht nie vollständig fließen, da seine Auszahlung davon abhängt, ob das County eine Kofinanzierung und einen geeigneten Bauunternehmer beibringt.

»Es kann sein, dass nichts daraus wird«, sagt Stuart Gerson, einer der Anwälte für Westchester County. »Die Beteiligten gehen nach Treu und Glauben an die Sache heran, aber man kann nie wissen.«

Der Westchester-Prozess riecht nach einem Fall von *ambulance chasing*, bei dem sich Anwälte auf Unfälle stürzen wie die Geier. In diesem Fall haben sie auf dem Rücken des US-Wohnungsbaugesetzes erst einen Berg von Gebühren eingestrichen und sind dann in den Sonnenuntergang geritten. Es ist nicht schwer zu erkennen, wo die für die Tea Party so typische schleichende Paranoia herkommt. Nachdem Westchester dem Vergleich zugestimmt hatte, schränkte das County das Mitspracherecht der Kommunalverwaltungen bei der Standortwahl für Sozialwohnungen Schritt für Schritt ein.

So wurde das sogenannte Vorkaufsrecht zurückgenommen. Früher konnte das County, wenn es in einer Stadt wie Elmsford einen Wohnblock bauen wollte, ein countyeigenes Baugrundstück zwar an ein Bauunternehmen verkaufen, die Einwohner der Stadt Elmsford hatten jedoch stets das Recht, das Land selbst zu erwerben.

»Doch das haben sie uns genommen«, erklärte mir Bock später. »Dauernd nehmen sie uns etwas weg.«

Ein anderes Beispiel: Wenn eine Stadt vom County die Vollmacht erhielt, mit Zuschüssen aus dem Wohnungsbauministerium erschwingliche Wohnungen zu bauen, gab es in der Vergangenheit immer die Möglichkeit, diese Wohnungen für Einheimische zu reservieren. Bock führte als Beispiel ein Wohnungsbauprojekt in seiner Heimatstadt Greenburgh ein. Das Gebäude wurde auf dem Gelände eines zweistöckigen ehemaligen Resozialisierungszentrums errichtet, das für allerhand Unruhe gesorgt hatte, weil sich Anwohner immer wieder Beschwerden über Kriminalität, Crack-Ampullen in benachbarten Gärten und anderes mehr beschwert hatten. Das Gebäude wurde schließlich abgerissen, und das County versprach, dass in dem Neubau ein Seniorenwohnheim oder Wohnungen für städtische Angestellte untergebracht werden sollten.

Doch das Wohnungsbauministerium HUD durchkreuzte diese Pläne mit dem Erlass neuer Regelungen, die jegliche Beteiligung der Kommune ausschlossen. Wenn nun Angestellte einer Stadt wie Greenburgh oder Elmsford in HUD-Wohnungen ihrer Stadt unterkommen wollen, müssen sie an einer Lotterie teilnehmen, zu der Bewerber aus dem gesamten Bundesstaat zugelassen sind. »Also kann man auch nicht mehr mitentscheiden, wer in diese Wohnungen einziehen darf«, erklärt Bock.

Für die Tea-Party-Leute ist das schlichtweg ein Fall von *taxation without representation*, Besteuerung ohne politische Mitsprache. Sie verfolgen, wie sich so eine Geschichte entwickelt – erst wird ein Vergleich mit der Bundesregierung geschlossen, dann das Vorkaufsrecht abgeschafft und schließlich den Kommunen die Kontrolle über das Bewerbungsverfahren entrissen –, und sehen schwarz.

»Ich glaube, das läuft alles auf Enteignung hinaus«, sagt Bock einen Monat nach der Tea-Party-Versammlung am Telefon.

»Sie glauben also«, frage ich, »dass die Regierung am Ende Bauplätze in Städten wie Elmsford einfach an sich reißt und Sozialwohnungen darauf baut?«

»Ja«, sagt er.

Ob das verrückt ist? Sicher, ein wenig. Aber wenn man bedenkt, was in den letzten Jahren in Westchester passierte, ist es auch wieder nicht ganz so verrückt. Es ist nicht derselbe Grad von Verrücktheit, der beispielsweise dreizehn Millionen Tea-Party-

Anhänger zu dem Glauben treibt, dass Obamas Gesundheitsreform – ein gigantisches Geschenk an private gewinnorientierte Unternehmen – der erste Schritt einer langfristigen Strategie ist, die freie Marktwirtschaft in den USA abzuschaffen und durch eine trotzkistische Diktatur zu ersetzen. Und es ist deswegen weniger verrückt, weil man nicht 1200 Seiten lange juristische Werke lesen muss, um das Problem zu begreifen. Man braucht einfach nur aus dem Fenster zu schauen, um zu sehen, dass sich die eigene Welt verändert, ohne dass man etwas daran ändern könnte.

Deshalb hat die Tea Party auf die Finanzkrise auch so verwirrt reagiert. Die meisten Anhänger betrachten die nationale Politik durch die Linse ihrer persönlichen Erfahrungen in ihrer eigenen Kommune, wo sie einen übergriffigen Staat und eine Flut bürokratischer Vorschriften erleben.

Als Bock beispielsweise über den Bau neuer Wohnungen spricht, lacht er: »Ich sage den Leuten immer als Faustregel, dass nach der Freigabe eines Projekts immer noch zwei Jahre vergehen, ehe der erste Bagger anrollt«, sagt er. »So lange dauert es, bis man alle Genehmigungen hat und der Papierkram erledigt ist.«

Ich frage ihn, ob solcherlei Erfahrungen beispielsweise seine Ansichten zur Deregulierung der Finanzdienstleister Ende der neunziger Jahre prägen.

»Ganz sicher«, sagt er.

Als ich die Aufhebung des Glass-Steagall-Gesetzes erwähne (das eine Fusion zwischen Versicherungsunternehmen, Investmentbanken und Geschäftsbanken verhindert hatte) und das Gesetz aus dem Jahr 2000, das die Derivatenbranche deregulierte, zögert Bock. Ich bin mir nicht sicher, ob er weiß, wovon ich rede, doch dann wagt er sich trotzdem aus der Deckung. Seiner Ansicht nach war die Deregulierung der Wall Street der richtige Schritt, der nur zu schnell umgesetzt wurde.

»Ich glaube, man hätte es langsamer angehen müssen«, sagt er.

So bekommt man Mittelschichtamerikaner dazu, die Deregulierung für reiche Banker zu befürworten. Der arbeitende Durchschnittsamerikaner erlebt allerorten, dass sich die Staatsmacht in sein Leben einmischt. Er zahlt hohe Steuern, und wenn er sein Haus verkaufen oder ein Auto erwerben will, werden alle möglichen Gebühren fällig. Hat er ein Geschäft, kommen die Steuerprüfer einmal im Jahr und ziehen ihm das Geld aus der Tasche, egal, ob er sich an die Regeln gehalten hat oder nicht. Will er im Garten einen Schuppen bauen, braucht er von einem Halsabschneider in der Kommunalverwaltung eine Genehmigung dafür.

Und wer weiß, vielleicht wohnt er in einem verschlafenen Städtchen wie Greenburgh, in dem der Staat ein Resozialisierungszentrum errichtet, nicht ohne es an eine Buslinie anzuschließen, sodass sich die frisch entlassenen Straftäter von ihren alten Komplizen aus der Stadt besuchen lassen, die Kondomtütchen in Vorgärten und auf Gehwege werfen und vielleicht hier oder da eine Vergewaltigung, einen Bruch oder einen Mord begehen können.

Solche Sachen passieren. Das ist keine Paranoia. Eine Menge gutgemeinter Gesetze werden manipuliert, machen sich mit der Zeit selbständig oder fallen korrupten Anwälten und Bürokraten zum Opfer, die nicht gegen die entsprechenden sozialen Probleme ankämpfen, sondern nur an ihren eigenen Vorteil denken. Vorwürfe der Tea Party gegen ein solches Verhalten sind vollkommen legitim und sollten nicht ausgeblendet werden. Problematisch ist, dass die Leute glauben, was sie vor Ort oder am eigenen Leib erleben – einen anmaßenden, interventionistischen, kontrollgierigen Staat, der möglichst viele Steuern einnehmen und alles regulieren will, was er in die Hände bekommt –, sei auch überall sonst so.

In Wahrheit gibt es zwei Amerikas: das Amerika für die Abzockerkaste und das Amerika für alle anderen. In dem Amerika für alle
anderen, in der Welt der Kleinunternehmen, der Arbeiter und
Angestellten, ist der Staat etwas, dem man aus dem Weg geht, eine
herrschsüchtige, allmächtige Instanz, deren Interesse am Bürger
für diesen meist kostspielig, wenn nicht gar ruinös ist. In der Ab-
zockerwelt dagegen ist der Staat ein sklavisch ergebenes Schoß-
hündchen, das den Finanzunternehmen, die in diesem Buch die
Hauptrolle spielen, als Werkzeug fürs Geldmachen dient.

Der Abzockerkaste ist sehr daran gelegen, dass diese beiden
Positionen im Bewusstsein aller anderen durcheinandergeraten.
Der Durchschnittsamerikaner soll glauben, der Staat sei für ihn
dasselbe wie für JPMorgan Chase und Goldman Sachs. Um diese
Illusion aufrechtzuerhalten, fahren raubtierhafte Banken schon
gegen die harmlosesten regulativen Gesetze teure Lobbykampag-
nen auf und bedienen sich auf Sendern wie CNBC sorgfältig he-
rangezüchteter Verbündeter wie Rick Santelli. In der Version der
Realität, die von den Santellis dieser Welt kolportiert wird, sind
Banker anständige Geschäftsleute, Bürger, die nur ehrlich ihr
Geld verdienen wollen, von einem anmaßenden Staat aber be-
schummelt werden, genau wie der Eisenwarenhändler in der
Kleinstadt, dem für einen Riss im Gehweg vor seinem Laden ein
Bußgeld aufgebrummt wird.

Da ich dies schreibe, protestieren Tea-Party-Leute in Tennessee
gegen den republikanischen Senator Bob Corker, weil er seine
Bereitschaft angekündigt hat, mit dem aus dem Amt scheidenden
Demokraten Chris Dodd den Consumer Financial Protection
Agency Act (CFPA) auszuarbeiten. Dieses Verbraucherschutzge-
setz für Finanzprodukte ist zwar in einzelnen Punkten erbärmlich
schwach, geht aber zumindest einige der wichtigsten Ursachen für
die Finanzkrise an. So soll unter anderem eine neue Abteilung in
der Abwicklungsbehörde verhindern, dass Unternehmen zu groß

werden, um unterzugehen, und die Banken dazu zwingen, ihre Rettung künftig selbst zu bezahlen. Dieselben Tea-Party-Vertreter, die einstmals gegen die Rettung einzelner Hausbesitzer auf die Straße gingen, protestieren jetzt gegen eine Gesetzgebung, die unverantwortliche Banken zwingt, sich selbst zu retten.

Wie es dazu kam? Nun, Larry Kudlow bei CNBC, klassischer Trickle-down-Kapitalist der alten Schule – Manschettenknöpfe und weißer Staub an der Nase –, die in den Achtzigern ihren Höhepunkt hatte, kleidet seine übliche Wall-Street-Propaganda plötzlich in Tea-Party-Phrasen. Zornig warnt er davor, mithilfe des neuen CFPA-Gesetzes werde eine verhasste liberale Vizekönigin – Elizabeth Warren, Vorsitzende des TARP-Aufsichtsausschusses im Kongress und eine der wenigen ehrlichen Menschen, die es in Washington noch gibt – kleine Geschäfte zu Tode regulieren.

»Die Notenbank hätte bei der Regelerstellung der CFPA offenbar nichts zu sagen. Das ist in etwa so, als stelle man Elizabeth Warren einen eigenen Gebäudetrakt in der Zentralbank zur Verfügung, in dem sie nach Lust und Laune Unfug anstellen kann. Sie wird zumindest eine erwachsene Aufsichtsperson brauchen«, spottete Kudlow in seinem Blog. »Viele kleinere Bankiers und Geldverleiher – zum Beispiel Unternehmen, die Ratenzahlungen gewähren, Schecks einlösen, Kleinkredite vergeben oder auch nur Autos verkaufen – könnten von Elizabeth Warren vom Markt gedrängt werden.«

Das sind zwar alles Lügen, aber sie wirken, vielleicht, weil es Lügen sind und auf ihre Art beruhigen. Dass ein dreister Geldsack wie Kudlow – einer, der redet, handelt und sich kleidet wie ein Geldsack – nach Belieben den Mantel der populistischen Revolte überwerfen kann und damit auch noch durchkommt, zeigt uns, dass die Tea-Party-Bewegung bei all dem Gerede über Mistgabeln, Revolutionen und Gegenwehr den Reichen und Mächtigen weiter hörig ist. Was bedeutet, dass diese »Bewegung« jeglichen Sinnes entbehrt.

Sogenannte populistische Bewegungen stehen vor einer unüberwindlichen Hürde: Sie müssen den Nerv haben, die Reichen statt die Armen aufs Korn zu nehmen. Nicht einmal, nachdem die Reichen mit ihrer unersättlichen Gier und ihrer schieren Dummheit fast die gesamte Weltwirtschaft zerstört haben, schaffen wir es, unsere kleinbäuerliche Mentalität abzuschütteln, die uns dazu bringt, die Reichen zu schonen, weil unsere größte Hoffnung auf kollektiven Wohlstand darin besteht, dass sie Wohlstand für uns alle schaffen. Diese Vorstellung, die der Trickle-down-Ökonomie zugrunde liegt, liegt seit einer Generation der amerikanischen Wirtschaftspolitik zugrunde. Die Prämisse für diese Ökonomie – dass die produktiven Reichen die bedürftigen Armen ernähren und dass jeglicher Versuch Letzterer, Erstere für ihre Exzesse zu bestrafen, Atlas[5] dazu verleiten könnte, schulterzuckend die Stadt zu verlassen und den Rest von uns dem Hungertod anheimzugeben – müssten Menschen, die sich so stolz als »Wasserträger« bezeichnen, eigentlich als Beleidigung empfinden. Aber in einem Land, in dem jeder kleine Klempner der irrigen Ansicht anhängt, er sei nur eine verstopfte Toilette vom Reichtum entfernt, setzen wir alles daran, das System auf die Bedürfnisse der Reichen auszurichten.

Das Tempo, in dem die Mitglieder der Abzockerkaste ihre Kunst vervollkommnet haben, hat sich in den vergangenen Jahrzehnten allerdings beschleunigt. Sie haben ein Geflecht aus politischen und wirtschaftlichen Beziehungen geschaffen, das sich kaum noch überwachen lässt. Und selbst wenn eine Überwachung möglich wäre, so fehlen Gesetze gegen die Geschäfte, die bei Goldman Sachs und anderen Investmentbanken im Vorfeld der Finanzkrise abgewickelt wurden. In der letzten Generation hat sich eine hochkomplexe Fusion von Kriminalität und Politik

vollzogen, von Diebstahl und Staat. Statt sich noch um den Rest
von uns zu kümmern, sind die Finanzbosse Amerikas und ihre
politischen Diener allem Anschein nach zu dem zynischen Schluss
gekommen, dass unsere Gesellschaft es nicht wert ist, gerettet zu
werden. Ihre neue Mission besteht nicht mehr darin, Wohlstand
für alle zu schaffen, sondern sich mit dem Vermögen, das in unserer ausgehöhlten Wirtschaft noch übrig ist, aus dem Staub zu
machen. Sie ernähren nicht uns, sondern wir ernähren sie.

Der riesenhafte militärisch-industrielle Komplex, der einst den
Horizont amerikanischer Bundesstaaten mit Schornsteinen und
Telefonmasten tupfte, so weit das Auge reichte, hat sich virtuos
und akribisch auf eine ungeheuerliche neue Aufgabe ausgerichtet:
alles aufzusaugen, was sich noch an Erspartem in den Taschen der
Leute zwischen Amerikas Küsten befindet: die kleinen verborge-
nen Notgroschen der Männer und Frauen, die das Land aufgebaut
und in seinen Kriegen gekämpft haben, und dazu alles, was ihre
Kinder, die zum Untergang verdammte Generation X, an Klein-
geld angesammelt haben für die glänzende Zukunft, die ihnen die
Führer dieses Landes einst versprochen, die sie allerdings mittlerweile, weil nicht realisierbar, abgeschrieben haben.

Doch die Politik schweigt dazu, auch in Gestalt von »Gras-
wurzelbewegungen« wie der Tea Party (deren Anhänger Schlange
stehen, um eine narzisstische und geldgierige Ignorantin wie Sa-
rah Palin zu bejubeln) oder MoveOn (die ihre Anhänger hinter
einer unternehmensfreundlichen Gesundheitsreform versammelt).
Stattdessen presst sie den neuen, verstörenden Zustand unseres
Landes in altbekannte, vierzig Jahre alte Schablonen: Die Rechte
kämpft weiter gegen Lyndon B. Johnson, die Linke gegen George
Wallace. Wenn die Republikaner Wahlen gewinnen, meinen ihre
Wähler, dem übermächtigen Staat eins ausgewischt zu haben.
Und wenn ein Held der Demokraten wie Barack Obama die
Oberhand gewinnt, glauben seine Anhänger, sie hätten einen

großartigen Sieg für Toleranz und Vielfalt errungen. Sogar ich dachte das einmal.

In Wahrheit sind diese alten Schablonen völlig überholt, und das neue Amerika verwandelt sich in ein riesenhaftes Ghetto. In diesem Ghetto saugt eine vergleichsweise winzige Herrschaft einer Minderheit aus extrem cleveren Finanzkriminellen und ihren zahlosen Spießgesellen in der Regierung, deren Hauptaufgabe es ist, telegen zu schauspielern und eine gute Show abzuliefern, uns allen, Konservativen und Progressiven, das Blut aus. Dieser Schwarm aus Oberschichtdieben kann ungehindert seinen Geschäften nachgehen, weil wir, wenn wir nicht gerade völlig von unserer Arbeit beansprucht und unseren Freizeitvergnügungen abgelenkt sind, lieber nicht über die schwierige Frage nachdenken, warum das Benzin 1 Dollar pro Liter teurer geworden ist, warum unsere Rentenfonds gerade 20 Prozent ihres Wertes eingebüßt haben oder warum wir, wenn es klug ist zu sparen, ständig mit Zinsen nahe null bestraft werden, während die Banken, die alles andere als klug gehandelt haben, mit geschenkten Milliarden belohnt werden. In Wahrheit wird uns die politische Macht Stück für Stück entrissen, jeden Tag den Bruchteil eines Prozents, mittels Tausender Einzeltransaktionen, die sich im Kleingedruckten und in der Peripherie eines riesigen gesellschaftlichen Apparats vollziehen, von dem die meisten von uns gar nichts wissen.

Das alles lässt sich nur schwer auseinanderdröseln. Doch diese unsichtbaren Vorgänge, diese Geheimlabyrinthe des Abzocker-Archipels, in dem die Parteizugehörigkeit völlig irrelevant ist, sind unsere wahre Politik. Und das ist auch logisch, wenn man mal darüber nachdenkt. Es hätte immer auf der Hand liegen müssen, dass ein Land, das so reich und mächtig ist wie Amerika, von einem hochkomplexen labyrinthischen politischen System regiert wird, einem, in dem man sich nur mit unsagbarer Cleverness und animalischer Rücksichtslosigkeit zurechtfindet und das mit seinen

ahnungslosen Untergebenen nicht einmal alle vier Jahre, sondern
Tag für Tag interagiert, auf vielfältige Art, sichtbar und unsichtbar.
Wie jedes große Schiff wird Amerika von Menschen geführt, die
sich gut damit auskennen. Und je größer das Land wird, desto
weniger solcher Leute gibt es.

Das schmutzige kleine Geheimnis der USA ist, dass für diese
kleine Gruppe von technisch hervorragend ausgestatteten Blasen-
Lords das politische System nicht nur ohne Wahlen funktioniert,
sondern sogar ohne jeden politischen Impuls außerhalb Manhat-
tans. In der Blasenwirtschaft bleiben für echte Menschen kaum
noch legitime Rollen: Entweder sind sie Kunden für Finanzdienstleistungen (Kreditnehmer, Investoren oder Sparer), oder sie
sind Beschäftigte, mit deren Steuern implizit und explizit für die
großen Kasinobanken, die den Blasenschwindel abziehen, die
Investments abgesichert werden. Für etwas anderes werden im
Abzockerparadies keine Menschen benötigt, doch da die Amerikaner die Illusion einer Selbstverwaltung brauchen, haben wir
Wahlen. Um sicherzustellen, dass diese Wahlen für die Wall Street
ohne jede Folgen bleiben, geschieht zweierlei. Zum einen werden
die Wähler auf beiden Seiten des politischen Spektrums langsam
davon entwöhnt, von ihren Politikern wirklich etwas zu erwarten,
und konsumieren die Wahlen stattdessen als reines Unterhal-
tungsspektakel im Kulturkampf. Zum anderen werden Millionen
unbedeutender bürgerlicher Wähler dazu verleitet, die Raffsucht
an der Wall Street zu befördern, als wäre es ihre eigene. Die abson-
derlich binäre Sicht der Tea Party, die die Gesellschaft sauber in
zwei miteinander rivalisierende Gruppen von Produzenten und
Parasiten aufteilt, ist nur ein kulturelles Echo des irrsinnigen
Gier-ist-geil-Glaubenssystems der Wall Street, das Grundlage und
Rechtfertigung für eine Generation genialer hochkomplexer
Gaunereien liefert. Dieser Glaube ist bis zu den Trotteln durchge-
sickert, die früher zur Mittelschicht gehörten und nun darum

kämpfen, ihre Hypotheken und Kreditkartenrechnungen zu bedienen. Und der wahre Witz besteht darin, dass diese Wähler auf CNBC und Fox erfahren – und es wirklich glauben –, dass sie in dieser binären Geschichte die Produzenten sind. Sie kapieren nicht, dass irgendwo ganz weit oben eine Clique von Menschen den Atlas-Traum wahr gemacht und sich nach ihrem eigenen wahnwitzigen Vorbild eine Selbstbedienungsbürokratie geschaffen hat.

2

Das größte Arschloch
im Universum

Eine Gesellschaft muss nicht zwangsläufig scheitern, nur weil ihr politisches System schlecht ist. Für eine echte gesellschaftliche Katastrophe müssen ein oder zwei fiese Typen in hohe Machtpositionen gelangen – ein Riesenarschloch an der falschen Stelle, und plötzlich hat man nicht mehr nur ein ungerechtes Regierungssystem, sondern Zustände wie in Guatemala in den siebziger Jahren, im serbischen Despotat oder in den USA von heute.

Der frühere US-Notenbankchef Alan Greenspan ist dieses Riesenarschloch, das Amerika ins Chaos stürzte und in ein Land der Heuchler verwandelte. Wenn man sein Wirken ungeschehen machen könnte, wenn der äußerlich nicht gerade beeindruckende Partycrasher seine seltsamen sozialen Defizite als Ansporn genommen hätte, Gutes zu bewirken, dann würden wir seine Karriere heute als eins der größten politischen Märchen bezeichnen, die es je gab, als unglaubliche Geschichte vom hässlichen Entlein, das es mit Schneid, Cleverness und Zielstrebigkeit an die Spitze schaffte und die Welt für immer veränderte.

Aber so war es nicht. Stattdessen ist Greenspans Aufstieg die Geschichte eines vielleicht mit sich selbst unglücklichen Egomanen, der sich seinen Weg aufs Matterhorn der Macht mit Schmeichelei, List und Täuschung erschlich und sich dann zwanzig Jahre lang darin sonnte, im Fokus der Wall Street zu stehen – und dabei die Grundlagen für eine Generation der Gier und Konsumorgien

legte und die US-Notenbank in eine Institution zur permanenten
Sanierung der Superreichen verwandelte.

Greenspan war der perfekte Frontmann für die Einvernahme
des demokratischen Prozesses, die in den achtziger, neunziger und
ersten Jahren des neuen Jahrtausends stattfand. In der Zeit verlagerte sich die politische Macht allmählich von der gewählten Regierung auf private und halbprivate Institutionen, die von nicht-
gewählten Personen geführt wurden. Und deren Sympathien galten nun einmal mehr der eigenen Klasse als dem gemeinen
Wähler. Im Verlauf dieser Jahre erlebten die USA eine Reihe
wirtschaftlicher Krisen, bei deren offizieller Bewältigung das ver-
bleibende private Vermögen an die bereits ohnehin Wohlhaben-
den ging, während das Risiko und die Verluste dem Steuerzahler
aufgebürdet wurden.

Dadurch kam es zu einer intensiven Konzentration privaten
Reichtums auf der einen und der stetigen Entrechtung des Wäh-
lers und Steuerzahlers auf der anderen Seite (der damit unaufhalt-
sam in eine immer tiefere Verschuldung abrutschte). Doch das
eigentlich Geniale an diesem unverblümten Machtspiel war, dass
der Vorgang von jedem, der etwas zu sagen hatte, übereinstim-
mend als »apolitischer, ›technokratischer‹ Steuerungsmechanis-
mus der Wirtschaft« bezeichnet wurde.

Greenspan war die Galionsfigur der Bewegung, indem er als
Chef der »unpolitischen« Notenbank brillant die Rolle des neu-
tralen Technokraten spielte. Seine Objektivität war für die Öffentlichkeit gerade aufgrund seiner seit langem an den Tag gelegten
Skrupellosigkeit und politischen Rückgratlosigkeit glaubhaft: Er
schleimte sich mit dem gleichen Eifer bei demokratischen wie
republikanischen Präsidenten ein und hofierte Redakteure aller
politischen Ausrichtungen, die aus ihrer Expertengläubigkeit keinen Hehl machten und seine kryptischen Äußerungen als neutra-
le Wirtschaftsweisheiten bejubelten.

Greenspans Aufstieg ist eine der großen Gaunereien unserer Zeit. Seine Karriere ist wie ein Prisma, das die Doppelbödigkeit der amerikanischen Politik zum Vorschein bringt: ein System, das einem Friss-oder-stirb-Kapitalismus nach dem Laisser-faire-Prinzip huldigt, aber für einige wenige Auserwählte als stark interventionistischer, bürokratischer Wohlfahrtsstaat fungiert. Greenspan predigte bei jeder Gelegenheit die reine Lehre vom rücksichtslosen freien Spiel der Wirtschaftskräfte, nutzte aber gleichzeitig die volle Macht des Staates, um seine reichen Gönner vor ebendiesen Kräften des freien Marktes zu schützen. Ein Heuchler, der einem heuchlerischen Staat diente. Wenn man ihn durchschaut, ist alles andere ganz einfach.

Greenspan wurde 1926 kurz vor Beginn der Weltwirtschaftskrise geboren und prahlt mit einer Herkunft, die sich ein bisschen wie eine um eine Generation vorgezogene Version von Woody Allens Lebensgeschichte anhört – ein New Yorker aus der jüdischen Mittelschicht, aufgewachsen in der Bronx (Woody Allen stammt aus Brooklyn), ein Klarinettenspieler mit Eulenbrille, der den Big-Band-Sound verehrte, dem das Radio die Flucht aus dem Alltag ermöglichte, der seine Baseballhelden abgöttisch liebte und an der New York University studierte (Greenspan mit etwas mehr Erfolg als Woody) und schließlich mit leicht panischer Unentschlossenheit seinen Platz in der Gesellschaft suchte. In seiner Autobiografie erinnert sich Greenspan, ohne sich groß dafür zu rechtfertigen, dass er als junger Mann, als er einen ersten Einblick in das Leben der Oberschicht erhaschte, von den Verlockungen ihres Reichtums überwältigt war. Im dritten Studienjahr absolvierte er im Sommer ein Praktikum bei einer Investmentbank namens Brown Brothers Harriman:

Prescott Bush, der Vater von George H. W. Bush und Großvater von George W. Bush, arbeitete dort vor seiner Wahl in den Senat als Partner. Das Gebäude war buchstäblich in der Wall Street, direkt neben der Börse. An dem Morgen, an dem ich Mr. Banks aufsuchte, setzte ich zum ersten Mal einen Fuß in ein solches Gebäude. Als ich die Büroräume mit ihren vergoldeten Stuckdecken, Sekretären aus Edelholz und dicken Teppichen betrat, hatte ich das Gefühl, das Heiligtum des ehrenwerten Reichtums zu betreten. Für einen Jungen aus Washington Heights war es ein ehrfurchtgebietendes Erlebnis.[6]

Nach seinem Abschluss an der New York University wechselte Greenspan für seine Promotion an die Columbia University, wo der Wirtschaftswissenschaftler Arthur Burns zu seinen Professoren zählte. Burns war nach dem Ende des Zweiten Weltkriegs wirtschaftlicher Berater mehrerer republikanischer Regierungen und wurde 1970 Chef der Federal Reserve. Er vermittelte Greenspan verschiedene Tätigkeiten und öffnete ihm vor allem die Türen zum Washingtoner Politzirkel.

Die andere große Karrierehilfe Greenspans war bezeichnenderweise Ayn Rand, Autorin und Begründerin des Objektivismus und fanatische Vertreterin des Laisser-faire-Kapitalismus und Minimalstaats, die im Grunde das genaue ideologische Gegenstück zu einem Karrierebürokraten wie Burns verkörperte.

Greenspan lernte Ayn Rand Anfang der fünfziger Jahre nach seiner Zeit an der Columbia University kennen, er verkehrte damals in einem Kreis gleichgesinnter intellektueller Schwachköpfe, die sich in Ayn Rands Wohnung trafen und sich den lächerlichen Namen »Das Kollektiv« gegeben hatten. Sie boten Greenspan das erwünschte Forum für seinen gesellschaftlichen Aufstieg.

Bei den Treffen des »Kollektivs« ging es um eine unsinnige Antitheologie, die einen rücksichtslosen Egoismus legitimieren sollte – die groteske Philosophie des Objektivismus, die bei den Cocktailpartys der Upper East Side in den fünfziger und sechziger Jahren wie eine Bombe einschlug und eine enorme Wirkung auf die amerikanische Kultur entfaltete.

Die wirre Entstehungsgeschichte des Objektivismus sollte man sich etwas genauer ansehen, denn anstatt schon vor Jahrzehnten den verdienten Tod zu sterben, lebte er weiter, nicht zuletzt auch dank Greenspans Unterstützung, und lieferte praktisch den kompletten intellektuellen Kontext für die Finanzkatastrophen des frühen 21. Jahrhunderts.

Rand, eine sowjetische Emigrantin, die zur Hohepriesterin der Bewegung avancierte, war die perfekte Besetzung für eine Nebenrolle in der schwarzen Komödie, die Greenspans Leben uns bietet – eine schwadronierende, launische, wichtigtuerische Pseudointellektuelle, die an die schnöseligen, studierten Schwätzer in Woody Allens Kurzgeschichten wie »Ohne Leit kein Freud« und »Meine Ansprache an die Schulabgänger« erinnert. Tatsächlich könnte man bei manchen Äußerungen Rands meinen, sie seien mehr oder weniger direkt Woody Allens Filmen entsprungen; ihre diktatorische Haltung zur Gesichtsbehaarung (»Sie … betrachtete jeden, der einen Bart oder Schnauzbart hatte, als grundsätzlich unmoralisch«, erinnerte sich einer ihrer Freunde) würde auch zum lateinamerikanischen Despoten General Vargas im Film »Bananas« passen, der von seinen Untertanen verlangte, stündlich die Unterwäsche zu wechseln.

Bei ihren Treffen forderten sich die Mitglieder des Rand-Kollektivs gegenseitig auf, ihre eigene Existenz zu beweisen. Ein Mitglied erinnert sich, wie Greenspan gefragt wurde: »Wie erklären Sie die Tatsache, dass Sie hier sind? Benötigen Sie noch mehr als den Beweis Ihrer eigenen Sinne?«

Greenspan ließ sich auf diesen Quatsch ein und gab eine seiner typischen verklausulierten Antworten. »Ich glaube, dass ich existiere. Aber ich weiß es nicht sicher«, sagte er angeblich. »Tatsächlich kann ich nicht mit Sicherheit sagen, dass überhaupt etwas existiert.« (Die Woody-Allen-Version hätte gelautet: »Ich kann nicht mit Sicherheit sagen, dass ich existiere, aber ich weiß, dass ich zwei Wochen im Voraus reservieren muss, um einen Tisch bei Sardi's zu bekommen.«)

Ein charakteristisches Kennzeichen der Rand'schen Clique sind ihre absolutistischen Vorstellungen von Gut und Böse, die in einer völlig abstoßenden, kompromisslos bombastischen Rhetorik zum Ausdruck kommen. Sie sind mit großer Wahrscheinlichkeit von der russischen Anführerin der Gruppe auf die anderen übergegangen. Ohnehin zählt Rand zu den humorlosesten Personen, die je auf dieser Erde wandelten.

Ihr Buch *Atlas wirft die Welt ab* ist ein beeindruckendes Beispiel für die Fähigkeit des Menschen zu grenzenlosem Selbstmitleid – ein bizarres und unglaublich langatmiges Werk, in dem Rand ihrer aristokratischen Paranoia freien Lauf lässt. Kleiner Einblick in die Handlung gefällig? Eine Gruppe Rand'scher Übermenschen beschließt, sich von der Gesellschaft loszusagen und ein reines Utopia nach den Prinzipien des freien Marktes zu gründen. Und natürlich versinken die parasitären Unterschichten sofort in ihrer eigenen Faulheit und Unfähigkeit.

Das Buch quillt förmlich über vor Abscheu gegenüber den Unterschichten, die die armen »Atlanten« (schließlich schultern sie die Last der ganzen Welt!) unter Berufung auf deren »moralische Verantwortung« dazu bringen wollen, ihren Reichtum mit ihnen zu teilen. Auf dem Höhepunkt der Handlung lässt sich der Held John Galt über den Wert des Eigennutzes aus und attackiert die Vorstellung der Selbstaufopferung als menschliches Ideal auf geschlagenen 75 Seiten.

Man muss wohl nicht betonen, dass nur ein Mensch mit einem rational nicht mehr fassbaren Maß an humorloser Selbstüberschätzung seine Mitmenschen mit einer 75-seitigen Rede quälen kann, egal zu welchem Thema. Selbst Jesus brauchte für die Bergpredigt gerade einmal zwei Seiten! Aber Rand/Galt schafft mühelos die Überlänge, und ausgerechnet diese Rede bildet die Grundlage für den Objektivismus, ein Begriff, der wohl auch nur gewählt wurde, weil »Gierismus« nicht so gut klingt.

Rand versucht, mit schierer Quantität den Eindruck von Tiefe zu erwecken, und setzt den Leser einem gnadenlosen Sperrfeuer sinnloser literarischer Schnörkel aus. Man muss nur einen Blick auf Galts berühmte Rede in *Atlas wirft die Welt ab* werfen:

> Vernunftmäßigkeit ist die Anerkennung der Tatsache, daß das Seiende ist, daß nichts die Wahrheit verändern kann und daß nichts den Vorrang haben kann vor dem Akt, der sie wahrnimmt, dem Akt des Denkens – daß der Verstand der einzige Richter über Werte und der einzige Maßstab des Handelns ist – daß die Vernunft ein Absolutes ist, das keine Kompromisse duldet – daß ein Zugeständnis an das Unvernünftige, Irrationale das Bewußtsein lähmt und es von der Aufgabe der Wahrnehmung ablenkt zur Aufgabe der Verfälschung der Realität – daß der angebliche Umweg zur Erkenntnis, der Glaube genannt wird, nur ein Kurzschluß ist, der den Verstand zerstört – daß die Annahme einer mystischen Eingebung ein Wunsch nach der Zerstörung des Seins ist und das Bewußtsein auslöscht.[7]

Eine extrem fesselnde Lektüre … Egal, jedenfalls verwendete Alan Greenspan später bei seinen öffentlichen Auftritten und Aussagen vor dem Kongress eine auffallend ähnliche Strategie der voluminösen Verklausulierung. Darüber hinaus hielt er stets an einigen Grundsätzen des Objektivismus fest, die in den wenigen halbwegs klaren Passagen von *Atlas wirft die Welt ab* formuliert sind:

Ein Lebewesen, das seine Fähigkeit und seine Mittel weiterzu-
leben als böse betrachtet, wird nicht weiterleben. Eine Pflanze,
die sich bemüht, ihre Wurzeln zu zerstören, ein Vogel, der seine
Flügel zerbricht, sie werden das Leben, das ihnen geschenkt
worden ist, nicht lange behalten. Doch die Geschichte des
Menschen war ein Kampf, seinen Verstand zu leugnen und zu
zerstören ...

Da das Leben eine bestimmte Logik des Handelns erfordert,
wird eine andere Logik es zerstören. Ein Wesen, das sein Leben
nicht zum Motiv und Ziel seiner Handlungen macht, handelt
selbstmörderisch. Solch ein Wesen ist ein metaphysisches
Monstrum, das sich bemüht, die Tatsache seiner eigenen Existenz zu leugnen und zu widerlegen, und Amok läuft auf dem
sicheren Weg der Zerstörung, zu nichts anderem fähig als zum
Schmerz.[8]

Das ist Sozialdarwinismus in Reinkultur: Egoismus ist normal,
Interventionen (vor allem staatliche), die mit dem Eigennutz
kollidieren, sind schlecht; im Grunde haben wir hier eine schicke-
re Version von Gordon Gekkos Geisteshaltung »Gier ist gut«.
Und wenn man sich ein bisschen intensiver mit Rands Philosophie beschäftigt, stellt man fest, dass das immer so weitergeht.

Ihr Glaubenssystem lässt sich in vier Bereiche unterteilen:
Metaphysik (objektive Realität), Erkenntnistheorie (Grund),
Ethik (Eigennutz) und Politik (Kapitalismus). Die beiden ersten
Teile sind im Grunde völliger Schwachsinn und Schaumschläge-
rei. Nach Ansicht der sogenannten Objektivisten bedeutet der
Glaube an eine »objektive Realität«, dass »Fakten Fakten sind«
und »Wunschdenken« nichts an den Fakten ändert. Was in Wirk-
lichkeit so viel heißt wie: »Wenn ich recht habe, habe ich recht.«
Und: »Meine Fakten sind Fakten, und deine Fakten sind keine
Fakten.«

Dieser Glaube an die »objektive Realität« macht die Objektivisten so dreist: Weil sie nicht wirklich glauben, dass Fakten von
einem anderen Standpunkt aus anders aussehen, verspüren sie
auch nicht das Bedürfnis, sich selbst infrage zu stellen oder die
Dinge aus einer anderen Perspektive zu betrachten. Aber weil ein
Perspektivwechsel eine wesentliche Rolle bei der magischen, un-
ausgesprochenen Verbindung spielt, die viele Menschen teilen
und die man »Sinn für Humor« nennt, ist die »Metaphysik« des
Objektivismus ein gutes Beispiel dafür, warum es noch nie einen
lustigen Objektivisten gegeben hat.

Der eigentliche Kern des Rand'schen Denkens (und der Grund,
warum wir in Zusammenhang mit Greenspan darauf zu sprechen
kommen) liegt im Glauben, dass Egoismus ein ethisches Ideal sei
und dass der Kapitalismus in Reinform die politische Struktur
einer Gesellschaft bestimmen sollte. Die Randianer sind der Ansicht, dass sich der Staat völlig aus der Wirtschaft heraushalten
sollte; vor allem sollte eine Regierung nie »Gewalt« einsetzen, es
sei denn gegen Kriminelle oder im Falle eines Krieges. Das heißt,
der Staat erhebt keine Steuern und erlässt keine Vorschriften.

Zusammengefasst sieht das Rand'sche Glaubenssystem folgendermaßen aus:

1. Fakten sind Fakten: Standpunkte können absolut richtig
   oder falsch sein, ausschlaggebend ist die Vernunft.
2. Laut dieser Begründung habe ich absolut recht.
3. Wohltätigkeit ist unmoralisch.
4. Finanziert eure verdammten Schulen doch selbst.

Wie alle großen Hochstapler war Rand sehr clever, wenn es um
die Frage ging, wie ihre Ideen umgesetzt werden sollten. Sie blieb
dabei so vage, dass sie gewisse unbequeme Widersprüche über-
tünchen konnte. Beispielsweise verunglimpfte sie das Eintreiben

von Steuern als Einsatz von »Gewalt«, ging aber stillschweigend davon aus, dass ein Staat über Militär und Polizei verfügen muss, wie auch immer er das finanzieren sollte. Sie lehnte schon die bloße Idee staatlicher Einmischung in die Wirtschaft ab, gab aber hier und da zu, dass Betrug und Vertragsbrüche »Gewalttaten« seien, die ein Eingreifen des Staates erforderten.

Das alles räumte sie ein, der Trick war jedoch, dass sie andere Schwerpunkte setzte. Auch wenn sie stillschweigend eingestand, dass eine *gewisse* wirtschaftliche Regulierung erforderlich sei, meinte sie, wenn sie von »Verbrechen« und »Gewalt« sprach, in erster Linie bewaffnete Räuber respektive Taschendiebe oder eben den Staat, der Steuern für Sozialleistungen eintreibt:

Sei es ein Straßenräuber, der einem Reisenden das Ultimatum stellt: »Dein Geld oder dein Leben«, oder ein Politiker, der einem Land das Ultimatum stellt: »Die Erziehung deiner Kinder oder dein Leben«, der Sinn des Ultimatums ist der gleiche: »Dein Verstand oder dein Leben.«[9]

Auffallend an ihrer Theorie ist, dass sie vor allem diejenigen anspricht, deren Sinnen und Trachten darin besteht, Einbrecher und ausländisches »Kommunistenpack« von ihren Villenanwesen in Newport fernzuhalten. Bürger, die für ihre Steuergelder eine sinnvollere Verwendung erwarten, sehen dagegen kaum einen Sinn in ihrer Philosophie. Ein Selfmade-Millionär Rand'scher Prägung kann natürlich auch einfach einen privaten Sicherheitsdienst anheuern, um sein Anwesen vor Einbrechern zu schützen. Aber wohin wenden sich die normalen Bürger, wer schützt die? Unter welchem Stichwort findet man denn in den Gelben Seiten einen privaten Sicherheitsdienst, der einen vor Insider-Trading schützt? Vor Preisabsprachen beim Rohstoffhandel oder beim Benzin? Ist dann jede einzelne Familie verpflichtet, einen Privat-

schnüffler anzuheuern, damit die Fabrik vor Ort kein Dioxin im
Wasserschutzgebiet verklappt?

Und wie reagierte Rand auf diese Fragen? Sie ignorierte sie. In
ihren Romanen gibt es keine Contergankinder mit Missbildun-
gen, keine Madoff-Skandale, keine Ölspekulationsblasen. Dafür
gibt es aber viele arme Faulenzer, die Sozialhilfe und kostenlose
Schulbildung von den Bessergestellten fordern. Der Glaube an
diese schlicht gestrickte Schwarzweißwelt, in der reines wirt-
schaftliches Streben und blutrünstige Parasiten einander gegen-
überstehen, erlaubte es Rands Anhängern, sich als Objektivisten
zu präsentieren, die gegen sämtliche Steuern sowie jegliche staatliche Regulierung und Einmischung in private Angelegenheiten
sind – trotz der Tatsache, dass all diese ideologischen Unbedingt-
heiten still und leise in sich zusammenfielen, sobald es ans Prakti-
sche ging. Anders ausgedrückt: Ihre Philosophie war widersprüchlich und völlig subjektiv. Sie schmeichelte ihren Anhängern und
bezeichnete sie als noble, rechtschaffene Atlanten, aber im Kleingedruckten stand dann, dass sie tun und lassen konnten, was sie
wollten.

Diese aalglatte, vom Eigennutz geprägte Weltanschauung sollte
enormen Einfluss auf die amerikanische Politik haben. Andau-
ernd wird Stimmung gegen Steuern, Staatsausgaben und Regulierungen gemacht, weil sie als grundlegend böse gelten. Wenn es
allerdings um eine Erhöhung der Militärausgaben, ein Verbot des
Reimports der fürs Ausland hergestellten Medikamente, die Unterstützung von Hypothekenkreditgebern durch die Federal
Housing Administration,[10] Kredite der Overseas Private Investment Corporation[11] für Unternehmen oder andere großzügige
staatliche Förderungen oder eine staatliche Einmischung zugunsten der richtigen Leute geht, dann drückt man gern mal ein Auge
zu. Amerikanische Politiker gebärden sich geradezu reflexhaft als
waschechte Randianer, die sich für den freien Markt und gegen

Steuererhöhungen einsetzen (abgesehen von Dennis Kucinich bekennt sich kein Politiker zu einem anderen Glaubenssystem). Doch hinter den Kulissen handeln sie heimlich, still und leise ganz anders.

In Gestalt von Alan Greenspan hielt diese doppelzüngige Weltanschauung nun Einzug in die Politik. Er war in der Lage, die scheinbar unvereinbaren Rollen des Gläubigen und Pragmatikers zu kombinieren. Er hatte ja auch keine festen Grundsätze, die ihn dabei gestört hätten. Man kann sich durchaus vorstellen, dass Greenspan, selbst als er in Rands Salon saß und fröhlich über die Beweise für seine eigene Existenz diskutierte, insgeheim dachte, was für komplette Idioten seine Freunde waren, deren abgehobene Theorien in der Praxis schnell in sich zusammenfallen würden. Ein Beleg dafür ist Greenspans schizophrene Haltung gegenüber seinem zukünftigen Arbeitgeber, dem 1913 gegründeten Federal Reserve System der USA.

Rands Objektivisten waren natürlich schon gegen das bloße Konzept einer Zentralbank, einer staatlichen Einrichtung, die es einem von der Regierung ernannten Vorsitzenden – dem Notenbankchef – erlaubte, die der Wirtschaft zur Verfügung stehende Geldmenge zu kontrollieren.

In ihrem Salon war Greenspan ein strikter Gegner der Federal Reserve gewesen. Ein überzeugter Rand-Anhänger und -Schüler, Nathaniel Branden, erinnerte sich an Greenspans Haltung zur US-Notenbank: »In unseren Diskussionen ging es auch häufig um die Rolle des Federal Reserve Board und um dessen Einfluss auf die Wirtschaft durch die Kontrolle der Geldmenge. Greenspan sprach voller Elan und Nachdruck von einem völlig freien Bankensystem.«

In den fünfziger und sechziger Jahren vertrat Greenspan eifrig Rands Ansichten. Seine Einstellung zur Federal Reserve in dieser Zeit ist gut dokumentiert. 1966 verfasste er einen Aufsatz mit dem Titel »Gold and Economic Freedom«, in dem er dem Zentralbanksystem eine Mitschuld an der Weltwirtschaftskrise von 1929 gab: »Die übermäßigen Kredite, mit denen die Federal Reserve die Wirtschaft versorgte, griffen auf den Aktienmarkt über – und lösten einen fantastischen Spekulationsboom aus.« Das hätte schon damals sämtliche Alarmglocken schrillen lassen müssen. Auf jeden Fall kam Greenspan in dieser Zeit Rand näher, die als selbsternannte Päpstin des prokapitalistischen Glaubens zunehmend die Bodenhaftung verlor, zu Monologen im Stile ihres Protagonisten Galt neigte und andere Leute vor den Kopf stieß. Ihr Zorn richtete sich auch gegen Branden, einen gutaussehenden und erheblich jüngeren Psychotherapeuten, den sie kennengelernt hatte, als sie 44 war. Obwohl beide verheiratet waren, begann sie eine Affäre mit dem damals Neunzehnjährigen. Angeblich waren beide Ehepartner mit dem Arrangement einverstanden (was ein bisschen an die Sexualmoral des Sektenführers David Koresh von den Branch Davidians erinnert), aber zumindest hielt es ihre Vordenkerin bei Laune.

Doch 1968, als die Affäre bereits achtzehn Jahre lief, entdeckte sie, dass Branden seinen reinen Verstand dazu genutzt hatte, eine junge Schauspielerin namens Patrecia Scott zu verführen, die objektiv betrachtet etwa zehntausendmal attraktiver war als die in die Jahre gekommene Rand, die ohnehin nie sonderlich hübsch war. Branden hatte also eine Affäre, und zwar ohne sie um Erlaubnis zu fragen.

Rand nutzte nun *ihren* reinen Verstand und beschloss, Branden und seine Frau Barbara offiziell aus der Bewegung auszuschließen, weil sie »gegen objektivistische Prinzipien verstoßen« hatten. Eigentlich wäre das gar nicht sonderlich erwähnenswert, wäre da nicht die amüsante Fußnote, dass Greenspan das Ausschlussdekret unterzeichnete, das folgendermaßen lautete: »Weil Nathaniel Branden und Barbara Branden mit einer Reihe von Handlungen die grundlegenden Prinzipien des Objektivismus verraten haben, verurteilen und verstoßen wir diese beiden Personen unwiderruflich.« Die Ironie, dass jemand, der der sowjetischen Unterdrückung entflohen war, eine so klassisch leninistische Verbannung anordnete, ist ihr offensichtlich entgangen. Aber der eigentliche Witz kommt erst noch. Fast gleichzeitig mit der Unterzeichnung des absurden Ausschlussdekrets tat Greenspan etwas, was den Ansichten eines braven Randianers völlig zuwiderlief: Er begann, für einen Politiker zu arbeiten.

Im Jahr 1968 schloss er sich dem Wahlkampfteam von Richard Nixon als Berater für innenpolitische Fragen an. Nach Nixons Sieg über Hubert Humphrey arbeitete er während der Amtsübergabe für das Bureau of the Budget. Sein Einsatz brachte ihm 1974 die Berufung in Gerald Fords Sachverständigenrat für Wirtschaft ein. 1980 trug er sich als Berater in Ronald Reagans Wahlkampf an, arbeitete in einem Ausschuss zur Reform des Sozialversicherungssystems und wurde schließlich 1987 Chef der Federal Reserve. Nebenher verfolgte Greenspan seine Karriere als Wirtschaftswissenschaftler, aber einstweilen genügt es zu wissen, dass er seine intellektuelle Prägung in einem Umfeld erhielt, wo jede Zusammenarbeit mit der Regierung als Verrat galt. Dennoch arbeitete er den Großteil seines Lebens auf die eine oder andere Weise für den Staat. Dem *New York Times Magazine* erklärte er 1976, seine Entscheidung, für die Regierung zu arbeiten, sei wohlbegründet gewesen: »Ich konnte wirklich etwas bewirken.«

Gegen Ende ihres Lebens fragte sich selbst Rand, wie es eigentlich mit Greenspans Hingabe an ihre Religion aussah. Dabei gelangte sie zu einer der wenigen klugen Erkenntnisse in ihrem nicht gerade von Scharfsicht geprägten Leben: »Ich glaube, Alan ist im Grunde ein sozialer Emporkömmling«, sagte sie.

Seine Fähigkeit zum Doppelspiel erstaunte selbst Barbara Walters, die Greenspan in den siebziger Jahren irgendwie dazu brachte, mit ihm auszugehen. »Mir ist völlig schleierhaft, wie Alan Greenspan, ein Mann, der an eine Philosophie der möglichst geringen Intervention des Staates und wenig Regulierung glaubte, schließlich zum Vorsitzenden der größten Regulierungsbehörde des Landes werden konnte«, sagte sie im Jahr 2008.

Und wie kam es nun dazu? Unter anderem war Greenspan einer der ersten Amerikaner, die die Rolle der Prominenz im Zeitalter der Massenmedien wirklich verstanden. Dreißig Jahre vor Paris Hilton schaffte er es, um der Berühmtheit willen berühmt zu werden – und nutzte dieses Talent, um eine der mächtigsten Positionen der Welt zu ergattern.

Alan Greenspans politische Karriere gründete auf einer Legende – der Legende vom Börsengenie, vom Mann, der alle Antworten kennt. Aber diese Legende hat nichts mit seinen tatsächlichen Fähigkeiten als Wirtschaftswissenschaftler zu tun. Es war ein Ruf, der auf seinem Ruf gründete. Wenn man sich heute seinen Aufstieg ansieht, hat sein Weg nur sehr wenig mit der Laufbahn von Wirtschaftsgurus wie Keynes oder Friedman zu tun, dafür aber umso mehr mit Selbstdarstellern wie L. Ron Hubbard, Tony Robbins oder dem Beatles-Guru Maharishi Mahesh Yogi.

Wie Maharishi bekam Greenspan einen Fuß in die Tür, indem er verwirrte Prominente mit wortreichem pseudomystischem Nonsens blendete. Den großen Durchbruch schaffte er, als ihn ein Rechtsanwalt namens Leonard Garment 1968 Richard Nixon vorstellte.

Garment bezeichnete Greenspans Geschwafel über Wirtschaftsthemen später als »Sprache, die man in Nepal und Kathmandu versteht«. Nixon war trotzdem beeindruckt und befand: »Das ist ein intelligenter Mann.« Später nahm er Greenspan in sein Wahlkampfteam auf. Und obwohl Greenspan letztlich eine offizielle Funktion in Nixons Regierung ablehnte, sonnte er sich fortan im Ruf eines Wirtschaftsgurus für die Mächtigen, eine Rolle, an die er auch die Presse unermüdlich erinnerte.

Nachdem er schließlich als Leiter von Fords Sachverständigenrat für Wirtschaft doch eine Rolle in der Regierung übernommen hatte, erschienen in den Zeitungen regelmäßig Berichte, in denen seine Autorität im Weißen Haus voll glühender Bewunderung geschildert wurde.

»Greenspan hat eine einzigartige Beziehung zum Präsidenten«, krähte *Business Week* und fügte hinzu, nach Einschätzung eines Referenten sei er »in Bezug auf Wirtschaftspolitik ein echtes Schwergewicht«. Der zukünftige Godzilla der Rechten, Dick Cheney, der damals als Fords Stabschef fungierte, erklärte im *New York Times Magazine*, bei Präsident Ford hätten »Greenspans Ansichten mehr Gewicht als die seiner anderen Wirtschaftsberater«.

Manchmal lieferte auch Greenspan persönlich die Komplimente. Der *New Yorker* bot 1974, als die Inflation ein drängendes Problem war, dieses wunderbare Lob: »Wirtschaftswissenschaftler aller Richtungen (mit Ausnahme von Alan Greenspan, einem Schüler von Ayn Rand, der Leiter des Sachverständigenrats für Wirtschaft ist) geben zu, dass die aktuellen Probleme sie vor ein Rätsel stellen.«

Bald darauf zierte Greenspan 1975 als erster Wirtschaftswissenschaftler den Titel von *Newsweek*. Da war er bereits Mitglied des illustren Board of Economists von *Time*, das viermal im Jahr zusammentrat, um für das Magazin knurrige Kommentare zu aktuellen Wirtschaftsfragen abzugeben. Greenspan erhielt sogar eine Interviewanfrage von *Penthouse*, die er jedoch ablehnte.

Dass Greenspan schon immer immens an der Aufmerksamkeit der Medien interessiert war, wurde von fast jedem, mit dem ich sprach, fraglos akzeptiert. Sein Medieninteresse zeigt sich sogar in seinem Privatleben. Er ging nacheinander mit drei verschiedenen prominenten Fernsehfrauen aus, von Barbara Walters Ende der

siebziger Jahre über Susan Mills (Produzentin der Nachrichten-
sendung »The MacNeil/Lehrer Report«) in den achtziger Jahren
bis zu der Frau, die er schließlich heiratete, die NBC-Korrespon-
dentin Andrea Mitchell.

Ein Journalist einer großen Tageszeitung, der in den neunziger
Jahren einen Bericht über die Federal Reserve verfasste, erinnert
sich, dass er um sieben Uhr morgens panische Anrufe von Greenspans Büro erhielt, nachdem er sich im Artikel negativ über ihn
geäußert hatte. »Ich war noch im Halbschlaf, aber der Notenbankchef war bereits sehr verärgert«, erzählte er. Etwa zur gleichen
Zeit wurde Paul Weller, ein Professor an der University of Iowa,
der einen kritischen Aufsatz über Greenspan verfasst hatte, noch
vor der Veröffentlichung heftig vom Pressereferenten der Federal
Reserve bedrängt. »Alan persönlich wollte den Aufsatz sehen«,
erzählt der Autor heute belustigt.

Greenspan war extrem geschickt, sein Image als Wirtschaftsge-
nie zu verbreiten, was umso mehr verwundert, wenn man bedenkt,
dass seine Wirtschaftsprognosen im besten Fall katastrophal waren. »Er war angeblich der klügste Mann der Welt«, lacht Wirtschaftswissenschaftler Brian Wesbury heute. »Er war der Größte,
der Meister. Aber wenn man genauer hinsieht, lag er bei fast allem
daneben, was er je prognostiziert hatte.«

Beobachter der Federal Reserve und Greenspan-Kritiker schei-
nen alle eine besondere Freude daran zu haben, die lächerlichste
Prophezeiung unter Greenspans irrigen Vorhersagen herauszupi-
cken. Zu den berühmtesten zählt seine Äußerung in der *New York
Times* vom Januar 1973: »Es ist sehr selten, dass man so rückhalt-
los auf steigende Kurse spekulieren kann wie jetzt.« In den beiden
folgenden Jahren brachen die Aktienkurse um 46 Prozent ihres
Wertes ein, der Index fiel von 1000 Punkten am Tag von Greenspans Prognose auf 571 Punkte im Dezember 1974.

Greenspan versagte sogar, wenn es darum ging, Ereignisse zu

prognostizieren, die bereits geschehen waren. Im April 1975 erklärte er vor Publikum in New York, die Rezession sei noch nicht
vorbei, »das Schlimmste kommt erst noch«. Die Konjunktur erholte sich jedoch schnell, und das National Bureau of Economic
Research datierte das Ende der Rezession später auf März 1975,
also einen Monat vor Greenspans Rede.

In Greenspans Karriere gibt es zahlreiche derartige Äußerungen. Im Juli 1990, zu Beginn der Rezession, die letztendlich
George H. W. Bush die Wiederwahl kostete, verkündete Greenspan: »In unmittelbarer Zukunft sehe ich kaum Hinweise, die
darauf hindeuten würden, dass die Wirtschaft [in eine Rezession]
kippt.« Monate später hielt Greenspan trotz anhaltend schlechter
Nachrichten weiter an seiner Meinung fest: »Wer behauptet, wir
befänden uns bereits in einer Rezession, liegt meiner Ansicht nach
mit großer Sicherheit falsch.«

Auch im Oktober, im sechsten von insgesamt zehn Monaten
anhaltender Arbeitsplatzverluste, blieb Greenspan hartnäckig bei
seiner Sichtweise. »Die Wirtschaft ist noch nicht in eine Rezession
gerutscht«, erklärte er.

Wirtschaftsprognosen haben viel mit Wettervorhersagen gemeinsam, und selbst sehr gute Wirtschaftsexperten können mit
ihren Voraussagen ähnlich wie Meteorologen Opfer unerwarteter
Umschwünge werden. Aber Greenspans Fehleinschätzungen waren meist idiotische Missgriffe von historischer Dimension, die
von einer grundlegenden Fehleinschätzung aktueller Probleme
künden und oft katastrophale Auswirkungen hatten. Egal, welche
der großen Finanzkrisen unserer Zeit man nimmt, man findet fast
immer ein Greenspan-Zitat dazu, in dem er fröhlich versichert,
man müsse sich keine Sorgen um die jüngsten wirtschaftlichen
Entwicklungen machen.

Vor dem Zusammenbruch der Savings-and-Loans-Sparkassen
gab Greenspan dem mittlerweile berüchtigten Finanzschwindler

Charles Keating grünes Licht – Greenspan hatte seine Bilanzen unter die Lupe genommen und erklärt, Keatings Lincoln Savings and Loan Association habe »eine Reihe sorgfältig geplanter, vielversprechender und diversifizierter Projekte entwickelt«. Die Bank stelle »kein vorhersehbares Risiko für die Federal Savings and Loan Corporation« dar.

Der Fehler, den er sich 1994 leistete, war sogar noch schlimmer. Nach ein paar (relativ) begrenzten Pleiten im Zusammenhang mit Derivaten von der Sorte, die 2008 die Finanzwelt fast in den Abgrund gestürzt hätten, verkündete Greenspan dem Kongress, die Risiken im Zusammenhang mit Derivaten seien »zu vernachlässigen«. Seine Aussage war einer der Hauptgründe dafür, warum die Regierung den Derivatehandel nicht regulierte. Greenspans Fehleinschätzung der Dotcom-Blase in den neunziger Jahren ist legendär (mehr dazu später); außerdem fiel er auf die Hysterie um das Jahr-2000-Problem herein und machte sich in der Anfangszeit von George W. Bushs Präsidentschaft doch tatsächlich Sorgen, die Staatsverschuldung der USA könnte zu schnell abgebaut werden.

Aber schließlich wurde Greenspan nicht aufgrund seiner wirtschaftlichen Fähigkeiten oberster Bankchef. Sein wahres Talent lag in der Politik. Während Ronald Reagans erster und zweiter Amtszeit, als der eigenwillig unabhängige Paul Volcker auf dem Notenbankthron saß, arbeitete Greenspan still und heimlich hinter den Kulissen und bekleidete so viele Funktionen im Weißen Haus wie möglich. Ehemalige Mitarbeiter Reagans berichteten dem Greenspan-Biografen Jerome Tuccille: »Alan machte es sich zum Prinzip, sich bei den richtigen Leuten lieb Kind zu machen.« Ein anderer Mitarbeiter, Martin Anderson, erzählte: »Ich glaube nicht, dass ich einmal im Weißen Haus gewesen bin, ohne dass er im Vestibül saß oder die Büros abklapperte. Ich war völlig verblüfft von seiner Allgegenwart.«

Greenspan hatte Reagan von seinem Wert überzeugt, als er mithilfe einer von ihm geleiteten Kommission einen zeitlosen Budgettrick vollführte, der fast an Zauberei grenzte: eine unsichtbare Steuererhöhung, die der angeblich so steuerfeindlichen Regierung Reagan acht Jahre lang ein massives Deficit-Spending ermöglichte.

Im Jahr 1981 ernannte Reagan Greenspan zum Leiter der National Commission on Social Security Reform, des Ausschusses zur Reform der Sozialversicherung, der sich mit einer angeblich kurzfristigen Finanzierungslücke befassen sollte, um eine drohende Pleite des Old-Age Fund und des Survivors Insurance Trust Fund bis 1983 zu verhindern. Unnötig zu erwähnen, dass jede politische Entscheidung in Zusammenhang mit Sozialversicherungen höchst riskant ist; Kürzungen führen direkt zum Verlust der Wählerstimmen, und auch die Alternative, eine Steuererhöhung, wird von den Bürgern nicht so leicht geschluckt.

Greenspan empfahl, die Sozialversicherungsabgaben zu erhöhen, denn natürlich sind solche Abgaben keine richtigen »Steuern« (Reagan bezeichnete derartige Erhöhungen später – wahnsinnig komisch! – als »Einnahmensteigerung«), weil der Steuerzahler das Geld später zurückbekommt. Damals dachte man, die Reagan-Regierung könne Anfang der achtziger Jahre, als die Generation der Babyboomer voll im Berufsleben stand, durch die Erhöhung der Abgaben ein finanzielles Polster aufbauen, mit dem dann die Renten der Babyboomer finanziert werden würden, wenn sie in zwanzig oder dreißig Jahren das Rentenalter erreicht haben würden. Gesagt, getan, entsprechend stiegen die Sozialversicherungsabgaben von 9,35 Prozent im Jahr 1981 auf 15,3 Prozent 1990.

Dazu nur zweierlei: Erstens sind Sozialversicherungsabgaben degressiv, unter anderem, weil sie sich nur am Lohn oder Gehalt orientieren (ein Hedgefondsmanager oder ein Investor an der Wall Street, der sein ganzes Geld mit Gewinnbeteiligungen oder

Kapitalerträgen verdient, muss nichts bezahlen). Außerdem sind sie gedeckelt, derzeit auf 106 000 Dollar, das heißt, Einkommen über einer bestimmten Höchstgrenze sind von den Abgaben ausgenommen. Ein Ehepaar mit einem gemeinsamen Einkommen von 100 000 Dollar zahlt also etwa ungefähr gleich viel Sozialversicherungsabgaben wie Lloyd Blankfein von Goldman Sachs oder Bill Gates (wenn nicht sogar mehr, je nachdem, wie die beiden Großverdiener ihre Einkünfte strukturiert haben).

Lässt man also einmal außer Acht, dass die Abgaben für die Social Security später irgendwie wieder bei den Einzahlern ankommen, und betrachtet sie stattdessen nur als Einnahmequelle für den Staat, kann der Staat damit der Arbeiterklasse und der Mittelschicht unverhältnismäßig viel Geld abknöpfen.

Zweitens basierte Greenspans Plan, eine Art Kriegskasse für die Sozialversicherung aufzubauen, die den Rentnern zwanzig Jahre später ausgezahlt werden sollte, auf einem Trugschluss. Wenn man Geld in die Sozialversicherung einzahlt, wandert es nicht in eine Geldkassette, die vom übrigen Budget streng getrennt wird und für andere Staatsausgaben nicht angegriffen werden darf. Nach den Greenspan-Reformen kaufte die Social Security Administration von dem Geld Schatzanweisungen und lieh damit das Geld praktisch wieder dem Staat für andere Verwendungsmöglichkeiten. Wenn also beispielsweise der Präsident kurzfristig ein paar Milliarden Dollar zusätzlich zur Verfügung haben möchte, könnte er das Geld komplett von der Social Security nehmen. Wer immer dann zwei Jahrzehnte später Präsident ist, steht vor dem Problem, dass er kein Bargeld für Sozialversicherungsleistungen hat, sondern nur Staatsanleihen oder Schatzanweisungen, also schlicht Schuldscheine.

Und genau so kam es auch. Dank den Empfehlungen von Greenspans Kommission gelangten über einen Zeitraum von etwa zwanzig Jahren durch neue, degressive Steuern 1,69 Milliarden

Dollar in die Kasse. Doch anstatt die Finger von dem Geld zu lassen und es tatsächlich für Sozialversicherungszahlungen zu verwenden, gaben Reagan, Bush I., Clinton und Bush II. das Geld aus – und zwar komplett – und verursachten dadurch die sogenannte Sozialversicherungskrise während der Präsidentschaft von George W. Bush, bei der es plötzlich hieß, dass die Sozialversicherung keinen Überschuss hatte, sondern kurz vor dem Bankrott stand. Die schlechte Nachricht wurde der Öffentlichkeit vom damaligen Finanzminister Paul O'Neill präsentiert, der durchblicken ließ, dass der Social Security Fund keinerlei Vermögenswerte hatte, sondern nur ein paar Papierstücke in der Bilanz.

»Ich wende mich als Sachwalter von Social Security an Sie«, sagte O'Neill. »Derzeit haben wir keine Vermögenswerte im Treuhandfonds. Wir haben die feste Zusage der US-Regierung, dass die Zahlungen weiter geleistet werden.«

Anders ausgedrückt: Greenspan und Reagan hatten sich verschworen, die Sozialversicherungsabgaben zu erhöhen, und sich damit gerechtfertigt, dass sie für die kommenden Jahrzehnte ein finanzielles Polster aufbauen wollten. Und dann hatten sie das Geld einfach für laufende Ausgaben verwendet.

Es war schon schlimm genug, dass Greenspan, der als Anhänger von Rands Philosophie eigentlich jede Form von »Staatsgewalt« ablehnen musste, eine so massive Steuererhöhung vorschlug. Seine wahre Schurkenhaftigkeit zeigte sich jedoch, als George W. Bush wegen der Zukunft der Sozialversicherung Alarm schlug und niemand anders als Greenspan argumentierte, es sei vielleicht an der Zeit, die Sozialversicherungsleistungen zu kürzen.

In einem Artikel der *Washington Post* vom Februar 2004 stand dazu Folgendes:

Greenspan bot mehrere Möglichkeiten zur Eindämmung der Staatsausgaben an, darunter auch eine Minderung der Social-

Security- und Medicare-Leistungen. Der Notenbankchef
empfahl erneut eine Anhebung des Rentenalters, um mit der
steigenden Lebenserwartung der Bevölkerung Schritt zu halten. Und er erinnerte die Gesetzgeber, dass sie für die Anpas-
sung der Sozialleistungen und Renten an die steigenden Le-
benshaltungskosten und die Inflation nicht unbedingt den
Verbraucherpreisindex heranziehen müssten, der zwar häufig
verwendet wird, nach Ansicht mancher Wirtschaftswissenschaftler jedoch den allgemeinen Preisanstieg überbewertet.
Ein Index, der eine niedrigere Inflation anzeigt, würde für einen langsameren Anstieg der Sozialversicherungsleistungen
sorgen.

Halten wir noch einmal fest: Greenspan erhöht die Sozialversicherungsabgaben auf etwa 1,5 Milliarden Dollar, und wenn es an
der Zeit ist, die versprochenen Leistungen auszuzahlen, verkündet
er, dass man sich das nicht leisten könne, das Geld sei nicht vorhanden, man könne den Versicherten nichts auszahlen.

Das war nichts anderes als ein Hütchenspiel – das Geld kam
durch Abzüge von Löhnen und Gehältern herein und wurde in
Form von Deficit-Spending gleich wieder ausgegeben, und nur
immer weitere Anhebungen der Sozialversicherungsabgaben verhinderten im Lauf der Jahre, dass die Blase platzte. So wurde die
Illusion gewahrt, dass das Geld nie anderweitig ausgegeben worden war. Senator Daniel Patrick Moynihan hatte das bereits 1983
als »Diebstahl« bezeichnet, doch im Lauf der Jahrzehnte erwarb
sich der gigantische Betrug noch eine spezifischere Bezeichnung.
Ein Journalist, der über Greenspan berichtete, sprach von einem
»klassischen Schneeballsystem«.

Wer sich ein solches Betrugsschema ausdenkt, macht sich natürlich beliebt beim Präsidenten. Mitte der achtziger Jahre bekam
Greenspan seine große Chance. Reagan war von Volcker ent-

täuscht. Die Regierung wollte einen Notenbankchef, der »enger mit dem Weißen Haus zusammenarbeitete«, wie es ein Historiker der Federal Reserve formulierte, und diesen Mann fand sie in Greenspan. 1987 ernannte ihn Reagan zum obersten Bankenchef. Greenspan »konnte nur mühsam seine Schadenfreude unterdrücken«, schrieb sein Biograf Tuccille, und trat sein Amt mit großem Trara an, darunter auch eine Titelgeschichte in der Zeitschrift *Time*, die ihn zum »neuen Mr. Dollar« hochstilisierte.

Das Nominierungsverfahren bestand Greenspan mit Leichtigkeit, trotz der hartnäckigen Befragung durch Senator William Proxmire aus Wisconsin, der auf Greenspans kläglicher Bilanz und seinen falschen Prognosen während seiner Zeit als Leiter des Sachverständigenrats für Wirtschaft unter Präsident Ford herumhackte. In einem der amüsanteren Wortgefechte versuchte Greenspan zu leugnen, dass er einmal einen Zinssatz für Schatzwechsel von 4,4 Prozent für das Jahr 1978 prophezeit hatte (er lag dann bei 9,8 Prozent) oder dass der amerikanische Verbraucherpreisindex auf 4,5 Prozent steigen würde (es waren 9,5 Prozent). »Das entspricht nicht meiner Erinnerung an die Prognosen«, erklärte Greenspan.

Daraufhin las Proxmire Greenspans Prognosen nacheinander vor.

»Nun ja«, scherzte Greenspan, »wenn Sie das schriftlich haben, müssen es wohl die richtigen Zahlen sein.«

Proxmire kritisierte Greenspan weiter, erreichte aber nichts. Am 11. August 1987 wurde Alan Greenspan als Vorsitzender der Federal Reserve vereidigt. Sein Amtsantritt markierte praktisch den Beginn der Spekulationsblasenwirtschaft.

Kurz zusammengefasst funktioniert die Blasenökonomie so: Stellen wir uns vor, dass sich die gesamte Wirtschaft in ein Kasino verwandelt hat. Die Anleger setzen ihr Geld in der Hoffnung auf einen schnellen Gewinn auf Öltermingeschäfte, Subprime-Hypotheken und Internetaktien. Die großen Brokerfirmen und Investmentbanken übernehmen die Rolle der Kasinobetreiber. Wie in einem echten Kasino sind sie am Ende immer die Gewinner – unabhängig davon, welche Investitionen Gewinn oder Verlust bringen. Sie bekommen immer ihren Anteil in Form von Gebühren und Zinsen. Und wie in einem richtigen Kasino bekommen sie umso mehr Geld, je mehr Anleger es gibt: Je mehr gezockt wird, desto mehr verdienen sie. Selbst wenn die Spekulationsblasen den Wert eines Royal Flush haben, das Geld, das das Kasino kassiert, ist *real*.

Vielleicht waren die Ölfutures, die man gekauft hat, in Wirklichkeit auch nicht annähernd die 149 Dollar pro Barrel wert, aber mit den Gebühren, die man Goldman Sachs oder Morgan Stanley für den Kauf der Futures gezahlt hat, wurden echte Villen am Meer, echte Maseratis und echte Stadthäuser an der Park Avenue gekauft. Die Spieler jagen imaginären Reichtümern hinterher, während das Kasino Luftschlösser in handfeste Villen verwandelt.

Stellen Sie sich jetzt vor, dass das Kasino jedes Mal, wenn die Spekulationsblase platzt und alle Zocker pleitegehen, enorme Geldmengen vom Staat leihen darf, und zwar fast umsonst. Das Kasino wiederum leiht das ganze Geld an seine gerade pleitegegangenen Kunden, die sofort wieder an die Spieltische strömen, um noch einmal ihr letztes Hemd zu verlieren. Der Kreislauf wiederholt sich, nur sind die Spieler dieses Mal in einer noch schlechteren Verfassung als zuvor; sie haben nicht nur ihr eigenes Geld verloren, sondern schulden dem Kasino *zusätzlich* die Summen, die sie geborgt haben.

Das ist eine sehr vereinfachte Darstellung der Entwicklung der amerikanischen Wirtschaft unter Greenspan. Die Finanzdienstleistungsunternehmen pumpten eine Spekulationsblase nach der anderen auf, und jedes Mal, wenn die Blase platzte, traten Greenspan und die Federal Reserve als die großen Retter auf, indem sie einfach mehr Geld druckten und enorme Summen in die Wall Street pumpten, womit sie die Zocker im Grunde ermunterten, »sich nüchtern zu saufen«, wie es der Greenspan-Biograf William Fleckenstein formulierte.

Deshalb ist Alan Greenspan eine Schlüsselfigur für das Verständnis der großen Finanzkatastrophe unserer Zeit. Er nutzte wiederholt die Finanzmacht des Staates, um das wahnwitzig degressive Schneeballsystem der Blasenwirtschaft am Laufen zu halten. Wie bei einem echten Kasino erwies sich das als hocheffiziente Methode, die verstreuten Ersparnisse von Legionen gutgläubiger Bürger in das konzentrierte Vermögen einiger weniger Privatpersonen zu überführen.

»Eine Spekulationsblase ist dann besonders katastrophal, wenn sie von einer Zentralbank angeheizt wird«, erläutert Fleckenstein. »Und genau das hat Greenspan getan.«

Man kann durchaus den Verstand verlieren, wenn man versucht, alles zu verstehen, was die Federal Reserve macht. Im Interesse unserer geistigen Gesundheit ist es daher am besten, auf die ausführliche Version zu verzichten und sich auf die magische Geldschöpfungsfunktion einer Zentralbank zu konzentrieren, denn damit lässt sich der Betrug hinter den Spekulationsblasen erklären. Die Federal Reserve hat viele Funktionen. Unter anderen achtet sie auf die Einhaltung der Regulierungsvorschriften im Bankenwesen, sorgt für die Geldwertstabilität und standardisiert die Währung. Doch ihre bekannteste und wichtigste Aufgabe ist die Regulierung der Geldmenge.

Hinter der Regulierung der Geldmenge durch die Zentralbank steht der Gedanke, die Wirtschaft so gesund wie möglich zu halten, indem man einerseits die Inflation begrenzt und andererseits eine Rezession verhindert. Die Zentralbank erreicht das durch eine ständige Erhöhung oder Reduzierung der Geldmenge in der Wirtschaft. Theoretisch wird die Geldmenge verknappt, wenn zu viel gekauft wird und die Gefahr einer Inflation besteht. Erhöht wird die Geldmenge, wenn Kredite zu teuer werden und aufgrund fehlender Kredite und einer stagnierenden Konjunktur eine Rezession droht.

Die pseudoreligiöse Aura der Federal Reserve basiert auf ihrer magischen Fähigkeit, Geld aus dem Nichts zu schaffen oder aber die Geldmenge zu reduzieren, wenn sie es für angebracht hält. Wie Richard Syron, ein ehemaliger Chef der Federal Reserve Boston, einmal feststellte, orientiert sich sogar die Personalstruktur der Bank am Vorbild der katholischen Kirche, mit einem Papst (dem Vorsitzenden), Kardinälen (dem Board of Governors) und einer Kurie (den leitenden Mitarbeitern).

Eine Methode der Geldschöpfung ist die Erteilung privater Kredite. Wenn Privatbanken neue Anleihen auflegen, schaffen sie damit im Grunde Geld aus dem Nichts. Die Federal Reserve beaufsichtigt diesen Prozess und überwacht theoretisch die Menge neuer Anleihen, die eine Bank ausgibt. Sie kann die Zahl neuer Anleihen heben oder senken, indem sie die Eigenkapitalanforderungen erhöht oder senkt, das heißt die Menge der harten Dollar, die jede Bank bereithalten muss, wenn sie ein Darlehen vergibt. Beträgt die Eigenkapitalquote 10 Prozent, müssen die Banken für 10 Dollar, die sie als Kredit vergeben, 1 Dollar bei der Zentralbank in Reserve halten. Hält die Federal Reserve es für angebracht, die im Umlauf befindliche Geldmenge zu erhöhen, kann sie die Eigenkapitalquote beispielsweise auf 9 Prozent senken, wodurch die Banken etwa 11 Dollar für jeden Dollar verleihen können, den sie als Mindestreserve bei der Fed halten.

Die Zentralbank kann auch direkt Geld ins System pumpen. Dafür hat sie im Wesentlichen zwei Möglichkeiten. Sie kann das Geld den Banken über den sogenannten *Diskontsatz* direkt leihen.

Der Diskontsatz ist ein relativ günstiger Zinssatz, zu dem eine Bank Wechsel an die Zentralbank verkaufen kann, um sich kurzfristig Liquidität zu verschaffen.

Die andere Möglichkeit für die Federal Reserve ist der Kauf von Schatzanweisungen oder Pfandbriefen von Banken oder Brokerfirmen. Das funktioniert so: Die Regierung, genauer gesagt das Finanzministerium, beschließt, Geld zu leihen. Eine kleine Gruppe von Geschäftsbanken, sogenannte *Primärhändler*,[12] haben den Auftrag, das Geld für das Finanzministerium durch den Verkauf von Staatsanleihen oder Pfandbriefen auf dem offenen Markt aufzutreiben. Diese Primärhändler (derzeit sind es achtzehn, alles große Banken, darunter Goldman Sachs, Morgan Stanley und die Deutsche Bank) verkaufen die Schatzanweisungen gelegentlich auch an die Federal Reserve, die den Betrag beim Kauf einfach dem Konto des Verkäufers gutschreibt. Bei diesem Kreislauf druckt die Regierung praktisch Geld, das sie an sich selbst verleiht, und erhöht dadurch die Geldmenge insgesamt.

Dank eines völlig schwachsinnigen Programms, der sogenannten quantitativen Lockerung, das von Greenspans Nachfolger Ben Bernanke ins Leben gerufen wurde, ist die Federal Reserve in jüngster Zeit dazu übergegangen, mehr als nur Schatzanweisungen zu kaufen, und druckt jede Woche Milliarden Dollar, um private Vermögenswerte wie Hypothekenpapiere zu erwerben. Unter Greenspan nutzte die Federal Reserve jedoch weniger den Aufkauf von Anleihen oder die Kontrolle der Eigenkapitalquote zur Regulierung der Geldmenge, sondern hauptsächlich die Festlegung der Zinssätze.

Und das funktioniert so: Wenn einer Bank das Geld ausgeht, das sie zur Erfüllung der Mindestreservepflicht benötigt, kann sie das Geld entweder von der Federal Reserve oder von den Rücklagekonten anderer Banken leihen. Der Zinssatz, den die Bank dabei zahlen muss, heißt »Federal-Funds-Rate« und wird von der

Federal Reserve festgelegt. Bei steigendem Zins ist die Kreditauf-
nahme weniger attraktiv, daher nehmen die Banken auch weniger
Kredite auf. Wenn die Fed den Zins senkt, können die Banken
dagegen plötzlich problemlos das Geld leihen, das sie brauchen,
um den Mindestreservesatz zu erfüllen, was sich wiederum deutlich auf die Zahl der von ihnen emittierten neuen Anleihen aus-
wirkt. Und dadurch erhöht sich die Geldmenge im System erheblich.

Unterm Strich heißt dies, dass die Federal Reserve enorme
Macht hat, Geld zu schöpfen – entweder indem sie es direkt ins
System pumpt oder indem sie Geschäftsbanken erlaubt, ihre eigenen neuen Anleihen aufzulegen. Wenn man eine produktive
Wirtschaft hat und eine effektive Finanzdienstleistungsbranche,
die das Geld schnell an solide, Arbeitsplätze schaffende Unternehmen vermittelt, kann die stimulierende Macht einer Zentralbank
etwas Tolles sein. Aber wenn die nationale Wirtschaft einem Kasino gleicht und die Finanzdienstleister einen Markt nach dem
anderen in ein Schneeballsystem verwandeln, dann ist es blanker
Wahnsinn, hektisch immer mehr Geld in ein so zerstörerisches
System zu pumpen. Dann könnte man das Geld gleich spielsüch-
tigen Irren in Las Vegas leihen. Aber genau das tat Alan Greenspan,
wieder und immer wieder.

Alan Greenspan stand fast direkt nach seinem Amtsantritt im
August 1987 vor großen Herausforderungen. Das erste Problem
war die Kurskorrektur an der Börse im Oktober, dann kam auch
schon die Rezession der frühen neunziger Jahre, die durch den
Zusammenbruch der Savings-and-Loan-Sparkassen ausgelöst
worden war.

Die Ursachen für beide Katastrophen waren Phänomene, die
Greenspan bereits mehrfach in seiner Karriere falsch interpretiert
hatte. Der Börsencrash von 1987 war unter anderem durch Port-

folio-Wertsicherungsstrategien mithilfe von Derivaten ausgelöst worden (Greenspan wehrte sich auch noch nach fünf oder sechs weiteren von Derivaten verursachten Katastrophen gegen eine Regulierung dieser Finanzinstrumente, ein Beispiel darunter wäre die Implosion des Hedgefonds Long-Term Capital Management 1998, bei der fast die gesamte Weltwirtschaft mit in den Abgrund gerissen worden wäre). Greenspans Fehleinschätzung der Savings-and-Loans-Pleite, vor allem der Lincoln-Savings-Sparkasse von Charles Keating, haben wir bereits angesprochen. Seine Reaktion auf beide Krisen war typisch: Er senkte drastisch die Federal-Funds-Rate und überschwemmte die Wirtschaft mit Geld.

Greenspans Maßnahmen zu Beginn der Rezession Anfang der neunziger Jahre hatten besonders dramatische Folgen. Als er im Mai 1989 begann, den Leitzins zu senken, lag die Federal-Funds-Rate bei 9 Prozent. Bis zum Juli 1991 hatte er den Zins um 36 Prozent auf 5,75 Prozent gesenkt. Doch er drückte den Leitzins noch um weitere 44 Prozent, bis er im September 1992 bei 3 Prozent lag – und an diesem historisch niedrigen Zinssatz hielt er fünfzehn weitere Monate fest. Jahr für Jahr pumpte er Geld in die Wall Street. Als er den Zins im Februar 1994 wieder anhob, war es das erste Mal seit fünf Jahren.

Hier sollten wir kurz innehalten und diese Zinssenkungen erklären. Wenn die Federal Reserve den Leitzins senkt, wirkt sich das auf sämtliche Zinsen aus. Als Greenspan fünf Jahre lang den Zins senkte, fielen damit auch die Zinsen für Ersparnisse, Einlagenzertifikate, Wertpapiere und Schatzanleihen.

Und dann war da noch die Generation der Babyboomer, die nun das Rentenalter erreichten und feststellen mussten, dass all die Milliarden, die sie in Form von Einlagenzertifikaten, Geldmarktpapieren und so weiter als finanzielles Polster fürs Alter zurückgelegt hatten, immer weniger wert wurden. In der Zwischenzeit nahm die Wall Street die fünf aufeinanderfolgenden Jahre des

billigen Geldes dankend entgegen, investierte es in Aktien und
legte so die Grundlage für Greenspans erste Spekulationsblase,
den Börsenboom der neunziger Jahre.

Babyboomer und institutionelle Anleger wie Rentenversicherungen mussten sich entscheiden: entweder dem Trend folgen
und etwas von den steigenden Gewinnen am Aktienmarkt mit-
nehmen oder an den sicheren Anlagen trotz schrumpfender Erträge festhalten und sich die Verluste schöntrinken. Der Wirtschaftswissenschaftler Brian Wesbury formulierte es so: Es war, als ob
Greenspan eine Ampel auf Grün geschaltet hätte und die Leute
dazu einlud, sich auf die Aktienmärkte zu stürzen.

»Wenn jemand mit dem Auto an eine grüne Ampel kommt,
wer hält da schon an, steigt aus, läuft herum und überzeugt sich
davon, dass er gefahrlos passieren kann?«, fragt Wesbury.

Greenspan selbst war natürlich bewusst, dass seine Zinssenkungen die Anleger zu den Aktien trieben. In seiner Aussage vor
dem Senat am 27. Mai 1994 sagte er:

> Angelockt von der beständig hohen Rendite auf den Kapital-
> märkten, zeigten die Anleger eine verstärkte Risikobereitschaft
> und verlängerten die Laufzeit ihrer Investitionen... Allein
> 1993 flossen 281 Milliarden Dollar [in Wertpapier- und Ren-
> tenfonds] und stellten damit den Löwenanteil der Nettoinves-
> titionen an den amerikanischen Anleihe- und Aktienmärkten.
> Ein wesentlicher Anteil der Investitionen in langfristige Invest-
> mentfonds wurde zweifellos von Spareinlagen, Geldmarktfonds
> und anderen kurzfristigen, weniger spekulativen, aber auch
> weniger gewinnbringenden Anlageformen abgezogen.

Greenspan wusste also, dass seine Politik gewöhnliche Sparer dazu
verlockte, riskante Investitionen am Aktienmarkt zu tätigen, der
1994 bereits überbewertet war und erste Symptome einer Speku-

lationsblase zeigte. Aber er zögerte, das Wachstum der Blase durch eine Zinserhöhung oder eine Anhebung des Mindestreservesatzes zu verlangsamen. Warum? ... Ja, warum eigentlich? Wenn man bei seinen damaligen Erklärungen genau hinhört, könnte man meinen, dass er den Leitzins nicht erhöhte, weil er kein Spielverderber sein wollte. In seiner Aussage vor dem Senat gibt er zu, gewusst zu haben, dass die Anleger einer Utopie hinterherjagten:

> Weil wir uns bei der Federal Reserve Sorgen um die heftigen Reaktionen der Märkte machten, die sich *an eine nicht auf Dauer durchzuhaltende Kombination von hohen Gewinnen und niedriger Volatilität gewöhnt hatten* [Hervorhebung durch den Autor], wählten wir eine vorsichtige Vorgehensweise ... Wir erkannten ..., dass unsere Kursänderung Verunsicherung auf den Märkten auslösen könnte, und viele von uns machten sich Sorgen, dass eine umfassende sofortige Maßnahme an der Zinsfront eine zu große Unsicherheit schaffen könnte, die das Finanzsystem destabilisieren würde.

Übersetzung: Alle waren an unrealistische Gewinne gewöhnt, und wir wollten nicht die Spielverderber sein, indem wir eine massive Zinserhöhung durchführten. (Das erinnert sehr an Claude Rains als Captain Renault in »Casablanca«, nachdem die Nazis Ricks Roulettespiel gewaltsam aufgelöst haben: »Aber alle haben sich doch so gut amüsiert!«) Stattdessen reagierte Greenspan auf die wachsende Spekulationsblase im Sommer 1994 mit einer sehr moderaten Zinserhöhung von gerade mal einem halben Prozent.

Aber das eigentlich Verrückte kommt erst noch. Etwa um die Zeit, als Greenspan vor dem Senat aussagte, dass ein vorsichtiges Vorgehen richtig sei, dass man keine drastischen Maßnahmen brauche und dass keine Gefahr von einer Spekulationsblase drohe, sagte er praktisch das genaue Gegenteil bei einer Sitzung des Of-

fenmarktausschusses (Federal Open Market Committee –
FOMC), eines absurd geheimniskrämerischen, im Stil des Polit-
büros agierenden Ausschusses, der sich um Zinsanpassungen
kümmert. Greenspan am 17. Mai 1994:

> Ich glaube, die Blase ist immer noch deutlich vorhanden; wir
> haben sie nicht komplett beseitigt. Nichtsdestotrotz würde ich
> sagen, dass wir in dieser Phase in der Lage sind, entschlossener
> vorzugehen als normalerweise, ohne dabei den Zusammen-
> bruch des Systems zu riskieren.

Im Rückblick ist diese Aussage erstaunlich, denn etwa acht Jahre
später, nach dem Platzen der Dotcom-Blase, argumentierte
Greenspan in der Öffentlichkeit, man könne Blasen unmöglich
erkennen und bemerke sie erst, wenn sie platzen würden. Es sei,
erklärte er 2002, »sehr schwer, eine Blase definitiv zu identifizieren, das ist erst nachträglich möglich – also wenn sie durch ihr
Platzen ihre Existenz bestätigt hat«.

Ein paar Monate nachdem Greenspan den Offenmarktaus-
schuss gewarnt hatte, die Blase sei immer noch »deutlich vorhanden«, verkündete er plötzlich, die Blase sei geplatzt. Bei einer
FOMC-Sitzung im August 1994 sagte er, die Erhöhung des
Leitzinses um einen halben Prozentpunkt im Mai habe das Problem gelöst. »Ich glaube, wir haben mit der Maßnahme vom Mai
gezeigt, dass wir die Blase in der Praxis beseitigt haben.«

Etwa ein halbes Jahr später, im Februar 1995, hob Greenspan
die Zinsen ein letztes Mal für viele Jahre an. »Man kann sagen,
dass die Kurse am Aktienmarkt zwar nicht gerade niedrig stehen,
aber auch eindeutig nicht so hoch wie noch vor ungefähr einem
Jahr«, sagte er.

Bereits ein paar Monate später, im Juli 1995, *senkte* Greenspan die Zinsen schon wieder und drückte den Leitzins von 6 auf

5,75 Prozent. Dadurch wurde die Wirtschaft in einer Zeit mit Geld überschwemmt, in der die Kurse am Aktienmarkt ohnehin explodierten. Da es überall günstige Kredite gab und die Rendite für Ersparnisse und Einlagenzertifikate minimal war, stürzten sich Hinz und Kunz auf den Aktienmarkt mit seinen überbewerteten Technologieaktien. »Das war der Beginn der größten Spekulationsblase in der amerikanischen Geschichte«, sagt Fleckenstein.

Doch Greenspans größter Beitrag zur Blasenwirtschaft war psychologischer Natur. Als Notenbankchef hatte er enormen Einfluss auf die Richtung, in die sich die amerikanische Wirtschaft entwickelte. Er hätte den Lauf der Geschichte verändern können, indem er einfach öffentlich verkündet hätte, dass der Aktienmarkt überbewertet war.

Tatsächlich versuchte Greenspan das auch, allerdings ziemlich zögerlich. Im Dezember 1996 sprach er seine berühmte Warnung aus, dass »irrationaler Überschwang« möglicherweise die Vermögenswerte übermäßig aufgebläht habe. Seine Äußerung zu einer Zeit, als sich der Markt für Technologieaktien bereits massiv aufgeheizt hatte, ist ein seltenes Beispiel dafür, dass Greenspan eine politisch unerwünschte Wahrheit laut aussprach.

Man sollte jedoch auch wissen, dass er zwar warnte, der Aktienmarkt sei überhitzt, gleichzeitig aber versprach, nichts dagegen zu unternehmen. Am gleichen Tag, an dem er vom »irrationalen Überschwang« sprach, sagte er ebenso, dass die Federal Reserve nur reagieren würde, wenn »das Platzen einer Spekulationsblase am Finanzmarkt sich nicht auf die reale Wirtschaft auszuwirken droht«. Da das Platzen einer Spekulationsblase aber *immer* Folgen für die reale Wirtschaft hat, versprach Greenspan, nichts und niemals etwas zu unternehmen.

Trotz Greenspans ziemlich nachdrücklicher Erklärung, keinen Finger seiner leberfleckigen Hände krumm zu machen, reagierte die Wall Street mit blankem Entsetzen auf seine Aussage vom

»irrationalen Überschwang«. Das kann man den Börsenmaklern nicht verdenken: Die Dotcom-Aktien-Party kam gerade so richtig schön in Schwung, und niemand wollte, dass sie endete. Es kam zu einer Mini-Panik, als die Börse brutal auf Greenspans Äußerung reagierte. Der Aktienindex verlor am darauffolgenden Tag gleich in der ersten Stunde nach Handelsbeginn 140 Punkte. Die *New York Times* brachte sogar einen Artikel auf dem Titelblatt mit der Schlagzeile: »Aktienkurse sinken weltweit, nachdem Greenspan Euphorie infrage gestellt hat.«

Für jemanden, der sich nur ungern den Unmut der Wall Street zuzog, war diese Reaktion ein Albtraum. »Greenspan reagierte regelrecht panisch«, meint ein Journalist, der zu der Zeit täglich über Greenspan berichtete. »Dies [die Erklärung mit dem irrationalen Überschwang] war das einzige Mal, dass er etwas sagte, was zitierbar und klar genug war, um Schlagzeilen zu machen, und sofort brach die Hölle los.«

Und so folgte Greenspan wieder seiner wahren Natur und verbrachte die nächsten vier Jahre damit, von seiner eigenen Warnung Abstand zu nehmen. Er vollführte eine 180-Grad-Wendung und wurde zum obersten Cheerleader des Spekulationswahns.

Anstatt sich besorgt über die »irrationalen« Kurse zu äußern, krümmte und wand sich Greenspan und hätte sich fast die Zunge verknotet, um immer wieder aufs Neue die wahnwitzigen Kurse der Wertlos.com-Aktien zu erklären, die Ende der neunziger Jahre den Markt überschwemmten. Derselbe Mann, der bereits 1994 das FOMC gewarnt hatte, dass »die Blase deutlich vorhanden« sei, argumentierte nun, es gebe keine.

Greenspans Erklärung für die wachsende Kluft zwischen den Aktienkursen und der tatsächlichen Produktivität lautete schließlich, dass sich die Naturgesetze eben geändert hätten – nach dem Motto, die Menschheit hätte ein glückliches Stadium in ihrer Geschichte erreicht, in dem man Kuhfladen als Raketentreibstoff verwenden könne. Im Januar 2000 enthüllte Greenspan eine Theorie, die er unermüdlich wiederholte. Die Wirtschaft habe eine neue Ära erreicht, in der alle Regeln umgeschrieben werden müssten:

> Angenommen, wir würden aus dem Jahr 2010 auf die neunziger Jahre zurückblicken, dann wird die Natur der Kräfte, die derzeit walten, vermutlich deutlicher zutage treten. Aus diesem zukünftigen Blickwinkel kommen wir möglicherweise zu dem Schluss, dass die amerikanische Wirtschaft zur Jahrtausendwende einen Innovationsschub erlebte, wie er nur einmal in hundert Jahren vorkommt, der die Produktivität gewaltig ankurbelte ... und das mit einer Geschwindigkeit, wie sie, wenn überhaupt, seit Generationen nicht mehr auftrat.

Greenspan ließ auf diese Worte schon bald Taten folgen und stützte den Irrsinn mit dem Geld der Federal Reserve. Ein Beispiel: Am 13. November 1998 ging das Unternehmen theglobe.com an die Börse und startete mit einem Ausgabekurs von 9 Dollar, der noch am Ende des ersten Handelstages mit 63,50 Dollar schloss. Zwischendurch bewertete die Börse den Aktienwert von theglobe.com kurzfristig mit über 5 Milliarden Dollar – obwohl das Unternehmen in den ersten drei Quartalen des Jahres weniger als 2,7 *Millionen* Dollar erwirtschaftet hatte.

Vier Tage nach diesem alle Rekorde brechenden Börsengang, der den Irrsinn des Dotcom-Fiebers eindeutig bewies und nur noch mit der Tulpenmanie des 17. Jahrhunderts vergleichbar war, überschwemmte Greenspan den Markt erneut mit billigem Geld, indem er die Zinsen auf 4,75 Prozent senkte, und lieferte so den nötigen Treibstoff für den ganzen Wahnsinn. Das war typisch für sein Verhalten während des gesamten Booms. Vom Februar 1996 bis zum Oktober 1999 erhöhte er die im Umlauf befindliche

Geldmenge um 1,6 Billionen Dollar, also etwa um 20 Prozent des Bruttoinlandsprodukts.

Selbst heute, da die Erinnerung an die Immobilienblase noch frisch ist, fällt es schwer, das Spekulationsfieber an den Aktienmärkten der neunziger Jahre richtig einzuordnen. Fleckenstein weist darauf hin, dass Technologieaktien am ersten Tag ihres Börsengangs regelmäßig eine Wertsteigerung von 100 Prozent oder mehr erreichten, und nennt als Beispiele Cobalt Networks (482 Prozent), Foundry Networks (525 Prozent) und Akamai Technologies (458 Prozent). Alle drei Firmen notierten beim Hundertfachen der Umsätze – das heißt, wenn man das gesamte Unternehmen kaufte und der Umsatz ohne Kosten erzielt werden würde, bräuchte man hundert Jahre, bis man sein Geld wieder zurückhätte.

Aber laut Greenspan waren diese Firmen nicht zwangsläufig überbewertet. Das alles ergab einen Sinn, man musste nur die eigene Vorstellung von »Wert« überdenken. Während des Booms erklärte er, es gäbe »einen sich ständig erweiternden Begriff des Bruttoinlandsprodukts – Ideen ersetzen praktisch den physischen Wert«. Greenspan meinte damit, dass absolut nichts Falsches daran sei, den Aktienwert eines Internetunternehmens, das nur aus heißer Luft bestand, auf 100 Millionen Dollar hochzutreiben, weil die mangelnden »physischen Werte« (also das wirkliche Geld, das die drei Angestellten der Firma nicht verdienten) durch den Eigenwert ihrer »Ideen« ausgeglichen würden.

Zu behaupten, das sei eine radikale Neuinterpretation der wirtschaftswissenschaftlichen Lehre, wäre noch eine Untertreibung – noch nie hatten es Wirtschaftswissenschaftler gewagt, »Wert« anders als in Bezug auf die konkrete Produktion zu bemessen. Das war ähnlich, wie wenn ein Chemiker sagen würde, dass aus Beton Gold wird, wenn man ihn gelb anstreicht. Es war Irrsinn.

Greenspans Theorie einer »neuen Ära« heizte den wirtschaftlichen Aberwitz der Technologieblase weiter an. Und er beließ es nicht bei Worten, sondern handelte auch entsprechend. Als ein snobistischer Hedgefonds namens Long-Term Capital Management (LTCM) unter Leitung selbsternannter Genies 1998 aufgrund der unverantwortlichen Entscheidung seiner Manager, im Verhältnis zum Eigenkapital das Hundert- oder Zweihundertfache an Fremdkapital aufzunehmen, um damit riskante Derivategeschäfte einzugehen, kurz vor dem Zusammenbruch stand, reagierte Greenspan, indem er die Rettung des Hedgefonds organisierte, weil sonst »systemische Risiken« drohten. Dass die Federal Reserve zur Rettung eines hochriskanten Zockerfonds wie dem LTCM intervenierte, war revolutionär. »Im Grunde hilft man damit einem Hedgefonds aus der Patsche«, erklärt Dr. John Makin, ein ehemaliger Mitarbeiter des Finanzministeriums und des Congressional Budget Office. »Das war das falsche Signal. Praktisch sagte man damit den Leuten, sie könnten ruhig mehr Risiken eingehen. Niemand werde sie daran hindern.«

Als etwa zur selben Zeit der Kurs des russischen Rubels einbrach und für massive Verluste an den Märkten sorgte – wo Anleger naiv riesige Summen in die noch jungen Volkswirtschaften der ehemaligen Sowjetrepubliken investiert hatten, obwohl diese noch Jahre von echter Produktivität entfernt waren –, war Greenspan so aufgeschreckt, dass er überraschend eine Zinssenkung verkündete. Wieder wurde dummen Anlegern geholfen, indem man zuließ, dass sie ihre Fehler mit billigen Krediten ausbügeln konnten. »Dabei geht es doch im Kapitalismus genau darum – um kreative Zerstörung«, sagt Fleckenstein. »Wer zu hohe Risiken eingeht, muss manchmal auch scheitern.« Aber statt der Natur ihren Lauf zu lassen, spielte Greenspan jedes Mal den rettenden Engel, wenn eine besoffene Bande Gierhälse von der Wall Street den Karren in den Dreck fuhr.

Greenspan war sogar so dumm, das Jahr-2000-Problem ernst zu nehmen. In Erwartung weltweiter Systemstörungen der Computer, die natürlich nie eintraten, überschwemmte er die Märkte mit Geld. Die Summe, die Greenspan vor der drohenden Jahr-2000-Krise in die Wirtschaft pumpte, lässt sich sogar berechnen: Zwischen dem 20. September und dem 10. November 1999 ließ die Federal Reserve zusätzlich etwa 147 Milliarden Dollar drucken und in Umlauf bringen. »Entscheidend ist … die Erkenntnis, dass wir ein Jahr-2000-Problem haben«, sagte er bei der letzten FOMC-Sitzung des Jahrtausends. »Das ist ein Problem, das wir nicht mit Selbstgefälligkeit angehen dürfen.«

Und noch einmal: Die ganzen Zinssenkungen und die Erhöhung der Geldmenge – als Reaktion auf die drohende Pleite von LTCM, die Rubelkrise und das Jahr-2000-Problem – wurden vorgenommen, während die Spekulationsblase an der Börse immer weiter anschwoll, wodurch Greenspans Krisenstrategie wirkte, als würde er einen Waldbrand mit Napalm löschen.

Zur Jahrtausendwende zeigten sich die verheerenden Auswirkungen von Greenspans ständiger Gelddruckerei deutlich, denn mittlerweile ging man allgemein davon aus, dass jede Pleite mit Strömen von billigem Geld wieder ausgeglichen werden würde. Zu der Zeit machte der Begriff »Greenspan-Put« erstmals die Runde.

Nur so nebenbei: Eine »Put-Option« ist ein finanzieller Vertrag zwischen zwei Parteien und gibt dem Käufer das Recht, den Basiswert der Option zu einem bestimmten Preis innerhalb einer bestimmten Frist zu verkaufen. Nehmen wir an, IBM-Aktien werden an einem bestimmten Tag zu 100 Dollar gehandelt und man kauft 100 Put-Optionen von Madonna zu 95 Dollar. Stellen Sie sich jetzt vor, dass der Aktienpreis im Verlauf der beiden folgenden Wochen auf 90 Dollar fällt. Man kann jetzt losziehen und 100 Aktien zum Preis von jeweils 90 Dollar kaufen, also für 9000

Dollar, und dann seine Put-Option ausüben, das heißt, Madonna ist verpflichtet, die Aktien zum Stückpreis von 95 Dollar zurück-zukaufen, also für insgesamt 9500 Dollar. Damit hat man bei seiner Wette gegen den Aktienkurs von IBM 500 Dollar verdient.

Der »Greenspan-Put« bezeichnet aus der Sicht der Wall Street das billige Geld der Federal Reserve, das die gleiche absichernde Funktion wie eine Put-Option übernahm; eine Art Versicherung gegen sinkende Kurse, die man in der Hinterhand hält. Anstatt zu sagen: »Na ja, wenn IBM unter 95 Dollar fällt, kann ich immer noch meine Put-Optionen wahrnehmen«, sagte man sich an der Wall Street: »Na ja, wenn die Kurse zu stark sinken, wird Green-span schon eingreifen und uns ohne Ende Geld leihen.« Ein Mitarbeiter der Federal Reserve von Cleveland, Jerry Jordan, sprach das 1998 sogar mit fast aufrührerischer Klarheit aus:

> Ich habe Newsletter und Briefe von Beratungsfirmen gelesen und Fernsehsprecher auf CNBC und so weiter gesehen – wahr-scheinlich hat das inzwischen jeder –, die sagten, es bestehe kein Risiko, dass die Kurse am Aktienmarkt fallen, denn selbst wenn sie zu fallen anfingen, würde die Zentralbank die Geld-menge erhöhen, um den Kursen wieder auf die Sprünge zu helfen.

Paul Weller von der University of Iowa verfasste zusammen mit seinen Kollegen Marcus Miller und Lei Zhang von der University of Warwick sogar einen Aufsatz unter dem Titel »Moral Hazard and the U.S. Stock Market: Analyzing the ›Greenspan Put‹«, in dem Greenspans Konzept analysiert wurde. Allerdings war der Begriff zu der Zeit bereits seit Jahren in Gebrauch, dennoch belegt der Umstand, dass Greenspans Maßnahme zum Thema akademi-scher Untersuchungen wurde, den weitreichenden Effekt, den sie auf die Finanzmärkte hatte.

»Die Anleger begannen an etwas zu glauben, was die Fed eigentlich nicht leisten konnte«, sagt Weller heute. »Sie glaubten, dass die Fed immer eine Verlustbegrenzung für den Markt bieten würde.«

»Seine psychologische Wirkung ist das Wichtigste, das muss man so sehen«, sagt der Manager eines bekannten Hedgefonds. »Man glaubte, dass Greenspan bei Liquiditätsengpässen immer einspringen und der letzte Ausweg sein würde, dass wir immer die Regierung hatten, die uns aus der Patsche helfen würde.«

»Das war reine Psychologie. Wenn die Leute nur *dachten*, dass Greenspan das Sagen hatte, war alles in Ordnung«, erklärt Wesbury. »Selbst John McCain sagte, wenn Greenspan je stürbe, würde er ihn einfach an die Wand lehnen und ihm eine Sonnenbrille aufsetzen, wie in ›Immer Ärger mit Bernie‹.[13] Die Leute müssen nur glauben, dass er da ist, darum geht es.«

»Das funktioniert auf zwei Ebenen«, sagt Fleckenstein. »Erstens pumpt er Geld in die Märkte und heizt damit weiter die Spekulation an. Und zweitens vermittelt er den Leuten, dass er immer intervenieren und sie retten wird … die Fed wird intervenieren und den Karren aus dem Dreck ziehen.«

Die Vorstellung, dass Greenspan nicht einmal verdeckt, sondern ganz offen zu einer unverantwortlichen Spekulation von monströsen Ausmaßen ermunterte, ist in der Finanzwelt von heute nicht sonderlich umstritten. Eher selten wird allerdings erwähnt, dass Greenspans konstante Interventionen zugunsten der Spekulanten an der Wall Street perfekt zu seinen Ansichten zur Politik und Regulierung passten.

Selbst während Greenspan die enorme Macht des Staates nutzte, um die Pleite ebenjener Arschlöcher zu verhindern, die Aktien von Internetfirmen, deren Geschäftsmodell auf einem Bierdeckel Platz fand, an Rentenversicherungen verkauften oder die Milliarden geborgter Dollar mit windigen Devisenderivaten

verzockten, arbeitete er unermüdlich und mit wahrhaft randiani-
schem Eifer daran, die regulatorische Infrastruktur des Staates zu
zerstören.

Als oberste Aufsichtsbehörde über alle Bankaktivitäten war die
Federal Reserve in der amerikanischen Finanzwelt quasi der Chef
im Ring, doch in seinen Jahren als Notenbankvorsitzender unter-
grub Greenspan kontinuierlich die Macht seiner eigenen Regulierungsbehörde – tatsächlich wütete er dabei regelrecht mit der
Axt – und verwässerte die Befugnisse der Federal Reserve, Mindest-
reservesätze festzulegen, den Derivatehandel zu begrenzen oder
unrechtmäßige Fusionen zu verhindern. Er strebte eine Art zynische Perversion des ohnehin schon perversen Rand'schen Ideals
an. Er wollte einen Staat, der gar nicht genug Macht hatte, um in
die Wirtschaft einzugreifen. Diesem Staat sollte nur noch ein Instrument seiner einst mächtigen Mittel zur Verfügung stehen – die
Möglichkeit, gigantische Geldsummen in die Wirtschaft zu
pumpen. Greenspan machte aus der Federal Reserve einen Niko-
laus, dem es per Gesetz verboten war, den unartigen Kindern eins
mit der Rute zu verpassen.

Seine Glanzleistung auf diesem Gebiet war die Untergrabung
des Glass-Steagall Act, eines Gesetzes aus der Zeit der Großen
Depression, das die Fusion von Versicherungsgesellschaften, Investmentbanken und Geschäftsbanken verbot. 1998 wurde das
Gesetz auf eine harte Probe gestellt, als Citibank-Chef Sandy Weill
die Fusion seiner Bank mit der Versicherung Travelers Insurance
und dem Investmentriesen Salomon Smith Barney einfädelte.

Die Fusion war schlicht und einfach illegal, genau die Art von
Fusion, derentwegen der Glass-Steagall Act erlassen worden war –
um eine gefährliche Konzentration von Kapital in den Händen
einer einzelnen Megabank zu verhindern, weil dadurch Interes-
senskonflikte entstehen, bei denen Versicherer und Investmentbanken gezwungen werden könnten, Aktienkäufe oder andere

Anlageformen zu empfehlen, von denen nicht der Kunde, sondern die Bank profitieren würde. Mehr noch, der Glass-Steagall Act hatte geholfen, genau die Situation zu verhindern, in der wir uns 2008 wiederfanden, als eine Handvoll Unternehmen, die *too big to fail* waren, also so groß, dass ihr Zusammenbruch das Finanzsystem ins Wanken bringen konnte, infolge ihrer eigenen Arroganz und Dummheit bankrottgingen und die Regierung keine andere Wahl hatte, als sie zu retten.

Doch Weill ließ sich nicht von der Fusion abbringen, außerdem hatte er die Unterstützung von Bill Clinton, von Clintons Finanzminister Bob Rubin (später erhielt Rubin einen lukrativen Posten bei der aus der Fusion hervorgegangenen Citigroup, der ihm über 100 Millionen Dollar einbrachte) und vor allem von Greenspan. Weill hatte sich schon früh mit Greenspan getroffen und eine »positive Resonanz« erhalten, wie Weill es formulierte; als die Fusion abgeschlossen war, genehmigte Greenspan das illegale Geschäft dreist unter Berufung auf eine obskure Klausel im Bank Holding Company Act, die eine Fusion vorübergehend erlaubte. Bei diesem Arrangement blieben der neu geschaffenen Citigroup zwei Jahre, um die Versicherungsgesellschaft abzustoßen, plus drei weitere Jahre, wenn Greenspan mehrere einjährige Gnadenfristen gewährte. So hatten die Beteiligten Zeit, ein neues Gesetz im Kongress durchzuboxen, den Gramm-Leach-Bliley Act, der die Fusion nachträglich legalisierte.

Ein Schachzug wie aus Mel Brookes' »Der wilde wilde Westen«: Im Grunde sorgte Greenspan dafür, dass sich das neu gegründete Megaunternehmen selbst eine Pistole an den Kopf setzte und den Kongress mit den Worten erpresste: »Eine falsche Bewegung, und der Mann ist tot!«

Greenspan formulierte es sogar noch drastischer und drohte ganz offen, wenn der Kongress nicht mitspiele, sei der Staat gezwungen, für eine Pleitewelle bei Versicherungen und Banken zu bezahlen. »Ohne die Bereitschaft des Kongresses zur Aktualisierung unserer Gesetze«, verkündete er im Februar 1999, »wird der Markt administrative Ad-hoc-Reaktionen erzwingen, die zu Ineffizienz und Widersprüchen führen, zu einer Ausdehnung des föderalen Sicherheitsnetzes und einer potenziellen Risikoerhöhung für den Einlagensicherungsfonds.«

Der Kongress hatte sich in den achtziger und frühen neunziger Jahren trotz massiven Drucks wiederholt gegen eine Aufhebung des Glass-Steagall Act gewehrt, doch angesichts von Greenspans Drohungen und der gigantischen Fusion, die schon so gut wie abgeschlossen war, gaben die Abgeordneten nach. Und so wurde der Gramm-Leach-Bliley Act verabschiedet, ein Gesetz, das direkt in die Katastrophe von 2008 führen sollte.

Und nachdem der Glass-Steagall Act nur noch Geschichte war, nahm Greenspan den Markt für Derivate ins Visier. Eine aufgeweckte Staatsbedienstete namens Brooksley Born hatte die Todsünde begangen anzudeuten, dass Derivate wie Devisen-Swapgeschäfte und Credit Default Swaps eine potenzielle Gefahr für die Wirtschaft darstellten und daher reguliert werden sollten. Born, die damals Leiterin der Commodity Futures Trading Commission (CFTC)[14] war, in deren Zuständigkeitsbereich die Derivate fallen, hatte im Frühjahr 1998 ein Konzeptpapier erstellt, in der Sprache der Verwaltungsbürokratie eine Art Weißbuch, mit dem Vorschläge für eine mögliche Regulierung des Derivatehandels gefordert wurden. Auf etwas mehr als zwanzig Seiten wurden viele potenzielle Risiken des Derivatehandels ausführlich dargelegt. Heute liest sich das Papier wie eine Art Testament des Nostradamus, so genau werden durch Derivate angetriebene Finanzdebakel wie der Zusammenbruch des Versicherungskonzerns AIG vorhergesagt.

Als ein Entwurf von Borns Konzept im März und April 1998 auf dem Kapitolshügel zirkulierte, drehten Bill Clintons Wirtschaftsberater – darunter der ehemalige Chef von Goldman Sachs

und damalige Wirtschaftsminister Bob Rubin, sein Stellvertreter
Gary Gensler, Greenspan von der Federal Reserve und der damalige Chef der Börsenaufsichtsbehörde (SEC) Arthur Levitt – regelrecht durch. Dabei hatte sie noch gar keine konkrete Regulierung vorgeschlagen, sie versuchte nur, eine Diskussion über eine
mögliche Regulierung in Gang zu bringen. Dennoch war die
Aufregung groß, und bei einer entscheidenden Sitzung der
President's Working Group on Financial Markets – der unter anderem der Finanzminister (damals Rubin), der SEC-Chef (Levitt),
die Leiterin der CFTC (Born) und der Notenbankchef (Greenspan) angehören – setzten die anderen Mitglieder sie am 21. April
1998 gehörig unter Druck.

»Sie saßen an einem großen massiven Konferenztisch im Büro
des Finanzministers«, erinnert sich Michael Greenberger, der damals unter Born als Leiter der Division of Trading and Markets
der CFTC arbeitete. »Nicht nur die vier großen Finanzmoguln
waren da, sondern alle in der Regierung, deren Ressort irgendeine
Regulierungsfunktion für den Finanzsektor hatte – der Chef der
Bankenaufsichtsbehörde, der Vorsitzende des Einlagensicherungsfonds, der Chef der Sparkassenaufsichtsbehörde, der Berater
des Weißen Hauses und der Direktor des Office of Management
and Budget. Der Raum war brechend voll. Die Mitarbeiter saßen
hinter ihren Chefs. Ich saß direkt hinter Brooksley und Greenspan. Ich hätte die beiden berühren können. Und Greenspan
wandte sich zu ihr, mit rotem Gesicht, und er brüllte nicht direkt,
aber er beharrte sehr nachdrücklich darauf, dass sie einen furchtbaren Fehler mache und damit aufhören müsse.«

Von der Verfassung her war Born berechtigt, ihr Konzeptpapier
ohne Genehmigung der Arbeitsgruppe, des Präsidenten oder von
sonst wem herauszugeben – tatsächlich war bereits der Versuch,
sich in ihre Zuständigkeit einzumischen, laut Greenberger »ein
Verstoß, der vielleicht sogar strafbar ist«. Born ließ sich von Rubins

und Greenspans rechtlich fragwürdigem Vorgehen nicht beeindrucken und gab ihr Papier am 7. Mai heraus. Doch ohne Erfolg, Greenspan und Konsorten schafften es nicht nur, Born als Leiterin der CFTC abzusetzen, sondern schließlich auch, im Jahr 2000 ein monströses Gesetz namens Commodity Futures Modernization Act zur Deregulierung des Derivatemarkts zu verabschieden.

Das neue Gesetz, das Greenspan aggressiv durchgedrückt hatte, verhinderte nicht nur, dass die US-Regierung Finanzinstrumente wie Collateralized Debt Obligations oder Credit Default Swaps[15] regulierte, sondern hielt sogar die Bundesstaaten ab, mithilfe des Glücksspielverbots regulierend einzugreifen – denn da sich viele der neuen Finanzwetten kaum von Pferdewetten unterschieden, hätte das Glücksspielverbot durchaus gegriffen.

Am Commodity Futures Modernization Act erstaunt vor allem, dass das Gesetz unmittelbar nach der Beinahpleite von Long-Term Capital Management (LTCM) verabschiedet wurde, die das Zerstörungspotenzial eines unregulierten Derivatemarktes deutlich vor Augen führte. LTCM war ein geheimniskrämerischer Hedgefonds, der sich ohne Absicherung auf enorm spekulative Geschäfte einließ und die hohen Schulden in der Bilanz einfach unter den Tisch fallen ließ, ganz ähnlich wie Enron – oder wie wenn man mit ungewaschenen Händen am offenen Herzen operiert und als Operationsdecke ein Leintuch aus einem drittklassigen Motel verwendet.

Das alles konnte Greenspan nicht schrecken, anscheinend verstand er nie so richtig, was Derivate sind oder wie sie funktionieren. Für ihn waren Derivate so etwas wie Kreditabsicherungen – versicherungsähnliche Verträge, die es einem Kreditgeber erlauben, bei einer dritten Partei einen »Ausfallschutz« zu kaufen, falls der Kreditnehmer nicht mehr zahlen kann – und damit brillante risikofreie Innovationen, die das Risiko sogar senken.

»Greenspan sah Kreditderivate als Mittel zur Förderung einer

risikofreien Wirtschaft«, erklärt Greenberger. »Die Theorie ging
so: Er schaute sich die Derivate an und sagte, dass dadurch alle
gegen Zusammenbrüche abgesichert sind ... Aber er verstand
nicht, dass die Versicherung nicht ausgezahlt wurde.«

Anders ausgedrückt, Credit Default Swaps und ähnliche Finanzinstrumente erlaubten es Firmen, so etwas Ähnliches wie einen Versicherungsschutz zu verkaufen, ohne dass sie jedoch das
Geld hatten, die Versicherung im Falle eines Falles auszuzahlen –
die Kreditgeber hatten das Gefühl, sie hätten sich abgesichert und
könnten fröhlich weitere Risiken eingehen, obwohl sie gar nicht
abgesichert waren. Die Instrumente eliminierten daher das Risiko
nicht, sondern erhöhten es oft noch zusätzlich.

»Das war nicht wie bei einer normalen Versicherung, einer
Autoversicherung, Lebensversicherung und so weiter, denn solche
Versicherungen sind reguliert, da müssen die Versicherungsgesellschaften genügend Kapital nachweisen«, fährt Greenberger fort.
»Hier wurden Versicherungen verkauft, ohne dass das erforderliche Kapital vorhanden war.« Zum Paradebeispiel für die damit
verbundenen Risiken wurde dann der Versicherungskonzern
AIG, der 2008 zusammenbrach, nachdem er Derivate im Wert
von fast einer halben Milliarde Dollar verkauft hatte, ohne über
das erforderliche Deckungskapital zu verfügen.

Allerdings hätte das Problem lange vor der AIG-Pleite offensichtlich sein müssen, vor allem für jemanden in Greenspans Position. Das Scheitern des LTCM-Hedgefonds 1998 war keine
Ausnahme, bereits davor hatte das Land mehrere Zusammenbrüche erlebt, die durch Derivate ausgelöst worden waren: den Börsencrash von 1987, den Bankrott von Orange County 1994 (der
Bezirk ging aufgrund von Finanzspekulationen pleite), den Deri-
vateskandal bei der Vermögensverwaltungsgesellschaft Bankers
Trust Company 1995 und natürlich LTCM. Dennoch verschloss
Greenspan die Augen vor der drohenden Gefahr. Im März 1999,

nur wenige Monate nachdem er die Rettung von LTCM organisiert hatte, sagte er: »Derivate sind ein zunehmend wichtiges Instrument zur Entflechtung von Risiken.« Und fügte hinzu, das »periodische Auftreten von Paniken am Finanzmarkt« habe manche auf den Gedanken gebracht, den Regulierungsbehörden mehr Macht zur Überwachung der mit Derivaten verbundenen Risiken zu geben, anstatt es den Banken zu überlassen, die Risiken selbst zu kontrollieren.

Ein Beispiel für die von Greenspan bevorzugte private »Risikokontrolle« waren die Risikomodelle von Long-Term Capital Management. Nach den ursprünglichen Berechnungen des Managements würde der Hedgefonds nur »alle zehn hoch dreißig Tage« 50 Prozent seines Portfolios verlieren, das heißt, man müsste Milliarden Jahre warten, sogar länger, als unser Universum besteht, bis eine solche Katastrophe eintreten würde. Doch in der Realität verlor der Fonds einen Großteil seines Portfolios gleich in den ersten Jahren seines Bestehens.

Trotzdem verkündete Greenspan nur wenige Monate nach dem Zusammenbruch von LTCM, die Risikomodelle der Regulierungsbehörden seien »deutlich weniger akkurat als die Modelle der Banken zur Risikobewertung«. Das erzählte er auch dem Kongress vor der Verabschiedung des Commodity Futures Modernization Act. Außerdem beharrte er darauf, dass der Derivatemarkt von Regulierungen ausgenommen werden müsse, um international wettbewerbsfähig zu bleiben. Seine wahren Motive für eine Deregulierung der Derivate kamen jedoch in einer Rede zum Ausdruck, die er im März 1999 vor der Futures Industry Association hielt:

Es sollte uns nicht überraschen, dass die Rentabilität derivativer Produkte ... ein wichtiger Faktor beim finanzwirtschaftlichen Gesamtanteil an der Leistung der amerikanischen Unternehmen des vergangenen Jahrzehnts darstellt. Kurz gesagt, der Zusatzwert der Derivate per se basiert auf ihrer Fähigkeit zur Förderung des Prozesses zur Generierung von Vermögen.

In verständliches Deutsch übersetzt, heißt das: Ich erkenne, dass Derivate allen Beteiligten Unmengen Geld einbringen, deshalb reguliere ich sie nicht.

Im direkten Anschluss an diese historisch katastrophalen Fehlentscheidungen – inmitten eines massiven Spekulationsbooms an der Börse 1,7 Billionen Dollar neu zu drucken, den Glass-Steagall Act abzuschaffen, den Derivatemarkt zu deregulieren, die Autorität der Federal Reserve in einer Zeit zügelloser Betrügereien zu beschneiden – wurde Greenspan von der Finanz- und Politpresse als Held von fast cäsarischer Größe gefeiert. Im Februar 1999 zierte er sogar den Titel des *Time Magazine*, flankiert von Bill Clintons damaligem Finanzminister Bob Rubin und dessen Nachfolger Larry Summers, daneben die groteske Schlagzeile »Das Komitee zur Rettung der Welt: Ein Blick hinter die Kulissen, wie die drei Musketiere der Finanzwirtschaft eine globale Wirtschaftskrise verhindert haben – bis jetzt«.

Dass diese drei Burschen alles andere als Musketiere waren und einen wirtschaftlichen Zusammenbruch nicht verhindert, sondern *verursacht* hatten, war den Redakteuren von *Time* offensichtlich entgangen – eine Ironie, die ihnen selbst im Rückblick verborgen blieb, denn 2009 machten sie den gleichen idiotischen Fehler und kürten Greenspans Nachfolger Ben Bernanke, der dieselbe Begeisterung für Spekulationsblasen hegte, zum Mann des Jahres. Aber wie auch immer, die *Time*-Titelgeschichte von 1999 zeigte Greenspan auf dem Höhepunkt seiner Karriere: Er hatte die Macht der Federal Reserve genutzt, um sich selbst zum großen, unverzichtbaren Superhelden der Investorenklasse zu machen, der verehrt wurde, weil er in seinen verdrehten öffentlichen Äußerungen kompromisslos die reine Lehre des freien Marktes vertrat, obwohl er doch gleichzeitig den »notleidenden Banken« des Landes verdeckte Subventionen zuschanzte.

Greenspan schirmte zwar die Wall Street vor den Unbilden des Marktes ab, doch wenn es darum ging, die Macht der Federal Reserve zu nutzen, um gegen Missbrauch und Betrug vorzugehen, spielte er den Hilflosen, der gegen das freie Spiel der Kräfte nichts ausrichten konnte. Derselbe Mann, der intervenierte, um der Reaktion des Marktes auf den Zusammenbruch von Long-Term Capital Management oder des russischen Rubels entgegenzusteuern, war so dreist, vor dem Kongress zu behaupten, er, Alan Greenspan, habe nicht das Recht, die Weisheit des Marktes infrage zu stellen, wenn zum Beispiel der Markt beschließe, dass ein Unternehmen mit zwei Nerds in einer Garage wie theglobe.com 5 Milliarden Dollar wert sei.

»Um eine Spekulationsblase im Voraus zu erkennen«, sagte er dem Kongress 1999, »muss man unter Berufung auf das eigene Urteilsvermögen entscheiden, dass sich Hunderttausende gut informierter Anleger irren.« Ohne auch nur eine Miene zu verziehen, fügte er hinzu: »Gegen den Markt zu wetten ist im besten Fall riskant.«

Vielleicht war er einfach nur naiv oder inkompetent, aber viel wahrscheinlicher ist wohl, dass Greenspan schlicht und ergreifend gelogen hat. Er beschnitt die staatlichen Regulierungsbefugnisse und wurde praktisch zum Pablo Escobar der Hochfinanz, indem er die Wall Street kontinuierlich mit billigem Stoff versorgte, damit die Spekulationssüchtigen weiter ihren garantierten Rausch hatten.

Greenspans Reaktion auf das Platzen der Technologieblase in den Jahren 2000 und 2001 war typisch und vorhersehbar. Durch die Investition in wertlose Technologieaktien wurden über 5 Billio-

nen Dollar an Vermögen vernichtet, aber anstatt dafür zu sorgen,
dass die Anleger ihre Dummheit schmerzhaft zu spüren bekamen
(denn das hätten sie verdient), tat Greenspan, was er immer tat:
Er überschwemmte wieder einmal den Markt mit billigem Geld
und verursachte dadurch die Entstehung einer neuen Spekulationsblase. Doch dieses Mal war es der größte »Greenspan Put« von
allen: Im Gefolge der Technologieblase senkte er den Leitzins elfmal hintereinander, bis er bei 1 Prozent lag, dem niedrigsten
Stand aller Zeiten, und redete unverblümt von Immobilien und
Hypotheken als neuer heißer Anlageform im Börsenkasino.

»Als die Immobilienblase infolge der Schwemme an billigem
Geld entstand, mit dem wir uns nach der Aktienblase wieder
nüchtern saufen sollten, wusste ich, dass uns eine noch größere
Katastrophe blühte«, meint Fleckenstein.

Betrachtet man heute die ersten Jahre des neuen Jahrtausends,
wirken Greenspans Kommentare fast wie das Gebrabbel eines Irren. Der oberste Finanzchef des Landes ermunterte die Bürger
offen, ihre Häuser als Gelddruckmaschine zu benutzen. »Die
niedrigen Zinsen haben viele Haushalte ermutigt, höhere Hypotheken zur Refinanzierung ihrer Häuser aufzunehmen«, sagte er.
»Hypotheken auf Häuser sind ein bedeutendes Mittel zur Finan-
zierung des Konsums oder zur Modernisierung von Wohneigen-
tum.«

Richtig wirr redete er jedoch 2004, als er den Amerikanern
sagte, dass Hypotheken zu variablen Zinssätzen ein gutes Produkt,
sichere Darlehen zu einem festen Zinssatz dagegen nicht attraktiv
seien. In einer Rede bei einer Konferenz der Credit Union National Association im Februar 2004 sagte er:

Tatsächlich deuten aktuelle Untersuchungen der Federal Reserve darauf hin, dass viele Hausbesitzer möglicherweise
Zehntausende Dollar gespart hätten, wenn sie in den vergange-

nen zehn Jahren Kredite zu variablen Zinssätzen anstelle der festen Zinssätze aufgenommen hätten; anders wäre es natürlich gewesen, wenn die Zinsen stark nach oben tendiert hätten ...

Die amerikanischen Verbraucher könnten profitieren, wenn die Kreditgeber anstelle des traditionellen festen Zinssatzes mehr Varianten bei den Kreditprodukten anböten. In dem Maße, wie die Haushalte von der Angst vor Zahlungsproblemen getrieben werden, aber ihre eigenen Zinsrisiken managen wollen, dürfte ein herkömmlicher Kredit zum Festzins eine teure Methode der Wohnbaufinanzierung sein.

Besonders abstoßend an Greenspans Entscheidung, eine Lanze für Kredite mit variablen Zinssätzen zu brechen, war der Zeitpunkt. Greenspan näherte sich dem Ende seiner Amtszeit als Notenbankchef. Er würde noch einmal von George W. Bush ernannt werden, aber im Januar 2006 sollte dann endgültig Schluss sein. Der Zeitpunkt der Rede bei der Konferenz der Credit Union National Association im Februar 2004 ist daher bemerkenswert. Greenspan hatte jahrelang die Zinsen gesenkt oder an einem niedrigen Zinssatz festgehalten. Die Wirtschaft schwamm in billigem Geld, und überall nahmen die Menschen enorme Summen auf und kauften, was sie sich nicht leisten konnten. Greenspan wusste, dass er bald abtreten würde, aber er wusste noch etwas anderes: Er würde bald die Zinsen erhöhen.

Im Juni 2004, nur wenige Monate nachdem er die Amerikaner ermutigt hatte, anstelle von Festzinshypotheken variabel verzinsliche Kredite zu wählen, hob er zum ersten Mal die Zinsen. Siebzehn weitere Zinserhöhungen sollten folgen. Vom Juni 2004 bis zum Ende seiner Amtszeit knapp zwei Jahre später hob er bei jeder Sitzung des Offenmarktausschusses die Zinsen, die sich dadurch mehr als vervierfachten und von 1 Prozent auf 4,5 Prozent stiegen. Anders ausgedrückt, zuerst verleitete er die Amerikaner zu riskanten Krediten, und dann, als ob er den Banken noch ein Abschiedsgeschenk zum Ende seiner Amtszeit machen wollte, erhöhte er sie zwei Jahre lang, damit die Hausbesitzer ihre Kreditgeber mit erhöhten Rückzahlungen richtig reich machen konnten.

»Er sprach sich dafür [für Kredite mit variablen Zinssätzen] aus, und kurz danach begann er mit den Zinshebungen. Wollen Sie mich veräppeln?«, sagte ein Hedgefondsmanager. »Das ist doch völlig klar: Er linkte die amerikanischen Verbraucher, um den Banken zu helfen … Wenn die Leute Kredite mit Zinssätzen gehabt hätten, die auf dreißig Jahre festgelegt gewesen wären, wäre nicht die Hälfte der Häuser unterm Hammer gelandet, weil die Raten stabil geblieben wären. Aber stattdessen … war das der hinterhältigste Kommentar, den ich je von einem Staatsbediensteten gehört habe.«

Greenspans fanatische Deregulierung der Finanzmärkte Ende der neunziger Jahre führte direkt zur Bildung der Immobilienblase. Vor allem die Deregulierung des Derivatemarkts ermöglichte der Wall Street den Aufbau einer riesigen Infrastruktur zur Aufteilung von Hypothekenschulden, bei der faule Kredite ein AAA-Rating erhielten und der ganze Mist dann als Wertpapiere auf sekundären Märkten weiterverkauft wurde. Nachdem die Investmentbanken diesen Mechanismus perfektioniert hatten, waren sie plötzlich in der Lage, Hunderte Millionen Dollar mit faulen Krediten zu machen und sie an arglose Rentenversicherungen, Versicherungsgesellschaften, Gewerkschaften und andere arme Trottel als erstklassige Anlagen zu verkaufen. Aber darauf gehen wir im nächsten Kapitel noch genauer ein.

Allein die Zahl neuer Kredite war schwindelerregend: Zwischen 2003 und 2005 stiegen die ausstehenden Hypothekenschulden in Amerika um 3,7 Billionen Dollar, was in etwa dem Gesamtwert aller amerikanischer Immobilien im Jahr 1990 entsprach (3,8 Billionen Dollar). Anders ausgedrückt, die Amerikaner hatten in nur zwei Jahren so viel geliehen, wie sie davor in 200 Jahren gespart hatten.

Jeder normale Mensch wäre beim Anblick dieser Zahlen zu dem Schluss gekommen, dass da etwas ganz gewaltig aus den Fugen geraten war (und manche, wie etwa Greenspans Vorgänger Paul Volcker, taten das auch und warnten ernsthaft vor dieser enormen Schuldensumme), aber Greenspan wollte nicht eingestehen, dass es ein Problem gab. Stattdessen kramte er die alte Ausrede von »einer neuen Ära« aus der Mottenkiste und behauptete, die Wall Street sei dank des technischen Fortschritts und finanzieller Innovationen in der Lage, die Naturgesetze wieder einmal neu zu definieren:

Technologische Neuerungen haben innerhalb der Finanzdienstleistungsbranche eine verbesserte Effizienz und Reichweite bewirkt … Dank dieser technischen Fortschritte nutzen die Kreditgeber heute Kreditbewertungsmodelle und andere Techniken, um Kredite einem breiteren Spektrum von Verbrauchern zugänglich zu machen.

Bei den technischen Neuerungen, von denen Greenspan redete, handelte es sich in Wirklichkeit um großangelegten Betrug. Doch in einem hatte er recht: Vor dem Jahr 2000 gab es die Technologie noch nicht, einen arbeitslosen Einwanderer mit fragwürdiger Bonität und ohne Ersparnisse in einen Kreditnehmer mit einem AAA-Rating zu verwandeln. Doch nun war es dank der »technologischen Neuerungen« plötzlich möglich, Billionen Dollar an Millionen Kreditnehmer zu verleihen, die früher gar nicht kreditwürdig waren! So erklärte Greenspan also den scheinbar unerklärlichen Boom bei der Hausfinanzierung.

Natürlich waren die Folgen katastrophal, denn der Zusammenbruch des Immobilienmarkts in den Jahren 2007 und 2008 vernichtete etwa 40 Prozent der weltweiten Vermögenswerte. Dazu kam, dass der Dollar durch Greenspans unermüdliche Gelddruckerei nach dem Platzen der Technologieblase massiv an Wert verlor. Zwischen 2001 und 2006 büßte der US-Dollar im Vergleich zu anderen Währungen im Dollar-Index 24 Prozent seines Werts ein, gegenüber dem kanadischen Dollar verlor er 28 Prozent. Selbst unbedeutende Währungen wie der Rubel oder der Peso gewannen gegenüber dem Dollar an Wert. Und trotzdem behauptete Greenspan am Ende dieser Phase, der Wertverlust des Dollars sei kein Problem – solange man nicht ins Ausland reise (!):

> Solange die Dollarschwäche nicht für eine Inflation sorgt ...
> ich denke, das ist ein Marktphänomen, das keine schwerwiegenden Folgen hat, es sei denn, man reist durch die Welt.

Keine schwerwiegenden Folgen? Dass Greenspan so etwas sagte, bedeutete, dass er nun entweder völlig den Verstand verloren hatte oder absolut unehrlich war, denn selbst der bekiffteste Collegestudent der Welt begreift, dass sich ein schwacher Dollar auf unsere Vermögenswerte auswirken würde: Wir kaufen mit unseren Dollars Öl aus dem Ausland, und da sich die Energiekosten auf so gut wie alle anderen Preise auswirken, entscheidet die Ölmenge, die wir für einen Dollar bekommen, im Lauf der Zeit darüber, ob unser Land ärmer oder reicher wird. Man kann gar nicht genug betonen, wie irrwitzig es von einem Notenbankchef ist, im Zeitalter der Globalisierung zu behaupten, eine schwache Währung habe nur Folgen für die *Touristen*. Das ist ein bisschen so, wie wenn man sagte, ein Waldbrand wäre nur schlimm, wenn man ein Specht sei.

Wie auch immer – als Greenspan 2006 bei der Federal Reserve ausschied, hatten die Amerikaner bei zwei gigantischen Spekulationsblasen Billionen und Aberbillionen verloren. Aus einer Nation, die einen unglaublichen Reichtum an privaten Ersparnissen vorweisen konnte, wurde ein Land, das bis über beide Ohren kollektiv verschuldet ist und keine Aussicht auf Besserung hat. Derzeit bewegt sich die internationale Verschuldung der USA in einem Bereich von 115 Billionen Dollar und macht über 50 Prozent des Bruttoinlandsprodukts aus. Die Verschuldung hat Ausmaße angenommen, wie sie noch nie zuvor in einem modernen Industrieland aufgetreten sind.

Es klingt simplifiziert, die Schuld daran allein einem Mann zuzuschieben, doch Greenspan war derjenige, der die Möglichkeiten dafür schuf, dass andere ihre schlechten Ideen in die Tat umsetzen und ihrer Gier freien Lauf lassen konnten. Er heizte eine Spekulationsblase an, und als die platzte, ließ er mehr Geld drucken und sorgte so für die nächste Blase. Der Unterschied zwischen der Technologieblase und der Immobilienblase bestand darin, dass die USA bei der Technologieblase ihre eigenen Ersparnisse verloren, bei der Immobilienblase dagegen liehen wir uns das letzte Hemd, das wir am Ende auch noch verloren, und landeten in einem Schuldenloch, das doppelt so tief war wie das vorherige.

Wichtig ist in diesem Zusammenhang, dass Greenspan während der gesamten Zeit, in der er Billionen Dollar drucken ließ und die Wirtschaft geschickt manipulierte, von den Wählern so gut wie gar nicht zur Verantwortung gezogen werden konnte. Abgesehen vom Recht des gewählten Präsidenten, den Chef der Notenbank zu nominieren, haben die Wähler keinen wirklichen Einfluss auf die Arbeit der Federal Reserve. Die Bürger bekommen nicht einmal die aktuellen Sitzungsprotokolle des Offenmarktausschusses zu Gesicht. Erst heute wird bekannt, was Greenspan in den neunziger Jahren sagte. Auch der Kongress ist trotz wiederholter Versuche, sich Einblick in die Unterlagen der Federal Reserve zu verschaffen, bislang gescheitert und hat immer noch keine Ahnung, wie viel Geld die Fed zur Deckung von Liquiditätslücken über das Diskontfenster verliehen hat und an wen.

Die Einflussmöglichkeiten des Kongresses auf die Federal Reserve sind so begrenzt, dass es als großer Sieg galt, als Brad Sherman, der Kongressabgeordnete für Los Angeles, ein Gesetz durchbrachte, das die Summe, die die Fed an Banken zur Rettung verleihen kann, auf immer noch monströse 4 Billionen Dollar begrenzt.

»Wir hatten Glück, dass wir das durchbringen konnten«, meint Sherman dazu.

Die einzige Möglichkeit für die Abgeordneten, eine Audienz bei Greenspan zu bekommen, war bei seinen obligatorischen Auftritten vor dem Kongress, die er offen verabscheute und zeitlich stets streng begrenzte. Der texanische Kongressabgeordnete Ron Paul erklärt, Greenspan habe mit seiner Zeit so gegeizt, dass die Kongressabgeordneten monatelang warten mussten, bis »Seine Hoheit« ihre Fragen bei den Kongressanhörungen beantwortete.

»Er kam zum Beispiel um zehn Uhr morgens und sagte, er habe nur Zeit für ein oder zwei [Kongressabgeordnete]«, erzählt Paul. »Wenn man also unten auf der Liste stand, hatte man keine Chance, seine Frage zu stellen.«

Folglich, so Paul, mussten die Abgeordneten Monate auf ihre nächste Chance warten. »Wer nicht an die Reihe kam, stand beim nächsten Mal zumindest ganz oben auf der Liste«, sagt er. »Mehr konnte man sich nicht erhoffen.«

Etwas macht Greenspans Abschied von der Macht umso schwerer zu verdauen: Er zeigte bis zum bitteren Ende so gut wie keine Reue. Selbst als sich im November 2007 in der internationalen Finanzwelt aufgrund der geplatzten Immobilienblase Panik breitmachte, reagierte Greenspan nur mit einem gleichgültigen Schulterzucken. »Ich empfinde kein spezielles Bedauern«, sagte er bei einem Vortrag in Norwegen. »Die Immobilienblase hat nichts mit unseren Maßnahmen zu tun.«

Erst im Oktober 2008, nach dem Zusammenbruch von Bear Stearns, Lehman Brothers und der AIG, als massive staatliche Rettungsaktionen nötig waren, um eine totale Panik zu verhindern, gab Greenspan klein bei – zumindest ein bisschen. In einer Aussage vor Henry Waxmans Committee on Oversight and Government Reform räumte er ein, dass sein randianischer Glaube an die Effizienz der selbstregulierenden Märkte ein wenig ins Wanken gekommen sei.

»Ich habe eine Schwachstelle gefunden«, sagte er Waxman. »Ich weiß nicht, wie bedeutend oder dauerhaft sie ist. Aber diese Tatsache betrübt mich sehr.«

Waxman befand sich in diesem Moment in einer ungewöhnlichen Position, denn er stand für eine ganze Generation empörter Greenspan-Kritiker und -Gegner, die den Maestro nie dazu gebracht hatten, sich auch nur für die geringste Kleinigkeit zu entschuldigen. Es wäre verständlich gewesen, wenn dieser Moment zu viel für Waxman gewesen wäre. Aber Waxman setzte Greenspan unbeirrt weiter unter Druck.

»Haben Sie sich geirrt?«

Greenspans Antwort auf die Frage ist unvergleichlich – ein historischer Augenblick in den Annalen des politischen Narzissmus, ein Abgang wie der berühmte dreifache Homerun des Baseballspielers Bobby Thomson, des Königs der reuelosen Sturköpfe. Hatte er sich geirrt?

»Teilweise«, antwortete Greenspan.

Dieser Moment kann heutzutage als wichtiger Sieg für die amerikanische Demokratie gelten – ein gewählter Volksvertreter erhält von einem Mitglied der Finanzbürokratie, das niemandem Rechenschaft ablegen muss, eine zumindest halbwegs ehrliche Antwort.

Mehr kann man nicht erwarten. Selbst wenn Greenspans Renommee gegen Ende seiner Karriere ein paar Kratzer bekam, sein Glaubenssystem – oder das, was als sein Glaubenssystem gilt – ist in der internationalen Finanzwelt weiter auf dem Vormarsch, wenn nicht sogar schon dominant. Er zog eine Generation von Wall-Street-Bankern heran, die sich unter seiner Patronage die Übermenschen in Rands Roman zum Vorbild nahmen und mit religiösem Eifer dem Mantra des persönlichen Gewinnstrebens anhingen.

Tatsächlich wurden die Spekulationsblasen erst dadurch möglich, dass in den Führungsetagen von Banken wie Goldman Sachs, Morgan Stanley und Citigroup Leute saßen, die, von diesem Kult besessen, blind für die zerstörerischen gesellschaftlichen Folgen ihres Handelns und völlig immun gegen Selbstzweifel waren. Das randianische Denken war in der Finanzwelt so weit verbreitet, dass selbst nach dem Börsencrash von 2008 das Führungspersonal von Goldman Sachs in aller Öffentlichkeit behauptete, Jesus selbst hätte ihr persönliches Profitstreben gebilligt. (»Die Aufforderung Jesu, andere so zu lieben wie uns selbst, ist die Billigung des Eigennutzes«, verkündete Brian Griffiths, internationaler Berater bei Goldman, Ende 2009 den Besuchern der St. Paul's Cathedral in London.) Diese Art moralische Blindheit beförderte die Gier bei den Banken noch zusätzlich, doch erst Greenspans zynische Konstruktion eines Wohlfahrtsstaates für die Finanzbranche, der niemandem verantwortlich war, sorgte dafür, dass die Betrügereien immer weiter um sich griffen und nicht mehr zu stoppen waren.

Eins darf man bei Greenspans Geschichte nicht vergessen: Trotz der vielen Zahlen und des Insiderjargons über Zinssätze, Anleihen und Prognosen geht es dabei nicht um Wirtschaft. In Greenspans Geschichte geht es um Kriminalität. Wie beim Drogenhandel, illegalen Glücksspiel und bei Schneeballsystemen handelt es sich bei den Spekulationsblasen, die er hätte überwachen müssen, um Manipulation, um ein Spiel mit gezinkten Karten, bei dem die Verlierer schon von vornherein feststanden und dessen psychologische Auswirkungen die Mitspieler korrumpierten. Man spielt, man verliert, und das in mehrerlei Hinsicht.

Greenspan hielt den Betrug am Laufen, indem er Billionen Dollar druckte und die Amerikaner so zu Spielen verlockte, bei denen sie von Anfang an als Verlierer feststanden. Am Ende löste sich das gedruckte Vermögen in Luft auf, und lediglich die Schulden blieben übrig. Und das alles wahrscheinlich nur, weil Greenspan sein Gesicht auf dem Titel von Zeitschriften sehen und ein beliebter Gast bei den Cocktailpartys der Upper East Side sein wollte. So wirkten sich seine privaten Marotten auf die gesamte amerikanische Politik von heute aus, die im Grunde nichts anderes als Betrug ist: ein unbegrenzter freier Markt für die Trottel und goldene Fallschirme für die Atlanten.

3

Die heiße Kartoffel
Der große amerikanische Hypothekenschwindel

Die Abzocke beginnt in Amerika immer mit einem leisen Summen im Äther, einer trockenen, unpersönlichen Sendung, die von einem hohen Turm hinaus in die Welt gestrahlt wird, ein Angebot für etwas, das man kaufen kann – Hilfe, Beratung, ein neues Leben, einen Freund in Zeiten der Not, die Frau unserer Träume. So beteiligt sich der gewöhnliche Amerikaner an der Demokratie: Er kauft. Die meisten von uns wählen nicht öfter als alle vier Jahre, aber wir kaufen jeden Tag ein. Und jede unserer Kaufentscheidungen wird irgendwo registriert, hoch oben im Gehirn des amerikanischen Leviathan.

Anfang 2005 fuhr ein schwarzer, kräftiger Zweimetermann namens Eljon Williams, Stellvertreter des Sheriffs in der Gegend von Boston, nach einem furchtbar miesen Tag, an dem er sich mit den Kriminellen im berüchtigten Bostoner Gefängnis South Bay House of Correction auseinandersetzen musste, nach Hause. Im Autoradio lief »Wild«, der schwarze Hörfunksender in Boston, der damals Sendungen des Bürgerrechtlers Al Sharpton und das Sportprogramm »2 Live Stews« ausstrahlte. Williams hörte ein Interview mit einem Mann namens Solomon Edwards (der Name wurde aus rechtlichen Gründen geändert), einem selbsternannten Kreditexperten, der die Hörer über verschiedene Betrugsmethoden im Kreditwesen aufklärte, die in jüngster Zeit vor allem gegen

die Angehörigen von Minderheiten unter den Hauskäufern angewandt wurden.

Williams hörte aufmerksam zu. Er hatte einige Fragen zu dem
Kredit, den er für sein zweistöckiges Haus in Dorchester aufgenommen hatte, einem Problemviertel von Boston. Williams hatte
das Erdgeschoss und den zweiten Stock seines Hauses vermietet
und lebte mit seiner Frau und seinem Sohn in der Mitte, aber er
spielte mit dem Gedanken, auszuziehen und sich ein neues Haus
zu kaufen. Er fragte sich, ob er sich vielleicht vorher beraten lassen
sollte. Er hörte sich die Sendung bis zum Schluss an und notierte
sich Edwards' Nummer. Später rief er ihn an und vereinbarte einen Termin mit ihm.

»Ein netter junger Schwarzer mit Stil, gut gekleidet«, erinnert
sich Williams. »Ein sympathischer Typ, mit dem ich mich hätte
anfreunden können.«

Die beiden freundeten sich tatsächlich an. Edwards sah die
Unterlagen für den Kredit für das zweistöckige Haus durch und
fand tatsächlich einige Unregelmäßigkeiten.

Er erzählte Williams vom RESPA, dem Real Estate Settlement
Procedures Act, mit dem vor allem Hauskäufer in Städten und
mit niedrigem Einkommen vor versteckten Gebühren in den
Kaufnebenkosten geschützt werden sollen. Edwards fand solche
versteckten Kosten bei Eljons Kreditvertrag und half ihm, einen
Teil des Geldes zurückzubekommen. »Er half mir, Geld zu sparen«, erzählt Williams. »Ich habe ihm wirklich vertraut.«

Edwards verstand sich mit Williams so gut, dass er hin und
wieder einfach so bei ihm vorbeischaute und sogar bei der Ge-
burtstagsparty von Williams' Sohn Eljon junior mitfeierte. (»Er
hat ihm sogar ein Geschenk mitgebracht«, erinnert sich Williams.)
Edwards machte Williams weis, dass er sich als Anwalt der Schwachen sehe.

»Er erzählte mir, dass ein reicher Mann es nicht merkt, wenn ihm ein Keks aus dem Schrank geklaut wird, ein armer Mann dagegen schon«, berichtet er. »Das volle Programm.«

Ein Jahr später entschieden sich Williams und seine Frau für den Umzug. Sie fanden ein kleines Haus mit drei Schlafzimmern in Randolph, einem ruhigen gutbürgerlichen Städtchen etwas weiter außerhalb von Boston. Williams hatte ein bisschen gespart, dazu kam noch das Geld aus dem Verkauf des bisherigen Hauses, trotzdem benötigte er noch zwei Kredite für den Kauf des neuen Hauses, verteilt im Verhältnis 80 zu 20. 80 Prozent der benötigten Summe wurden von einem Unternehmen namens New Century finanziert, 20 Prozent von einer Firma namens Ocwen.

Edwards half ihm, die beiden Kredite zu besorgen. Alles schien in Ordnung. »Ich war ein erfahrener Hausbesitzer«, sagt Williams. »Ich kannte den Unterschied zwischen einem Kredit mit festem Zinssatz und einem mit variablen Zinsen. Und ich fragte ihn ausdrücklich, da bin ich mir sicher, ob das feste Zinssätze waren.«

Zumindest dachte er das. Kaum war Familie Williams in ihr neues Heim gezogen, begannen die Probleme. Ende 2006 wurde bei Eljons Frau Clara Bernardino Eierstockkrebs diagnostiziert. Sie war damals schwanger. Um ihr Leben und das des Kindes zu retten, musste sie dringend operiert werden. Dadurch hatte das Paar eine Zeit lang nur Eljons Einkommen. Das Geld wurde sehr, sehr knapp – und dann platzte die Bombe.

Mitte des Jahres 2007 erhielt die Familie eine Nachricht von ASC (America's Servicing Company), an die New Century den einen Kredit verkauft hatte. New Century stand derweil kurz vor der Pleite, die Kreditgeber zogen ihr Geld ab, und das FBI ermittelte gegen die Unternehmensleitung wegen Veruntreuung und anderer Delikte – aber das ist eine andere Geschichte. Wir müssen einstweilen nur wissen, dass Eljon und Clara eines Morgens im Juni 2007 aufwachten und folgendes Schreiben von ASC in ihrem Briefkasten fanden:

Hiermit möchten wir Sie über die Änderungen bei den variablen Zinssätzen Ihres Kredits und die daraus entstehenden Forderungen informieren ...

Die Schuldsumme und die Zinsen auf Ihren Kredit werden von 2123,11 auf 2436,32 Dollar angepasst ...

Mit Ihrer Zahlung vom 1. August 2007 steigt der Zinssatz von 7,225 auf 8,725 Prozent ...

Eljon drehte nicht sofort durch, sondern dachte, es müsse sich um einen Fehler handeln. Er rief Edwards an, der am Telefon zuerst »komisch« war und zusammenhanglos vor sich hin murmelte. Als Eljon darauf beharrte, dass der Zinssatz unmöglich variabel sein könne, da Edwards ihm doch persönlich zugesichert habe, er sei fest, widersprach Edwards und sagte, da irre sich Eljon, der Zinssatz sei variabel – und das habe er ihm auch gesagt.

Bald darauf ging Edwards gar nicht mehr ans Telefon. Und verschwand dann komplett von der Bildfläche. Er war nicht mehr in seinem Büro, er war nirgendwo aufzutreiben. Und die Familie Williams saß nun da, mit Krebs, einem Neugeborenen und einer drohenden Zwangsversteigerung. Nach und nach fanden sie heraus, dass Edwards mit der Kreditvermittlung für ihr Haus über 12 000 Dollar an Provision eingesackt hatte – unter anderem, indem er die Bewertung der Immobilie gefälscht hatte. Wie sich herausstellte, war Edwards selbst als Gutachter aufgetreten. Der gerissene Betrüger hatte sich das Vertrauen eines grundanständigen, gesetzestreuen und hart arbeitenden Bürgers erschlichen und ihn und seinen Kredit in eine Zeitbombe verwandelt – in eine heiße Kartoffel im Finanzsektor, die er so schnell weiterreichte, dass er die Hitze nicht einmal an den Fingerspitzen spürte.

Als Eljon erkannte, dass er betrogen worden war, ging er zum Angriff über. Er rief jeden erdenklichen Menschen unter der Sonne an und bat um Hilfe, vom Justizministerium bis zu Hotlines für Kreditberatung wie 995-HOPE. Irgendwann rief er auch ASC an und bat um eine Verringerung der Raten. Er bettelte und erzählte, dass seine Frau Krebs hatte, dass er von seinem Kredit-vermittler betrogen worden war, dass seine Familie so richtig in der Patsche saß. »Ich bot an, Bescheinigungen von den Ärzten vorbeizubringen, Beweise, dass wir aufgrund eines medizinischen Notfalls in diese Situation geraten waren, dass es bei uns praktisch um Leben oder Tod ging«, erzählt er. »Aber das war denen egal, es kümmerte sie einfach nicht.«

Die Familie konnte mehrere Ratenzahlungen nicht leisten und war rein theoretisch in Zahlungsverzug. Williams verschanzte sich im Haus und bereitete sich auf eine Konfrontation vor. »Ich hätte mich im Haus verbarrikadiert«, sagt er. »Ich hätte das Haus nicht geräumt. Um keinen Preis.«

Am Ende … aber heben wir uns das für später auf. Denn da wird die Geschichte so richtig hässlich.

In jedem Land gibt es gerissene Betrüger wie Solomon Edwards, aber nur in einem sterbenden Land, nur ganz unten, in besonders kaputten Gesellschaften, wie man sie in Ländern der Dritten Welt vorfindet, sind Leute wie er Teil des Systems. Das macht die Im-mobilienblase, die für Eljon Williams derart tragisch platzte, so außergewöhnlich.

Wenn man das Betrugsschema zurückverfolgt, führt die Spur ganz nach oben. Wie sich zeigt, ist Solomon Edwards kein Son-derfall, ja nicht einmal ein richtiger Krimineller, sondern eine Art Agent der höchsten Mächte in diesem Land, in deren Interesse der Staat im Herbst 2008 schließlich eingreifen musste, und das in ungeheurem Ausmaß, bei einer Art stillschweigendem Coup d'État.

Auf der unteren Ebene funktioniert der Subprime-Markt dage-gen wie die Schutzgelderpressung der Mafia.

Jeder, der den Film »Good Fellas – Drei Jahrzehnte in der Mafia« gesehen hat, weiß, wie das läuft. Ein Mafiamitglied mimt den Restaurantbesitzer und schöpft dessen Kredit voll aus, bestellt in seinem Namen ganze Wagenladungen Schnaps und Lebensmittel und andere Waren und verkauft das Zeug zum halben Preis unter der Hand. Aus 2000 Dollar Kredit werden 1000 Dollar in bar. Das Spiel läuft zwei oder drei Monate, bis es keinen Kredit mehr gibt und die Lieferwagen ausbleiben – dann wird das ganze Restaurant abgefackelt und die Versicherung abkassiert.

Würde man langfristig nicht mehr Geld verdienen, wenn man das Lokal wie ein ganz normales Restaurant betriebe? Sicher. Aber nur, wenn man sich solche Gedanken macht. Wenn es einem scheißegal ist, wird die Rechnung auf einmal viel simpler. Dann ist jedes Restaurant einfach ein Haufen Bargeld, das nur darauf wartet, dass es sich jemand unter den Nagel reißt und für Schnaps, Autos und Koks verpulvert. Ausschlaggebend in diesem Spiel sind nicht die Restaurantgäste, sondern die ahnungslosen gesellschaftlichen Einrichtungen mit ihren scheinbar endlos tiefen Taschen: die Kreditunternehmer, die Versicherungsgesellschaften und die Großhändler, die den Kreditrahmen für das Mafiarestaurant immer weiter ausdehnen.

Bei den Immobilien lief es ganz ähnlich, nur traf es hier andere Opfer. Es war ein genialer, fast unmöglich komplexer Schwindel im großen Maßstab. Am Ende der Kette standen die Broker und Kreditvermittler, die das Geld der Hausbesitzer abkassierten. Für die Wertpapierhändler waren die Hausbesitzer nur namenlose Kreditbewertungen, die mit ein bisschen dümmlicher Muskelmasse und Fett ausgestattet waren. Für die Kreditvermittler und -geber war jeder Hauskäufer das, was ein Restaurant für die Mafia war – ein großer Haufen Bargeld, der nur darauf wartete, dass jemand zugriff und das Geld unter die Leute brachte.

Beim großen Hypothekenschwindel ging es um Provisionen

und komplexe Beziehungen, die den gesamten Finanzdienstleistungssektor umfassten. Auf der untersten Ebene, bei den Kreditvermittlern, ging es darum, den angehenden Hausbesitzer dazu zu bringen, sich ein so teures Haus wie möglich zum höchstmöglichen Zinssatz zu kaufen. Je höher die Zinsen, desto höher die Provision für den Vermittler. Die Hauskäufer wurden mit Darlehen in fast unbegrenzter Höhe gelockt.

Vor dem Jahr 2002, als sogenannte Subprime-Kredite[16] noch eine Seltenheit waren, kauften Arbeitslose oder Geringverdiener so gut wie nie große Häuser. Aber das änderte sich. Im Jahr 2005, als Eljon auch sein Haus kaufte, wurden jedes Jahr 600 Milliarden Dollar in Form von Subprime-Krediten vergeben. Die Praktik, teure Häuser an Leute ohne Einkommen zu verkaufen, war so gängig, dass die Branche dafür sogar einen eigenen Begriff prägte, die sogenannten NINJA-Kredite: »No Income, No Job, No Assets« – kein Einkommen, kein Job, kein Vermögen.

Eine Sammelklage gegen das Finanzunternehmen Washington Mutual liefert uns ein klassisches Beispiel. Einem mexikanischen Einwanderer namens Soledad Aviles, der kein Englisch konnte und 9 Dollar die Stunde als Glasschleifer verdiente, wurde ein Haus im Wert von 615 000 Dollar verkauft, die monatlichen Raten verschlangen 96 Prozent seines Nettoeinkommens. Wie konnte dieser Kredit genehmigt werden? Kein Problem: Der Kreditgeber fälschte einfach die Unterlagen, Aviles' angebliches Einkommen betrug demnach 13 000 Dollar im Monat.

Überall wurde fleißig gefälscht, wie Eljon und Clara feststellen mussten. Einerseits manipulierte ihr Kreditmakler Edwards den Kreditantrag und bescheinigte Clara ein monatliches Einkommen von 7000 Dollar, was ihr tatsächliches Einkommen bei weitem überstieg, und andererseits korrigierte Edwards die Kreditwürdigkeit des Paares nach unten, wodurch sie nur für einen Subprime-Kredit infrage kamen, obwohl ihnen eigentlich ein richtiger, stabiler Kredit von der Bank mit festem Zinssatz zugestanden hätte. Eljon und seine Frau bekamen schlechtere Kreditbedingungen, als sie verdient hätten: Sie waren vollkommen kreditwürdig, wurden aber in die Subprime-Hölle befördert, weil Edwards für einen Subprime-Kredit mehr Provision bekam.

Es ging immer um die Provisionen, und die waren nun einmal für flexible Kredite am höchsten. Eine solche zinsvariable Hypothek mit mehreren Zahlungsoptionen (Option Adjustable Rate Mortgage, ARM) war besonders lukrativ. Kreditnehmer mit Option-ARM-Hypotheken kauften ihre Häuser mit einem Kredit zu niedrigem oder aktuellem Zins und wachten dann einige Monate später auf, wenn ihnen mitgeteilt wurde, dass die Raten erhöht worden seien – und ein paar Jahre später drohte ihnen vermutlich eine weitere Erhöhung. Das konnte eine Steigerung um mehrere hundert Dollar im Monat sein wie im Fall der Familie Williams oder sogar um mehrere tausend Dollar, manchmal vervierfachte sich die Forderung auch. Am profitabelsten war es für den Kreditmakler, möglichst viele Kunden so schnell wie möglich an sich zu binden.

Kreditgeber und Kreditvermittler sahen nur die Provisionen, damit machten sie ihr Geschäft. Die Häuser, die gekauft und verkauft wurden, und die Kreditnehmer in Fleisch und Blut, die ein- und wieder auszogen, waren völlig nebensächlich – ein Mittel zum Zweck, um die finanzielle Ernte einzubringen. Aber wie ist es möglich, richtig Geld zu verdienen, indem man einfach den Geldhahn aufdreht und Menschen mit geringer Bonität mit Millionen Dollar überschwemmt?

Hier kommen die Investmentbanken ins Spiel. Die Banken und die Kreditgeber lebten in enger Symbiose. Die Kreditgeber hatten dabei die Aufgabe, ein großes Kreditvolumen zu schaffen. Früher wären solche Unmengen an Krediten ein Problem gewesen, weil niemand auf Krediten in Millionenhöhe sitzen bleiben

wollte, die an eingewanderte Glasschleifer mit einem Stunden-
lohn von 9 Dollar vergeben worden waren.

Aber nun schlägt die große Stunde der Banken. Sie entwickelten eine Lösung für alle. Für diejenigen, die sich intensiv mit der
Finanzwelt beschäftigen, ist vieles davon ein alter Hut, dennoch
sollten wir die Entwicklung schnell noch einmal skizzieren, um
die Ereignisse im Sommer 2008 zu verstehen. Die Banken perfek-
tionierten eine Methode, die sich »Verbriefung« (»Securitization«)
nennt und in den siebziger Jahren erfunden wurde. Anstatt Kredite zu vergeben und zu halten, bis sie fällig waren, konnten die
Banken die Kredite durch die Verbriefung in riesige Pools geben,
wo sie dann je nach Kreditrisiko aufgegliedert und als Wertpapiere an Anleger weiterverkauft wurden.

Die Verbriefung ermöglichte es den Kreditgebern, ihre langfristigen Einkommensströme in kurzfristige Bargeldzahlungen
umzuwandeln. Angenommen, man vergibt hundert Kredite mit
dreißigjähriger Laufzeit an hundert verschiedene Hauskäufer mit
einem Gesamtwert der Immobilien von 50 Millionen Dollar. Vor
der Verbriefung konnte man die hundert Kredite nicht sofort in
Bargeld umwandeln. Der einzige Zugang zum Geld bestand darin, über einen Zeitraum von dreißig Jahren jeden Monat die
niedrigen Ratenzahlungen einzusammeln. Aber nun konnten die
Banken sämtliche hundert Kredite nehmen, in einen Pool geben
und die zukünftigen Erträge für einen Haufen Geld an einen
Dritten verkaufen – anstatt in dreißig Jahren 3 Millionen Dollar
einzunehmen, verdienten sie vielleicht 1,8 Millionen Dollar hier
und jetzt. Und so wurde aus einem traditionell langfristigen Geschäft eine Jagd nach schnell verdientem Geld.

Aber selbst mit der Verbriefung gab es für die Kreditgeber noch
Einschränkungen, denn auch bei einem verbrieften Pool wollte
niemand Kredite kaufen, es sei denn, es waren gute Kredite, bei
denen man mit einer Rückzahlung rechnen konnte.

Zur Lösung des Problems erfanden die Banken noch etwas Neues – die Derivate. Den großen Durchbruch brachten die bereits erwähnten Collateralized Debt Obligations (CDO) oder ähnliche Instrumente wie etwa die Collateralized Mortgage Obligations (CMO).[17] Mit diesen forderungsbesicherten Instrumenten nahmen die Banken die großen Kreditpakete, warfen sie in einen Wertpapierpool und schufen daraus eine mehrschichtige Zahlungsstruktur.

Stellen wir uns eine Kiste mit hundert Hauskrediten vor. Jeden Monat zahlen die hundert Hausbesitzer ihre Raten in die Kiste ein. Nehmen wir an, die Gesamtsumme, die jeden Monat hereinkommt, beträgt 320 000 Dollar. Die Banken unterteilten die Kiste nun in drei Ebenen und verkauften Anteile an diesen Ebenen, sogenannte »Tranchen«, an Anleger von außen.

Die Anleger erkauften sich damit Zugang zu den Zahlungen, die die Hausbesitzer jeden Monat leisteten. Die oberste Ebene wird immer als »Senior-Tranche« bezeichnet und mit AAA bewertet. Die Anleger, die eine Senior-Tranche aus der Kiste kauften, wurden immer als Erste ausbezahlt. Die Bank konnte beispielsweise festlegen, dass die ersten 200 000 Dollar, die jeden Monat eingezahlt wurden, an die AAA-Anleger gingen.

Wenn *mehr* als 200 000 Dollar pro Monat hereinkamen, also wenn die meisten Hausbesitzer nicht zahlungsunfähig wurden, sondern brav ihre Raten zahlten, konnte die nächste Auszahlung an die Anleger auf der zweiten Ebene gehen, der sogenannten Mezzanine-(»Zwischengeschoss«-)Ebene, die mit BBB bewertet war – sagen wir: alle eingehenden Ratenzahlungen, die zwischen 200 000 und 260 000 Dollar liegen. Die Anteile der Anleger hatten eine höhere Rendite als die der AAA-Anleger, allerdings bestand auch ein höheres Risiko, dass sie gar nichts bekamen.

Die letzten Anleger kauften die Anteile der sogenannten »Equity«- oder Erstverlust-Tranche, die allgemein als »Giftmüll«

galt. Die Anleger bekamen ihr Geld nur, wenn alle Schuldner pünktlich zahlten. Die Wahrscheinlichkeit, dass sie nichts bekamen, war groß, aber wenn tatsächlich Geld floss, war die Rendite hoch.

Diese Derivate ermöglichten es den Kreditgebern, das Problem bei der Qualität ihrer Kredite zu beheben, indem sie miese Kredite in der besonderen Struktur der Verbriefungen versteckten. Die relative Attraktivität einer Kreditanlage basierte nun nicht mehr auf der Fähigkeit des einzelnen Kreditnehmers, langfristig alle Zahlungen zu leisten, sondern auf Berechnungen wie: »Wie groß ist die Wahrscheinlichkeit, dass mehr als 93 von 100 Hauskäufern mit einer Bonität von mindestens 660 Punkten nächsten Monat ihre Raten nicht zahlen können?«

Diese Berechnungen waren höchst subjektiv und konnten wie Tests mit dem Lügendetektor so manipuliert werden, dass praktisch jedes Ergebnis herauskam, das die Ratingagenturen hören wollten. Und die Ratingagenturen, die finanziell fast völlig von ebenjenen großen Investmentbanken abhängig waren, die ihre Kreditpakete bei ihnen bewerten ließen, fanden es ganz praktisch, fast jedes Kreditpaket, das über ihren Schreibtisch ging, mit besten Bewertungen auszustatten.

Besonders heimtückisch war die großzügige Bewertung in Kombination mit Subprime-Krediten. Berüchtigt ist das Paket, das Goldman Sachs 2006 aus 8274 Kreditverträgen zum GSAMP Trust 2006-S3 schnürte. Das durchschnittliche Verhältnis von Kreditbetrag zum Marktwert betrug bei diesem Paket erstaunliche 99,21 Prozent. Das heißt, dass die Hausbesitzer weniger als 1 Prozent des Kaufpreises in bar aufgebracht hatten – bei diesen Häusern gab es praktisch kein Eigenkapital. Schlimmer noch, 58 Prozent der Kredite waren sogenannte »No-Doc«- oder »Low-Doc«-Kredite, das heißt, die Kreditnehmer mussten keine oder so gut wie keine Einkommens- oder Vermögensnachweise erbringen, es gab also keine Unterlagen (»Doc«) darüber, ob die Eigentümer in den Häusern lebten, ob sie Arbeit oder Zugang zu anderen Einkünften hatten.

Anders ausgedrückt, dieses Paket mit Krediten war fast ausschließlich Schrott, dennoch erhielten 68 Prozent des Bündels eine AAA-Bewertung, die theoretisch betrachtet bedeutet, dass das »Kreditrisiko fast bei null« liegt. Erklären lässt sich das nur mit der wechselseitigen Abhängigkeit der Banken und Ratingagenturen. Die Ratingagenturen waren nicht nur finanziell völlig von den Banken abhängig, die diese Pakete schnürten und bewerten ließen, sondern zeigten ihnen auch noch Mittel und Wege, wie sie das System überlisten konnten.

»Den Banken wurde von den Ratingagenturen genau gesagt, welche Werte sie für ihre Modellberechnungen brauchten, um eine AAA-Bewertung zu erreichen«, erklärt Timothy Power, ein Wertpapierhändler mit Sitz in London, der mit Derivaten arbeitete. »Das ist in Ordnung, wenn man einem Unternehmen sagt, dass es bald Gewinn machen muss, um nicht herabgestuft zu werden. Aber im Bereich der Modelle und manipulierbaren Statistiken, wo zudem ein großer Anreiz besteht, das System auszutricksen, fordert man damit das Unheil förmlich heraus.«

Die Erklärung der Ratingagenturen für ihre scheinbar unerklärliche Entscheidung, Kredite, die tickende Zeitbomben waren, jahrelang als völlig risikolos zu bezeichnen, war besonders dreist. Moody's, eine der beiden Ratingagenturen, die gemeinsam einen Großteil des Marktes kontrollieren, lieferte am 21. Mai 2008 eine überaus faule Ausrede im Stil von »Der Hund hat meine Hausaufgaben gefressen«, als der Pressesprecher, ohne auch nur eine Miene zu verziehen, verkündete, ein »Computerfehler« sei der Grund für die Fehlbewertung der Milliarden (nicht Millionen, sondern Milliarden) von Schrottpapieren. »Wir werden eine gründliche Untersuchung einleiten«, hieß es.

Wie sich herausstellte, wusste die Ratingagentur bereits im Februar 2007 von dem »Computerfehler«, machte aber mit der Überbewertung der Schrottwerte (darunter ein spezielles Ungetüm namens »Constant Proportion Debt Obligations«, Anleihen auf Indizes für Kreditderivate) unverdrossen weiter und vergab ihr AAA-Rating bis Januar 2008. In der Zeit strich das leitende Management Millionen an Gebühren ein.

Warum wurde die Fehlbewertung nicht korrigiert? »Es wäre unvereinbar mit den analytischen Standards und der Unternehmenspolitik von Moody's, die Methodik zu ändern, um Fehler zu verschleiern«, verkündete die Agentur. Was so viel heißt wie: »Wir wollten das für immer unter den Teppich kehren, aber die *Financial Times* ist uns auf die Schliche gekommen.«

In dieser Welt wollte jeder den Schein wahren, bis sich praktisch schon die Handschellen um die Gelenke schlossen. Rein finanziell betrachtet war das sinnvoll: Es ging um so viel Geld, dass es für die Beteiligten (aus ihrer persönlichen Sicht) kosteneffizient war, massiven kurzfristigen Gewinnen hinterherzujagen, egal, mit welchen Tricks man sich diese Gewinne erschlich, und obwohl man wusste, dass das Spiel irgendwann böse enden würde. Denn das Geld verdiente man ja so oder so, warum also nicht sofort?

Es gibt ein altes slawisches Sprichwort: Ein Dieb sitzt immer auf den Schultern eines anderen Diebes und benutzt einen dritten Dieb als Peitsche. In der Kreditwelt ging es ganz ähnlich zu. Auf jeder Ebene gab es pseudokriminelle Betrügereien, Transaktionen, die entweder hart an Betrug grenzten oder bereits den Tatbestand erfüllten. Das alles auseinanderzuklamüsern ist eine entsetzlich dröge Aufgabe, die jeden um den Verstand bringt, der nicht aus dieser Welt stammt. Aber gerade jene Drögheit und Komplexität sind mit ein Grund dafür, warum dieses kannibalische Betrugsschema so gut funktionierte.

Alles fängt mit einem kleinen Gauner wie Solomon Edwards an, der den gutgläubigen Hauskäufer in eine Falle lockt und seinen Namen unter einen Kredit setzt, der dann weiterverkauft wird. Mit Edwards im Bunde steht der Kreditgeber, der Urheber der Anleihe, der es wie Edwards nur auf die Provision abgesehen hat. Er leiht dem Hausbesitzer das Geld und versucht sofort, seine Ansprüche an eine große nationale oder internationale Investmentbank zu verkaufen – die nun die Aufgabe hat, den Kredit des Hausbesitzers in einem Pool mit anderen verbrieften Forderungen zusammenzufassen. Dort werden die Forderungen in Tranchen unterteilt und an den nächsten Zocker als Wertpapiere verkauft.

Das ist eine entscheidende Phase. Denn hier kamen die großen Finanzmächte des Landes ins Spiel und platzierten ihre Wetten auf die verschiedenen Klassen frischgebackener Hausbesitzer, die bei der orgienhaften Kreditvergabe entstanden waren. Und man höre und staune, die großen Unternehmen, die eindeutig den herrschenden Klassen gehörten und um Millionen rangelten, waren noch unehrlicher und hinterhältiger und kleinlicher als die schäbigen Abzocker, die den Kopf gerade mal über die Tischkante kriegen und billige Geburtstagsgeschenke für die Kinder gutgläubiger Bürger wie Eljon Williams kaufen, um ein paar lausige tausend Dollar hier und da zu machen.

Ein Wertpapierhändler, nennen wir ihn einmal Andy B., der für eine der großen Investmentbanken arbeitete und solche Kreditgeschäfte managte, beschreibt uns die Vorgehensweise. In den Monaten, als der Boom abzuflauen begann, also Anfang 2007, wurde Andy mit einem Monsterdeal beauftragt, bei dem ein milliardenschwerer Pool verbriefter Forderungen verkauft werden sollte. Da Andy mittlerweile nicht mehr für die Bank arbeitet und der ganzen Branche den Rücken gekehrt hat, kann er über das Geschäft reden, das damals einer der großen Erfolge seiner Karriere war.

Andy ist ein korpulenter Familienmensch mit einem schrägen Sinn für Humor, der den Großteil seiner Karriere ganz normale Aufgaben hatte und mit besicherten Hypothekenobligationen (CMO) handelte. »Die haben nichts mit Krediten zu tun, da wird nur mit dem Zinsrisiko gehandelt«, erklärt er, »das täglich' Brot der Wall Street.« Doch in den Jahren vor der Finanzkrise trat er eine neue Stelle bei einer großen Bank an und war plötzlich für einen großen Deal verantwortlich, bei dem es um Option-ARM-Hypotheken ging, mit denen er so gut wie keine Erfahrung hatte.

»Option-ARM-Hypotheken waren früher ein Produkt für reiche Leute«, erläutert er. »Etwas für Leute mit massivem Cashflow. An der Wall Street bekommt man zum Beispiel zum Jahresende einen Bonus«, beschreibt er das Profil eines herkömmlichen ARM-Kunden, »deshalb bezahle ich vorerst nur einen kleinen Teil, und am Ende des Jahres tilge ich den Hauptbetrag und bin wieder eben – ein Produkt für Reiche. Aber dann wurde es zum ultimativen Produkt, wenn man sich etwas leisten wollte.«

Aus der Option-ARM-Hypothek wurde ein Arrangement, bei dem der angehende Hauskäufer praktisch kein Eigenkapital aufbringen musste und dann eine monatliche Rate hatte, bei der nur die Zinsen getilgt wurden, in einigen Fällen wurde sogar *weniger* als die Zinsen abbezahlt. Nehmen wir an, der Marktzins liegt bei 5 Prozent und Sie können jetzt ein Haus kaufen, ohne Ersparnisse zu haben, und nur 1 Prozent pro Monat abzahlen, und das jahrelang. Die vier Prozentpunkte pro Monat, die Sie nicht abzahlen, werden in der Zwischenzeit einfach zu Ihren Gesamtschulden addiert. »Die Differenz zwischen den 5 Prozent und dem 1 Prozent kommt einfach später in Form einer negativen Amortisation dazu«, erklärt Andy.

Und das sah dann so aus: Man kaufte ein Haus für 500 000 Dollar ohne eigene Ersparnisse und nahm deshalb einen Kredit über die gesamte Summe von 500 000 Dollar auf. Aber anstatt

5 Prozent Zinsen im Monat zu zahlen, was 2500 Dollar wären, zahlte man nur 500 Dollar im Monat, und die 2000 Dollar, die man nicht bezahlte, wurden einfach zu den Kreditschulden addiert. Nach zwei Jahren schuldete man dem Kreditgeber nicht mehr nur 500 000 Dollar, sondern 548 000 Dollar plus Zinseszins. »Wenn man nur die Mindestzahlung leistete, konnte Ihr Kredit auf 110 Prozent oder 125 Prozent der ursprünglichen Darlehenssumme steigen«, sagt Andy. »Manchmal waren es sogar 135 Prozent oder 140 Prozent. Es war Wahnsinn.«

Anders ausgedrückt, bei einem solchen Kredit zahlt der Hausbesitzer in den ersten Jahren gar nichts ab – er leiht sich sogar noch mehr Geld. Diese perverse Realität machte Andys Kreditpaket, so seltsam das klingt, für andere Käufer noch attraktiver.

Noch einmal: Bei dieser Form der Staffelung, mit der die Kredite zusammengefasst wurden, musste Andy Käufer für drei verschiedene Ebenen finden – die »obere« Ebene der Senior-Tranchen mit AAA-Rating, die »mittlere« Ebene mit B-Bewertung und die nichtbewertete Ebene ganz unten, den »Giftmüll«. (In der Praxis wurde jede Ebene in drei oder mehr Unterebenen aufgegliedert, aber die Grundstruktur war dreigeteilt: Senior, Mezzanine, Equity.)

Der Verkauf der AAA-Papiere war nie ein Problem, denn es herrschte kein Mangel an institutionellen Anlegern und Banken, die aufgrund verschiedener Vorschriften und Regulierungen einen hohen Anteil an AAA-Anlagen in ihren Portfolios führen mussten. Und da die mit AAA bewerteten Tranchen der Kreditpakete eine viel höhere Rendite hatten als traditionelle AAA-Anlagen wie etwa Staatsanleihen, war es nicht schwer, die Papiere aus diesem Bereich an den Mann zu bringen.

Der Verkauf der Mezzanine-Tranchen war eine andere Geschichte, die für sich genommen schon empörend genug ist – aber belassen wir das einstweilen und halten wir nur fest, dass der

Verkauf kein Problem war, ein Händler wie Andy B. fand immer ein Plätzchen für das Zeug.

Damit bleibt die unterste Ebene. Der Schlüssel für diese gewaltigen Kreditgeschäfte bestand immer darin, einen Käufer für die »Equity«-Tranche zu finden, den Giftmüll also. Wenn die Investmentbank den Giftmüll verkaufen konnte, machte sie richtig viel Geld. Im Fall des Kreditpools im Wert von 1 Milliarde Dollar, den Andy verkaufen sollte, stand der Giftmüll für die Hausbesitzer, die das größte Risiko darstellten – ebenjene Leute, die diese irrwitzigen Kredite mit negativer Tilgung aufgenommen hatten und nur 1 Prozent abzahlten, sodass sich ein stetig wachsender Schuldenberg auftürmte und sie Geld von dem Geld liehen, das sie bereits geliehen hatten.

Aber Andy hatte Glück: Es gab tatsächlich Kunden, die Giftmüll kaufen wollten. Es waren sogar Freunde von ihm, die einen Hedgefonds leiteten. »Es gab zwei Unternehmen, die das Zeug tonnenweise kauften, die Deutsche Bank und dieser Hedgefonds«, erzählt er. »Das waren schlaue Burschen. Die [Jungs vom Hedgefonds] haben mir sogar beigebracht, wie man so ein Risiko staffelt – sie unterrichteten praktisch meine Broker, während wir die Pakete kauften.«

Aber warum eigentlich wollte der Hedgefonds den Schrott auf der unteren Ebene kaufen? Ganz einfach, seine Manager hatten ausgerechnet, dass selbst ein lausiger Kredit eine Zeit lang eine Zahlung von monatlich 1 Prozent abwerfen könnte. Sie verfolgten daher folgende Strategie: den Schrott kaufen, eine Weile die hohe Rendite einstreichen (denn wir wissen: Je riskanter die Tranche, desto höher die Rendite) und hoffen, dass die Hausbesitzer in ihrer Tranche ihre jämmerlichen 1 Prozent so lange aufbringen können, bis die Fondsmanager ihre Anleihen schließlich jemand anderem aufschwatzen können, bevor die Schuldner zahlungsunfähig sind. »Es war ein Spiel auf Zeit«, erklärt Andy. »Sie rechneten sich aus, dass die Kreditnehmer ganz unten womöglich sogar länger zahlen könnten als ein paar Kreditnehmer aus den Tranchen weiter oben.«

Bevor wir dazu kommen, warum sich diese »schlauen Burschen« irrten, sollten wir noch darauf hinweisen, dass sich entlang der ganzen Kette eine bestimmte Denkweise durchzieht. Alle Beteiligten dachten sehr kurzfristig: Andys Hedgefonds-Kunden, Andy selbst und seine Bank, ganz gewiss auch der ursprüngliche Kreditgeber und in vielen Fällen auch der Hauskäufer – keiner dachte wirklich, dass dieser oder jener Subprime-Kredit je abbezahlt sein oder überhaupt länger als bis zum Jahr 2008 oder 2009 bestehen würde. Jeder Beteiligte ging auf die eine oder andere Art eine Wette ein – und zwar nicht, ob der Kredit platzen würde oder nicht, sondern wann (und vor allem, wann in naher Zukunft) der Schuldner seinen Zahlungen nicht mehr nachkommen würde. Bei der Transaktion zwischen Andy und seinen Hedgefonds-Kunden glaubte Andy, dass der Kredit früher platzen würde, und seine Kunden setzten auf einen späteren Zeitpunkt, wobei »später« in diesem Fall ein paar Monate oder vielleicht ein Jahr später bedeutet. Aber selbst das erwies sich bei diesem Markt als zu optimistisch.

In der Zwischenzeit nahmen viele Hausbesitzer, die solche Kreditverträge eingingen, nur Geld auf, um mit den Immobilienpreisen zu spekulieren: Sie dachten, sie könnten eine Zeit lang die Raten von 1 Prozent zahlen und dann das Haus mit Gewinn verkaufen, bevor sich die Bedingungen des Option-ARM-Darlehens bemerkbar machten, sich die monatliche Zahlung massiv erhöhte und es richtig hart wurde. Auf dem Gipfel des Booms hatte dieses Vorgehen absurde Ausmaße angenommen. In einem Artikel des *New Yorker* schilderte ein Makler aus Fort Myers, Florida, die Verkaufsgeschichte eines Hauses. Es wurde 2005 gebaut und zum ersten Mal am 29. Dezember des Jahres für 399 600

Dollar verkauft. Am nächsten Tag wurde es für 589 900 Dollar weiterverkauft. Einen Monat später kam es zur Zwangsvollstreckung, und der Immobilienmakler kaufte es für 325 000 Dollar zurück. Hier ging es eindeutig nicht mit rechten Dingen zu – die Käufer bei diesen Back-to-back-Transaktionen waren wahrscheinlich Strohmänner und die Kreditanträge und Gutachten gefälscht (vermutlich mithilfe eines Typen wie Solomon Edwards), um die Kreditgeber zu täuschen, denen das aber nichts ausmachte, weil sie die Kredite sofort weiterverkauften und nur die Provision und Gebühren einstrichen. So lief das damals. In der gesamten Branche wimmelte es von Betrügern.

Weder Andy noch seine Kunden ahnten etwas von dem Ausmaß der Betrügereien, und das war ihr entscheidender Fehler. In dieser neuen Welt der Finanzen, das hätten sie erkennen müssen, konnte man niemandem mehr trauen und sich auf nichts mehr verlassen, nicht einmal auf die scheinbar soliden Säulen der traditionellen Darlehensstruktur. So hatten beispielsweise Andys Hedgefonds-Kunden auch deshalb Vertrauen in die Hausbesitzer in der Giftmülltranche, weil deren Bonität gar nicht so schlecht eingestuft worden war. Die Bonität wird in den USA in Form des FICO-Score mithilfe einer Formel berechnet, die Ende der fünfziger Jahre von einem Ingenieur namens Bill Fair und einem Mathematiker namens Earl Isaac erdacht wurde. Die Fair Isaac Corporation (Akronym: FICO), wie das gemeinsame Unternehmen der beiden hieß, entwickelte einen Algorithmus, der die Wahrscheinlichkeit für einen Zahlungsausfall bei einem Kreditnehmer vorhersagen sollte. Die Werte rangieren zwischen 300 und 800 Punkten, der Mittelwert liegt derzeit bei 723. Werte zwischen 620 und 660 gelten als Subprime, Werte über 720 als erstklassig; alles dazwischen wird als »Alt-A« bezeichnet, ursprünglich ein Sammelbegriff für solide Kreditnehmer mit ungewöhnlichem Beruf, dessen Bedeutung sich jedoch während des

Booms ins Negative verschob. An der Wall Street glaubte man an die FICO-Bewertung und hatte im Lauf der Jahre großes Vertrauen dazu entwickelt. Und wenn man sich nur die FICO-Werte ansah, standen die Hauskäufer in Andys Kreditpaket gar nicht so schlecht da.

»Der durchschnittliche FICO-Wert bei dem ganzen Deal, bei den Milliarden Dollar an Krediten, lag bei 710«, sagt Andy. »Die Hedgefonds-Jungs bekamen das Schlechteste vom Schlechten, und das waren im Schnitt FICO-Werte von 675 oder 685 Punkten. Das ist gar nicht so übel.«

Zumindest dachten sie das. Andys Bank stellte das gesamte Kreditpaket in Milliardenhöhe im Februar 2007 zusammen. Andy verkaufte im Mai die unterste Tranche für 30 Millionen Dollar an den Hedgefonds. Wie sich herausstellte, gerade noch rechtzeitig, denn fast sofort danach begannen die Kredite zu platzen. Das war doppeltes Pech für Andys Kunden, weil sie die Hälfte der Kaufsumme geliehen hatten ... und zwar bei Andys Bank.

»Ja, wir finanzierten 15 Millionen Dollar davon zu einem ziemlich attraktiven Zins«, erinnert er sich. Was Andys Kunden offensichtlich nicht reichte, verglichen mit ähnlichen Geschäften, die sie bereits abgewickelt hatten. »Wir leihen ihnen 50 Prozent, und sie bekommen woanders bessere Konditionen. Und sie meckern auch noch, weil wir ihnen nur 50 Prozent finanzieren.«

Doch nun sollte das ganze Schuldengebäude über ihnen zusammenbrechen. »Da haben sie nun die Tranche, die sie mit Fremdkapital gekauft haben, und die Zahlungen fangen an zu fließen«, berichtet Andy. »Aber dann fällt uns auf, dass einige Kreditnehmer zahlungsunfähig sind. Und wir fragen uns: Wie ist das möglich? Sie müssen doch nur 1 Prozent abzahlen!«

Wie sich herausstellte, wurde auch bei den FICO-Werten betrogen. Viele Kreditgeber tricksten das System aus. Unternehmen wie TradeLine Solutions boten für eine Gebühr von 1399 Dollar einen ganz besonderen Service an: Sie setzten den Namen des Kunden für ein Kreditkonto ein, das jemand ganz anderem mit erstklassiger Bonität gehörte, kurz bevor das Konto aufgelöst wurde. So ein Konto mit einer perfekten Kredithistorie konnte bis zu 45 Punkte bei der Kreditbewertung bringen. Ted Stearns, CEO von TradeLine, prahlte auf der Website des Unternehmens: »Es gibt da ein Geheimnis, aber FICO und die Kreditbüros wollen natürlich nicht, dass es bekannt wird: Gute Kreditbewertungen kann man kaufen!«

Bei einer anderen Methode besorgte sich der Antragsteller fünf neue Kreditkarten mit einem Limit von 5000 Dollar, belastete sie aber nur mit jeweils 100 Dollar. »Und bei der FICO denkt man dann: Oh, der Typ hat einen Kreditrahmen von 25 000 Dollar und nimmt davon nur 500 Dollar in Anspruch«, erklärt Andy. »Der ist sehr liquide.«

Nun zeigte sich, dass viele Kreditnehmer ihre Bonität frisiert und ihre Häuser aus rein spekulativen Gründen gekauft hatten – und als sie sahen, dass die Immobilienpreise einbrachen, verließen sie lieber das sinkende Schiff, als die mickrige Zahlung über 1 Prozent zu leisten. Andys Hedgefonds-Kunden waren erledigt. Nur wenige Monate später verkauften sie große Teile ihres Portfolios, um mit dem Geld die Verluste abzudecken. »Ich sah mir [die Liste mit den zum Verkauf stehenden Anteilen] an und dachte: Die sind fertig«, erinnert sich Andy.

Aber noch verrückter war eigentlich, wie Andy die mittlere Tranche der Kredite verkaufte. Die AAA-Anteile waren wie gesagt kein Problem, da institutionelle Anleger wie beispielsweise Rentenversicherungen damals einen nahezu unbegrenzten Appetit auf die risikoärmeren Tranchen hatten. Und die unterste Ebene, den Schrott, hatte er an den Hedgefonds verkauft. »Auf der mittleren Tranche blieb ich irgendwie sitzen«, meint Andy.

Was theoretisch ein Problem war, denn wer wollte den Mittelteil eines Milliarden Dollar schweren Pakets mit Option-ARM-Krediten? Schließlich war der Markt für diesen Teil (die Mezzanine-Tranchen) begrenzt. »Der AAA-Käufer kann sie nicht kaufen, weil sie nur BBB sind, und für die Hedgefonds ist nicht genug Saft drin, daher sind sie uninteressant«, erklärt Andy.

Was also mit den BBB-Tranchen tun? Ganz einfach: Er bewertete sie in AAA-Papiere um!

Wie? »Man nahm diese BBB-Papiere und dann noch BBB aus den letzten fünf Paketen und verpackte sie neu als ›CDO im Quadrat‹«, erklärt er. Und was sind nun potenzierte CDO? Das sind einfach CDO von … anderen CDO! Ein ganz erstaunlicher Finanztrick. Man hat also die BBB-Tranche von Andys erstem Paket. Und packt diese mit BBB-Tranchen aus fünf, sechs oder sieben anderen Paketen zusammen. Und dann wiederholt man einfach denselben Staffelungsvorgang vom Anfang und sagt: »Also, die ersten 100 000 Dollar von all diesen BBB-Tranchen, die jeden Monat hereinkommen, die gehen bei diesen neuen CDO an die AAA-Anleger. Und die Ratingagenturen sagten dann: ›Okay, unterteilen wir die Papiere in Erstverlust, Zweitverlust und Drittverlust‹, also in die gleiche dreiteilige Staffelung wie beim ursprünglichen Pool, ›und bezeichnen 70 Prozent davon als AAA-Papiere‹«, erklärt Andy.

Das klingt kompliziert, aber wichtig ist eigentlich nur das, was am Schluss dabei herauskommt. Mit diesem Kniff konnte Andys Bank alle unverkäuflichen BBB-Überbleibsel aus den riesigen Kreditpaketen nehmen, mithilfe von ein paar mathematischen Formeln durcheinanderwirbeln. Und voilà: Urplötzlich wird aus dem unverkäuflichen, mit BBB bewerteten Pseudoschrott (»der in Wirklichkeit eher eine Bewertung von B minus hat, weil die FICO-Werte ungenau sind«, ergänzt Andy) eine sehr gut verkäufliche AAA-Tranche, die auch an potenziell risikoscheue Rentenversicherungen und Versicherungsgesellschaften verhökert werden kann. Es sind immer noch dieselben Hauskäufer und dieselben Kredite, nur die Verpackung ist anders.

»So etwas hätte man sich nicht ausdenken können, nicht einmal in seinen teuflischsten Träumen ...«, meint Andy heute.

Aber es waren nicht die Mezzanine-Tranchen und auch nicht der Giftmüll, die zuerst platzten. Es waren die mit AAA bewerteten Tranchen der Kreditpapiere, die die amerikanische Finanzwelt ins Wanken brachten. Die Ursache war ein diabolisches Betrugsschema, dessen Drahtzieher einige der reichsten und mächtigsten Menschen der Welt waren. Etwa zur gleichen Zeit, als Andy seinen Milliarden-Dollar-Deal schloss, stolperte ein anderer Wertpapierhändler, der für eine relativ kleine europäische Bank arbeitete, über, wie er dachte, die Entdeckung seines Lebens.

»Ich kaufe also gerade Anleihen«, sagt der Wertpapierhändler – nennen wir ihn Miklos. »Es sind Triple-A-Anleihen, erstklassige Senior-Tranchen. Und ich kriege sie, sagen wir, zum LIBOR plus 50.«

Kleiner Exkurs in den Bankerjargon: Der LIBOR oder London Interbank Offered Rate ist ein Referenzwert, mit dem Banker den Preis für Kredite bezeichnen. LIBOR ist der Zinssatz, den Londoner Banken untereinander verlangen, um ungesichert Geld aufzunehmen. Das »Plus« in der Formulierung »LIBOR plus« bezieht sich auf die Summe oberhalb des LIBOR, die andere Banken für Transaktionen voneinander verlangen, die Zahl nach dem »Plus« meint den hundertsten Teil eines Prozentpunktes. Diese Hundertstel werden auch »Basispunkte« genannt.

Wenn Miklos also sagt: »LIBOR plus 50«, meint er den Zinssatz, den Londoner Banken voneinander für Kredite verlangen, plus 0,50 Prozent mehr. Wenn der LIBOR-Zinssatz an jenem Tag bei 0,50 Prozent lag, dann bedeutet LIBOR plus 50 in etwa 1 Prozent Zinsen.

Miklos kaufte also AAA-Tranchen bei einem ähnlichen Geschäft wie dem von Andy zum LIBOR plus 50. Über diesen Preis müssen Sie nicht mehr wissen, als dass er etwas höher lag als das, was er damals für eine Schatzanleihe gezahlt hätte. Die ganze Spekulationsblase in den Jahren vor dem Finanzcrash wurde von diesem kleinen Unterschied zwischen dem Gewinn bei Schatzanweisungen, die mehr oder weniger absolut sicher sind, und bei den mit AAA bewerteten Tranchen aus den besicherten Hypothekenpapieren angeheizt.

Warum? Weil die wenigen Regulierungen, die es noch gab, auf Berechnungen in Zusammenhang mit AAA bewerteten Papieren basierten. Die Regulierungsbehörden verlangen von Banken und Versicherungen, eine bestimmte Kapitalsumme zum Schutz der Einlagen der Kunden bereitzuhalten. Natürlich werden diese Reserven nicht in Bargeld gehalten, sondern in zinsbringenden Anlagen, damit man beim Erfüllen der Regulierungsvorschriften auch noch Geld verdient.

Da die Bankenaufsicht das weiß, wurden Regeln erlassen – die Vereinbarungen Basel I und Basel II, an die sich alle großen Banknationen halten –, die vor allem eine solide Eigenkapitalausstattung der Banken gewährleisten sollen. Banken, die sich nicht daran hielten und ihr Eigenkapital in Papieren anlegten, die nicht mit mindestens AAA bewertet waren, wurden zur Verantwortung gezogen und mussten Strafe zahlen. Um diesen *Kapitalanforderungen* zu entsprechen, benötigten die Banken jede Menge »sichere« AAA-Papiere. Und wenn man ein mit AAA bewertetes Papier fand, das LIBOR plus 50 einbringt, anstelle der absolut sicheren US-Schatzanweisungen, die vielleicht LIBOR plus 20 einbringen, tja, dann nutzt man natürlich die Gelegenheit, denn immerhin waren das 0,30 Prozentpunkte mehr. Für Banken und Versicherungen, die mit Vermögenswerten in Milliardenhöhe jonglieren, bedeutete dieser kleine Unterschied eine massive Gewinnsteigerung.

Diese Rechnung heizte die rücksichtslose Kreditvergabe und den Handel mit Kreditpapieren immer weiter an. Mit der Erfindung der gestaffelten, auf Krediten basierenden, CDO-ähnlichen Derivate konnten die Banken nun die unattraktiven Staatsanleihen und Kommunalobligationen, die sie zur Erfüllung der Eigenkapitalanforderung besaßen, durch forderungsbesicherte Hypothekenpapiere mit höherer Rendite ersetzen. Und was passiert, wenn die meisten großen Finanzinstitute der Welt plötzlich anfangen, große Teile ihrer »sicheren« Reserven durch Hypothekenpapiere zu ersetzen?

Machen wir es noch einfacher: Die Vorschriften besagen, dass Banken über eine gewisse Menge an Geldreserven verfügen müssen. Und wenn schon nicht in Bargeld, dann in Form einer ähnlich wertvollen Anlage. Aber das System erlaubte es den Banken, Hypotheken als Kapitalreserve anstelle von Bargeld zu verwenden, also erfüllten die Banken die Eigenkapitalanforderung durch … Kreditvergabe. Das Banksystem wurde nicht durch echte Kapitalreserven gestützt, sondern durch in Aussicht gestellte Ratenzahlungen fragwürdiger Hauskäufer.

Plötzlich werden Hinz und Kunz Kredite angeboten. Im Grunde war die Immobilien-Kredit-Blase die logische Folge eines verrückten Schlupflochs im Regulierungssystem. Dass Cocktailkellnerinnen in Las Vegas und Crystal-Meth-Süchtige in Ventura plötzlich Kredite für Millionen Dollar teure Häuser angeboten wurden, hat viel damit zu tun, dass Citigroup, die Bank of America und AIG ihre einst sicheren AAA-Reserven, ihre Schatzanweisungen und Kommunalobligationen abstießen und sie durch Hypothekenpapiere mit angeblicher AAA-Bewertung ersetzten – die, wie wir festgestellt haben, manchmal nur BBB-Papiere waren, welche sich durch die Magie der potenzierten CDO in AAA-Papiere verwandelt hatten. Und eigentlich hätte man sie ursprünglich sogar mit B minus bewerten müssen, weil die FICO-Bewertung der Kreditantragsteller bei Deals wie Andys Kreditpaket vermutlich manipuliert worden war.

Aber zurück zu unserer Geschichte: Miklos kauft AAA-Anleihen. Die bringen seiner Bank den LIBOR plus 50 ein, was nicht schlecht ist. Richtig spektakulär wird es aber, als er noch einen Dritten findet, den mittlerweile berüchtigten Versicherungskonzern AIG, der das Geschäft absolut wasserdicht macht.

»Ich bekomme also die Anleihen zum LIBOR plus 50«, sagt er. »Dann rufe ich bei AIG an und frage: ›Hey, wo würden Sie die Anleihen als Credit Default Swap handeln?‹ Und die meinen: ›Och, das machen wir zum LIBOR plus 10.‹«

Miklos hält inne und lacht in Erinnerung an die bedeutungsschwangere Pause, als er dieses Angebot von AIG bekam. Er konnte nicht glauben, was er gerade gehört hatte: Entweder handelte es sich um einen Fehler, oder man hatte ihm gerade einen Haufen Geld angeboten, und das auch noch gebührenfrei.

»Ich höre das«, erzählt er weiter, »und sage: ›Äh … klar. Sicher, geht in Ordnung.‹«

Hier ist es Zeit für einen weiteren Exkurs. Der Credit Default Swap war eine Art Kreditversicherung, die ursprünglich entwickelt wurde, um die Eigenkapitalanforderungen zu umgehen. Die Ironie der Geschichte: Miklos hatte früher dem berühmten Team bei JPMorgan angehört, das an der Entwicklung des modernen Credit Default Swap beteiligt war, allerdings hatte die Bank damals eine ganz andere Verwendung im Sinn.

Ein Credit Default Swap ist eigentlich eine Wette auf eine bestimmte Entwicklung. Sie funktioniert so: Zwei Banker kommen zusammen und beschließen, darauf zu setzen, ob ein Hausbesitzer seinen Kredit über 300 000 Dollar bedienen kann oder nicht. Banker A wettet gegen den Hausbesitzer und bietet Banker B an, ihm fünf Jahre lang 1000 Dollar im Monat zu zahlen, allerdings unter einer Bedingung: Wenn der Hausbesitzer zahlungsunfähig ist, muss Banker B Banker A die volle Kreditsumme auszahlen, in diesem Fall also 300 000 Dollar.

Banker B wettet also im Grunde 5 zu 1, dass der Hausbesitzer nicht zahlungsfähig wird. Wenn der Hausbesitzer den Kredit weiter bedient, bekommt Banker B im Lauf von fünf Jahren 60 000 Dollar von Banker A. Wenn der Hausbesitzer zahlungsfähig wird, schuldet Banker B Banker A 300 000 Dollar.

Das ist schlicht und ergreifend ein Glücksspiel, aber zu diesem Zweck wurden die Credit Default Swaps nicht erfunden. Ursprünglich waren sie dazu gedacht, Einschränkungen bei der Kreditvergabe zu umgehen. Laut Basler Eigenkapitalvereinbarung (Basel I) mussten Banken mindestens 1 Dollar in Reserve haben, wenn sie 8 Dollar verliehen. Die CDS boten dafür ein Schlupfloch.

Nehmen wir an, Bank A hat 10 Millionen Dollar in IBM-Anleihen angelegt, die mit A minus bewertet sind. Bank A geht nun zu Bank B und schlägt folgendes Geschäft vor: Wir zahlen euch fünf Jahre lang 50 000 Dollar im Jahr, und dafür erklärt ihr euch bereit, uns 10 Millionen Dollar zu zahlen, wenn IBM in den nächsten fünf Jahren zahlungsunfähig wird – was natürlich nie eintreten wird, weil IBM nie zahlungsunfähig wird.

Wenn Bank B einverstanden ist, kann Bank A zur Bankenaufsicht sagen: »Hey, wir sind versichert, falls etwas mit unseren IBM-Anleihen schiefgehen sollte. Die Summe dürft ihr also nicht zu dem Geld zählen, das gefährdet ist. Nun, da wir versichert sind, sollte uns auch erlaubt sein, einen höheren Prozentsatz unseres Kapitals zu verleihen.« Eine klassische Win-win-Situation. Bank B bekommt praktisch gratis 250 000 Dollar. Und Bank A kann weitere Millionen Dollar verleihen, weil die 10 Millionen Dollar, die sie an IBM verliehen hat, als risikofrei gelten.

So sollte das eigentlich funktionieren. Aber es gab zwei Gründe, weshalb sich die CDS von einer halbwegs vernünftigen Methode für Banken, sich untereinander gegen Risiken abzusichern, zu einem Instrument mit explosiver Hebelwirkung weltweit entwickelten.

Der eine Grund ist der, dass es keine Regulierung gab, die sicherstellte, dass mindestens eine der beiden Parteien der CDS-Transaktion an der Anleihe beteiligt sein musste. Beim sogenannten ungedeckten Default Swap konnte Bank A bei Bank B nicht nur ihre eigenen Anteile an IBM versichern, sondern auch beispielsweise die schon bald wertlosen Aktien von America Online, die Bank X in ihrem Portfolio hatte. Das ist ähnlich, wie wenn Sie eine Lebensversicherung für einen Wildfremden abschließen dürften, der Lungenkrebs im Endstadium hat – völliger Irrsinn.

Der andere Grund war, dass es keine Regulierungen gab, die Bank B vorgeschrieben hätten, über ein gewisses Kapital zu verfügen, damit sie überhaupt die Versicherung für die IBM-Aktien übernehmen darf. Anders ausgedrückt, Bank A könnte ihren Kredit an IBM bei Bank B versichern und wäre von den Einschränkungen bei der Kreditvergabe ausgenommen, ohne irgendwelches Geld zu verbuchen oder nachweisen zu müssen, dass sie das Geld im Falle eines Zahlungsausfalls von IBM überhaupt zur Verfügung hätte. Die Wall Street wird von Lästermäulern manchmal mit einem Kasino verglichen, aber im Fall der Credit Default Swaps war es noch viel schlimmer – in einem Kasino muss man das Geld, das man setzt, nämlich erst einmal haben.

Diese beiden Schlupflöcher sollten noch eine wichtige Rolle in dem Wahnsinn spielen, an dem Miklos nun beteiligt war. Erinnern wir uns, Miklos kaufte die mit AAA bewerteten Tranchen gestaffelter Anleihen, ähnlich wie die, die Andy verkaufte, und diese Anleihen brachten ihm den LIBOR plus 50 ein. Und dann kaufte er eine Kreditausfallversicherung für diese Anleihen zum LIBOR plus 10.

Um das einmal in verständliche Worte zu fassen: Miklos zahlte ein Zehntel eines Prozentpunktes, um eine Anleihe komplett zu versichern, die seiner Bank fünf Zehntel eines Prozentpunkts einbrachte. Der einzige Grund, warum eine Anleihe überhaupt Zinsen bringt, ist der, dass der Käufer ein Ausfallrisiko hat, aber die Anleihen, die Miklos gerade kaufte, waren zu 100 Prozent risikofrei. Die vier Zehntel eines Prozentpunktes, die sich aus der Differenz zwischen Anleihe und Default Swap ergaben, waren reiner, risikofreier Gewinn. Das war die Gans, die goldene Eier legte, das Geschäft des Jahrzehnts. Sobald Miklos bei der AIG die Kreditausfallversicherung für seine Anleihen gekauft hatte, konnte er nicht mehr verlieren. Der einzige Vergleich, der hier passen würde, wäre eine Wette beim Pferderennen, bei der die Buchmacher bekifft sind und sich deshalb verrechnet haben – stellen Sie sich vor, Sie könnten einen Dollar auf alle zwanzig Pferde beim Kentucky Derby setzen und bekämen einen Gewinn von mindestens 25 Dollar garantiert, egal, welches Pferd gewinnt. So ähnlich ist das, wenn man Anleihen zum LIBOR plus 50 kauft und sie zum LIBOR plus 10 per Credit Default Swap absichern kann.

»Ich habe also praktisch vierzig Basispunkte *in der Tasche*«, erinnert sich Miklos und kichert noch heute bei dem Gedanken. »Das ist geschenktes Geld. Ich meine, ich kriege diese vierzig Basispunkte, solange die Anleihe läuft.«

Aber die Sache wird noch absurder, denn die Anleihen, die Miklos kaufte, waren bereits versichert; sie hatten schon eine sogenannte Monoline-Versicherung eingebaut. Mit »Monoliner« bezeichnet man in den USA Spezialversicherer, die Wertpapiere gegen Ausfall versichern, zu den bekanntesten Unternehmen gehören Ambac und MBIA. Sie garantieren gegen eine Gebühr, dass der Käufer der Anleihe seine Zinsen und die Kreditsumme zum vereinbarten Termin erhält. Miklos' Anleihen enthielten bereits eine MBIA/Ambac-Versicherung, die im Falle einer Zahlungsunfähigkeit den Zahlungsausfall abdecken sollte.

Miklos' Anleihekauf war also in gewisser Weise dreifach abgesichert. Die Anleihen waren mit AAA bewertet. Sie enthielten bereits eine Monoline-Versicherung. Und der Kauf war per Credit Default Swap bei der AIG abgesichert. Trotzdem gab es die Differenz von vierzig Basispunkten – einfach so. Es war bizarr, als ob die Wall Street die Hand in Miklos' Büro strecken und ihm Geld hereinreichen würde, ohne dass er danach gefragt hätte. Nicht ganz zufällig war das ungefähr zur gleichen Zeit, als auch arglosen Hauskäufern plötzlich und unerklärlich scheinbar kostenlos jede Menge Geld angeboten wurde. Es klang zu schön, um wahr zu sein – oder?

Miklos' Bank jedenfalls war misstrauisch. »Das war so unwirklich, dass meine Chefs mir nicht erlaubten, das als Gewinn zu verbuchen«, erinnert er sich. »Sie konnten es einfach nicht glauben. Ich erklärte es ihnen wieder und wieder, aber sie wollten es nicht als Gewinn ausweisen.«

Was jedoch nicht hieß, dass sie ihm weitere derartige Geschäfte untersagten. Aber kaum versuchte Miklos, mehr Anleihen zu kaufen, musste er feststellen, dass noch jemand sein kleines Geheimnis entdeckt hatte, jemand, der deutlich größer war. »Plötzlich kauft jemand um die 500 Millionen Dollar von dem Zeug und bekommt bei der AIG den gleichen Swap-Deal«, erzählt er. »Und ich bin völlig außen vor.«

Miklos hört sich um und erfährt dabei, dass der andere Käufer eine der fünf größten Banken der Wall Street ist. Und es geht das Gerücht um, dass das Geld, das da investiert wird, »Partnergeld« ist – dass die Mitglieder der Chefetage des Wall-Street-Kolosses von dem fantastischen Geschäft gehört haben und die Anleihen für sich selbst kaufen, mit ihrem eigenen Geld, die Geschäfte aber über die Firma laufen lassen. »Sie stürzten sich mit ihren Anleihen auf die AIG«, erinnert er sich. »Und wir wurden komplett abgedrängt.«

Stellt sich die Frage, warum die AIG sich überhaupt darauf einließ? Andy, der mit dem Geschäft zwar nichts zu tun hatte, hat trotzdem eine Theorie.

»Die Frage ist, waren sie dumm – oder hatten sie nie die Absicht zu zahlen?«

Bevor wir zum letzten Teil der Geschichte kommen – dem Teil, in dem sich höchste Regierungsbeamte und die Vorstände der mächtigsten Finanzunternehmen der Welt treffen und einen letzten, so noch nie da gewesenen, gigantischen Coup aushecken –, müssen wir ein bisschen zurückspringen und uns mit einer Reihe anderer Wall-Street-Betrügereien befassen. Denn das, was mit der AIG passierte und die Finanzkrise auf die Spitze trieb, war ein wirklich außergewöhnliches Zusammentreffen zweier unterschiedlicher Betrugsschemata unter dem Dach der AIG.

Den einen Teil davon kennen wir bereits, es ist der Credit-Default-Swap-Schwindel, auf den Miklos gestoßen war. Dieses Monster hatte ein Holzkopf namens Joe Cassano erschaffen, der innerhalb der AIG eine kleine Abteilung namens AIG Financial Products leitete, auch AIGFP (oder kurz FP) genannt. Cassano, ein glatzköpfiger Typ mit buschigen Augenbrauen und Brille, arbeitete jahrelang unter Mike Milken für die berüchtigte Investmentbank Drexel Burnham Lambert, die in den achtziger Jahren durch Insidergeschäfte zweifelhaften Ruhm erlangte. 1987 wechselte er zur AIG und wirkte am Aufbau von AIGFP mit.

Die Abteilung war ursprünglich auf dem wenig bekannten Gebiet der Zinsswaps tätig (die später eine unrühmliche Rolle bei der Pleite von Ländern wie Griechenland oder Bezirken wie Jefferson County in Alabama spielen sollten). Zu Beginn des Jahrtausends verlagerte AIGFP den Schwerpunkt auf Credit Default Swaps und verkaufte Versicherungen an Leute wie Miklos und Banken wie Goldman Sachs, hauptsächlich für mit AAA bewertete Super-Senior-Tranchen aus den gestaffelten Paketen, die von Typen wie Andy zusammengestellt wurden.

Wie man nun Cassanos Businessplan beurteilt, hängt stark davon ab, ob man seinen Schöpfer für völlig skrupellos oder total dämlich hält. Da die Credit Default Swaps in einem völlig unregulierten Bereich der Finanzwelt existierten – Folge des Commodity Futures Modernization Act, der dank der fleißigen Unterstützung des damaligen Senators Phil Gramm, des damaligen Finanzministers Larry Summers und seines Vorgängers Bob Rubin im Jahr 2000 verabschiedet wurde –, konnte Cassano so viele Kreditabsicherungen verkaufen, wie er wollte, ohne über das notwendige Sicherungskapital zu verfügen. Also verkaufte er Absicherungen im Wert von Milliarden Dollar an die großen Banken der Wall Street, obwohl er gar kein Geld hatte, um für eventuelle Ausfälle aufzukommen.

Cassanos Geschäft nutzte die Zusammensetzung der Kreditpakete. Wenn Investmentbanken die Pakete zusammenstellten, verkauften sie fast immer die Giftmülltranchen mit hoher Rendite auf der untersten Ebene so schnell wie möglich – nur wenige Banken wollten solche Papiere behalten (einige wenige schon, was jedoch katastrophale Folgen hatte). Die mit AAA bewerteten Tranchen dagegen behielten sie oft, weil sie zur Einhaltung der Eigenkapitalanforderungen nützlich waren. Anstatt die Reserveanforderungen der Regulierungsbehörden mit Staatsanleihen oder Kommunalobligationen mit niedriger Rendite zu erfüllen, entschieden sich die Banken lieber für die AAA-Tranchen der Hypothekenpakete mit der deutlich höheren Rendite.

Ende 2005 und Anfang 2006 mussten die Banken feststellen, dass sie Mühe hatten, ihre überschüssigen AAA-Tranchen den institutionellen Anlegern anzudrehen. Also behielten sie die Wertpapiere erst einmal weiter – ein Vorgang, der als »Warehousing« bezeichnet wird. Theoretisch hatten die Investmentbanken nichts dagegen, die Hypothekenpapiere in ihren Bestand aufzunehmen, denn sie verdienten dabei Geld. Aber da sie ein etwas höheres Ausfallrisiko hatten als normale AAA-Anlagen (was natürlich nicht offen zugegeben wurde), kauften sich die Banken oft eine Kreditabsicherung von Cassano und seinen Kollegen, um das Risiko zu puffern.

Banken wie Goldman Sachs und die Deutsche Bank hatten nun mit AAA bewertete Hypothekenpapiere im Wert von Milliarden Dollar im Bestand, und sie alle wandten sich wegen einer Absicherung an Cassano und boten ihm Prämien, wenn er zusicherte, im Fall eines geplatzten Kredits für die Summe aufzukommen. Das Geld strömte nur so herein. 1999 hatte AIGFP nur einen Umsatz von 737 Millionen Dollar. 2005 war die Zahl auf 3,26 Milliarden Dollar gestiegen. Die Mitarbeiter der Abteilung (die nie mehr als 500 Personen beschäftigte) verdienten über eine Million Dollar pro Kopf.

Cassano dachte entweder, dass die Hypothekenpapiere nie platzen würden, oder es kümmerte ihn einfach nicht, und er hatte nie vor, im Falle eines Falles für die Summe aufzukommen. Wahrscheinlich ist es eher das Letztere, denn für Cassano lief es wunderbar: Er verdiente in acht Jahren 280 Millionen Dollar und lebt heute immer noch gut betucht in einem dreistöckigen Stadthaus im Londoner Stadtteil Knightsbridge, während draußen vor den Fenstern seines Salons die Welt in Flammen steht. Und als ob das nicht schon genügte, kursiert das Gerücht, dass er von der Justiz wahrscheinlich nicht wegen seiner Untaten belangt werden wird.

Das meint Andy mit seiner Frage, ob man bei der AIG wirklich so dumm war, als man Typen wie Miklos diese verrückten Versicherungsdeals anbot, oder einfach nie die Absicht hatte, für die Ausfälle aufzukommen. Es würde perfekt zur Abzockermentalität der damaligen Zeit passen, wenn es so gewesen wäre.

Das war also der eine Schwindel, der bei der AIG lief, und zwar in großem Maßstab. Doch während Cassano fast 500 Milliarden Dollar an Wetten mit den Finanzschwergewichten der Wall Street am Laufen hatte, gab es noch eine Abteilung der AIG, wo mit dem guten Ruf des Konzerns Schindluder getrieben wurde. Gemeint ist der Bereich Vermögensverwaltung, der von einem weiteren größenwahnsinnigen Egomanen geleitet wurde, einem gewissen Win Neuger.

Neuger, ein sechzigjähriger Manager, der in Versicherungskreisen wegen seines an einen Gebrauchtwagenhändler respektive Motivationstrainer erinnernden Redestils bekannt ist, arbeitete sich Mitte der neunziger Jahre bei der AIG nach oben und leitete schließlich ähnlich wie Cassano eine neue, vom Gewinnstreben geprägte Initiative im traditionell eher biederen und langweiligen Versicherungsgeschäft. Über sein internes Memosystem, dem er die launige Bezeichnung »Neuger Notes« gab, setzte er seinen gut 2000 Mitarbeitern ein Ziel: Sie sollten einen Jahresgewinn von »1000 Millionen« Dollar machen, eine schöne runde Zahl, die Neuger gern als *ten cubed*, also »zehn hoch drei« bezeichnete.

Auf der Suche nach diesen magischen »zehn hoch drei« Millionen duldete Neuger keinen Widerspruch. In seinen »Neuger Notes« vom Dezember 2005 schrieb er: »Es gibt immer noch Leute, die nicht an unsere Mission glauben … Falls Sie nicht zu denen gehören wollen, ist es Zeit, sich loszusagen … Ihre Kollegen haben keine Lust mehr, Sie mitzuschleppen.«

Wie wollte er so viel Geld verdienen? Wie Cassano wandte er sich einer Geschäftsform zu, die leicht und fast völlig risikofrei Geld einbringen konnte und sollte, und machte daraus ein irrwitziges Glücksspiel.

Neugers Bereich war die Wertpapierleihe. Um zu verstehen, wie man damit Geld verdient, muss man sich zunächst einmal mit einigen grundlegenden Börsenpraktiken befassen, vor allem

mit den Leerverkäufen, bei denen man auf einen fallenden Kurs
setzt.

Und so funktioniert ein Leerverkauf: Angenommen, Sie managen einen Hedgefonds und glauben, dass die Aktien eines
bestimmten Unternehmens – nennen wir es »International Pimple« – fallen werden. Wie machen Sie dieses Wissen zu Geld? Zunächst einmal rufen Sie einen Wertpapierverleiher an, jemanden
wie Win Neuger, und fragen, ob er Aktien von International
Pimple hat. Er sagt, er hat, und zwar so viele, wie Sie möchten.
Daraufhin leihen Sie sich tausend Anteile von International
Pimple bei Neuger, die an dem Tag für 10 Dollar das Stück gehandelt werden. Das sind also Aktien im Wert von 10 000 Dollar.

Um diese Anteile bei Neuger zu »leihen«, müssen Sie ihm Si-
cherheiten in Form von Bargeld bieten. Und für seine Mühen
verlangt er einen kleinen Aufschlag, normalerweise 1 bis 2 Prozent
des Wertes. Anstatt Neuger also 10 000 Dollar zu überweisen,
geben Sie ihm vielleicht 10 200 Dollar.

Jetzt nehmen Sie Ihre 1000 Anteile von International Pimple
und verkaufen sie. Damit haben Sie wieder 10 000 Dollar in bar.
Dann warten Sie darauf, dass der Kurs der Aktie sinkt. Sagen wir,
dass die Aktien von International Pimple einen Monat später
nicht für 10 Dollar, sondern nur noch für 7,50 Dollar gehandelt
werden. Sie ziehen nun los und kaufen 1000 Unternehmensantei-
le für 7500 Dollar. *Dann* gehen Sie zurück zu Win Neuger und
geben ihm die geliehenen Aktien zurück; er gibt Ihnen Ihre
10 000 Dollar und bekommt dafür wieder die Aktien. Sie haben
durch den Kursverlust der International-Pimple-Aktien 2500 Dollar verdient, abzüglich der Gebühr von 200 Dollar, die Neuger
verlangt. So funktioniert ein Leerverkauf, allerdings gibt es davon
unzählige Variationen. Aus Sicht des Leerverkäufers ist das ein
ziemlich einfaches Geschäftsmodell. Man sucht sich Aktien, von
denen man denkt, dass sie an Wert verlieren, leiht sich möglichst

viele dieser Aktien und verkauft sie, und nachdem ihr Wert gesunken ist, kauft man wieder welche.

Aber wie verdient ein Wertpapierverleiher wie Neuger sein Geld? Theoretisch mit überraschender Leichtigkeit. Die Voraussetzung für den Erfolg ist natürlich, dass er jede Menge Wertpapiere hat. Die AIG hatte dank ihrer Tochtergesellschaften, Lebens- und Rentenversicherungen Berge von Wertpapieren. Schließlich ist eine Versicherungsgesellschaft nichts anderes als eine Firma, die Geld von ihren Versicherten nimmt und es langfristig anlegt.

An diesen Wertpapierbergen hält das Unternehmen fest, während sie im Lauf der Jahre und Jahrzehnte immer mehr im Wert steigen. Die Versicherungsgesellschaft verdient Geld, wenn die von ihr mit dem Geld der Versicherten gekauften Wertpapiere so an Wert zulegen, dass die Gesellschaft noch Geld übrig hat, wenn sie den Versicherten später ihr Geld auszahlt.

Ein gutes, solides Geschäft, aber die AIG wollte mit diesen Wertpapieren mehr Geld verdienen. Also gründete sie ein Unternehmen, das diese Wertpapiere en masse an Leerverkäufer verlieh. Aus Sicht des Wertpapierverleihers ist dieser Vorgang einfach und völlig risikofrei. Wenn Sie der Verleiher sind, wendet man sich an Sie und leiht sich Wertpapiere: Sie machen Gewinn, weil die Leiher Ihnen einen Aufschlag von 1 bis 2 Prozent (»General Collateral« oder »GC« genannt) zahlen. Sie verleihen also tausend Anteile, und der Leiher gibt Ihnen 102 Prozent dessen, was die Anteile kosten, als Sicherheit – diese zusätzlichen 2 Prozent sind die GC-Rate, die man im Grunde fürs Nichtstun bekommt beziehungsweise dafür, dass man jede Menge Wertpapiere zum Verleihen hat. Jetzt haben Sie also einen Haufen Bargeld, allerdings wissen Sie nicht, wann Sie die verliehenen Wertpapiere zurücknehmen müssen, das kann jederzeit sein, normalerweise aber in absehbarer Zukunft.

Leiher A leiht sich also tausend Anteile von International

Pimple von Ihnen und gibt Ihnen 10 000 Dollar als Sicherheit –
Sie müssen damit rechnen, dass er jederzeit wiederkommt, Ihnen
die Anteile wiedergibt und Sie ihm sein Geld zurückgeben müssen. Deshalb wollen Sie normalerweise in nichts Riskantes oder
Langfristiges investieren. Warum sich überhaupt die Mühe machen? Sie können das Geld nehmen, US-Schatzanweisungen damit kaufen, ein bisschen Däumchen drehen und in aller Ruhe Ihr
Geld verdienen – ohne jedes Risiko.

»Die Sicherungssumme sollte nicht der Marktvolatilität unterworfen werden«, meint David Matias von Vodia Capital und fügt
hinzu, dass eher konservative Wertpapierverleiher ihr Geld eigentlich nur in kurzfristige, absolut sichere Anlagen wie US-
Schatzanweisungen investieren. Es gibt ja auch nichts, was dagegen spricht. »Nehmen wir an, Sie schaffen eine Differenz von
fünfzig Basispunkten [das ist ein halber Prozentpunkt]. Das ist in
dieser Branche enorm. Wenn Sie 100 Milliarden Dollar an Si-
cherheiten haben und aufs Jahr umgerechnet fünfzig Basispunkte
machen können … dann ist das eine halbe Milliarde Dollar.«

So sollte es eigentlich laufen. Wenn Win Neuger und die AIG
einfach den Berg an Wertpapieren genommen hätten, den die
AIG durch ihre Lebensversicherungen besaß, die Wertpapiere
verliehen und die Sicherungssumme in das übliche langweilige
Zeug – zum Beispiel Schatzanweisungen – investiert hätten, hät-
ten sie ohne jedes Risiko ein kleines Vermögen machen können.
Aber nein, Win Neuger machte etwas ganz anderes, denn Win
Neuger ist ein Idiot.

Der schlaue Mr. Neuger investierte das Geld in durch *private
Wohnimmobilien besicherte Anleihen*! Anders ausgedrückt, er
steckte das Geld in sehr riskante, nicht wirklich mit AAA bewertete verbriefte Hypothekenpapiere, die Banker wie Andy dank des
irrwitzigen Booms bei der Kreditvergabe tonnenweise auf den
Markt warfen.

In einer Zeit, in der man nie ganz genau wusste, wo sich das eigene Geld befand und wie sicher es war, war das nicht anders zu erwarten. Die hohen Renditen, die diese gestaffelten Wertpapiere den Anlegern boten, erwiesen sich auf allen Ebenen der Finanzdienstleistungsbranche als ungeheure Versuchung, der man nur schwer widerstehen konnte.

Der Finanzberater Larry Tabb von der TABB Group nennt uns ein Beispiel: »Nehmen Sie mich«, sagt er. »Ich habe ein Bankkonto. Mein Gehalt bleibt auf meinem Konto und bringt dort so gut wie keine Zinsen ... Also sagt mein Banker: ›Warum schieben wir das Geld nicht jeden Abend rüber auf ein Konto, wo es Zinsen bringt? Und am nächsten Morgen haben Sie es wieder, und die Zinsen, die es über Nacht gebracht hat, kommen noch obendrauf.‹ Und ich denke: ›Okay, das klingt wunderbar.‹

Und dann kommt die Kreditkrise«, fährt er fort, »und als jemand, der in der Branche arbeitet, frage ich mich: ›Hm, wie legen diese Burschen mein Geld, das ich ihnen über Nacht zur Verfügung stelle, eigentlich an?‹ Also rufe ich meine Bank an und frage nach. Und die Antwort lautet: ›Agency und Agency-Backed Securities.‹[18] Und ich hake nach, wie viel Zinsen die mir bringen. Oh, etwa 1 Prozent im Jahr. Sie legen also mein Geld in toxischen Wertpapieren an und geben mir dafür 1 Prozent Zinsen.«

»Na toll. Und wie viel haben die damit verdient?«, frage ich.

»Eben«, antwortet Tabb und erklärt, dass ihm im Grunde zwei Möglichkeiten blieben – entweder auf die zusätzlichen Zinsen zu verzichten oder sein ganzes Geld aufs Spiel setzen und dabei auch noch von der Bank ausgenommen zu werden.

Neugers System war eine Variation dieses Geschäftsmodells. Seine Abteilung nahm die Milliarden an Barsicherheiten aller großen Investmentbanken der Welt – Deutsche Bank, Goldman Sachs, Société Générale – und steckte sie in die riskantesten Anlagen, die es gab. Das absolut Verrückte daran ist, dass ein Unter-

nehmen dieser Art eigentlich die Finger von sämtlichen Investitionen lassen müsste, es sei denn, sie wären extrem kurzfristig, denn
die Kunden, an die er die Wertpapiere verlieh, konnten jederzeit
die Wertpapiere zurückbringen und ihre Sicherungssumme verlangen.

Aber Neuger tat das genaue Gegenteil. Er verlieh kurzfristig
Wertpapiere, nahm dafür Geld, das theoretisch über Nacht zu-
rückverlangt werden konnte, und legte es langfristig an, in Instrumente, die zehn, fünfzehn oder dreißig Jahre bis zur Fälligkeit
brauchten. Dieses Geschäftsmodell konnte nur funktionieren,
wenn ständig neues Geld hereinkam. Und wir alle wissen, was das
eigentlich ist.

»Im Grunde ist das ein Schneeballsystem«, sagt Matias von
Vodia Capital. »Wenn das Unternehmen wächst, verlagert sich
der Zeitpunkt, an dem man das Geld zurückzahlen muss, in die
Zukunft. Und solange das Unternehmen weiterwächst, hat man
nicht weniger, sondern mehr Besicherungsgeld. Doch sobald die
Geschäfte stagnieren, wird das Geld weniger, und man muss die
Summe, die man zurückzahlen muss, irgendwie ausgleichen. Die
haben dort das Geld verzockt, als ob sie noch Jahre Zeit hätten, es
wieder reinzubekommen. Aber die hatten sie nicht.«

So liefen bei der AIG direkt nach dem Platzen der Immobilienblase zwei große Operationen parallel, die völlig auf ein kontinu-
ierliches Wachstum der Blase angewiesen waren. Joe Cassano
verkaufte Milliarden Dollar an Credit Default Swaps zur Kreditabsicherung an Banken wie Goldman Sachs und die Deutsche
Bank, ohne dass er das nötige Geld gehabt hätte, seinen Verpflichtungen bei einem Ausfall nachzukommen. Und Win Neuger
verlieh Wertpapiere im Wert von Milliarden Dollar an die mehr
oder weniger gleichen Kunden und investierte die Sicherungssumme in illiquide toxische Hypothekenpapiere.

Dies war der Hintergrund für die immer noch größtenteils

geheimen Verhandlungen am Wochenende des 14. September 2008, als die amerikanische Regierung zur Rettung der AIG intervenierte und sich die amerikanische Wirtschaft dadurch für immer veränderte.

Beim Geschäft mit den Credit Default Swaps von Joe Cassano ergaben sich bereits 2005 erste Probleme. Dass Cassano die Absicherungen verkaufen konnte, ohne über irgendwelche Rücklagen zu verfügen, lag vor allem daran, dass die AIG, ein Finanzkoloss so alt wie die Erde selbst, eine grundsolide Kreditbewertung hatte und über scheinbar unerschöpfliche Ressourcen verfügte. Wenn Cassano mit Goldman oder der Deutschen Bank Geschäfte machte (ganz zu schweigen von Miklos und seiner viel kleineren Eurobank), genügte als Sicherheit der gute Name der AIG.

Doch im März 2005 erhielt der gute Ruf der AIG erste Kratzer. Der damalige CEO Maurice »Hank« Greenberg musste zurücktreten, nachdem ihn Eliot Spitzer, Attorney General des Bundesstaats New York, wegen einer Reihe von Bilanzierungsunregelmäßigkeiten angeklagt hatte. Die Vorwürfe und Greenbergs Rücktritt veranlassten die wichtigen Ratingagenturen, die AIG zum ersten Mal seit ihrem Bestehen herabzustufen – von AAA auf AA.

Daraufhin wurden die CDS-Vereinbarungen, die Cassano abschloss, auf Drängen der Kunden um eine Klausel erweitert, die vom Mutterkonzern die Hinterlegung einer Sicherungssumme als Beleg dafür verlangte, dass AIGFP für einen Kreditausfall aufkommen konnte – nach der ersten Herabstufung lag diese Sicherungssumme bei 1,16 Milliarden Dollar.

Als 2007 der Immobilienmarkt einbrach, wurden einige Kunden Cassanos nervös. Sie argumentierten, dass die den Vereinbarungen zugrunde liegenden Vermögenswerte deutlich an Wert verloren hätten, und verlangten, dass Cassano eine höhere Absicherungssumme hinterlegte. Bezeichnenderweise war es Goldman

Sachs, wo man zuerst die Nerven verlor und im August 2007 forderte, dass die AIG beziehungsweise Cassanos Abteilung 1,5 Milliarden Dollar als Sicherheit bereitstellte.

Die AIG lehnte ab, die beiden Seiten stritten sich, und schließlich rückte die AIG 450 Millionen Dollar heraus. Etwa zu der Zeit war Cassano schwer damit beschäftigt, die Risiken seines Portfolios zu vertuschen. Im selben Monat, in dem er sich bereit erklärte, mit 450 Millionen Dollar den Wertverlust des seinen CDS-Geschäften zugrunde liegenden Vermögens auszugleichen, teilte er Anlegern in einem Konferenzgespräch mit, alles sei bestens. »Wir können uns, ohne jetzt leichtfertig wirken zu wollen, nur schwer ein Szenario vorstellen, bei dem wir mit unseren Transaktionen auch nur einen Dollar verlieren«, sagte er.

Einen Monat später entließ Cassano einen Buchprüfer namens Joseph W. St. Denis, der Unregelmäßigkeiten bei der Bewertung der Hedgefonds einer zur Übernahme vorgesehenen Firma gefunden hatte; Cassano sagte St. Denis unverblümt, dass er ihn von seinem CDS-Portfolio fernhalten wolle. »Ich habe Sie bewusst von der Bewertung der Super Seniors [CDS] ausgeschlossen, weil ich befürchtete, dass Sie den Vorgang beeinträchtigen würden«, sagte er.

Dann kam Goldman Sachs im Oktober 2007 erneut und wollte mehr Geld, dieses Mal 3 Milliarden Dollar. Wieder einigten sich die beiden Seiten auf einen Kompromiss. Cassano und die AIG erklärten sich bereit, 1,5 Milliarden Dollar zu zahlen. Ein entscheidender Schritt, denn als die Wirtschaftsprüfer der AIG (PricewaterhouseCoopers) von den Forderungen hörten, stuften sie Cassanos Swap-Portfolio herab und schrieben in dem Quartal um die 352 Millionen Dollar ab.

Trotz dieses konkreten Wertverlusts logen Cassano und seine Vorgesetzten bei AIG weiter das Blaue vom Himmel herunter. Bei einem Konferenzgespräch im Dezember 2007 bekräftigte Cassano seine frühere Aussage: »Es ist sehr schwierig, sich vorzustellen, dass es bei diesen Portfolios zu Verlusten kommen könnte.«

Aber die Katastrophe ließ sich nicht mehr abwenden. Noch während Cassano im Dezember Optimismus verbreitete, hatten sich bereits zwei weitere wichtige Kunden gemeldet, Merrill Lynch sowie die Société Générale, und eine höhere Sicherheit für ihre Swap-Geschäfte verlangt. Ende Dezember schlossen sich vier weitere Banken an: UBS, Barclays, Calyon (der Investmentbankzweig von Crédit Agricole) und die Royal Bank of Scotland. Die Deutsche Bank und zwei kanadische Banken, CIBC und die Bank of Montreal, kamen später noch dazu.

Zu dem Zeitpunkt war AIGFP entgegen allen Beteuerungen praktisch schon tot. Im Februar 2008 fanden die Wirtschaftsprüfer von PricewaterhouseCooper eine »grundlegende Schwäche« in den AIG-Büchern. Gleichzeitig gab die AIG einen ungewöhnlich hohen Verlust von 5,3 Milliarden Dollar für das vierte Quartal 2007 bekannt. Cassano wurde im gleichen Monat endlich entlassen, erhielt aber erstaunlicherweise weiterhin 1 Million Dollar im Monat. Im Mai verkündete die AIG dann einen weiteren Rekordverlust in Höhe von 7,8 Milliarden Dollar für das erste Quartal. Der damalige CEO Martin Sullivan musste im Juni zurücktreten. Jetzt hatte der Albtraum offiziell begonnen.

Und die Forderungen kamen. Bis zum 31. Juli 2008 hatte die AIG 16,5 Milliarden Dollar als Sicherheit für Cassanos Kunden gezahlt. Aber einige, vor allem Goldman Sachs, waren immer noch nicht zufrieden. Goldman hatte bei der AIG immer noch 20 Milliarden Dollar ausstehen und wollte das Geld. Das Management der AIG stritt jedoch mit Goldman über die Höhe der Schuldensumme, die damals mit Cassano vereinbart worden war. Das war normal, aber die Anstrengungen, die Goldman unternahm, waren ungewöhnlich.

»Forderungen zur Besicherungssumme sind in gewisser Weise

subjektiv, weil sie auf der Bewertung der CDS durch den For-
dernden [in diesem Fall Goldman] basieren«, erklärt ein Staatsbe-
amter, der später an den Verhandlungen zur Rettung der AIG
beteiligt war. »Darüber lässt sich verhandeln, und da der Beförderte [AIG] das Geld hat, das der Fordernde [Goldman] will, hat
die Seite, an die die Forderung gestellt wird, eine gewisse Macht
bei den Verhandlungen … So war das auch zwischen der AIG und
Goldman.«

Wie man heute weiß, waren diese Streitigkeiten ein entscheidender Grund dafür, dass die Regierung schließlich einschreiten
musste, um der AIG am Wochenende des 13./14. September
2008 unter die Arme zu greifen. Einer der wichtigsten Auslöser
dafür war die Entscheidung mehrerer Ratingagenturen, die AIG
zum zweiten Mal herabzustufen. Als man bei der AIG erfuhr, dass
Moody's und Standard and Poor's eine zweite Abwertung für den
15. September planten, war klar, dass der Konzern in ernsthaften
Schwierigkeiten steckte, da die Herabstufung weitere Forderungen aus den Vereinbarungen zur Sicherungssumme in Cassanos
verrückten Verträgen auslösen würde. Die AIG kämpfte bereits
verzweifelt, sich die Forderungen der Kunden nach der *vorherigen*
Abwertung vom Leib zu halten. Nun drohten von ebendiesen
Kunden weitere Forderungen in Milliardenhöhe. Das drohende
Debakel versetzte das Finanzministerium und die Federal Reserve
in Alarmbereitschaft. Ab Freitag, dem 12. September, wurde fieberhaft nach einer Lösung für alle Beteiligten gesucht.

Dieser Teil der Geschichte ist mittlerweile allgemein bekannt.
Weniger bekannt ist die Rolle, die die andere AIG-Krise – die von
Win Neuger verursacht wurde – in diesem Chaos spielte.

Nur wenige Monate zuvor, Ende Juni und Anfang Juli 2008,
also etwa zu der Zeit, als Sullivan zurücktrat und die AIG einen
massiven Verlust von 7,8 Milliarden Dollar für das erste Quartal
verkündete, erklärte Neuger, dass er Probleme mit seinem Ge-

schäftszweig habe. Anscheinend hatte Neuger bis zum Juli 2007 Wertpapiere von etwa 78 Milliarden Dollar verliehen und fast zwei Drittel der erhaltenen Sicherungssumme in toxische Hypothekenpapiere investiert. Bis zum 31. März 2008 war der Wert seines Portfolios auf 64,3 Milliarden Dollar gesunken. Ende Juni gab die AIG dann bekannt, dass Neuger, anstatt einen Gewinn von »zehn hoch drei« Millionen zu machen, im Verlauf eines Jahres 13 Milliarden Dollar verloren hatte.

Interessant ist vor allem, wie die Welt davon erfuhr. Wir erinnern uns: Neuger verdiente sein Geld, indem er die Wertpapiere aus den Fonds der Versicherungsgesellschaften der AIG nahm, sie an die Wall Street verlieh und das Bargeld, das als Sicherungssumme hinterlegt wurde, anderweitig investierte. Anders als Cassanos Credit-Default-Swap-Geschäfte waren die Wertpapiere, die Neuber verlieh, sehr solide, daher bestand für die Kunden, die sie liehen – größtenteils die gleichen wie bei Cassano, also Goldman, die Deutsche Bank, Société Génerale und so weiter –, theoretisch kein großes Verlustrisiko. Immerhin handelte es sich um Aktien und Anleihen in den Portfolios der Lebensversicherungen der AIG-Töchter, und die hatten immer noch einen gewissen Wert.

Doch Ende 2007 und Anfang 2008 passierte etwas Merkwürdiges. Neugers Kunden begannen plötzlich, ihre geliehenen Wertpapiere massenweise zurückzubringen. Banken wie Goldman Sachs lieferten riesige Aktienpakete bei ihm an und forderten ihre Sicherungssumme zurück. Viele Banken, die bei Neuger Aktien zurückbrachten, waren auch Kunden von Cassanos Financial Products. Einige Regulierungsbehörden vermuteten daher schon bald, dass dahinter mehr als nur reiner Zufall steckte.

»Viele Kunden, die mit der Wertpapierleihe zu tun hatten, wussten, was bei [Cassanos] Financial Products ablief«, sagt Eric Dinallo, der damals für die Regulierungsbehörde des Bundesstaates New York arbeitete. »Es gab Unternehmen, die mit Credit

Default Swaps Geschäfte gemacht hatten und jetzt auch ihr Geld aus Neugers Wertpapierverleih abzogen.«

Im Frühsommer 2008 leitete Dinallo eine Eingreiftruppe, an der sich verschiedene US-Bundesstaaten beteiligten, um der AIG zu helfen, ihren beeinträchtigten Wertpapierverleih so »zurückzuschrauben«, dass die Lebensversicherungsgesellschaften der AIG (und damit auch die Versicherungsnehmer) nicht durch einen potenziellen Bankrott zu Schaden kamen. Die Gefahr, dass die Versicherungsgesellschaften durch einen Ansturm auf Neugers Wertpapierleihe pleitegingen oder von der staatlichen Versicherungsaufsicht unter die Fittiche genommen werden würden, hing im Sommer 2008 wie ein Damoklesschwert über der gesamten amerikanischen Wirtschaft – und dieses Schwert wurde zu einem entscheidenden Argument (die genauen Hintergründe sind den meisten Amerikanern immer noch nicht bekannt) für die Entscheidung, die AIG und ihre Geschäftspartner auf dem Höhepunkt der Krise im September 2008 zu retten.

Neuger hatte Wertpapiere von AIG-Töchtern wie American General, SunAmerica und United States Life verliehen – Unternehmen, die Zehntausende, wenn nicht sogar Hunderttausende amerikanische Arbeitnehmer und Rentner versicherten. Wenn zu viele von Neugers Kunden ihr Geld auf einmal zurückverlangten, bestand die Gefahr, dass die Muttergesellschaft AIG auf das Vermögen ihrer Töchter zurückgreifen musste, wodurch die Ersparnisse Zehntausender braver Bürger vernichtet worden wären. Und das nur, um für Neugers kolossal dämliche und unnötige Zockerei auf dem Hypothekenmarkt aufzukommen.

Angesichts dieser furchtbaren Option schreckten die Regulierungsbehörden mehrerer Bundesstaaten – unter Führung von New York, aber auch kräftig unterstützt von Texas, wo Tausende bei American General versichert waren – plötzlich auf. Damals wurde das kaum registriert, aber als die AIG ihren Verlust von

13 Milliarden Dollar bekanntgab, erklärten Beamte der Versicherungsaufsicht von Texas öffentlich, von den finanziellen Problemen in Zusammenhang mit Neugers Portfolio wüssten sie nichts. »Wir wussten von diesem Portfolio, aber wir hatten keinen Einblick, was sich darin befand, weil es außerbilanziell lief« (also nicht in den gesetzlich vorgeschriebenen Geschäftsbüchern auftauchte), wie der leitende Analytiker bei der Versicherungsaufsicht von Texas Doug Slape erklärte.

Etwa zu dieser Zeit, im Juni und Juli, traten also Dinallo und die Mitarbeiter weiterer Regulierungsbehörden auf den Plan und sorgten dafür, dass die AIG genügend Mittel hatte, um den Schlamassel bei der Wertpapierleihe zu beheben. Die Bundesstaaten waren verpflichtet sicherzustellen, dass kein Geld aus den Versicherungen der kleinen Leute genommen wurde. Bevor sie das zuließen, würden sie eingreifen und die Versicherungsgesellschaften übernehmen.

Das stand durchaus in ihrer Macht, doch im Juli versuchten sie noch alles, um diese drastische Maßnahme zu vermeiden. Die Lage war so ernst, dass auch die Bundesregierung intervenierte und die Bundesstaaten davon überzeugte, die AIG-Töchter nicht zu übernehmen, solange es auch anders ging. »Das Finanzministerium rief die Gouverneure der Bundesstaaten an und brachte sie dazu, ihre Versicherungsaufsicht auf Linie zu halten«, erzählt Dinallo. »Ich steckte mitten in diesen Konferenzgesprächen mit elf Bundesstaaten – denn es gab in elf Bundesstaaten Tochterunternehmen von AIG –, und wir achteten darauf, dass alle das Gleiche sagten: Wenn wir anfangen, Lebensversicherer oder Sachversicherer zu verstaatlichen, weil ihnen der Bankrott droht, ist das schlecht für alle Beteiligten.«

Am Ende arbeitete die Eingreiftruppe der Bundesstaaten mit der AIG zusammen und brachte sie dazu, ein Abkommen zu unterzeichnen, mit dem sich AIG verpflichtete, für die Tochtergesellschaften Geld in einen Pool einzuzahlen und weitere 5 Milliarden Dollar draufzulegen, um potenzielle zukünftige Verluste zu decken. Die Bundesstaaten dachten, das sei mehr als genug.

»Am 30. Juni war alles mehr oder weniger geregelt«, berichtet ein Regulierungsbeamter, der bei den Verhandlungen dabei war. »Aber das dicke Ende sollte noch kommen.«

Bei der AIG und ihren Tochterfirmen war jedoch alles nur bis zu einem bestimmten Punkt geregelt. Der Giftmüll, in den Neuger investiert hatte – etwa ein Drittel seines Portfolios bestand aus toxischen Hypothekenpapieren –, hatte massiv an Wert verloren, womöglich für immer. Er konnte das Zeug nicht verkaufen und in seinem Portfolio auch nicht durch sicherere Papiere ersetzen. Ihm blieb nur, sich an seinen großen Ordner voller wertloser Papiere zu klammern und zu hoffen, dass sich ihr Kurs erholen würde. Und zu beten, dass seine Kunden beziehungsweise Geschäftspartner nicht anfangen würden, ihre geliehenen Wertpapiere zurückzubringen und ihr Geld zu verlangen.

Das war gar keine so unrealistische Hoffnung. Unter normalen Umständen kam es bei einer Wertpapierleihe wie der Neugers selten vor, dass alle Kunden auf einmal ihre Wertpapiere zurückgaben (und damit ihre Konten schlossen). Normalerweise verlieh der Verleiher seine Wertpapiere für kurze Zeit (zum Beispiel sechzig oder neunzig Tage), und am Ende der Frist verlängerte der Kunde den Vertrag, oder aber die Wertpapiere wurden an jemand anderen verliehen. Auf jeden Fall blieben die Papiere ausgeliehen. Das heißt, das Geschäft blieb immer am Laufen. Da die Wertpapiere, die Neuger verliehen hatte, noch ihren Wert besaßen und den Kunden kein großes Verlustrisiko drohte, konnte man durchaus erwarten, dass die Kunden sie auch in Zukunft behalten oder neu leihen würden.

Und solange das Geschäft lief, blieben Neugers Verluste verborgen oder zumindest zeitlich beschränkt und damit auch be-

herrschbar. Zumindest dachten das die Mitarbeiter der bundesstaatlichen Versicherungsaufsichtsbehörden, als sie die Situation
gemeinsam im Juni untersuchten.

»Wir sahen keinen Grund, warum die Geschäftspartner nervös
werden sollten«, erklärt ein Regulierungsbeamter. »Das Zeug
hatte immer noch seinen Wert. Es gab kein großes Risiko.«

Aber dann geschah etwas Unerwartetes. Die Geschäftspartner
fingen an, ihre Konten bei Neuger zu kündigen. Dabei fiel besonders ein Kunde auf, der seine geliehenen Wertpapiere in großem
Umfang an die AIG zurückgab: Goldman Sachs. Goldman war
schon das gesamte Jahr ganz vorn mit dabei gewesen, die Konten
bei Neuger zu kündigen. Jetzt, im Sommer 2008, zog die Bank
das Tempo nochmals an, schleuderte Neuger Wertpapiere im
Wert von Milliarden Dollar ins Gebrauchtwagenhändlergesicht
und verlangte Geld zurück.

An dieser Stelle meldet sich Dinallo mit einer, wie er es nennt,
»mächtigen« Information – in der Zeit, in der Goldman und all
die anderen plötzlich ihr Geld bei der Wertpapierleihe der AIG
abzogen, hatte keine andere Wertpapierleihe an der Wall Street
auch nur im Entferntesten ähnliche Probleme. Neugers Geschäftspartner forderten ihr Geld offenbar nicht zurück, weil sie
Angst hatten, dass der Wert der geliehenen Aktien völlig einbre-
chen könnte. Da war etwas ganz anderes im Gang.

»Wir analysierten jede andere Wertpapierleihe, die in unseren
Zuständigkeitsbereich fiel«, berichtet Dinallo. »Und keine einzige
hatte Probleme. Bis heute nicht … Da waren Met Life und AXA
und all die anderen – insgesamt waren es 23 –, und die hatten
alle keine Probleme. Nur die AIG.«

Von all den Aktien und Anleihen im Wert von Milliarden
Dollar, die verliehen worden waren, hatten die großen Banken
der Wall Street im Sommer 2008 urplötzlich nur bei den Wertpapieren Grund zur Sorge, die sie bei einem bestimmten Unterneh-

men geliehen hatten – demselben Unternehmen, das ebendiesen Banken in Zusammenhang mit seinen Credit-Default-Swap-Geschäften, die gar nichts mit der Wertpapierleihe zu tun hatten, Milliarden Dollar schuldete.

»Sollte das etwa ein Zufall sein?«, fragt Dinallo. »Das war eindeutig eine Reaktion auf die Probleme in der Abteilung Financial Products.«

Sobald sich die Banken aus dem Wertpapierleihegeschäft zurückzogen, war die Jagd auf die AIG eröffnet. Der Versicherungskonzern, der bereits mit finanziellen Forderungen aufgrund der wahnwitzigen Zockerei des idiotischen Cassano zu kämpfen hatte, brauchte nun Milliarden, um die Verluste des anderen Firmentrottels namens Win Neuger zu decken.

Da der AIG die Mittel dazu fehlten, wandte sich der Konzern erneut an die Versicherungsaufsicht der Bundesstaaten und die Federal Reserve, dieses Mal mit einer noch dringlicheren Bitte. Der Mutterkonzern wollte von den Regulierungsbehörden die Genehmigung, einen Teil des Besitzes der Tochterunternehmen zu Geld zu machen – und damit das Guthaben der Renten- und Lebensversicherungen Tausender Sparer anzugreifen –, um Goldman, die Deutsche Bank und Konsorten auszuzahlen.

Doch die Bundesstaaten stellten sich quer. Die Situation war ohnehin schon schlimm genug, denn in der ersten Septemberwoche setzte Texas – Standort der größten Versicherungsgesellschaften der AIG und damit auch unverhältnismäßig schwer betroffen, wenn die AIG das Vermögen dieser Unternehmen angegriffen hätte – einen Brief auf, in dem Pläne vorgestellt wurden, vier Tochterunternehmen der AIG zu verstaatlichen, darunter American General.

»Wir wurden aktiv, um zu verhindern, dass die Unternehmen von der AIG geschluckt und mit in den Abgrund gerissen wurden«, erklärt Doug Slape von der texanischen Versicherungsaufsicht.

»Texas war in der Tat sehr aggressiv«, meint Dinallo.

Die Verstaatlichung mehrerer AIG-Tochterunternehmen wäre eine außergewöhnliche Maßnahme gewesen, die es so noch nie gegeben hatte. Ein extremer Schritt, quasi die Atomwaffenoption: Wenn es dazu gekommen wäre, hätte der Staat interveniert, die Geschäfte des Unternehmens eingefroren und dann das Vermögen unter den Versicherungsnehmern so gleichmäßig wie möglich verteilt. Wenn das Vermögen nicht ausgereicht hätte (und es hätte mit großer Sicherheit nur einen Bruchteil der Verpflichtungen abgedeckt), dann hätte der Bundesstaat auch auf einen Insolvenzsicherungsfonds zurückgreifen können, der zugunsten der Versicherten eingesprungen wäre. Doch wenn Texas interveniert und American General und andere Versicherungsgesellschaften übernommen hätte, wäre den Versicherten und Rentnern, die vielleicht schon ihr ganzes Leben in die Versicherung eingezahlt hatten, zweifellos nur ein Bruchteil ihres Ersparten geblieben.

»Das hätte Tausende getroffen«, sagt Slape.

Es kommt noch schlimmer. Wenn Texas den ersten Schritt gemacht und die Tochterunternehmen verstaatlicht hätte, wären sehr wahrscheinlich alle anderen Bundesstaaten, die Versicherungsgesellschaften der AIG auf ihrem Gebiet hatten, dem Beispiel gefolgt. Es hätte einen regelrechten Ansturm auf die Tochterfirmen gegeben, der eine Finanzkatastrophe nach sich gezogen hätte. »Das wäre sehr hässlich geworden«, meint Dinallo. Tausende, wenn nicht gar Zehntausende oder Hunderttausende hätten miterleben müssen, wie ihre Ersparnisse in Form von Renten- und Lebensversicherungen über Nacht nur noch ein paar Dollar wert gewesen wären.

Der Brief aus Texas war geschrieben und sollte am Wochenende des 13./14. September verschickt werden. Zu dem Zeitpunkt kam eine ungewöhnliche Gruppe aus Staatsbediensteten und megamächtigen Wall-Street-Bankern an verschiedenen Orten in

New York zusammen und versuchte, eine Lösung zu finden, um
den Sturm, der sich über mehreren großen Unternehmen – nicht
nur AIG, sondern auch Lehman Brothers, Merrill Lynch und
anderen – zusammengebraut hatte, noch einmal abzuwenden.

Das wichtigste Treffen in Zusammenhang mit der AIG fand in
den Räumen der New Yorker Federal Reserve Bank statt. Zu den
Beteiligten auf staatlicher Seite gehörten eine Gruppe der Fed, geleitet vom damaligen Präsidenten der Federal Reserve Bank New
York, Timothy Geithner, außerdem Mitarbeiter des Finanzministeriums (unter dem damaligen Finanzminister Henry Paulson,
der zuvor für Goldman Sachs tätig gewesen war) und Mitarbeiter
aus Dinallos Büro bei der New Yorker Versicherungsaufsicht.
Unter den privaten Teilnehmern befanden sich AIG-Manager
und Banker von hauptsächlich drei Unternehmen: JPMorgan,
Morgan Stanley und Goldman Sachs. Die AIG-Treffen im Gebäude der Fed zogen sich über das ganze Wochenende hin, wobei
sich die Fed-Mitarbeiter in einer Ecke des Konferenzsaals aufhiel-
ten, Dinallos Leute in der Mitte und die Banker der drei Banken
in den drei verbleibenden Ecken.

Die Banker von JPMorgan hatten einen guten Grund für ihre
Anwesenheit: Die Bank war einige Wochen zuvor von der AIG als
Berater angeheuert worden, um einen Ausweg aus der Finanzmi-
sere zu finden. Morgan Stanley wiederum war (seit der Bear-
Stearns-Rettung) beratend für das Finanzministerium tätig. Warum Vertreter von Goldman Sachs da waren, ist eine der wichtigsten Fragen der gesamten Rettungsaktion. Goldman vertrat bei
diesem Treffen niemand anderen als Goldman.

Angeblich war Goldman mit von der Partie, weil die Bank einer
der größten Gläubiger der AIG war. Andererseits stand die AIG
bei der Deutschen Bank und der Société Générale ähnlich hoch in
der Kreide, aber von beiden Banken waren keine Vertreter anwesend. »Ich weiß nicht, warum sie [Goldman] da waren und ande-

re wichtige Gläubiger nicht«, sagt Dinallo. Goldman hatte einen Sonderstatus, und wie der aussah, sollte sich noch herausstellen.

An jenem Samstag sah einer der anwesenden Regulierungsbeamten – nennen wir ihn Kolchak – den Texas-Brief zum ersten Mal und erkannte sofort dessen Auswirkungen. In Konferenzgesprächen mit anderen Staatsbediensteten tauschte sich Kolchak darüber aus, dass das Schreiben aus Texas eine riesige Bombe war, die jeden Moment hochgehen konnte. Wenn Texas die Versicherungsgesellschaften übernahm, würden die anderen Staaten folgen, und es gäbe eine Katastrophe. Aber die Bombe würde nur unter einer bestimmten Bedingung platzen. Texas wartete ab, ob sich die AIG bei ihren Tochterunternehmen bedienen würde, und die AIG würde das nur tun, wenn Neugers Geschäftspartner darauf bestanden, sofort ihr Geld zu bekommen. Doch von den Geschäftspartnern waren die meisten bereit, abzuwarten und die Wertpapiere vorerst zu behalten. Nur ein Kunde führte sich auf, als hätte er keine Geduld mehr und wolle sofort den Stecker ziehen: Goldman Sachs.

Die Position von Goldman Sachs wurde am nächsten Morgen, am Sonntag, klar, als sich alle Beteiligten im prächtigen alten Konferenzsaal im Erdgeschoss des Zentralbankgebäudes trafen. »Ich mag diesen seltsamen mittelalterlichen Saal«, erzählt Kolchak. »Er wird nie benutzt. Das machte alles noch merkwürdiger.« Der selten genutzte Saal, in dem sich fünfzig oder sechzig der mächtigsten Finanziers der Welt versammelt hatten, wirkte surreal – ebenso wie die ärgerliche Ankündigung des Goldman-CEO Lloyd Blankfein gleich zu Beginn der Veranstaltung. Kolchak berichtet, Blankfein sei die dominierende Figur der Versammlung gewesen. Er stand auf und warf sogleich den Fehdehandschuh hin: Die AIG solle sofort die umstrittene Garantiesumme aus dem Credit-Default-Swap/Cassano-Debakel herausrücken.

»Blankfein argumentierte im Grunde: ›Sie [von der AIG]

können damit anfangen, dass sie uns unser Geld zurückgeben««, erzählt Kolchak. »Er war wirklich genervt. Er kam immer wieder darauf zurück, er wollte unbedingt sein verdammtes Geld.«

Nach diesem Treffen begriff Kolchak laut eigener Aussage mit einem Mal die Dynamik des ganzen Wochenendes. Goldman hatte nicht nur der AIG, sondern Tausenden Versicherungsnehmern die Pistole auf die Brust gesetzt, auch wenn die Versicherten, die in ganz Amerika verstreut lebten, davon gar nichts ahnten. Im Grunde verhielt es sich so: Blankfein und die übrige Führung von Goldman wollten unbedingt das Geld, das AIGFP und Cassano ihnen schuldeten. Sie nahmen dafür sogar in Kauf, einen anderen Teil der AIG hochgehen zu lassen. Obwohl eigentlich kein Risiko bestand, dass Goldman Geld verlieren würde, wenn die Bank die Wertpapiere von Neuger behielt, wollte sie die Aktien unbedingt zurückgeben, um die AIG in die Knie zu zwingen.

Und da Texas schon bereitstand, um die AIG-Töchter unter die bundesstaatlichen Fittiche zu nehmen, musste Goldman nur noch auf dieser letzten gigantischen Forderung gegenüber Neugers Abteilung bestehen, schon hatte man einen nationalen Notstand. Wenn Goldman hart blieb, würden alle anderen Banken folgen, der Ansturm auf Neugers Wertpapierleihe würde sich fortsetzen, und die AIG wäre gezwungen, das Kapital ihrer Tochterunternehmen anzugreifen. Das wiederum würde die anderen Bundesstaaten zu einer Intervention und zur Verstaatlichung der AIG-Versicherungsgesellschaften zwingen.

Blankfein verkündete an jenem Sonntagmorgen also, dass Goldman nicht die Absicht hätte nachzugeben. Die Bank würde die Bombe platzen lassen, und das nicht nur bei der AIG, sondern in der gesamten Finanzwelt, wenn nicht *irgendjemand* das Geld rausrückte, das die AIG Goldman nach seinem Dafürhalten schuldete.

»Darum ging es bei diesem ganzen Wochenende«, sagt Kolchak.

»Wir waren alle nur da, um herauszufinden, ob Goldman sich zurückhalten würde. Eine Armee von Bankern war zusammengekommen, um eine Möglichkeit zu finden, wie man Goldman dazu bringen könnte, die Sache abzublasen.«

Nach der Ankündigung Goldmans am Sonntagmorgen wurde alles noch surrealer. Hunderte Banker von drei Banken hatten sich bereits auf die AIG-Zentrale (die später für einen Bruchteil ihres Wertes an koreanische Investoren verkauft wurde – aber das ist eine andere Geschichte, auf die wir später noch zurückkommen) in der nahegelegenen Pine Street 70 gestürzt und durchkämmten nun die Bücher nach Vermögenswerten. Aber es war nicht mehr viel übrig.

»Ganz ehrlich, so ziemlich alles, was nicht niet- und nagelfest war, war bereits abgewickelt und in RMBS[19] und ähnliches Zeug investiert worden«, erzählt mir jemand, der der AIG nahesteht und an diesem Wochenende dabei war. Das Einzige, was übrig blieb, war jede Menge bunt gemischter Schrott. »Ich rede von Skiresorts in Vail, kleinen privaten Beteiligungen, nichts, was man schnell verkaufen könnte«, sagt er.

Die Banker, die über den Unterlagen brüteten, suchten fieberhaft nach etwas, was schnell zu Geld gemacht werden konnte, um die Forderungen zu befriedigen. »Sie arbeiteten daran, etwas zu finden, was genügend Wert, genügend Liquidität für die Auszahlungen bot. Und am Ende kommen die Leute von Goldman und sagen Nein. Es gäbe nicht genug, um sie zufriedenzustellen. Sie würden jetzt andere Saiten aufziehen.«

In der Zwischenzeit flehten die Manager der AIG die Behördenvertreter an, sich bei Goldman für den Versicherungskonzern einzusetzen. »Sie sagten so etwas wie: ›Können Sie Goldman dazu bringen lockerzulassen?‹«, erzählt ein Mitarbeiter einer bundesstaatlichen Regulierungsbehörde, der an jenem Wochenende dabei war.

Zu dem Druck, der wegen der Forderungen aus Win Neugers Wertpapierleihe ausgeübt wurde, kamen noch die extrem aggressiven Forderungen, die vor allem Goldman schon das ganze Jahr an den von Cassano geführten Geschäftszweig der AIG stellte. Tatsächlich war die Frage, ob Goldman die ausstehenden Forderungen dazu benutzt hatte, den Niedergang der AIG zu beschleunigen, Thema bei den Befragungen der Untersuchungskommission zur Finanzkrise in Washington. Ich war bei den Anhörungen am 30. Juni 2010 dabei, saß nur ein paar Sitze entfernt von Cassano, der sich zum ersten Mal seit dem Zusammenbruch der AIG in der Öffentlichkeit zeigte. Und Cassano wurde vom Vorsitzenden der Kommission, von Phil Angelides, unter anderem gefragt, ob Goldman bei den finanziellen Forderungen übermäßig aggressiv aufgetreten sei oder nicht. Als Autor möchte ich mich an dieser Stelle für Angelides' blumige Formulierungen entschuldigen. Im Grunde geht es bei seiner Frage darum, ob AIG selbst in die Krise geriet oder von Banken wie Goldman gestoßen wurde.

> *Angelides:* Die Chronologie ... scheint anzudeuten, dass es einige harte Auseinandersetzungen mit Goldman Sachs gab, vor allem im März 2008 und danach. Ich habe den Vergleich schon zu Anfang benutzt: War da ein Schimpanse, der ein schwaches Mitglied der Gruppe jagte und zur Strecke bringen wollte? ... Ich versuche, zum Kern der Frage zu kommen: Wurde ein erster Dominostein umgestoßen? Oder hat jemand Feuer an die Zündschnur gelegt?

Ein anderes Kommissionsmitglied formulierte die Frage an Cassano so: »Hatte es Goldman auf Sie abgesehen?«

Angelides bezog sich bei der Befragung auf die Aggressivität, mit der Goldman das hinterlegte Geld von der AIG zurückforderte. Er zitierte einen Mitarbeiter von AIGFP, der angab, eine

Rückforderung des Sicherungsbetrags von Goldman am 30. Juli sei »aus heiterem Himmel gekommen und auch noch verdammt hoch, viel mehr, als wir je eingeplant hatten«. Er nannte Goldmans Zahlen »lächerlich«.

Cassano weigerte sich an jenem Tag, mit dem Finger auf Goldman zu zeigen, und Goldman stritt ab, dass die Bank absichtlich den Niedergang der AIG durch übermäßig aggressive Forderungen vorangetrieben habe. Bei Goldman berief man sich dabei auf Dokumente, die von der Kommission später, im Sommer 2010, veröffentlicht wurden. Auch CEO Gary Cohn wies mit seinen Kommentaren (»Wir treiben die Märkte nicht durch Bewertungen nach unten«) jede Schuld von sich.

Trotzdem ist klar, dass die unablässigen Forderungen von Goldman und anderen Geschäftspartnern (aber vor allem Goldman) der Federal Reserve und dem Finanzministerium so gut wie keine Wahl ließen. Sobald die Banker, die die Finanzen der AIG überprüft hatten, erklärten, die AIG sei nicht liquide genug, um die Forderungen zu begleichen, die *entweder* an AIGFP *oder* Neugers Wertpapierleihe gestellt wurden, blieb eigentlich nur eine Option: Wenn der Staat nicht erhebliche Mengen an Steuergeldern in das Loch auf der Seite des Schiffsrumpfs stopfte, würde der von Goldman angeführte Ansturm auf die Wertpapierleihe der AIG auf die gesamte Finanzwelt übergreifen. Im Grunde hatte der Vorstand von Goldman Sachs Tausende AIG-Versicherte als Geisel genommen, und das nur, um ein paar Milliarden Dollar zu bekommen, die die Bank bei Joe Cassanos krummen Amigo-Geschäften verzockt hatte.

Die Krise war noch einmal abgewendet worden, allerdings auf Kosten eines Paradigmenwechsels in der amerikanischen Politik. Paulson und die Federal Reserve griffen der AIG mit 80 Milliarden Dollar unter die Arme, später wurde der Betrag auf 200 Milliarden Dollar an staatlichen Hilfen erhöht. Sobald bekannt war, dass das

Loch mit Steuergeldern gestopft werden würde, gab Texas nach und verzichtete darauf, die Tochterunternehmen der AIG zu verstaatlichen, da die AIG nun genügend Geld von der Federal Reserve hatte, um für Neugers Dummheiten aufzukommen.

Wie mittlerweile bekannt ist, erhielten die an Cassanos Swapgeschäften Beteiligten 22,4 Milliarden Dollar aus der AIG-Rettung, wobei die größten Einzelbeträge an Goldman und die Société Génerale gingen.

Weniger bekannt ist vielleicht, dass auch die Geschäftspartner aus Neugers Wertpapierleihe die erstaunliche Summe von 43,7 Milliarden Dollar an Steuergeldern aus dem Rettungsfonds erhielten. Goldman bekam dabei mit 4,8 Milliarden Dollar den zweitgrößten Betrag, die Deutsche Bank mit 7 Milliarden Dollar den höchsten.

Wie dieses Kunststück überhaupt gelang, ist ein bisschen kompliziert. Zunächst stellte die Federal Reserve das Geld zur Verfügung, um die Forderungen von Goldman und anderen Banken an Neugers Wertpapierleihe zu befriedigen. Dann gründete die Fed eine spezielle Sanierungsgesellschaft namens Maiden Lane II – benannt nach der kleinen Straße neben dem Gebäude der Federal Reserve –, welche systematisch die ganzen faulen Hypothekenpapiere aufkaufte, die Neuger und seine idiotischen Mitarbeiter im Streben nach dem Gewinn »hoch drei« im Lauf der Jahre mit Besicherungssummen gekauft hatten.

Der Mechanismus hinter diesen Operationen – die den Zweck verfolgten, den Müll, den man nicht mehr zu Geld machen konnte, von den Papieren zu trennen, die nur vorübergehend unter Druck geraten waren (wobei der Müll den Steuerzahlern aufgehalst wurde und die besseren Papiere an Geithners Kumpels gingen) – war unglaublich kompliziert, eine Art labyrinthische Kläranlage für Finanzen, die den Bürgern den Dreck zuleitete und klares Wasser zurück in die Wall Street pumpte.

Die AIG-Rettung stand am Ende einer langen Reihe unsauberer Geschäfte mit Hypothekenpapieren, die in gewisser Weise Jahre zuvor ihren Anfang nahmen, als Solomon Edwards eine Gaunerei im großen Stil einfädelte, um einen arglosen Sheriffgehilfen namens Eljon Williams um seine Ersparnisse zu erleichtern. Ein Spiel mit einer heißen Kartoffel, bei dem mithilfe eines eigentlich durchschaubaren Kreditschwindels Geld aus dem Nichts geschaffen wurde und Kredite durch die Magie des modernen Finanzmarkts in hochriskante, explosive Wertpapiere verwandelt wurden, um sie dann mit Lichtgeschwindigkeit immer weiter zu reichen – vom Kreditgeber über die Wertpapierhändler, die die Kredite verbrieften, bis zu den großen Investmentbanken und schließlich zur AIG, wobei jeder die Kartoffel so schnell wie möglich weitergab, weil sie zu heiß war, um sie lange zu behalten. Am Ende kam die Kartoffel doch noch zur Ruhe und dampfte bei der Federal Reserve Bank vor sich hin.

Eljon Williams wohnt immer noch in seinem Haus. Er erreichte einen außergewöhnlichen Aufschub, den er zwei Ereignissen zu verdanken hat. Zum einen nahm der Staat Massachusetts in Person von General Attorney Martha Coakley die Ermittlungen gegen mehrere Hypothekengesellschaften in seinem Staat auf, darunter auch gegen Litton Loans – eine hundertprozentige Tochter von Goldman Sachs, bei der die kleinere von Eljons zwei Hypotheken gelandet war. Coakley warf Goldman Sachs vor, die Form von Betrug zu erleichtern, die Solomon Edwards betrieben hatte, weil die Bank durch die Verbriefung erst einen Markt für schlechte Hypotheken geschaffen, faule oder ungerechte Kredite nicht aussortiert und mögliche Anleger nicht über faule Hypotheken informiert hatte. Als Coakley sich schließlich mit Goldman einigte, hatte die Bank bereits mindestens 13 Milliarden Dollar an Steuergeldern durch die AIG-Rettung erhalten, weitere 10 Milliarden Dollar sollten noch über das Troubled Asset Relief Program[20] dazukommen und über 29 Milliarden Dollar an billigem Geld bei neuen Schulden über den Einlagensicherungsfonds FDIC im Rahmen eines weiteren Rettungsprogramms Geithners, dem Temporary Liquidity Guarantee Program, mit dem eine kurzfristige Liquidität ermöglicht werden sollte.

Trotz des bereits erhaltenen Geldsegens erwies sich Goldman für Coakley als zäher Verhandlungspartner. Am Ende musste die Bank dem Bundesstaat eine Strafe von 50 Millionen Dollar zahlen – Peanuts im Vergleich zu dem, was Goldman jeden Monat durch den Handel mit Hypothekenpapieren verdiente. Außerdem wurde von Goldman kein offizielles Schuldeingeständnis verlangt. Etwa einen Monat, nachdem Coakley und Goldman die Bedingungen ihrer Einigung bekannt gemacht hatten, verkündete Goldman, dass die Bank im zweiten Quartal 2009 die Rekordsumme von 3,44 Milliarden Dollar erwirtschaftet hatte.

Doch die ganze Geschichte hatte auch ihr Gutes: Über Litton Loans verzichtete Goldman komplett auf die Ansprüche aus dem kleineren Kredit. Und Eljons anderer Kreditgeber ASC stimmte aufgrund des öffentlichen Drucks einer Änderung zu, sodass Eljon und seine Familie ihren Kredit zu einem relativ niedrigen festen Zinssatz abzahlen können. Als gläubiger Mensch sieht Eljon in den Ereignissen, die dazu führten, dass er sein Haus behalten konnte, das Wirken Gottes. »Ich habe dafür gebetet und gebetet«, sagt er. »Und es ist eingetroffen.«

Besonders erstaunlich an diesem ganzen Hypothekenschwindel ist die stringente Denkweise, die sich durch die gesamte Kette der Käufer und Wiederverkäufer zieht. Ganz unten betrachteten Halunken wie Solomon Edwards, schamlose Betrüger, die Familien mit Kindern übers Ohr hauen und die selbst von anderen Verbrechern verachtet werden, jede Familie als wandelnden Geldautomaten, bei der man auf die Schnelle eine üppige Provision abgreifen konnte. Der Anreiz, sich so aufzuführen, war ein Fehler im amerikanischen Kreditsystem, durch den es einfacher war, die Bonität einer Familie zu manipulieren und eine dicke Prämie zu kassieren, anstatt sein Geld mit einem ganz normalen Kredit zu verdienen.

Und seltsamerweise dachte man auf den obersten Ebenen nicht anders. Als der CEO von Goldman Sachs im Konferenzsaal der New York Federal Reserve Bank aufstand und sein Geld verlangte, tat er das in dem Wissen, dass es mehr Profit brachte, die AIG zu ruinieren, als eine Lösung für den angeschlagenen Konzern zu finden. Im Grunde wandten Blankfein und Goldman Mafiamethoden gegen die AIG an und fackelten sie ab, um die »Versicherungssumme« aus dem staatlichen Rettungspaket zu kassieren, von der sie wussten, dass sie sie bekommen würden, wenn das Heer der 500 Banker bei AIG nicht genug Geld für eine nichtstaatliche Lösung fand. In ihrem Pessimismus und extrem kurzfristigen Denken unterschieden sie sich durch nichts von Solomon Edwards oder den windigen Kreditvermittlern von New Century, die auf der Suche nach arglosen Hauskäufern Innenstadtghettos oder die Vororte der Mittelschicht abklapperten und die Kreditnehmer dann den Kredithaien zum Fraß vorwarfen, nur um an ihre Provisionen zu kommen, die dann für einen neuen Ford Explorer, einen Flachbildfernseher oder ein Wochenende in Reno verwendet wurden – oder womit auch immer man sich als drittklassiger Hypothekenschwindler so amüsiert. Der einzige Unterschied zu Goldman war der Maßstab.

Noch zwei weitere Dinge fallen beim Hypothekenschwindel auf. Zum einen war unter diesem bunten Haufen an Bauernfängern und Betrügern kein Einziger, der wirklich etwas aufbaute. Wenn die Wall Street ihre Gewinne dadurch macht, dass sie Geld hin und her schiebt und hie und da etwas abzweigt, dann war dieses ganze Fiasko ein gigantisches Sanierungsprogramm, das die

Finanzdienstleistungsbranche um seiner selbst willen herbei-
zwang. Sie erfand einen Haufen Geld, mehrere Milliarden Dollar
in Form erschwindelter Hypotheken und schob sie ein paar Jahre
hin und her, bis die Realität dazwischenfunkte – und plötzlich
wurde verkündet, dass wir, die Steuerzahler, der Wall Street die
Schrottpapiere *abkaufen* müssten, zum Nominalwert, wie es hieß,
und natürlich zum Wohle des Landes.

In der Zwischenzweit, und das ist das zweite Erstaunliche an
der ganzen Geschichte, wurde jeder, der mit dem vielen Geld in
Kontakt kam, zum Betrüger. Die Hypothekenmakler fälschten
systematisch die Informationen in den Kreditanträgen, um höhere Kredite zu bekommen, und verhökerten die explosiven ARM-
Hypotheken an Leute, die entweder nicht verstanden, was sie da
kauften, oder, schlimmer noch, wussten, um was es sich handelte,
denen es aber egal war, weil sie ohnehin nie die Absicht hatten zu
zahlen. Die Kreditgeber produzierten mit eindeutig manipulierten Anträgen Kreditverträge am laufenden Band und interessierten sich nicht im Mindesten dafür, ob die Kreditnehmer überhaupt zahlen konnten, weil sie völlig versessen auf die kurzfristigen
Abschlussgebühren und Provisionen waren. Die Wertpapierhändler, die die Hypotheken verbrieften, machten aus Schrotthypothe-
ken mithilfe hanebüchener Berechnungen AAA-Papiere, und die
Ratingagenturen segneten die Rechenakrobatik auch noch ab und
erteilten die AAA-Bewertung, damit sie weiterhin Aufträge erhielten, Geld hereinkam und sie ihren Vorständen einen Bonus zahlen
konnten. Aber selbst die Ratingagenturen erkannten nicht das
Ausmaß des Betrugs, denn mittlerweile warben Betrüger offen
damit, Kreditbewertungen zu manipulieren, damit selbst bankrotte und verschuldete Kreditnehmer kein Kreditrisiko mehr
darstellten. Die korrupten Ratingagenturen wurden mit ihren eigenen Mitteln geschlagen!

Unterdessen versuchten Investmentbanken den Renten- und

Lebensversicherungen ihre toxischen Anlagen unterzujubeln; oder aber sie behielten ihre Schrottpapiere und versuchten, Idioten wie Joe Cassano auszunutzen, indem sie ihm das Ausfallrisiko aufdrückten. Doch dann gerieten sie selbst ins Stolpern, weil jemand wie Cassano vermutlich nie die Absicht hatte, sie auszuzahlen, ähnlich wie Tausende Hausbesitzer, die mit Option-ARM-Hypotheken zu teure Häuser gekauft hatten, nie vorhatten, den Kredit abzuzahlen. Und was kam bei diesem ganzen hysterischen Lügen und Betrügen heraus, das uns weder Arbeitsplätze brachte noch sonst irgendwas außer ein paar leerstehenden Häusern (die zu nichts anderem gut sind, als die Preise auf dem Immobilienmarkt zu drücken)? Wir alle mussten die Zeche zahlen und subventionierten damit Verbrechen, Unehrlichkeit und Pessimismus als Mittel der nationalen Politik.

Genau das haben wir finanziert und nicht etwa die Kosten der Krankenversicherung einer ganzen Generation, nicht den Ausbau alternativer Energien und auch keine neuen Straßen und Highways. Mit den gut 13 Billionen Dollar, die uns die Rettung der Finanzwirtschaft schätzungsweise kostet, hätten wir nicht nur jede einzelne Subprime-Hypothek in diesem Land aufkaufen und abzahlen können (das hätte uns nur schlappe 1,4 Billionen Dollar gekostet), sondern auch jede andere Hypothek in diesem Land – und hätten immer noch genug Geld gehabt, jedem Amerikaner, der noch kein Eigenheim hat, ein neues Haus zu kaufen.

Aber das taten wir nicht, und wir gaben das Geld auch nicht für andere sinnvolle Dinge aus. Warum nicht? Aus gutem Grund. Weil wir gar nicht mehr in der Lage sind, neue Brücken und Straßen zu bauen oder brillante Erfindungen in den Bereichen Energie oder Medizin zu machen. Wir sind unfähige Versager, wenn es darum geht, umfangreiche öffentliche Großprojekte zu vollenden oder fantastische nationale Vorhaben wie beispielsweise die Landung auf dem Mond umzusetzen.

Wozu sind wir denn dann noch in der Lage? Es bleibt nur Raub und Diebstahl. Auf dem Gebiet kann es niemand mit den Amerikanern aufnehmen. Und als es an der Zeit war, die Rettungspakete zu schnüren, ein gemeinsames Megaprojekt durchzuführen, das sich über zwei präsidiale Amtszeiten hinzog und das mindestens genauso umfangreich und weitreichend (allerdings nicht in die Zukunft, sondern in die Vergangenheit) war wie Kennedys Mondprogramm, da haben wir gezeigt, wozu wir in der Lage sind.

4

Blowout
Die Rohstoffblase

Für die 24-jährige Priscilla Carillo aus der Nähe von San Bernardino kam es im Sommer 2008 richtig dicke. Sie hatte als Aushilfskraft in einem Warenlager gearbeitet und nebenbei das Chaffey Community College besucht, das etwa vierzig Minuten von ihrem damaligen Wohnort entfernt lag. Die Strecke legte sie mit einem in die Jahre gekommenen Nissan Altima zurück. Ihre Mutter hatte Priscilla, wohl weil sie es gut mit ihr meinte, im Alter von achtzehn Jahren vor die Tür gesetzt und aufgefordert, ihr Glück zu versuchen. Sie wissen schon, der »American Way«.

»Ich dachte immer, Latinos leben bei ihren Eltern, bis sie vierzig sind«, sagt sie heute. »Bei mir war das irgendwie anders.«

Dann, Anfang 2008, begannen Priscillas Probleme. Der Benzinpreis stieg, und zwar gewaltig, denn er schoss auf über 4 Dollar pro Gallone, nachdem er im Januar noch bei etwa 3 Dollar gelegen hatte. Da der Weg ins College weit war, konnte Priscilla ihn sich bald nicht mehr leisten. Sie brach das Studium ab und arbeitete stattdessen Vollzeit. Doch als ihre Zeitarbeitsfirma pleiteging, verlor sie ihren Job. Nun war Priscilla mittellos und konnte ihre Miete nicht mehr zahlen. Im Juni und Juli 2008 wohnte sie in ihrem Auto.

»Ich habe es vor einer Bibliothek, einem Park oder so abgestellt«, sagt sie heute. »Ich wusste nicht, dass ich nachts nicht in der Nähe von Wohngebieten schlafen durfte. Immer wieder wurde ich von Polizisten aufgegriffen. Sie dachten, ich sei Prostituierte. Ich habe ihnen gesagt: ›Herrgott, ich will doch nur schlafen.‹«

Auf der anderen Seite der USA, fast genau zur selben Zeit, stand der Geschäftsmann Robert Lukens zunehmend unter Druck. Robert führte in Reading, Pennsylvania, das Bauunternehmen Lukens Construction. Lukens hatte sieben Angestellte, und die Firma war seit drei Generationen in der Familie, gegründet fast vierzig Jahre zuvor vom Großvater.

Robert war nicht aus freien Stücken in das Familienunternehmen eingestiegen, sondern von den Umständen dazu gezwungen worden. Damals, im Jahr 1981, war er nach Richmond, Virginia, gezogen. Doch in derselben Woche, in der er heiratete, warf ihn sein Arbeitgeber, das große Bauunternehmen Ryan Homes, hinaus.

Frisch verheiratet und ohne Job, kehrte Robert daher zähneknirschend zu seinem Vater zurück, der Lukens Construction von seinem Vater übernommen hatte und mit dem sich Robert nicht sonderlich gut verstand. Doch Vater und Sohn rauften sich zusammen und führten das Unternehmen zum Erfolg. Etwa vierzehn Jahre später, im Jahr 1995, übernahm Robert Lukens die Firmenleitung. Als er mir davon erzählte, hatte ich den Eindruck, dass er sehr stolz war auf sein Familienunternehmen. »Wir erstellen qualitativ hochwertige Bauwerke, wirklich schöne Projekte«, sagte er. Keine Nullachtfünfzehn-Häuser seien das, sondern individuell geplante Projekte. Neue Kunden gewännen sie oft durch Weiterempfehlung. Bis ins Jahr 2008, so Lukens, lief alles prächtig.

»Aber dann hatte ich plötzlich hohe Energiekosten«, sagt er. »Vorher gab ich 500 oder 600 Dollar pro Woche für Benzin aus. Nun, im Juli 2008, blätterte ich plötzlich 1200 Dollar pro Woche hin. Und nicht nur das – alle meine Lieferanten legten mit einem Mal ihre erhöhten Kraftstoffkosten auf mich um. Bis dahin war, wenn ich Bauholz bekam, die Lieferung im Preis inbegriffen. Jetzt berechneten sie mir plötzlich einen Aufschlag – 125 Dollar für die Lieferung oder so. Holz. Beton. All das.«

Etwa um dieselbe Zeit, als Lukens unter den Preiserhöhungen stöhnte, machte sich der Biologiestudent Sam Sereda, der einmal Arzt werden wollte, auf den Weg nach Hause, um dort die Sommerferien zu verbringen. Sereda studierte am Gordon College an der Nordküste von Massachusetts, doch zu Hause war er in Sunnyvale an der San Francisco Bay. Er hatte in seinem jungen Leben alles richtig gemacht. Seine Noten waren gut, und er verdiente nebenbei Geld mit Bio-Nachhilfe für die Oberstufenschüler der Hamilton Wenham High. Über den Sommer hatte er sich ein Praktikum in dem Unternehmen Genentech in San Francisco besorgt, und am West Valley College in Saratoga wollte er einen Fortgeschrittenenkurs in Mathe absolvieren, um für sein anstehendes Abschlussjahr ein paar zusätzliche Punkte zu sammeln.

»Doch dann ist der Spritpreis von 3 auf über 4 Dollar pro Gallone gestiegen«, sagt er heute. »Meine Familie hatte damals ohnehin finanzielle Probleme. Am Ende musste ich mein Praktikum absagen. Die vierzigminütige Fahrt hätte einfach zu viel gekostet.«

Auch den Mathekurs musste er knicken. »Die Fahrt konnte ich mir auch nicht leisten«, sagt er heute. »Als ich nach Massachusetts zurückkam, musste ich dann in einem einzigen Semester zwanzig Punkte machen. Ich weiß, das klingt komisch, aber bei dem Benzinpreis … mir blieb wirklich nichts anderes übrig, als den Sommer über zu Hause herumzusitzen und Däumchen zu drehen. Mein Bruder war damals krank, und meine Familie und ich kamen zu dem Schluss, dass ich am besten bei ihm blieb.«

Wieder woanders bekam Diane Zollinger, die bis dahin eine auskömmliche Stelle und keine ernsthaften Geldsorgen gehabt hatte, plötzlich Schwierigkeiten. Ihr Problem war, dass sie in

Montana lebte, wo man weite Strecken zurücklegen muss. Diane
hatte einen guten Job in Bozeman, das 55 Kilometer von ihrem
Haus in Livingston entfernt liegt. Sie fuhr also pro Tag 110 Kilometer, als der Benzinpreis auf 4,85 Dollar pro Gallone hoch-
schnellte. Ihr Auto kam mit einer Gallone 40 Kilometer weit. Als
der Ölpreisschub in jenem Sommer seinen Höhepunkt erreichte,
zahlte Diane fast 70 Dollar pro Woche für Benzin. »Als die Wirtschaft zusammenbrach und ich im November gefeuert wurde«,
sagt sie heute, »hatten wir mit der Arbeitslosenunterstützung
mehr Geld in der Tasche als vorher.«

Doch es war völlig gleichgültig, wo man wohnte oder womit
man sein Geld verdiente – im Sommer 2008 trafen die steigenden
Energiekosten fast jeden Amerikaner mit voller Härte. Weder die
landesweiten Medien noch die politische Führung unternahm
einen ernsthaften Versuch zu erklären, wo die Ursache dafür zu
suchen war. Die Amerikaner vermuteten, dass Lieferengpässe
und/oder eine gesteigerte Nachfrage der chinesischen Industrie-
maschinerie daran schuld waren, und die meisten Fernsehjourna-
listen stützten bereitwillig diese Wahrnehmung, obwohl sich an
den Tankstellen keine Schlangen bildeten, in der Wartezeit keine
spontanen Partys stiegen und es auch sonst keine sichtbaren
Hinweise auf eine Knappheit gab. Wir hörten von einer Ange-
botskrise, die irgendwo war, wo wir sie nicht sehen konnten, irgendwo in der Theorie.

»Ich weiß noch, dass die uns auf CNN etwas über Lieferengpässe erzählt haben«, sagt Sereda. »Die haben Schlangen an kanadischen Tankstellen gezeigt oder woanders.«

Ich verbrachte den Sommer 2008 damit, für den *Rolling Stone*
vom McCain-Obama-Wahlkampf zu berichten, und bekam verschiedene Erklärungen dafür zu hören, warum der Ölpreis stieg
und Leute wie Priscilla plötzlich in ihrem Auto schlafen mussten.

McCain erzählte uns Journalisten den ganzen Sommer über,

am hohen Ölpreis seien Sozialisten wie Barack Obama schuld, die nicht erlauben wollten, dass vor der Küste Floridas sofort nach Öl gebohrt wurde.

Wie alle anderen Journalisten in jenem Sommer konzentrierte ich mich nicht so sehr auf den Rohstoffmarkt, sondern auf eine scheinbar unaufhörliche Abfolge von an den Haaren herbeigezogenen Kontroversen, die entweder von verfeindeten Sippen innerhalb der Demokratischen Partei (Clintonikoniker gegen Obamaniker) ausgetragen wurden oder sich an den rot-blauen Frontlinien ausrichteten und so relevante Themen betrafen wie die Predigten eines Reverend Wright.

Doch ich weiß noch, dass Benzin irgendwie auch ein Thema war und dass irgendwie beide Kandidaten darüber sprachen. An dem Abend, an dem McCain in Kenner, Louisiana, de facto die Nominierung errang, war ich dabei. Ich weiß noch, dass er seine Rede vor einer speigrünen Wand hielt und erklärte, dass es »in Amerika heute kein drängenderes Problem gibt als die Abhängigkeit von ausländischem Öl«. Und ich erinnere mich an die düsteren Plakate, die McCain in jenem Sommer aufhängen ließ und denen zufolge »einige in Washington immer noch Nein sagen zur Ölförderung in Amerika«.

Ich sehe noch vor mir, wie das Pressekorps an jenem Abend nach der Rede den abgetrennten Medienbereich verließ und wir uns im Bus über McCains jüngsten Klops lustig machten.

»Was für ein gnadenloser Blödsinn«, sagte ein Fernsehtyp, den ich seit Jahren kenne und nicht leiden kann. »Als ginge der Ölpreis hoch, weil vor der Küste nicht gebohrt werden darf.«

»Genau, das kauft ihm doch keiner ab«, fügte ein anderer hinzu.

So ging das noch ein paar Minuten weiter. Die Wahlkampfbeobachter zerreißen die Kandidaten, über die sie berichten, gern in der Luft. Das ist eine ihrer Lieblingsbeschäftigungen – bis der Kandidat sie im Flugzeug besucht. Dann werden sie schwach in den Knien wie ein Schulmädchen und küssen ihm die Füße, als sei er der Papst. Als die Kollegen so über McCain und seinen Öl-schachzug lästerten, warf ich ein: »Hey, weiß eigentlich einer von euch, warum der Ölpreis ständig steigt? Ich habe jedenfalls keine Ahnung.«

Es folgte eine kurze Diskussion, in deren Verlauf ein paar Theorien aufgestellt wurden, doch am Ende war klar, dass keiner der Wahlkampfbeobachter einen Schimmer davon hatte, warum der Ölpreis dermaßen in die Höhe schnellte. Später flüsterte ich einem Zeitungsjournalisten zu: »Sind wir damit nicht alle Hoch-stapler? Ich meine, wenn wir über den ganzen Kram hier berich-ten, obwohl wir keine Ahnung haben?«

Seine Antwort: »Das merkst du jetzt erst?«

Später, im September, hörte ich in Minnesota auf dem Partei-tag der Republikaner – eingequetscht zwischen anderen armen Schluckern, die denselben lausigen Job machen mussten und sich so wenig mit Wirtschaft auskannten wie ich –, wie McCain die Ursache für das Problem ausführlich erklärte:

Senator Obama glaubt, wir könnten auf dem Energiesektor unabhängig werden, ohne mehr Öl zu fördern und die Atom-kraft auszubauen. Aber die Amerikaner wissen es besser. Wir müssen alle Ressourcen nutzen und alle Techniken entwickeln, die wir brauchen, um unsere Wirtschaft vor dem Schaden zu bewahren, den ein steigender Ölpreis anrichtet.

Und Obama? Auch er hatte allerhand Erklärungen parat. Der Bruch zwischen McCain und Obama in der Frage des Ölpreises illustriert anschaulich, wie die Links-rechts-Politik in unserem Land funktioniert. McCain machte direkt und indirekt eine Kombination aus Staat, Umweltschützern und Ausländern für die Problematik verantwortlich.

Obama, der seine Zuhörer kannte, wählte eine andere Stoß-richtung. Er schob die Verantwortung den gierigen Ölfirmen zu und der Verschwendungssucht der Amerikaner, die SUVs und andere Spritfresser fahren. Im entscheidenden Vorwahlkampf in Pennsylvania, als Hillary ihn eine Zeit lang das Fürchten lehrte, verfolgte er die Strategie, den hohen Ölpreis den unersättlichen Ölunternehmen anzukreiden, die angeblich den Preis anhoben, um höhere Boni zu zahlen.

»Die leben schon eine ganze Weile wie im Schlaraffenland«, sagte Obama auf einer Wahlkampfveranstaltung in Wilkes-Barre über Exxon und andere Ölfirmen. »Aber sie stecken das Geld nicht unbedingt in zusätzliche Raffineriekapazität, die Engpässe in unserer Ölversorgung womöglich verhindern könnte. Darum müssen wir uns kümmern. Ich glaube, die unerwarteten Gewinne einiger dieser Unternehmen können wir getrost ins Visier neh-men.«

Beide Kandidaten präsentierten die Lösung, als sei sie schon da und warte nur darauf, vom einen oder anderen umgesetzt zu werden, sofern er politisch dazu legitimiert wäre. McCain zufolge lauerte ein niedrigerer Ölpreis unter dem Golf von Mexiko, Oba-ma zufolge lauerte er in Form unerwarteter Gewinne, die man nur noch besteuern musste, auf den Bankkonten von Exxon und an-deren Unternehmen.

Das Rezept war dasselbe wie vor jeder Wahl: Die Republikaner verteufeln den Staat, Hippieaktivisten und Ausländer. Die Demo-kraten verteufeln die Unternehmen, die Gier und das rechte Ge-sindel. Beide Kandidaten verkauften der Öffentlichkeit aber eine Geschichte, die Lichtjahre von der Wahrheit entfernt war. Dass der Benzinpreis in die Höhe schoss, hatte mit keiner der von den beiden genannten Ursachen zu tun. In Wahrheit hatte die Wall Street in ihrem Kasino nur einen neuen Spieltisch aufgemacht. Das neue Zockerspiel hieß »Rohstoffindexinvestition« *(commodity*

index investing). Und als es zum heißesten neuen Spiel an der
Börse aufstieg, erhielt Amerika plötzlich eine sehr schmerzhafte
Lektion, welche fantastischen Möglichkeiten sich eröffnen, wenn
taxation without representation, die Besteuerung ohne politische
Mitsprache, zum Prinzip erhoben wird. An der Wall Street ermittelte man den Benzinpreis am Spieltisch, und als die Zocker eine
Glückssträhne hatten, lief es für uns darauf hinaus, dass wir exor-
bitante Preise für einen Rohstoff bezahlten, ohne den wir nicht
leben können. Die Wall Street zockte, wir zahlten die Zeche. Und
was die dann mit dem Geld anstellten, das wir verloren hatten, ist
das Fantastischste überhaupt. Sie brachten Amerika – mich, Priscilla Carillo, Robert Lukens und so weiter – dazu, sich zu verpfän-
den, um das Benzin zu bezahlen, das sie so teuer gemacht hatten.
Verpfändet wurden Brücken, Autobahnen und Flughäfen. Wir
haben buchstäblich unser Hoheitsgebiet verramscht. Das war ein
Schwindel von fast atemberaubender Schönheit, wenn man ge-
neigt ist, an so etwas Gefallen zu finden.

Die Abzocke lief in zwei Stufen ab. Stufe eins war die Rohstoffblase, ein absolut vermeidbarer Spekulationswahnsinn, der den
Ölpreis durch die Decke jagte. Es ist vielleicht die erste Spekulationsblase der Geschichte, die ein mächtiges Industrieland schwer
beschädigte, ohne dass jemand überhaupt davon Notiz genommen hat. Die meisten Amerikaner wissen bis heute nicht, dass es
sie überhaupt gab. Deswegen war diese Abzocke auch so fantas-
tisch – eine Ölangebotskrise, die es nie gab.

So etwas dürfte eigentlich gar nicht vorkommen. Vor langer Zeit,
im Jahr 1936, nachdem als Wall-Street-Broker getarnte Zocker die
amerikanische Wirtschaft zerstört hatten, erließ Franklin D. Roo-
sevelts Regierung ein Gesetz für den Warenterminmarkt. Dieser
Commodity Exchange Act sollte verhindern, dass Spekulanten
den Preis für Güter des täglichen Bedarfs in die Höhe schrauben,

etwa für Weizen, Mais, Soja, Öl und Gas. Die Märkte für diese notwendigen, alltäglichen Verbrauchsgüter – die man als »Waren« oder »Rohstoffe« bezeichnet – waren in den zwanziger und dreißiger Jahren aufs schwerste manipuliert worden, meist nach unten.

Der berühmteste Fall geht auf den Wall-Street-Strippenzieher Arthur Cutten zurück, der auch als »Weizenkönig« bekannt war. Der Staat beschuldigte Cutten, seine Positionen auf dem Weizenmarkt zu verstecken, um die Preise zu manipulieren. Sein Fall landete als »Wallace vs. Cutten« vor dem Obersten Gerichtshof und bildete im Jahr 1936 die Grundlage für das neue Rohstoffmarktgesetz, das dem Staat eine starke Kontrolle an die Hand gab, um diese einzigartige Art des Handels zu überwachen.

Die Warenterminmärkte unterscheiden sich von sämtlichen anderen Märkten dadurch, dass dort zwei völlig unterschiedliche Akteure ihre Geschäfte machen. Die einen sind die Menschen, die Waren entweder produzieren oder kaufen – also beispielsweise der Weizenbauer und der Müslihersteller, der große Mengen an Getreide einkauft. Diese Marktteilnehmer werden als »Physical Hedgers« (»physische Absicherer«) bezeichnet. Der Markt dient in erster Linie dazu, die Weizenbauern und die Müslifirmen zusammenzubringen, damit sie Geschäfte machen können, ermöglicht es aber diesen Physical Hedgers auch, sich mittels Terminkontrakten (Futures) vor Marktschwankungen zu schützen.

Angenommen, Sie sind amerikanischer Müslihersteller und Ihr Geschäftsplan für das kommende Jahr hängt davon ab, dass Sie den Mais für höchstens 3 Dollar pro Scheffel kaufen. Vielleicht kostet der Mais im Moment gerade 2,90 Dollar pro Scheffel, Sie wollen sich aber vor dem Risiko schützen, dass der Preis im nächsten Jahr in die Höhe schießt. Also erwerben Sie Terminkontrakte für Mais, die Ihnen das Recht zusichern, sagen wir, in den nächsten sechs oder auch zwölf Monaten Mais für 3 Dollar pro Scheffel zu kaufen.

Wenn es nun eine furchtbare Dürre gibt und der Mais knapp und teuer wird, kann Ihnen das egal sein, weil Sie ihn für 3 Dollar bekommen, komme, was wolle. So funktioniert der Markt für Terminkontrakte.

Und es geht auch anders herum. Vielleicht bauen Sie Mais an und fürchten sich vor einer Maisschwemme im folgenden Jahr, die den Preis unter 2,50 Dollar drücken könnte. Also verkaufen Sie für die nächsten zwölf Monate Terminkontrakte für 2,90 oder 3 Dollar und frieren damit den Verkaufspreis für das nächste Jahr ein. Falls die Dürre kommt und der Preis nach oben schießt, machen Sie einen schlechten Schnitt, aber zumindest können Sie mit einem vernünftigen Preis für die Zukunft planen.

Diese Käufer und Verkäufer echter Waren sind also die Physical Hedgers. Die Regierung Roosevelt begriff jedoch, dass, damit der Markt anständig funktioniert, ein weiterer Akteur hinzukommen muss – der Spekulant. Dem Spekulanten kam nach Auffassung derer, die diesen Markt ursprünglich ausgestalteten, die Aufgabe zu sicherzustellen, dass die Physical Hedgers, die echten Akteure also, immer einen Markt vorfinden, auf dem sie ihre Produkte kaufen und/oder verkaufen können.

Stellen Sie sich nun wieder vor, Sie sind der Maisbauer, bringen aber Ihren Mais in einem Augenblick auf den Markt, in dem der Müslihersteller nichts kauft. Hier kommt der Spekulant ins Spiel. Er kauft Ihnen den Mais ab und behält ihn. Etwas später kommt die Müslifirma und will Mais kaufen, doch in diesem Moment ist kein Maisbauer da, der etwas zu verkaufen hat. Ohne den Spekulanten wären sowohl der Landwirt als auch der Müslihersteller erledigt, da sie nicht miteinander ins Geschäft kämen.

Dank dem Spekulanten jedoch läuft alles glatt. Der Maisbauer geht mit seinem Mais auf den Markt, und da sich dort gerade keine Müslihersteller tummeln, kauft ihm der Spekulant sein Erzeugnis für 2,80 Dollar pro Scheffel ab. Zehn Wochen später braucht der Müslihersteller Mais, doch es sind gerade keine Bauern auf dem Markt. Also kauft er dem Spekulanten den Mais für 3,00 Dollar pro Scheffel ab. Der Spekulant verdient etwas dabei, der Landwirt wird seinen Mais los, und das Müsliunternehmen bekommt seinen Rohstoff zu einem anständigen Preis. Alle sind glücklich.

Dieses System funktionierte etwa fünfzig Jahre lang ohne größere Probleme. Es wurde vom Staat stark reguliert, da klar war, dass der Einfluss der Spekulanten genau überwacht werden musste. Wenn man beispielsweise Spekulanten erlaubt hätte, die gesamte Maisernte aufzukaufen oder auch nur einen großen Anteil davon, so hätten sie mit Leichtigkeit den Preis manipulieren können. Daher setzte der Staat Positionslimits fest, damit der Handel auf den Rohstoffmärkten zu allen Zeiten von den Physical Hedgers beherrscht wurde und die Spekulanten eine rein funktionale Rolle am Rande spielten, sodass alles glatt verlief.

So gestaltet, entwickelten sich die Warenterminmärkte zu einer höchst nützlichen Methode, den Kassakurs für Rohstoffe festzulegen. Da Rohstoffe rund um den Erdball unter unterschiedlichsten Bedingungen hergestellt und gewonnen werden, ist die Preisfestlegung sehr anspruchsvoll und kompliziert. Doch die modernen Rohstoffmärkte vereinfachten das alles.

Hersteller von Mais, Weizen, Soja und Ölprodukten konnten sich einfach anhand der Terminkontraktkurse auf zentralisierten Rohstoffmärkten wie dem NYMEX (New York Mercantile Exchange) ein Bild davon machen, was sie für ihr Produkt verlangen können. Wenn vor allem Angebot und Nachfrage diese Terminkontraktkurse bestimmen, läuft das System fair und vernünftig. Wenn allerdings etwas anderes als Angebot und Nachfrage hereinspielt, geht es vor die Hunde – und genau das geschah im Sommer 2008.

Die Blase, die uns in jenem Sommer heimsuchte, hatte sich schon
lange aufgebaut. Es begann Anfang der achtziger Jahre, als einige
Finanzunternehmen an der Wall Street erste Anteile von Handels-
firmen erwarben, die einen Sitz an den verschiedenen Warenter-
minbörsen hatten. Einer der ersten Fälle war 1981 der Kauf der
Rohstofffirma J. Aron durch Goldman Sachs.

Einige Zeit später, Anfang der neunziger Jahre, pochten diese
Firmen leise bei der Regierung an, ob man die Sache mit den
Positionslimits nicht ein wenig lockern könne. Im Jahr 1991 bat
J. Aron, mittlerweile Tochterfirma von Goldman Sachs, die US-
Aufsichtsbehörde für den Warenterminhandel CFTC schriftlich
um eine klitzekleine Ausnahmeregelung.

Die Definition »Physical Hedgers« werde unnötig restriktiv
gehandhabt, führte J. Aron an. Natürlich habe ein Maisbauer, der
Terminkontrakte kaufe, um sich gegen das Risiko einer Maisschwemme und eines Preisverfalls zu schützen, auch einen legiti-
men Grund dafür, seine Wetten abzusichern. Immerhin sei der
Beruf des Landwirts riskant! Dem Landwirt könne alles Mögliche
passieren, wo doch die unberechenbare Natur ihre Hände im
Spiel habe! Jeder, der Getreide anbaue, nehme ein großes Risiko
auf sich, und da sei es nur richtig und natürlich, dass der Staat den
guten Leuten erlaube, Terminkontrakte zu kaufen, um das Risiko
zu senken.

Aber was, so J. Aron, war mit den Leuten von der Wall Street?
Ging es ihnen nicht genau wie den Landwirten? Gingen sie nicht
auch ein Risiko ein und lieferten sich den Launen der ökonomischen Natur aus? Immerhin trug auch ein Spekulant, der Mais
aufkaufte, ein Risiko – ein Anlagerisiko. Konnte man da, so die
Goldman-Tochterfirma, den armen Spekulanten nicht die grau-
samen Positionslimits ersparen und ihnen erlauben, Transaktionen in unbeschränkter Höhe vorzunehmen? Warum nannte man
sie überhaupt Spekulanten? Konnte J. Aron sich nicht auch als

»Physical Hedger« bezeichnen? Immerhin ging die Firma ein *echtes* Risiko ein – genau wie der Landwirt!

Am 18. Oktober 1991 schloss sich die CFTC – in Person ihrer Chefin Laurie Ferber, die vom ersten Präsidenten Bush ernannt worden war – den Argumenten J. Arons an. Ferber schrieb, sie könne nachvollziehen, dass J. Aron sein spekulatives Tun als »Sicherungsgeschäft nach Treu und Glauben« verstanden haben wolle, und erkannte, nach einer Menge juristischer Phrasen, die Argumentation an. Das war der Anfang vom Ende der Positionslimits und des Gleichgewichts zwischen Physical Hedgers und Spekulanten auf den Energiemärkten.

In den Jahren, die folgten, schickte die CFTC sechzehn ähnliche Briefe an weitere Unternehmen. Nun hatten die Spekulanten freie Bahn, den Rohstoffmarkt zu übernehmen. Im Jahr 2008 waren bereits 80 Prozent der Aktivitäten an den Börsen spekulativ, so ein Kongressmitarbeiter, der die Zahlen studiert hatte – »und das ist eine konservative Schätzung«.

Besonders faszinierend ist, dass diese Sondergenehmigungen mehr oder weniger geheim ausgesprochen wurden. »Ich war Chef der Abteilung Handel und Märkte, und Brooksley Born war Vorsitzende [der CFTC Ende der neunziger Jahre]«, sagt Michael Greenberger, heute Professor an der University of Maryland, »und keiner von uns wusste von diesem Brief.«

Die Existenz dieser Briefe wäre wohl auch nie ans Licht gekommen, wenn nicht der Zufall dazwischengefunkt hätte. Die Geschichte illustriert, wie umfassend die Macht der Spekulanten über den Staat ist.

Ein Kongressmitarbeiter, ehemaliger Referent des Energie- und Handelsausschusses, war zufällig dabei, als Vertreter der CFTC die Briefe in einer Kongressanhörung erwähnten.

»Ich war vom Landwirtschaftsausschuss zu einer Anhörung der CFTC zum Thema Energie geladen worden«, erzählt der Berater.

»Und plötzlich, mittendrin, sagen die: ›Ja, wir geben solche Aus-
nahmegenehmigungen seit Jahren heraus.‹ Da habe ich mich gemeldet und gesagt: ›Wirklich? Sie haben eine Ausnahmegenehmi-
gung erteilt? Kann ich sie sehen?‹ Und da kommt von denen nur:
›O-oh.‹

˙ Wir haben dann also immer wieder angerufen und nachge-
fragt«, fährt er fort. »Und am Ende haben sie gesagt: ›Wir müssen
das erst mit Goldman Sachs klären.‹ Und ich darauf: ›Wie meinen
Sie das, Sie müssen das mit Goldman Sachs klären?‹«

Der Referent zeigte mir einen E-Mail-Wechsel mit einem damaligen Vertreter der CFTC, der ihm erklärte, er müsse die Freigabe der Ausnahmeregelungen erst mit Goldman klären. Der
Referent schrieb:

> Ihre Weigerung, uns diesen Brief aus dem Jahr 1991, in dem es
> um Ausnahmen für Kursabsicherungen zugunsten von Swaps-
> Händlern geht, wie von uns gefordert herauszugeben, können
> wir nicht nachvollziehen.
> Bitte teilen Sie mir den Namen und das Datum dieses Brie-
> fes mit.
> Bitte erklären Sie die Haltung der CFTC zu diesem Brief.
> Wir können die Notwendigkeit einer Geheimhaltung nicht
> nachvollziehen.

Der Vertreter der CFTC schrieb zurück: »Können Sie den Leuten
ein paar Tage Zeit lassen, Ihrer Bitte nachzukommen?« Das Wort
»Leute« bezog sich in diesem Fall auf die Adressaten des Briefes,
insbesondere Goldman Sachs. Worauf der Kongressangestellte
antwortete: »Was ist an einem siebzehn Jahre alten Brief, der die
Politik Ihrer Behörde entscheidend prägte, so heikel? Ich bin verwirrt.«

Mehrere weitere, kaum bekannte Ausnahmeregelungen er-

schwerten das Problem, darunter das sogenannte Swaps-Schlupf-
loch (das es Spekulanten erlaubte, um Positionslimits herumzu-
kommen, wenn sie ihre Geschäfte über einen Swaps-Händler tä-
tigten), das Enron-Schlupfloch (das für Geschäfte an elektronischen
Börsen wie Goldmans ICE die Offenlegungspflicht und Handels-
beschränkungen abschaffte) und das London-Schlupfloch (das die
Handelsregulierungen an ausländischen Börsen lockerte, wie der
in London, an der Goldman Sachs beteiligt war). Diese Schlupflöcher waren politische und regulatorische Absurditäten, den fik-
tionalen britischen Gesetzen nicht unähnlich, die in der britischen
Fernsehsatire »Brass Eye« verspottet werden: Danach war etwa der
Verkauf gefährlicher Rauschgifte streng verboten, es sei denn, er
wurde »über einen Mandrill« getätigt ...

»Das Prinzip war lächerlich«, sagt ein anderer Kongressmitarbeiter. »Sie haben da ein Geschäft, das illegal ist, wenn man es auf
die eine Weise tätigt, aber absolut okay, wenn man es durch einen
Swap macht. Was soll daran logisch sein?«

Alle diese Schlupflöcher waren – völlig aus der Luft gegriffen
– nichts anderes als eine krasse staatliche Subventionierung dieser
wenigen Firmen wie J. Aron, die von der CFTC einen der halb
geheimen Briefe bekommen hatten. Denn diese Unternehmen
schufen ein völlig neues Anlagevehikel, einen neuen Spieltisch im
Kasino, das so konstruiert war, dass alle anderen, die mitspielen
wollten, ihnen einen Anteil abgeben mussten.

Dieses neue Anlagevehikel hieß »Indexspekulation«. Es gab
zwei wichtige Indizes, auf die Investoren wetten konnten. Einer
hieß »GSCI« oder »Goldman Sachs Commodity Index«. Der andere war der Dow Jones-AIG Commodity Index. Der S&P GSCI
umfasste traditionell etwa zwei Drittel des Indexspekulations-
markts, während der Dow-AIG das restliche Drittel abdeckte.

Oberflächlich ist das Prinzip recht einfach. Der S&P GSCI
verfolgte den Preis für 24 Waren – einige Agrarrohstoffe (Kakao,

Kaffee, Baumwolle, Zucker und so weiter), Vieh (Schweine, Rinder), Energieprodukte (Rohöl, Benzin) sowie Edelmetalle und Industriemetalle (Kupfer, Zink, Gold, Silber).

Der Anteil dieser Waren ist unterschiedlich. Der S&P GSCI hat seinen Schwerpunkt auf dem Preis des West Texas Intermediate Crude (das ist der Preis für Öl, das in den USA verkauft wird), der 36,8 Prozent des Volumens ausmacht. Weizen dagegen umfasst nur 3,1 Prozent des S&P GSCI. Wenn man also sein Geld in den S&P GSCI investiert, der Ölpreis steigt, der Weizenpreis fällt und die anderen Rohstoffe auf der Liste sich netto kaum verändern, macht man einen Gewinn.

Wer in den S&P GSCI investieren möchte, kauft monatliche Terminkontrakte für jede dieser Waren. Will man aber einfach 1000 Dollar in den S&P GSCI stecken und sie dort belassen, genau wie man es mit einem Investitionsfonds machen würde, wird es etwas komplizierter, denn dann kauft man in Wahrheit 24 verschiedene monatliche Terminkontrakte, verkauft am Ende des Monats die auslaufenden Kontrakte und kauft 24 neue. Wenn man diese Terminkontrakte nicht verkaufte, würde man tatsächlich das Öl an die Tür geliefert bekommen. Da man ja gar kein Öl braucht, sondern nur investiert, um Geld zu verdienen, verkauft man ständig Terminkontrakte und kauft neue. Das ist eine lächerlich komplizierte Methode, auf die Preise von Öl, Gas, Kakao und Kaffee zu wetten.

Diese Abfolge – die Kontrakte dieses Monats verkaufen und die des nächsten Monats kaufen – bezeichnet man als »Rollen«. Anders als Aktien, die man einfach kauft und hält, wird bei der Rohstoffinvestition im Lauf der Zeit eine Unzahl solcher kleiner Transaktionen getätigt. Deshalb kann man es auch nicht einfach allein machen: Man muss diese Transaktionen tätigen lassen, normalerweise von einer Investmentbank, die dafür, dass sie diesen Ablauf Monat für Monat regelt, Gebühren nimmt. Das wiederum geschieht meist mittels eines diabolischen Derivats namens Zinsswap. Grob gesagt funktioniert dieses grauenhaft komplexe Modell folgendermaßen:

1. Sie als Kunde nehmen einen konkreten Geldbetrag – sagen wir 1000 Dollar – und »investieren« ihn in Ihren Rohstoffindex. Diese 1000 Dollar gehen allerdings nicht direkt in den Index. Stattdessen kaufen Sie, sagen wir, für 1000 Dollar US-Bundesanleihen. Das Geld, das Sie mit diesen Anleihen verdienen, geht jeden Monat zusammen mit einer Verwaltungsgebühr an Ihre Investmentbank.
2. Ihre freundliche Investmentbank, das kann durchaus Goldman Sachs sein, nimmt das Geld und kauft eine entsprechende Anzahl von Terminkontrakten im S&P GSCI, entsprechend den Kursänderungen.
3. Wenn Sie wieder verkaufen, zahlt die Bank Ihnen zurück, was Sie investiert haben, zuzüglich der Zuwächse, die im Lauf dieser Zeit bei den Rohstoffpreisen entstanden sind.

Wenn Sie nichts anderes zu tun haben und sich wirklich in den Dschungel wagen und erfahren wollen, wie das alles funktioniert, können Sie sich gern tiefer in die Windungen der Materie stürzen. Das monatliche »Rollen« des S&P GSCI hat einen fast legendären Status erreicht – man bezeichnet ihn auch als »Goldman Roll«, und viele Leute glauben, dass Investoren, die wissen, wann und wie er funktioniert, einen unfairen Vorteil haben (besonders Goldman). Doch da ich nicht will, dass meinen Lesern der Kopf platzt, belassen wir es erst mal dabei.

Wenn man die Details jedoch weglässt, ist die Warenindexspekulation eine recht einfache Angelegenheit. Wer in Rohstoffindizes investiert, kauft in Wahrheit keinen Kakao, Benzin oder Öl, sondern wettet einfach darauf, dass die Preise für diese Produkte mit der Zeit steigen. Das kann eine kurze Zeitspanne oder eine lange sein. Aber man tut nichts anderes, als auf den Preis zu zocken.

Um das einmal aus einer anderen Warte zu erklären, richten wir – nur der Einfachheit halber – einmal den McDonaldland Menu Index (MMI) ein. Der MMI basiert auf dem Preis von elf McDonald's-Produkten, darunter der Big Mac, der Cheeseburger, der Milchshake, Pommes und der McWrap. Sagen wir, diese elf Produkte kosten am 1. November 2010 zusammen 37,90 Dollar. Nun nehmen wir an, Sie wetten am 1. November 1000 Dollar auf den McDonaldland Menu Index. Einen Monat später beträgt der Gesamtpreis dieser elf Produkte 39,72 Dollar.

Wow, das ist ein Preisanstieg um 4,8 Prozent. Da Sie am 1. November 1000 Dollar in den MMI gesteckt haben, erhalten Sie am 1. Dezember 1048 Dollar zurück. Eine gute Investition!

Nur um das klarzustellen: Sie haben keine Big Macs, Pommes und Milchshakes für 1000 Dollar erworben, sondern lediglich 1000 Dollar auf die Preisentwicklung von Big Macs, Pommes und Milchshakes gewettet.

Und hier kommt's: Wenn Sie der normale Trottel von der Straße waren und bei diesem Schwachsinn mitspielen wollten, konnten Sie es gar nicht, weil dieses spekulative Vorgehen untersagt war, und zwar nach dem alten Commodity Exchange Act von 1936, der das empfindliche Gleichgewicht zwischen Spekulant und Physical Hedger (also dem echten Produzenten oder Konsumenten) austarierte. Dasselbe galt für die riesigen Pensionsfonds oder Stiftungen, sofern sie keinen dieser magischen Briefe erhalten hatten. Selbst wenn Sie bei diesem Wahnsinn mitmischen wollten, hätten Sie es nicht geschafft, weil er dem Otto-Normalverbraucher-Spekulanten verwehrt war.

An den Spieltisch kamen Sie im Wesentlichen nur über die Ausnahmeregelung für Spekulanten, die die Regierung Goldman

Sachs und fünfzehn weiteren Unternehmen still und leise gewährt hatte.

Wenn man bei Rohstoffpreisen spekulieren wollte, musste man es über einen staatlich lizenzierten Spekulanten wie Goldman Sachs tun. Das war ein ausgemachter Betrug: Goldman und die anderen Banken höhlten nicht nur das Gesetz von 1936 aus, störten das empfindliche Gleichgewicht, das Spekulationsblasen seit Jahrzehnten verhindert hatte, und ließen damit eine Flut spekulativen Geldes auf den Markt fließen, der nicht gerüstet war, damit zurechtzukommen – nein, diese Banken sicherten sich auch noch einen exklusiven Vermittlerstatus für die nahende Flut.

Nun gab es eine Zeit, in der diese Art der »Investitionen« institutionellen Anlegern wie Stiftungen und Pensionsfonds untersagt war, die per Gesetz und Sitte eine extrem konservative Anlagestrategie verfolgten. Wer Manager eines Pensionsfonds für Ford-Mitarbeiter ist, sollte das Geld für die Rente der Leute, die ihr Leben lang unter schwersten Bedingungen in der Fabrik malocht haben, so investieren, dass auch etwas dabei herauskommt. Es sollte in Blue-Chip-Aktien gesteckt werden, in Staatsanleihen oder Sachen, die so sicher wie die Hölle sind und die man auch halten kann. Dieses Geld sollte man nicht beim Roulette auf Rot setzen dürfen.

Im Verlauf der modernen amerikanischen Wirtschaftsgeschichte wurden insbesondere Trusts, Pensionsfonds und vergleichbare Gebilde fast immer gesetzlich daran gehindert, in riskante oder spekulative Geschäfte zu investieren. Für Trusts wurde der Standard erstmals 1830 mit dem einflussreichen Prozess »Harvard College vs. Amory« vor dem Obersten Gericht von Massachusetts festgelegt, der später Grundlage für die sogenannte Prudent Man Rule wurde.

Der Harvard-Fall und die daraus hervorgehende Prudent Man

Rule legte fest, dass ein Treuhänder einem allgemeinen Branchen-standard an Sorgfalt gerecht werden muss. Er durfte nicht einfach beschließen, dass ein bestimmter Kunde eine überdurchschnittli-che Risikobereitschaft hatte, und das gesamte Trust-Portfolio in eine mexikanische Goldmine investieren. Nach der Prudent Man Rule sollte man um eine Vielzahl von Anlagearten einen großen Bogen machen, und Ölfutures gehörten sicher dazu.

Das System schien lange gut zu funktionieren, doch Anfang der neunziger Jahre war eine neue Kategorie von Ökonomen zu dem Schluss gekommen, dass die Prudent Man Rule unnötig re-striktiv sei. John Langbein, Professor in Yale, der das Gesetz mit-verfasst hatte, das schließlich die Regel auf den Kopf stellte, hatte im Gespräch mit mir nur Verachtung für den Prudent-Man-Standard übrig: »Das war so eine Art ... Standard für Witwen und Waisen«, sagte er in verächtlichem Ton.

Ich zögerte. »Was meinen Sie mit Witwen und Waisen?«, fragte ich.

»Nun, das bedeutet, dass es eine extreme Aversion gegen Ver-luste gab«, sagte er. »Man musste unglaublich viel in Anleihen und Immobilien stecken, verstehen Sie?«

Während ich noch zu begreifen versuchte, was daran so schlimm sein sollte, erzählte mir Langbein vom sogenannten Uniform Prudent Investor Act des Jahres 1994, an dem er mitge-wirkt hatte, einem Gesetz, das in der einen oder anderen Form von jedem Staat der Union übernommen wurde. Der Prudent Investor Act war eine Finanzversion des Clear Skies Act oder des Healthy Forests Restoration Act – eine weitreichende Deregulie-rung mit einem unbeschwert Orwell'schen Namen, der in Wahr-heit fast das Gegenteil von dem bedeutete, wonach er klang.

Die neue Vorschrift besagte, dass es in puncto Sorgfalt keinen für alle passenden Branchenstandard gab und dass Investmentun-ternehmen nicht nur erlaubt wurde, in bestimmte Anlageklassen

zu investieren, sondern dass sie sogar dazu angehalten wurden, so
weit wie möglich zu diversifizieren.

»Diversifizierung wurde zu einer Verpflichtung« des Fondsma-
nagers, sagte Langbein stolz und fügte hinzu: »Sämtliche katego-
rischen Verbote bestimmter Anlagetypen wurden abgeschafft.«

Diese gesetzgeberische Revolution für institutionelle Anlagen
auf Bundesstaatsebene fiel zusammen mit ähnlichen Schritten auf
Bundesebene – unter anderem mehrere wiederum sehr stille Re-
geländerungen durch die Aufsichtsbehörde CFTC im Jahr 2003,
die es Pensionsfonds (die nicht von den Bundesstaaten, sondern
von der Bundesregierung reguliert werden) erstmals erlaubte,
unter anderem in Warenterminkontrakte zu investieren. Musste
man zuvor für den Handel mit Rohstoffen akkreditiert sein, so
gab es nun alle möglichen Wege, auf denen man von außen auf
den Markt kam.

Mit der neuen Interpretation der Sorgfaltspflicht – nach der
institutionelle Investoren nicht nur in andere Anlageformen diversifizieren durften, sondern es sogar sollten oder mussten –
schwemmte auch unglaublich viel Geld in den Warenterminmarkt.

»Es gab einmal eine Zeit, da musste man als Investor akkreditiert sein, und Warentermingeschäfte galten nicht als Anlageklas-
se«, sagt Pat McHugh, der mit Erdgas-Terminkontrakten handelt
und die Änderungen des Marktes seit mehr als zwanzig Jahren
beobachtet. »Plötzlich waren Rohstoffe ein absolutes Muss.«

Nach diesen Gesetzesänderungen waren die gewaltigen Geldmengen in Fonds wie CalPERS, dem Pensionsfonds für Angestellte des öffentlichen Dienstes in Kalifornien, und anderen
staatlichen Rentenfonds Freiwild für Berater aus Banken wie
Goldman Sachs, die in dieser aufregenden neuen Anlagekategorie
eine Möglichkeit sahen, der »gewaltigen Pflicht« nachzukommen,
wie der Yale-Professor Langbein es ausgedrückt hatte, »breit zu

diversifizieren«. Die Fonds wurden meist von schlechtbezahlten mittleren Angestellten der Bundesstaaten geleitet. Diese litten, was Finanzen anging, unter einem enormen Penisneid und waren daher extrem zugänglich für die hanebüchenen Verkaufsmaschen der Wall-Street-Senkrechtstarter, die sie selbst insgeheim gern sein wollten.

Als ich von Langbein wissen wollte, wie es dazu kam, dass Ende des letzten Jahrzehnts so viele institutionelle Anleger gigantische Geldmengen in den Warenterminmarkt steckten, warf er sofort ein, dass eine solche Investition nicht für jeden geeignet sei. »Nur weil es nicht verboten ist, heißt das noch lange nicht, dass es für jeden vernünftig ist, in Ölfutures zu investieren«, sagte er. »Denn die sind starken Schwankungen unterworfen.«

Nun, sagte ich, da sie so starken Schwankungen unterworfen sind, in welcher Situation wäre es denn für einen Trust – der ja besonders sicher sein soll – vernünftig, in Ölterminkontrakte zu investieren?

»Na ja, äh …«, setzte er an. »Sagen wir … na ja, nehmen wir mal an, der Trust hat Grundbesitz im Portfolio, auf dem sich Öl befindet, Grundbesitz, dessen Wert mit dem Ölpreis schwankt. In dem Fall könnte man Ölfutures als Absicherung erwerben.«

Klingt ganz danach, als sei es diese extrem verbreitete Konstellation wert, sämtliche Regelwerke umzuschreiben.

Die Anlage in einen Rohstoffindex hatte jedoch noch einen anderen Vorteil. Es war so etwa die letzte Investition im institutionellen Anlagemenü, das die Wall Street noch nicht vollständig gegen die Wand gefahren hatte. Bis Mitte oder Ende des vergangenen Jahrzehnts waren der Aktienmarkt, der Privatkundenkreditmarkt und der Häusermarkt spektakulär implodiert oder standen kurz davor. Die gewaltigen Geldreservoirs mussten irgendwohin, und das Schlüsselwort, das jeder hören wollte nach all den Katastrophen, lautete »Sicherheit«. Das zweite Wort war

»Qualität«. Und zur Hölle nochmal, was war solider als Öl? Oder Zucker? Oder Weizen?

Das war die Sachlage. Und Mitte des letzten Jahrzehnts packten die Banken die Aufgabe beherzt an.

»Die Anlage in Indizes ist auf dem Wertpapiermarkt schon lange beliebt«, schrieb ein aufgeräumter Will Acworth im Mai 2005 in der Zeitschrift *Futures Industry.* »Nun kommt sie auch in der Welt der Termingeschäfte in Mode und erschließt den Rohstoffterminkontrakten eine völlig neue Quelle an Liquidität.«

Das sagt Ihnen wahrscheinlich jetzt nicht viel und hätte Ihnen auch 2005 nicht viel gesagt. Doch denen, die die großen Geldpools dieser Welt verwalteten, sagte es damals sehr viel – den Pensionsfonds, den Gewerkschaftsfonds und den Staatsfonds, jenen gigantischen quasiprivaten Geldpools ausländischer Potentaten, meist aus Staaten des Nahen Ostens, die etwas mit ihren Ölgewinnen anfangen wollten. Sie begriffen, dass ihnen ein neuer Ort für ihr Geld angeboten wurde. Ein sicherer Ort. Ein profitabler Ort.

Und schließlich ist es auch eine super Idee, auf etwas zu wetten, auf das die Menschen angewiesen sind – zum Beispiel auf Nahrung, Benzin und Öl. Gibt es etwas Sichereres? Als würden die Leute in den USA aufhören, Benzin zu kaufen! Oder Weizen! Zum Teufel, wir sind in Amerika! Die blöden Wichser stopfen doch bestimmt noch die nächsten zehn Jahrhunderte tonnenweise Pasta und Muffins in sich hinein! Man braucht sich ja nur die Ärsche anzusehen, mit denen die Leute hierzulande durch die Gegend walzen. Bring denen mal bei, mit weniger Weizen, Zucker und Mais auszukommen!

Das zumindest erklärte Goldman Sachs im Jahr 2005 seinen institutionellen Anlegern in einer Broschüre mit dem Titel *Anlage und Handel im Goldman Sachs Rohstoffindex,* die überwiegend an

Pensionsfonds und dergleichen herausgegeben wurde. Mit Waren wie Öl und Gas, so Goldman, würden die Investoren »aktienähnliche Gewinne« einfahren und gleichzeitig die Portfolios diversifizieren und somit das Risiko herabsetzen. Diese Anleger wurden ermutigt, eine »breit diversifizierte, passive Long-only-Anlage«, die also nur auf steigende Preise setzte, in Rohstoffindizes zu tätigen.

Doch mit dieser Denkweise waren mehrere schwerwiegende Probleme verbunden – zum Beispiel die Vorstellung, dass es sich lohne, langfristig in den Preis für Öl, Gas, Weizen und Soja zu investieren, wie man in Aktien investiert.

Zum einen störte es grundlegend das im Gesetz von 1936 anvisierte heikle Gleichgewicht zwischen Physical Hedger und Spekulant, dass man nun Geld aus Pensionsfonds langfristig in den Rohstoffmarkt steckte. Der Spekulant war schließlich, das sollte man nicht vergessen, dazu da, den Händlern auf beiden Seiten zu helfen. Er sollte dem Produzenten den Mais abkaufen, falls der Müslihersteller an diesem Tag nichts kaufte, und es dem Müslihersteller verkaufen, wenn der Landwirt wegen Schädlingen oder Trockenheit oder was auch immer keine Ernte einfuhr. In der Sprache des Marktes war er dazu da, »Liquidität bereitzustellen«. Wenn er etwas nicht tun sollte, dann, riesige Maismengen zu kaufen und zwanzig Jahre darauf zu hocken. Damit stellte er keine Liquidität her. Es war das genaue Gegenteil. Er hortete die Ware.

Wenn ein Investmentbanker einen Pensionsfonds bequatscht, auf den Rohstoffmärkten zu investieren, so tut dieser das für gewöhnlich nicht auf kurze Sicht. »Pensionsfonds und andere institutionelle Anleger planen für extrem lange Zeiträume«, sagt Mike Masters von Masters Capital Management, der seit Jahren vor der Rohstoffspekulation warnt. Er verweist darauf, dass die Durchschnittslaufzeit eines Portfolios bei einem Pensionsfonds etwa der Anzahl der Jahre entspricht, die ein Angestellter durchschnittlich noch bis zur Rente hat. »Das können zwanzig Jahre oder mehr sein«, sagt Masters.

Das andere Problem mit der Indexinvestition liegt darin, dass sie *long only* ist, also ausschließlich auf steigende Preise setzt. Auf dem Aktienmarkt tummeln sich Leute, die sowohl für als auch gegen Aktien wetten. Doch auf dem Rohstoffmarkt investiert niemand in sinkende Preise. »Indexspekulanten streben alle in eine Richtung – nach oben –, und zwar mit aller Kraft«, sagt Masters. Das bedeutet, dass sie die Preise auch nur in eine Richtung drücken: nach oben.

Das andere Problem mit Indexanlagen liegt darin, dass sie tonnenweise Geld auf einen Markt schwemmen, auf dem die Menschen traditionell extrem empfindlich auf den Preis einzelner Waren reagieren. Wenn man zehn Kakaobauern und zehn Schokoladenfabrikanten hat, die für insgesamt eine halbe Million Dollar kaufen und verkaufen, erhält man einen ziemlich präzisen Preis für Kakao. Doch wenn nun zu dem Geld dieser zwanzig echten Händler noch einmal 10 Millionen Dollar von Indexspekulanten hinzukommen, dann wird das ganze Geschäft verzerrt. Denn den Spekulanten ist es piepegal, wie hoch der Preis ist. Sie wollen nur Kakaokontrakte für 10 Millionen Dollar kaufen und zusehen, wie der Preis steigt.

Um ein Beispiel anzuführen, das Masters gern nennt: Stellen Sie sich vor, jemand taucht regelmäßig in Autohäusern auf und will Autos für 500 000 Dollar kaufen. Diesem mysteriösen Typen ist es völlig egal, wie viele Autos er kauft – Hauptsache, er bekommt etwas für seine halbe Million. Irgendwann wird ihm ein Autohändler ein Auto für 500 000 Dollar verkaufen. Wenn genügend solcher Leute die Autohäuser frequentieren, wird der Automarkt ziemlich rasch zu einer grotesken Angelegenheit. Die Leute, die ein Auto suchen, das sie tatsächlich fahren wollen, werden bald mit dem hohen Preis am Markt nicht mehr mithalten können.

Dazu noch eine interessante Randbemerkung: Wenn Sie logisch darüber nachdenken, werden Sie kaum Gründe dafür finden, warum überhaupt jemand in steigende Rohstoffpreise investieren will. Mit einer ständig verbesserten Technik ist es wahrscheinlich, dass die Kosten für die Ernte und den Transport von Waren wie Weizen oder Mais im Lauf der Zeit sinken oder zumindest die Inflationsrate nicht übersteigen. Es gibt kaum gute Gründe dafür anzunehmen, dass der Preis weitverbreiteter Waren steigt – und ganz sicher ist kaum zu erwarten, dass der Preis für 24 verschiedene Rohstoffe in einer bestimmten Zeitspanne stärker steigt als die Inflation.

Das Geld der Indexspekulanten, das in die Rohstoffmärkte strömt, lässt also die Preise steigen. Auf den Aktienmärkten, wo sowohl für als auch gegen Aktien gewettet wird (*long* und *short*), wäre das wahrscheinlich eine gute Sache. Doch auf dem Rohstoffmarkt – auf dem mit dem spekulativen Geld fast ausschließlich auf *long* gewettet wird, also auf steigende Preise – ist das alles andere als gut, es sei denn, man ist einer der Spekulanten. Doch das ist eher unwahrscheinlich. Wahrscheinlich sind Sie eher jemand wie Priscilla Carillo oder Robert Lukens, die sich mit einem plötzlichen Preisanstieg herumschlagen müssen und keine Ahnung haben, warum.

»Es ist eine Sache, die Leute dazu zu bringen, in IBM oder so etwas zu investieren«, sagt McHugh. »Aber Weizen, Mais und Soja: Das wirkt sich konkret auf das Leben von Menschen aus.«

Doch von 2003 bis Juli 2008, dem Monat, in dem Priscilla in ihr Auto umzog, stieg die Summe, die in Rohstoffindizes investiert wurde, von 13 auf 310 Milliarden Dollar, das ist beinah eine Zunahme um den Faktor 25 im Lauf von knapp fünf Jahren.

Durch einen wunderbaren Zufall stieg in diesem Zeitraum der Preis für alle 25 Rohstoffe, die auf den Indizes S&P GSCI und Dow-AIG vertreten waren, stark an. Nicht ein paar und auch nicht nur in der Summe, sondern allesamt sowohl einzeln als auch zusammengerechnet. Der Preisanstieg betrug durchschnittlich 200 Prozent. Bei keinem einzigen dieser Rohstoffe sank der Preis. Was für außergewöhnlich glückliche Zeiten für Investoren!

In und um die Wall Street hatte niemand Zweifel daran, was dahintersteckte. Jeder wusste, dass der Preisanstieg bei Rohstoffen mit der neuen Flut von Investorengeld zu tun hatte. Citigroup bezeichnete das im April 2008 als »Flutwelle von Fondsgeldern«. Greenwich Associates schrieb einen Monat später: »Die Ankunft neuer Finanz- oder Spekulationsanleger auf den globalen Rohstoffmärkten befeuert dramatische Preissteigerungen.«

Und der führende Ölanalyst bei Goldman Sachs gab im Mai 2008 unter der Hand zu, dass »die wachsenden Kapitalströme, die aus Fonds auf den Rohstoffmarkt drängen, die Preise ohne Frage in die Höhe getrieben haben«.

Eines wissen wir sicher: Die Preissteigerungen hatten nichts mit Angebot und Nachfrage zu tun. Das Angebot war beim Öl so hoch wie nie zuvor, während die Nachfrage zurückging. Im April 2008 erklärte der OPEC-Generalsekretär, der Libyer Abdalla El-Badri, rundheraus, dass »es genug Öl auf dem Markt gibt und der hohe Ölpreis nicht Folge einer Rohölknappheit ist«. Die Energy Information Administration, das Amt für Energiestatistik, im Energieministerium teilte diese Meinung. Ihre Daten wiesen nach, dass vom ersten zum zweiten Quartal jenes Jahres das weltweite Ölangebot von 85,3 Millionen auf 85,6 Millionen Barrel pro Tag gestiegen und die Nachfrage weltweit von 86,4 Millionen auf 85,2 Millionen Barrel pro Tag gesunken war.

Und nicht nur das: Wer sich in der Branche auskannte, wusste, dass das Ölangebot weltweit zunehmen würde. Zwei neue Ölfelder in Saudi-Arabien und ein weiteres in Brasilien standen kurz davor, Hunderttausende weiterer Barrel pro Tag auf den Markt zu spülen. Fadel Gheit, Analyst bei Oppenheimer, der sich vor dem

Kongress in dieser Sache äußerte, hatte nach eigener Aussage im Jahr 2005 im persönlichen Gespräch mit dem OPEC-General-sekretär erfahren, dass der Ölpreis aus einem einfachen Grund steigen musste, nämlich wegen gestiegener Sicherheitskosten.

»Er sagte, wenn man an all die Unruhen im Irak und in der Region denke ... Überlegen Sie mal: Kein einziger unserer Tanker wurde überfallen, obwohl jeden Tag Hunderte davon unterwegs sind. Das kostet Geld, sagte er. Eine Menge Geld.«

Daher, so Gheit, habe es die OPEC für legitim gehalten, den Ölpreis zu erhöhen. *Auf 45 Dollar pro Barrel!* Auf der Höhe des Rohstoffbooms wurde das Öl aber zum dreifachen Preis gehan-delt.

»Ich meine, das Öl hätte nicht bei 60 Dollar, geschweige denn bei 140 Dollar liegen dürfen«, sagt Gheit.

Deshalb bildeten sich an den Tankstellen auch keine Schlan-gen, deshalb gab es keinerlei sichtbare Hinweise auf eine Knapp-heit. Entgegen dem, was uns sowohl Barack Obama als auch John McCain weismachen wollten, gab es in Wahrheit keinen Benzin-mangel. Mit dem Ölangebot war alles in Ordnung.

Doch ungeachtet dessen, was die Wall-Street-Akteure unter vorgehaltener Hand redeten – ihre Botschaft an mögliche Inves-toren klang völlig anders. Das gilt bis heute. Banken wie Goldman Sachs überredeten immer neue Anleger, in die Rohstoffmärkte zu investieren, indem sie darauf verwiesen, dass es im weltweiten Ölangebot zu erheblichen Störungen kommen werde, die den Ölpreis in die Höhe treiben würden. Anfang 2008 sagte Arjun Murti, leitender Ölanalyst bei Goldman Sachs und von der *New York Times* als »Ölorakel« tituliert, eine »Superspitze« beim Öl-preis voraus und warnte vor einem Preisanstieg auf 200 Dollar pro Barrel.

Obwohl es absolut keine Hinweise auf eine steigende Nachfra-ge oder ein sinkendes Angebot gab, warnte Murti unermüdlich vor Störungen in der globalen Ölversorgung und erklärte fernsehöffentlich, dass er zwei Hybridautos besitze, nicht ohne mit völlig unbewegter Miene hinzuzufügen: »Eine der größten Herausforderungen, vor denen unser Land steht, ist seine Abhängigkeit vom Öl.«

Damit führte er ein Thema fort, auf dem Goldman seit Jahren herumgeritten war, dass nämlich am hohen Preis die Verschwendungssucht der amerikanischen Verbraucher schuld sei. Im Jahr 2005 hatte ein Goldman-Analyst sogar behauptet, dass der Ölpreis überhaupt erst fallen werde, wenn »amerikanische Konsumenten aufhörten, spritfressende SUVs zu kaufen, und stattdessen kraftstoffsparende Alternativen wählen«.

»Alles, was Goldman zusammenlog oder prophezeite, ist eingetreten«, sagt Gheit. »[Goldman und Morgan Stanley] haben die Preise nach oben getrieben.«

All diese Faktoren trugen zum historischen Benzinpreisschub des Sommers 2008 bei. Die Presse schrieb die Problematik, falls sie sich der Sache überhaupt annahm, einem Sammelsurium aus normalen wirtschaftlichen Faktoren zu. Am häufigsten wurde als Schuldiger der unzuverlässige Dollarkurs ausgemacht (nervöse Investoren, die ihr Vermögen nicht in US-Dollar anlegen wollten, verschoben es einigen Journalisten zufolge lieber in Rohstoffe) oder auch die zunehmende globale Nachfrage nach Öl, die von der boomenden chinesischen Wirtschaft verursacht wurde.

Beide Faktoren spielten eine Rolle. Doch keiner wog schwerer als der enorme spekulative Geldstrom, der sich in den Warenterminmarkt ergoss.

Dies belegen auch Berechnungen des US-Energieministeriums. Ja, es stimmte, dass China jedes Jahr mehr Öl verbrauchte. Die Statistik zeigt, dass der chinesische Ölhunger mit der Zeit tatsächlich zunahm (siehe folgende Tabelle).

Jahr	Verbrauch (Barrel pro Jahr)
2002	1 883 660 777
2003	2 036 010 338
2004	2 349 681 577
2005	2 452 800 000
2006	2 654 750 989
2007	2 803 010 200
2008	2 948 835 000

Wenn man die Zunahme zwischen den einzelnen Jahren zusammenrechnet, also die Gesamtsteigerung des chinesischen Ölverbrauchs im Verlauf der fünfeinhalb Jahre zwischen Anfang 2003 und Mitte 2008 errechnet, so ergibt sich eine Steigerung von knapp 1 Milliarde Barrel – genau gesagt sind es 992 261 824.

Im selben Zeitraum nahm jedoch die Spekulationssumme in den Indizes, die in die Warenmärkte für Erdölprodukte schwemmte, um fast denselben Betrag zu: Spekulanten kauften der CFTC zufolge 918 966 932 Barrel Öl.

In den amerikanischen Medien kam das als Ursache für die Ölpreissteigerung so gut wie nicht zur Sprache. Damals konzentrierte man sich auf wichtigere Dinge, etwa die geografische Nähe zwischen Bill Ayers und Barack Obama oder die Frage, ob Geraldine Ferraro rassistisch oder einfach nur bescheuert war, als sie behauptete, Obama würde die Nominierung nicht für sich entscheiden, »wenn er ein Weißer wäre«.

Ich war dabei und habe den Wahlkampf begleitet, und ich erinnere mich noch an reichlich hochgeputschte Feindseligkeit zwischen Arbeiter-Demokraten (die Hillary unterstützten) und Yuppie-Demokraten (die Obama unterstützten), an blanke Wut

aufseiten der weiblichen Hillary-Anhänger (auf einer Wahlveran-
staltung für Hillary Clinton in Washington beobachtete ich, wie
zwei Frauen einem Mädchen ein Obama-Schild entrissen und sie
als »Verräterin« beschimpften) und überhaupt eine Menge Wirbel
um alle möglichen Aufreger, die, im Rückblick betrachtet, völlig
absurd waren.

Während das Land über Reverend Wright und Superdelegierte
diskutierte, berichteten die Medien merkwürdig unspezifisch und
wenig erhellend über den explodierenden Benzinpreis. In der *New
York Times* erschien einer der ersten Artikel über die Preissteige-
rung, die explizit der »globalen Ölnachfrage« zugeschrieben wurde, die »den Preis gnadenlos nach oben treibt«. Das war Ende
Februar 2008, als der Ölpreis das damalige Rekordhoch von
100,88 Dollar pro Barrel erreichte.

In einem CNN-Bericht unter dem Titel »Benzinpreisanstieg
hat gerade erst begonnen« erfuhren wir im März 2008 die Ursache, nämlich, dass so etwas zwischen Winter und Sommer eben
geschieht:

> In dieser Jahreszeit steigt der Benzinpreis fast immer. Mehrere
> Faktoren tragen dazu bei: geringe Raffinerieleistung wegen
> Reparaturarbeiten, der Übergang von der Wintermischung zur
> teureren Sommermischung und die bevorstehende hohe Nach-
> frage im Sommer.

Die Politiker fanden für die Preissteigerungen alle möglichen
Erklärungen – die lächerlichste lieferte vielleicht Senator Mitch
McConnell aus Kentucky, der die Teuerung einer von seinem
politischen Gegner Bruce Lunsford dreißig Jahre zuvor eingeführ-
ten Benzinsteuer zuschrieb, die prozentual mit dem Ölpreis stieg.

Im späten Frühjahr und im Frühsommer häuften sich die Berichte über die Benzinteuerung, doch oft wurde ein Grund für die

Preisentwicklung nicht genannt. Meist hieß es schlicht, die hohen Preise würden durch einen zu hohen Verbrauch herbeigeführt, und die Amerikaner müssten ihre Gewohnheiten ändern, wenn sie die hohen Kosten überleben wollten.

Als das Benzin im Mai auf über 4 Dollar pro Gallone stieg, erschien in der Zeitung *USA Today* ein Bericht unter dem Titel »Benzinpreis erschüttert Amerikaner«, in dem es um die ernüchternde – vielleicht sogar positive – Wirkung ging, die ein hoher Preis auf die nationale Psyche hat:

> Die 4-Dollar-Marke, verstärkt durch die schwächelnde Wirtschaft, könne ein Wendepunkt sein, der die Menschen zu einer dauerhaften Änderung ihres Lebensstils bewege. Das werde die Abhängigkeit von ausländischem Öl senken und der Umwelt zugutekommen, so Steve Reich, Programmdirektor am Center for Urban Transportation Research an der Universität von Südflorida.
>
> »Das ist eine stärkere Verhaltensänderung, als ich sie bei anderen Benzinpreisschwankungen erlebt habe«, sagt er. »Die Menschen beginnen zu verstehen, dass man diese Ressource … nicht als gegeben voraussetzen oder verschwenden darf.«

Es ist nichts Neues, wenn die politische Presse in Amerika etwas falsch versteht, insbesondere wenn es um Finanzen geht. An der Benzinpreisgeschichte war allerdings einmalig, dass es sich um ein Thema handelte, das praktisch jeden in diesem Lande unmittelbar betraf, das von beiden Parteien und den Meinungsforschern mitten in einem Präsidentschaftswahljahr hitzig debattiert wurde – und trotzdem findet man, so intensiv man auch sucht, so gut wie keinen Hinweis darauf, dass die neuen Geldströme im Rohstoffindex möglicherweise für die Krise verantwortlich waren.

Auch auf dem Kapitolshügel in Washington war das praktisch

kein Thema. Mehrere Kongressausschüsse veranstalteten Anhörungen zu den hohen Benzinpreisen, darunter das Homeland Security and Governmental Affairs Committee und das House Agriculture Subcommittee on General Farm Commodities and Risk Management. Bei diesen Anhörungen gab es durchaus Stimmen, etwa Mike Masters und Fadel Gheit, die auf die wahren Ursachen für die Krise hinwiesen, doch die Schlagzeilen folgten meist den Aussagen des CFTC-Chefökonomen Jeffrey Harris, dem zufolge das Problem durch Angebot und Nachfrage zu erklären sei.

In einer schriftlichen Aussage vor beiden Ausschüssen im Mai 2008 verwarf Harris überzeugend die Möglichkeit, dass Spekulanten etwas mit den hohen Preisen zu tun hatten.

»Die Datenmodellierung und die Analysen, die wir bislang vorgenommen haben, geben kaum Anhaltspunkte dafür, dass die Preise von Spekulanten auf diesen Märkten systematisch nach oben getrieben werden«, sagte er. »Vereinfacht ausgedrückt: Die wirtschaftlichen Daten zeigen, dass das Preisniveau im Großen und Ganzen ... von einflussreichen und fundamentalen ökonomischen Kräften und von den Gesetzen von Angebot und Nachfrage nach oben getrieben wird.« Als Beweis für die »fundamentalen Kräfte« führte er die gestiegene Nachfrage in aufstrebenden Märkten an, ein Angebotsrückgang aufgrund von »Wetter- und geopolitischen Ereignissen« sowie einen geschwächten Dollar.

Der in dieser Frage wichtigste Ökonom der Regierung schob den hohen Ölpreis dem *Wetter* zu!

Harris war offenbar dermaßen entschlossen, jeden Hinweis auf einen Einfluss der Spekulanten aus der Anhörung herauszuhalten, dass er zumindest einen Zeugen dazu bringen wollte, seine Aussage zu überdenken.

»Der Typ hat versucht, mich in die Tasche zu stecken«, sagt Gheit, der die Sache noch immer nicht ganz glauben kann. Er berichtet von einem grotesken Telefongespräch. Harris hatte den Oppenheimer-Analysten angerufen, das Telefon auf laut gestellt, damit ein Kollege mithören konnte, und Gheit dann erklärt, es gebe keinen Beweis dafür, dass Spekulation an der Krise beteiligt sei, und Gheit möge das doch bedenken, ehe er seine Aussage mache.

Gheit, der zunächst sogar dachte, der Anruf komme von einem Mitarbeiter Senator Carl Levins, fragte sich, was zum Teufel da los war. »Ich habe gesagt: ›Auf wessen Seite sind Sie eigentlich?‹« Im Verlauf des Telefongesprächs erwog Gheit dann weitere Möglichkeiten. »Ich war mir sicher, dass es jemand von Goldman Sachs oder Morgan Stanley war. So grotesk war das alles.«

Es sollte ein ganzes Jahr dauern, ehe die CFTC unter der Regierung Obama zugab, dass Harris' Analyse auf »extrem fehlerhaften Daten« basierte und dass Spekulanten in der Krise eine erhebliche Rolle gespielt hatten.

Doch da war nicht mehr aufzuhalten, was im Jahr 2008 geschah. Der Ölpreis explodierte und landete im Juli 2008 beim unglaublichen Preis von 149 Dollar pro Barrel. Die anderen Rohstoffe auf den verschiedenen Indizes nahm er mit. Mit den Energiepreisen schossen die Nahrungsmittelpreise in die Höhe. Schätzungen internationaler Hilfsorganisationen zufolge – Schätzungen, die übrigens nicht die Rohstoffspekulation für die Problematik verantwortlich machten – reihten sich in jenem Sommer wegen steigender Nahrungsmittelpreise weltweit hundert Millionen Menschen in die Riege der Hungernden ein.

Dann geschah, was geschehen musste, und die ganze Sache flog in die Luft. Die Blase platzte, und die Ölpreise gingen gemeinsam mit den anderen Rohstoffpreisen in den Sturzflug über. Im Dezember wurde das Öl mit 33 Dollar pro Barrel gehandelt.

Und dann begann alles wieder von vorn.

Die Ölblase, die mitten in einen erhitzten Präsidentschaftswahlkampf fiel, war ein Paradebeispiel dafür, dass die US-Wahlkampf-
politik und die Wachhunde in den Medien nicht einmal in der
Lage sind, die eklatantesten Notlagen anzupacken.

Da sich in diesem System das Wahlvolk in zwei Sippen aufteilt,
die einander spinnefeind sind und zudem fest entschlossen, den
jeweils anderen die Schuld für sämtliche Probleme des Landes
anzuhängen, bringt man nur schwer jemanden dazu, sich mit einem Problem zu befassen, für das weder die eine noch die andere
Gruppe verantwortlich ist. Darüber hinaus ist es ein Kinderspiel,
einer der Gruppen oder auch beiden den Schwarzen Peter zuzuschieben, wenn man weiß, wie es geht – und das ist in diesem Fall
immer wieder passiert.

Während des Ölpreisschubs übernahmen die Amerikaner beinah kritiklos die Behauptung, dass sie sich ihre Probleme selbst
zuzuschreiben hatten, und zwar ihrem übermäßigen Ölverbrauch.
Das war eine Version der Geschichte, die bei beiden großen Wählergruppen auf völlig unterschiedliche Art einen Nerv traf.

Der Linken sagte sie sowieso zu, denn sie betrachtete aus völlig
logischen Beweggründen heraus die Abhängigkeit der Amerikaner
vom Erdöl als großes Übel und hatte deshalb bereits fünf lange
Jahre gegen die Invasion in den Irak protestiert, weil sie vom unersättlichen Öldurst unserer politischen Elite motiviert gewesen
sei.

Für die Progressiven saß der Ölverbrauch sogar im Kern zweier
zentraler Protestthemen: der räuberische Militarismus der USA
und ihre Unverantwortlichkeit in Umweltfragen. Amerika war
aus dem Kyoto-Protokoll ausgeschert. Aufgrund unseres Ölhun-
gers hatten wir Diktatoren in Saudi-Arabien, Kuwait und (früher
einmal) Iran unterstützt und in Erdölstaaten wie dem Irak und
Venezuela Regierungen zu Fall gebracht oder es zumindest probiert.

Wichtiger noch: Amerika war das Geburtsland des SUV, Symbol für das Böse und die Ölverschwendung in den USA, dessen praktisch kompaktes Äußeres alle Kritikpunkte der amerikanischen Progressiven in sich vereinte. Er hatte etwas vage Militärisches an sich (der Privat-Hummer war ein modifiziertes Militärfahrzeug). Gefahren wurde er von fettärschigen Konservativen, den reichen weißen Fatzkes mit ihren großen Familien, die über Umweltschutz offen die Nase rümpften – man denke nur an die Aufkleber, die oft auf den größten SUVs zu sehen waren und die da lauteten: »Ich gebe meinen SUV auf, wenn Al Gore seine Limousine aufgibt«, »Hybridautos sind etwas für Weicheier« oder »Mein SUV schlägt deinen Prius mit links«.

Dieser letztgenannte Sticker schmerzte besonders empfindlich, denn so, wie es für einen Konservativen eine politische Aussage war, wenn er mit seiner großen Spritschleuder von SUV unterwegs war, so konnten Progressive mit dem Hybridauto die Dinge »beeinflussen«, die ihnen wichtig waren. Der politische Aktivist Robert Lind aus San Francisco hatte Anfang des Jahrzehnts SUV-Gegner und Fahrer spritsparender Modelle dazu aufgefordert, einen Aufkleber herunterzuladen, auf dem es hieß: »Ich ändere das Klima! Willst du wissen, wie?« Seinem Beispiel folgte das Evangelical Environment Network, dessen Kampagne mit dem Aufkleber »Was würde Jesus fahren?« im Jahr 2002 eine »Sixty-Minutes«-Reportage zur Anti-SUV-Bewegung nach sich zog.

Kurz gesagt: Die Behauptung, dass die Amerikaner zu viel Öl verbrauchten, hatte unter den amerikanischen Progressiven enorme Zugkraft, wohl auch, weil sie zufällig stimmte.

Deshalb fiel es nicht weiter schwer, den Wählern der Demokraten die Erklärung zu verkaufen, dass der Ölpreisschub mit dem übermäßigen Verbrauch zusammenhing. Da die Frage des Konsums für diese Wähler eine große symbolische Bedeutung hatte, machten die Präsidentschaftskandidaten in ihren Reden, in denen es vordergründig um den Ölpreis ging, vage Andeutungen zum Konsum, ohne dies natürlich mit spezifischen politischen Maßnahmen zu verknüpfen. Als Obama im Mai 2008, mitten in der Ölblase, in Oregon auftrat, erwähnte er gezielt die SUVs, wie ich es in jenem Sommer immer wieder erlebte: »Wir können nicht weiter SUVs fahren, essen, soviel wir wollen, und unser Haus ständig auf 22 Grad heizen«, lautete einer seiner Lieblingssätze.

Damit erntete er stets Applaus, und mir schien es offensichtlich, dass es ein wütender Applaus war, Applaus, der sich gegen die »andere Seite« richtete, die so viel konsumierte, wie sie wollte, und meinte, ein Prius sei was für Weicheier.

Die Konservativen kauften ihren Kandidaten unterdessen die Version von der Angebotsproblematik ab, weil sie nahtlos in ihre Überzeugung passte, dass Behörden, Ökofreaks und die OPEC dem Kapitalismus ständig dazwischenfunken. Ein Ölpreisschub aufgrund von Engpässen rechtfertigte die Invasion in den Irak und schob den Umweltschützern die Schuld zu, weil sie die Ölförderung im Alaska National Wildlife Refuge und auf dem äußeren Kontinentalschelf verhinderten und nicht besser waren als die anderen Schwachköpfe, die auf dem Altar einer Tupfeneule amerikanische Jobs opferten.

Die SUVs, deren Aufkleber einst das Auto selbst gerechtfertigt hatten, wurden im Sommer 2008 mit neuen Stickern beklebt, die das Recht ihrer Besitzer auf Konsum zum Protestthema erhoben. »Bohrt hier, bohrt jetzt!«, lautete ein Spruch, der in jenem Sommer häufig zu lesen war.

Das hat besonderes Gewicht, weil die neue Obama-Regierung an dem Problem der Indexspekulation wenig änderte. Die Öffentlichkeit wurde nie darauf aufmerksam gemacht, jedenfalls nicht ernsthaft. Als Obama Gary Gensler, einst in leitender Position bei Goldman Sachs und später Stellvertreter des Finanzministers Bob Rubin, der die Deregulierung des Derivatenmarktes

im Jahr 2000 mit vorbereitete,[21] zum neuen Chef der Aufsichtsbehörde für den Warenterminhandel CFTC ernannte, zuckte
kaum noch jemand mit der Wimper.

Für Insider und Branchenexperten war das natürlich eine
spannende Nachricht. Gheit vergleicht den Schachzug, Gensler
an die Spitze der CFTC zu setzen, mit der Entscheidung, »einen
ehemaligen Verfechter der Legalisierung von Drogen zum staatlichen Drogenbeauftragten zu ernennen«. Doch in Amerika interessiert sich niemand mehr für Experten. Im Gegenteil, man hasst
sie. Wenn sich eine Geschichte nicht innerhalb von höchstens
zehn Sekunden in den Kulturkrieg einordnen lässt, ist sie tot.

Genau das geschah mit der Problematik des Spekulantentums.
Obwohl die CFTC im August 2008 endlich zugab, dass die Spekulation ein ernstes Thema sei, und Gensler selbst anscheinend in
den Kernfragen eine echte Bekehrung durchlaufen hat, machte
man um die Ursachen der Krise einen Bogen, der so groß war,
dass zum Zeitpunkt, da ich dies schreibe, die Ölpreise wieder ins
Unermessliche steigen, wieder aufgeputscht von demselben
Schurkenensemble, das wir bereits kennen.

In einem wöchentlich erscheinenden Rundbrief, der nur an die
eigenen Investoren geht und den ich von einem Brancheninsider
erhalten habe, brachte Goldman Sachs im Oktober 2009 wieder
seinen Klassiker von den »fundamentalen Kräften«, die den Ölpreis steigen lassen.

»Wir glauben, dass die Ölpreise bald steigen, wobei die Anzeichen für eine anziehende Dieselnachfrage voraussichtlich als Ka-
talysator wirken«, schreibt die Firma. »Die Handelsentwicklung
um Weihnachten lässt erwarten, dass wir Mitte bis Ende Oktober
eine Erholung der Dieselnachfrage erleben, wenn die Lager aufge-
füllt werden.« Später heißt es im Newsletter: »Die Rohölpreise
waren bislang unbeständig und bewegten sich in einer engen
Preisspanne, werden aber wahrscheinlich anziehen.«

Diese Analyse wurde an einem Montag (19. Oktober) herausgegeben, nachdem das Öl zum ersten Mal seit über einem Jahr die
70 Dollar pro Barrel überstiegen hatte. Bis Mittwoch ging der
Rohölpreis ganze 7 Dollar nach oben. Am Freitag, dem 23. Oktober, schloss er bei 81,19 Dollar pro Barrel.

Interessant an dieser Goldman-Mitteilung ist nicht, wie offensichtlich sie Schwachsinn verzapft, sondern vor allem der Wider-
ruf, der sich auf der Rückseite verbirgt. Auf der letzten Seite des
Rundbriefs schreibt Goldman im Kleingedruckten unter der
Überschrift »Allgemeine Bekanntmachungen« Folgendes:

> Es kann vorkommen, dass unsere Verkäufer, Händler und an-
> dere Mitarbeiter Kunden und firmeneigenen Handelstischen
> mündlich oder schriftlich Ansichten über den Markt oder über
> Handelsstrategien vermitteln, die den Beurteilungen dieser
> Studie widersprechen. Es kann vorkommen, dass unsere Ver-
> mögensverwaltung, unsere firmeneigenen Handelstische und
> Investmentabteilungen Anlageentscheidungen treffen, die den
> Empfehlungen oder Auffassungen dieser Studie widersprechen.
>
> Wir und unsere Tochtergesellschaften, Führungskräfte, Di-
> rektoren und Angestellte, ausgenommen die Aktien- und Kre-
> ditanalysten, haben hin und wieder Long- oder Short-Positi-
> onen der Wertpapiere und Derivate, die gegebenenfalls in die-
> ser Studie erwähnt werden, handeln als Erstverpflichtete oder
> kaufen und verkaufen sie.

Übersetzt heißt das, dass man bei Goldman Ihren Anlageauftrag
entgegennehmen und dann damit machen kann, was man will,
egal, wie widersprüchlich das auch sein mag. Man empfiehlt
vielleicht aus »grundlegenden Erwägungen«, Ölfutures zu kaufen,
wegen bevorstehender Ferien oder eines anderen Humbugs, doch
im Kleingedruckten gibt man zu, dass man, während man diese

Empfehlung ausspricht, »hin und wieder« selber Long-Positionen hat.

Hier, in diesem Dokument, tritt die gesamte Strategie, die der Ölblase zugrunde liegt, offen zutage. Die großen Investmentbanken überzeugen den gewöhnlichen Anleger, dass die Ölpreise aufgrund »fundamentaler Kräfte« steigen werden, woraufhin jede Menge Geld hereinströmt und die eigenen Voraussagen über steigende Preise wahr werden. Dann springen sie auf ihre eigene Wette auf und machen ein Vermögen, weil sie dem gewaltigen Kapitalfluss, der in den Markt strömt, immer einen Schritt voraus sind. Derweil dürfen wir alle 4,50 Dollar pro Gallone Benzin hinblättern, während diese Arschlöcher eine Menge Piepen damit verdienen, dass sie Gewinn aus dieser, man kann schon sagen, Insiderinformation schlagen.

»Die Wahrheit ist: Wenn es Goldman gelingt, institutionellen Kunden Rohstoffindex-Swaps zu verkaufen, können sie auch dafür sorgen, dass ihre Voraussagen eintreffen«, so ein Rohstoffhändler. »Denn diese Geldströme, die Goldman mit seinen Verkaufsaktivitäten öffnet, können von sich aus die Preise in Bewegung setzen.«

Diese Geschichte ist ein Paradebeispiel für das größte politische Problem, das die USA haben. Wir verfügen nicht mehr über die Aufmerksamkeitsspanne, um mit den Krisen des 21. Jahrhunderts zurechtzukommen. Wir leben in einer Wirtschaft, die unglaublich komplex ist, und sind daher einer kleinen Gruppe von Menschen ausgeliefert, die sie begreifen – und das sind zufällig dieselben Leute, die die unfassbar komplexen ökonomischen Strukturen erst geschaffen haben. Wir müssen darauf vertrauen, dass diese Leute das Richtige tun, können es aber nicht, weil sie, nun ja, Dreckskerle sind. Das ist schon ein ziemliches Problem, wenn man darüber nachdenkt.

Und hier kommt die Pointe: Spekulationsblasen wie die, die

wir 2008 erlebt haben, sind nur die eine Hälfte des Ölpreis-
schwindels. Damit, dass uns durch die indirekte Besteuerung
hoher Energie- und Nahrungsmittelpreise das Geld aus der Tasche
gezogen wird und wir zu Bettlern gemacht werden, dass wir uns
abstrampeln, um das alles zu bezahlen, damit ist es noch lange
nicht getan. Was die Clowns mit dem Geld anstellen, das sie uns
ausgesaugt haben, und wie sie unsere Verzweiflung ausnutzen, ist
die zweite Hälfte der Geschichte.

5

Die ausgelagerte Autobahn
Staatsfonds

Im Sommer 2009 rief mich ein Bekannter an, ein junger Amerikaner, der bei einem Staatsfonds im Nahen Osten arbeitete. Ein Staatsfonds ist ein gigantischer staatseigener Geldberg, der durch die Welt treibt, immer auf der Suche nach etwas, was er kaufen kann.

Staatsfonds sind im Nahen Osten unglaublich aktiv. Die meisten größeren ölproduzierenden Staaten haben riesige Staatsfonds, die ihren Bestand häufig in Dollarform aufbewahren und als Geldlager dienen für die Einnahmen, die beispielsweise aus staatseigenen Ölfirmen generiert werden. Anders als die Mehrzahl der Zentralbanken der westlichen Länder, deren Hauptaufgabe es ist, Reserven anzusammeln, um die heimische Währung zu stabilisieren, haben die Staatsfonds meist die Aufgabe, aggressiv zu investieren und riesige Langzeitgewinne zu erzielen. Man stelle sich den größten und aggressivsten Hedgefonds an der Wall Street vor, nur fünfzig- bis sechzigmal so groß und jenseits der Kontrolle der Börsenaufsicht SEC oder anderer wichtiger Aufsichtsbehörden, dann hätte man ein recht gutes Bild von einem Staatsfonds.

Mein Kumpel ist noch jung, und er hatte zunächst in der Derivatenabteilung einer der fiesesten amerikanischen Investmentbanken gearbeitet. Nach ein paar Jahren wollte er moralisch einen Schritt weiterkommen und floh in den Nahen Osten, um dort

Scheichs zu beraten, was sie mit ihren Ölmilliarden anfangen konnten.

Abgesehen von der Hitze lief es gar nicht so übel. Doch auf einem seiner Besuche in der Heimat – wir trafen uns in einem Restaurant – erwähnte er, dass seine Arbeit ein wenig ... nun ja, bizarr geworden war.

»Ich saß in einem Meeting, in dem ein paar amerikanische Investmentbanker versucht haben, uns die Pennsylvania Turnpike zu verscheppern«, sagte er. »Die hatten sogar eine Präsentation dabei. Sie zeigten den Arabern, was für eine hübsche Autobahn da zum Verkauf stand, wie die Mautstellen aussehen ...«

Ich ließ die Gabel fallen. »Die Pennsylvania Turnpike steht zum Verkauf?«

Er nickte. »Genau«, sagte er. »Wir haben das Geschäft allerdings nicht gemacht. Aber ein paar Deals sind schon über die Bühne gegangen. Hast du das nicht gewusst?«

Wie sich herausstellte, wurde der Deal mit der gebührenpflichtigen Schnellstraße in Pennsylvania nur durch das Parlament des Bundesstaates verhindert, während andere ähnliche durchgingen, allen voran der Verkauf sämtlicher Parkuhren von Chicago an ein Konsortium, zu dem die Abu-Dhabi-Investmentbehörde aus den Vereinigten Arabischen Emiraten gehörte.

Und es gibt weitere Beispiele: Für eine Mautautobahn in Indiana, den Chicago Skyway (eine Mautbrücke), Parkuhren in Nashville, Pittsburgh, Los Angeles und anderen Städten, einen Hafen in Virginia und eine Vielzahl kalifornischer Infrastruktureinrichtungen wurden Leasingverträge über 50, 75 oder mehr Jahre bereits abgeschlossen oder sind in Vorbereitung, und das gegen einmalige Pauschalbeträge von bestenfalls ein paar Milliarden Dollar, mit denen überwiegend im entsprechenden Jahr das eine oder andere Haushaltsloch gestopft wird.

Amerika steht buchstäblich zum Verkauf, und zwar zum

Schnäppchenpreis, und die Käufer sind meist diejenigen, die in der Ölblase kräftig abgesahnt haben. Dank Goldman Sachs, Morgan Stanley und den anderen Investmentbanken, die im vergangenen Jahrzehnt den Benzinpreis künstlich nach oben getrieben haben, mussten wir Amerikaner eine Menge Bares in die Schatullen der Staatsfonds schieben, darunter die Investmentbehörden von Katar, Libyen und den Vereinigten Arabischen Emiraten und die SAMA Foreign Holding aus Saudi-Arabien.

Das ist mal wieder so ein Teufelskreis, in dem der Durchschnittsamerikaner von der Abzockerkaste geschickt ausgebeutet wird. Robert Lukens aus Pennsylvania muss zusehen, wie sein Unternehmen den Bach runtergeht, weil die Ölpreise explodieren, nachdem eine Handvoll Banken ein paar Politiker bestochen haben, ihnen das Recht für eine Marktmanipulation zu übertragen, und anschließend den Ölpreis durch die Decke trieben. Lukens hat kein Mitspracherecht. Er zahlt seine Rechnungen. Ein Teil dieses Geldes fließt in die Taschen der Banken, die ihn politisch entrechten, der Rest in die Taschen von Ölfirmen aus dem Nahen Osten. Da Lukens jetzt weniger Geld verdient, zahlt er auch weniger Steuern an den Staat Pennsylvania, sodass ein Haushaltsdefizit entsteht. Und so schnell kann man gar nicht gucken, wie Gouverneur Ed Rendell in den Nahen Osten düst, um die Pennsylvania Turnpike an ebendie Ölstaaten zu verkaufen, die auch schon Bob Lukens' Benzindollars eingesackt haben. Diese Maschinerie, die dem Lande seinen Reichtum entzieht, funktioniert reibungslos und illustriert hervorragend, wo wir als Nation stehen.

Wenn man eine Autobahn verkaufen will, die einst als eines der Ingenieurswunder unseres Landes galt – 850 Kilometer Straße, für die mit tonnenweise Dynamit, Holz, Stahl und der Arbeitskraft Tausender Menschen sieben riesige Tunnel durch die Allegheny Mountains getrieben wurden –, wenn man diese Autobahn den Petro-Despoten anbietet, nur um das Haushaltsloch eines

einzigen Jahres zu stopfen, damit die Lichter im Parlamentsge-
bäude auch im nächsten Finanzjahr nicht ausgehen, dann ist die
Entwicklung unserer Gesellschaft in ein neues Stadium eingetreten.

Man erinnert sich noch genau daran, dass man einmal einen
Job hatte, ein Haus, ein Auto, eine Frau, Kinder und einen gut
gefüllten Kühlschrank – und nun wacht man plötzlich auf und ist
schon seit sechs Monaten drogenabhängig und trägt jeden Morgen Toaster und Fernseher aus dem Haus, um sich Bares zu beschaffen und über den Tag zu kommen. Genauso ist das. Ein
Großteil dieses Buchs handelt davon, dass amerikanische Banken
mittels großer Spekulationsblasen das letzte Fleisch von den
Knochen der goldenen US-Nachkriegsjahre reißen, doch der
grausamste Witz ist, dass die amerikanischen Banken nicht die
Kaufkraft haben, den Job zu Ende zu führen und das Land voll-
ends auszuziehen.

Dieser letzte Schritt geschieht im Ausland, in kapitalkräftigen
Ländern, die wir nun buchstäblich anbetteln müssen, dass sie uns
unsere nationalen Monumente zum reduzierten Preis abnehmen,
damit unsere Bundesstaaten nicht in einem Dominoeffekt aus
Zahlungsverzug und Bankrott einer nach dem anderen in sich
zusammenfallen. Anders ausgedrückt: Wir werden kolonisiert –
natürlich auf clevere Art, mit sorgfältig ausgearbeiteten Verträgen,
sodass wir so tun können, als geschähe es gar nicht, bis zum bitte-
rem Ende.

Gehen wir ein paar Jahrzehnte zurück, zum Anfang der siebziger
Jahre. Wir schreiben das Jahr 1973, und das Weiße Haus unter
Richard Nixon fällt die folgenreiche Entscheidung, die Israelis im
Jom-Kippur-Krieg mit militärischer Ausrüstung zu beliefern.

Das erzürnte die meisten ölproduzierenden arabischen Staaten,
deren Organisation erdölexportierender Länder (OPEC) – ein

Kartell, zu dem damals unter anderem Saudi-Arabien, Kuwait, die Vereinigten Arabischen Emirate, Libyen, Irak und Iran gehörten – aktiv wurde.

Zum zweiten Mal innerhalb von sechs Jahren rief die OPEC einen Ölboykott gegen die USA aus und schließlich auch gegen jedes andere Land, das Israel unterstützte. Das Embargo umfasste ein Exportverbot an die entsprechenden Länder und eine allgemeine Senkung der Ölproduktion.

Die Auswirkungen des Ölembargos im Jahr 1973 waren dramatisch. Innerhalb kurzer Zeit vervierfachte die OPEC die Preise von etwa 3 Dollar pro Barrel im Oktober 1973 (als der Boykott begann) auf mehr als 12 Dollar Anfang 1974. Die USA steckten zu dieser Zeit mitten in ihrem eigenen Börsendesaster, das zum Teil durch die Beendigung des Bretton-Woods-Systems ausgelöst worden war (Nixon hatte den Goldstandard abgeschafft, doch das ist eine interessante Geschichte für sich). Rückblickend betrachtet, hätten wir schon Anfang des Jahres wissen müssen, dass wir in der Patsche saßen, denn am 7. Januar 1973 erklärte der damals private Ökonom Alan Greenspan der *New York Times*: »Es kommt selten vor, dass man sich so uneingeschränkt auf eine Hausse einstellen kann wie jetzt.« Vier Tage später, am 11. Januar, begann der Börsencrash des Jahres 1973/74. Im Lauf der folgenden zwei Jahre verlor die New Yorker Wertpapierbörse 45 Prozent ihres Wertes.

Wir sind also ohnehin in einer ziemlich schlechten Position und befinden uns mitten in einer langen Abwärtsfahrt, als am 6. Oktober Ägypten und Syrien einen Angriff auf Gebiete starten, die Israel im Sechstagekrieg 1967 erobert hatte. Da der Angriff am jüdischen Versöhnungstag stattfindet, wird der Krieg als »Jom-Kippur-Krieg« bezeichnet.

Sechs Tage später, am 12. Oktober, befiehlt Nixon die Operation Nickel Grass, eine Reihe von Transportflügen, mit denen

Waffen und Vorräte nach Israel gebracht werden. Das verärgert natürlich die arabischen Staaten, die am 17. Oktober mit dem Beginn des Ölembargos reagieren.

Der Ölpreis stieg ins Unermessliche, und ohne darüber urteilen zu wollen, welche Seite im Jom-Kippur-Krieg recht hatte, bleibt festzuhalten, dass sich seit Beginn des Embargos Nixons und Kissingers Haltung innerhalb von nur zwei Monaten von verbalem Gepolter und Eskalation zu einer fast vollständigen Kapitulation gewandelt hatte. Am 18. Januar 1974 handelte Kissinger einen israelischen Rückzug aus Teilen des Sinai aus. Im Mai willigte Israel ein, sich von den Golanhöhen zurückzuziehen. So fasste das US-Außenministerium die Vorfälle zusammen:

Das Embargo und die veränderten Ölverträge setzten eine Preisspirale in Gang, die sich weltweit auswirkte. Da sich der Ölpreis pro Barrel verdoppelte und anschließend vervierfachte, stiegen weltweit die Kosten für die Verbraucher, und weniger stabile Volkswirtschaften mussten einen Zusammenbruch ihres Etats fürchten … Die USA, die mit einem steigenden Ölverbrauch und schwindenden heimischen Reserven konfrontiert und somit stärker auf importiertes Öl angewiesen waren als je zuvor, mussten aus ihrer schwächeren internationalen Position heraus ein Ende des Embargos aushandeln. Dass arabische Ölproduzenten die Beendigung des Embargos mit einer erfolgreichen Friedensmission der USA im Nahen Osten verknüpften, erschwerte die Situation.

Nach der Kapitulation der Amerikaner in der Jom-Kippur-Episode senkte die OPEC den Preis jedoch durchaus nicht auf das alte Niveau, sondern fror ihn lediglich auf einem höheren Level ein. Unter der Regierung Carter schoss der Preis erneut nach oben, und auf die Absetzung des Schahs im Iran folgte die berüchtigte

»Energiekrise« mit langen Schlangen an den Tankstellen, an die sich alle Amerikaner, die alt genug sind, noch gut erinnern.

Dann, nach dieser Periode, verfolgten die USA und die arabische Welt eine Entspannungspolitik, sodass in den folgenden rund 25 Jahren die Ölpreise auf einem relativ stabilen Niveau blieben.

Wir schreiben das Jahr 2004. Die USA und George W. Bush haben gerade eine wahnwitzige Invasion des Irak vorgenommen und damit die gesamte Region destabilisiert und so gut wie alle nationalistischen Regime der arabischen Ölstaaten im Nahen Osten, einschließlich der saudischen Despoten, vor den Kopf gestoßen – aber was soll's? Scheiß drauf.

Der Ölpreis klettert in jenem Jahr auf über 40 Dollar pro Barrel und begibt sich anschließend auf einen steilen Anstieg. Um diese Zeit beginnt auch das Phänomen der Staatsfonds, die sich rapide entwickeln. Das Institut für Staatsfonds erklärt:

Seit 2005 wurden mindestens siebzehn Staatsfonds aufgelegt. Während andere Länder Währungsreserven ansammeln, streben sie größere Gewinne an. Ihr Wachstum ist auch aufgrund steigender Rohstoffpreise, insbesondere für Öl und Gas, besonders zwischen den Jahren 2003 und 2008 rasant gestiegen.

Dr. Gal Luft, Direktor der Denkfabrik Institute for the Analysis of Global Security, äußerte sich später vor dem Kongressausschuss für Auswärtige Angelegenheiten zum Aufstieg der Staatsfonds. Am 21. Mai 2008 erklärte er:

Der Aufstieg der Staatsfonds als mächtige Strippenzieher in der Weltwirtschaft darf nicht als singuläres Phänomen betrachtet werden, sondern vielmehr als Teil dessen, was man als neue ökonomische Weltordnung definieren kann. Diese neue Ord-

nung wurde von mehreren Megatrends befördert, die sich
selbst verstärken, unter anderem dem meteorhaften Aufstieg
der asiatischen Schwellenländer, der beschleunigten Globalisierung, dem schnellen Informationsfluss und dem starken Öl-
preisanstieg auf mehr als 100 Dollar pro Barrel in nur sechs
Jahren, der es Russland und den OPEC-Mitgliedstaaten ermöglichte, einen beispiellosen Wohlstand anzuhäufen und eine Position überlegener wirtschaftlicher Macht zu erlangen. Die Ölstaaten der OPEC und Russland haben ihre Einnahmen mehr
als vervierfacht; allein im letzten Jahr waren es rund 1,2 Billionen Dollar. Bei einem Ölpreis von 125 Dollar pro Barrel werden sie 2008 wohl auf fast 2 Billionen Dollar kommen.

Der Ölpreis stieg in jenem Jahr sogar auf 149 Dollar. Luft fuhr
fort:

Aus Staatsfonds fließen Milliarden in Hedgefonds, Aktien-
fonds, Grundbesitz, natürliche Ressourcen und andere wichtige
Bausteine der westlichen Ökonomie. Niemand weiß genau,
wie viel Geld die Staatsfonds besitzen, doch man schätzt ihr
Vermögen derzeit auf 3,5 Billionen Dollar, die innerhalb des
nächsten Jahrzehnts auf 10 bis 15 Billionen ansteigen können;
das entspricht dem Bruttoinlandsprodukt der USA.

Lufts Analyse deckt sich mit einer Publikation der Zweigstelle der
US-Notenbank in San Francisco aus dem Jahr 2007, die zu dem
Schluss kam, dass »Analysten das derzeitige Vermögen von Staatsfonds auf etwa 1,5 bis 2,5 Billionen Dollar schätzen. Dieser Betrag,
so die Prognose, soll sich in den nächsten 10 Jahren auf 15 Billionen Dollar versiebenfachen, ein Betrag, der größer ist als die derzeitige weltweite Devisenreserve von rund 5 Billionen Dollar.«
In der Abhandlung aus San Francisco heißt es, dass die meisten

Staatsfonds eine Offenlegung ihres Vermögens scheuen und es kaum Informationen darüber gibt, in was sie investiert haben. Ein mir bekannter Gewährsmann, der bei einem Staatsfonds im Nahen Osten arbeitet, erklärt, dies sei Teil ihrer Anlagestrategie. »Die wollen keine Öffentlichkeit«, sagt er. »Sie wollen nur Geld machen. Aus diesem Grund erwerben sie fast immer Minderheitsbeteiligungen, denn bei Mehrheitsbeteiligungen würde es in einigen Ländern zum Thema, dass sich Anlagen in ausländischem Besitz befinden. Manchmal erwerben mehrere Staatsfonds Minderheitsbeteiligungen am selben Investment. Aber es sind immer 30 Prozent, 25 Prozent und so weiter.«

Wir haben gesehen, wie Goldman Sachs, Morgan Stanley und andere Banken am künstlichen Preisanstieg bei den Rohstoffen mitgewirkt haben, indem sie unter anderem große institutionelle Anleger wie Pensionsfonds auf den Warenterminmarkt gelockt haben. Wegen der fehlenden Transparenz wissen wir nicht genau, in welchem Umfang auch die Staatsfonds an dieser Blase beteiligt waren, indem sie ihr Geld über Hedgefonds und andere Vehikel in Energierohstoffe gesteckt haben.

Die US-Aufsichtsbehörde für den Warenterminhandel CFTC bezifferte im Jahr 2008 in ihrer Analyse den Anteil von Staatsfonds bei den Investitionen in Warenindizes auf insgesamt 9 Prozent, nicht ohne hinzuzufügen, dass anscheinend keiner von ihnen aus dem arabischen Raum stamme. Die merkwürdige Betonung darauf, dass das gesamte Staatsfondskapital »aus dem Westen« komme und nicht aus Arabien, ist besonders deshalb amüsant, weil die Frage arabischer Eigentümerschaft in dem Bericht nicht einmal erwähnt wird – die Regierung Bush steuerte diese Information von sich aus bei.

Adam White, Forschungsdirektor bei White Knight Research and Trading, meint, man dürfe die CFTC-Analyse nicht allzu ernst nehmen:

Ich bezweifle diese Aussage, weil ich glaube, dass es für einen Staatsfonds recht einfach ist, ein Unternehmen in, sagen wir, der Schweiz zu gründen oder über einen Makler oder einen Fonds zu investieren, ohne direkt eine Bank oder einen Vermittler hinzuzuziehen. Ich glaube, dass die Banken, als sie auf die Anfrage der CFTC antworteten, dem Buchstaben des Gesetzes gerecht wurden, nicht aber dem Geist des Gesetzes …

Wenn also ein Staatsfonds eine Investition in einen Hedgefonds getätigt hat – was massenweise geschehen ist – und dieser Hedgefonds dann in Rohstoffe investiert hat, würde die Bank das der CFTC nicht als Anlage eines Staatsfonds, sondern eines Hedgefonds melden. Und begründen würde sie es mit den Worten »Woher sollen wir wissen, wer die Hedgefondsinvestoren sind?«, auch wenn sie es verdammt genau wissen.

Ich glaube, dass das eine Frage der nationalen Sicherheit ist, denn die arabischen Staaten treiben die Ölpreise nach oben und können unserer Wirtschaft gewaltige Geldmengen entziehen. Ein Schurkenstaat wie Iran oder Venezuela könnte seine Petrodollars dazu nutzen, uns wirtschaftlich zu schwächen.

Teilweise wissen wir, was zwischen dem Beginn des Irakkriegs und dem Jahr 2008 auf dem Rohstoffmarkt geschah. Wir wissen, dass das Volumen spekulativen Geldes explodierte, dass zwischen 2003 und 2008 der Betrag, der in Rohstoffe investiert wurde, von 13 Milliarden auf 317 Milliarden Dollar anstieg – weil auf dem Rohstoffmarkt praktisch jeder auf steigende Preise wettet – und dass diese Steigerung der Geldmenge um den Faktor 25 den Ölpreis rund um den Erdball in die Höhe trieb und gewaltige Geldbeträge in die Schatullen der Staatsfonds schwemmte.

Dass ölproduzierende arabische Staaten Kapital anhäufen, insbesondere aus der Ölproduktion, aus einer Ressource also, die diesen Ländern gehört und zu ihrem Wohlstand beitragen sollte, daran ist nichts auszusetzen. Doch das Verhältnis zwischen den USA und vielen arabischen Ländern ist aus einer Vielzahl von Gründen kompliziert und zuweilen feindselig. Deshalb sollte der Aufkauf amerikanischer Infrastruktur durch Staatsfonds dieser Länder wohl eher nicht im Geheimen stattfinden.

Aber genau genommen ist es nicht einmal wichtig, wo diese Staatsfonds herkommen. Relevant ist, dass sie ihren Sitz im Ausland haben und infolge zahlreicher Ereignisse Mitte des letzten Jahrzehnts Eigentümer eines beträchtlichen Anteils der amerikanischen Infrastruktur wurden. Diese Entwicklung führt dazu, dass ein Land Stück für Stück seine staatliche Souveränität veräußert, ohne dass jemand merkt, was da vor sich geht – nicht einmal die Menschen, die formal über die Sache abstimmen.

Doch was geschah eigentlich genau?

Die Explosion der Energiepreise – eine Folge der Spekulationsblase, an der westliche Banken und vielleicht auch einige ausländische Staatsfonds erheblichen Anteil hatten – führte dazu, dass Amerikaner landauf, landab unter finanziellen Druck gerieten. Die Steuereinnahmen gingen in praktisch jedem Bundesstaat zurück, ja, die Wechselwirkung aus steigenden Preisen aus der Rohstoffblase und sinkenden Steuereinnahmen ist beachtlich.

Das Rockefeller Institute, das die Staatseinnahmen dokumentiert, zeigt auf, dass das Steuerwachstum im ersten Quartal 2008 den niedrigsten Wert innerhalb von fünf Jahren erreichte, als der Ölpreis den Anstieg von etwa 75 Dollar auf den späteren Höchststand von 149 Dollar pro Barrel begann. Im zweiten Quartal berichtete das Institut von weiteren Steuerrückgängen, und im dritten Quartal, in dem das Öl den Höchststand von 149 Dollar erreichte, blieb das Steuervolumen mit einer Wachstumsrate von 0,1 Prozent praktisch unverändert. Das war die niedrigste Wachstumsquote seit dem Platzen der Hightech-Blase im Jahr 2001/02.

Natürlich trug auch der Zusammenbruch des Immobilienmarktes, der in diese Zeit fiel, erheblich dazu bei, doch den entscheidenden Einfluss hatten die steigenden Energiepreise, die sich auf die gesamte Wirtschaft auswirkten und Unternehmen wie Verbraucher zum Sparen zwangen.

Um diese Zeit begannen die Verwaltungen in den Bundesstaaten und den Kommunen, ihre Infrastruktur auf dem Markt zum Leasing anzubieten – man kann schon sagen, zum Verkauf, da die Leasingzeit in einigen Fällen 75 Jahre oder länger betrug. Und in praktisch jedem Fall, den ich finden konnte, wurde das jeweilige Parlament nie darüber informiert, wer die wahren Partner dieser Leasingverträge waren. Das wohl anschaulichste Beispiel ist der berühmt-berüchtigte Deal mit den Parkuhren von Chicago, der auch, wenn die Geschäftspartner nicht im Ausland gesessen hätten, ein abscheulicher Verrat gewesen wäre. Dieser Nepp wurde zum Modell für ein zunehmend bankrottes Amerika, das seine geschätzten Toaster in die sprichwörtliche Pfandleihe trug.

»Es war ein Montag, und ich saß in meinem Büro«, erzählt Rey Colon, Ratsherr im 53. Bezirk von Chicago, »als ich telefonisch benachrichtigt wurde, dass eine Sondersitzung des Finanzausschusses anberaumt war. Ich wusste nicht, worum es ging.«

Es war der 1. Dezember 2008. Am Morgen sollte der Stadtrat von Chicago offiziell darüber informiert werden, dass Bürgermeister Richard Daley mit Morgan Stanley einen Leasingvertrag über alle Parkuhren von Chicago mit einer Laufzeit von 75 Jahren abschließen wollte. Die Offerte belief sich auf 1 156 500 000 Dollar, ein Pauschalbetrag, den die Stadt Chicago im Gegenzug zu den Parkgebühreneinnahmen für den Zeitraum von 75 Jahren erhalten sollte.

Der Vorsitzende des Finanzausschusses Ed Burke hatte nun die Aufgabe, die anderen Stadträte über den Zeitablauf des Geschäfts

zu informieren. Am frühen Morgen berief er eine Sondersitzung
für den Mittwoch ein, um das Thema zu diskutieren. Am Nachmittag lud das Büro des Bürgermeisters für den Tag nach der Fi-
nanzausschusssitzung, den 4. Dezember, zu einer Sitzung des gesamten Stadtrats ein, »allein zu dem Zweck«, dass er dem Vertrag
zustimmte.

»Ich meine, die haben uns an einem Montag davon erzählt,
und an einem Mittwoch oder Donnerstag sollten wir darüber
abstimmen«, sagt Colon.

»Wir hatten im Grunde drei Tage, über den Vertrag nachzu-
denken«, erklärt seine Stadtratskollegin Leslie Hairston.

An jenem Dienstag, dem 2. Dezember, gab Daley eine Presse-
konferenz, auf der er erklärte, das Geschäft komme »genau zur
richtigen Zeit«, weil die Stadt in einer Haushaltsklemme stecke
und das Geld für die Sozialhilfeausgaben brauche.

Dann nannte er die Details: Er habe ein Leasingabkommen
mit der Bank Morgan Stanley vereinbart, die wiederum ein Inves-
torenkonsortium zusammengestellt habe. Dieses habe ein neues
Unternehmen namens Chicago Parking Meters LLC gegründet,
das die Parkuhren der Stadt verwalten werde. Wer die Investoren
waren oder wer sonst noch mitgeboten hatte, wurde nicht erwähnt.

Am folgenden Tag trat der Finanzausschuss zusammen, um
sich den Vertrag näher anzusehen. Zehn Minuten nach Beginn
der Sitzung beschwerten sich einige Stadträte, dass sie nicht einmal eine Kopie des Vertrags zu Gesicht bekommen hätten. Rasch
wurde ein sehr kurzes Dokument kopiert, das so gut wie keine
Details enthielt.

»Das war eine Vorlage mit etwa acht Seiten«, sagt Colon.

Im *Chicago Reader* wird die Aufregung, die darauf folgte, so
beschrieben:

»Wir haben es reichlich eilig«, sagt Stadtrat Robert Fioretti. »Warum?«

»Wir haben fast ein Jahr an dieser Sache gearbeitet, also haben wir es durchaus nicht übereilt«, erklärt [der Stadtkämmerer Paul] Volpe.

»Sie hatten ein Jahr, aber uns geben Sie nur zwei Tage«, sagt Stadtrat Ike Carothers.

Um den Räten einige der Vertragsbedingungen zu verdeutlichen, liest ein Anwalt der Stadt, Jim McDonald, einige in einer verklausulierten Juristensprache formulierte Vertragsdetails vor.

[Stadtrat Billy] Ocasio brüllt: »Was soll das alles bedeuten?«

Wie die Stadträte vom Chef der Finanzabteilung Volpe erfahren, sei die Eile nötig, weil eine plötzliche Veränderung des Zinssatzes die Stadt später Geld kosten könne, eine Aussage, die an Volpes Qualifikation für seinen Job zweifeln lässt – es war kurz vor dem Finanzcrash, und die Zinsen waren auf einem Tiefpunkt, was bedeutete, dass die Stadt nur Geld verlieren konnte, indem sie sich beeilte. Höhere Zinsen hätten es ihr erlaubt, nicht mit dem Kapital, sondern mit den Zinsen der Einmalzahlung ihre Haushaltslöcher zu stopfen.

»Diese Entschuldigung höre ich ziemlich oft, und zwar immer dann, wenn der Bürgermeister etwas durchpeitschen will«, sagt Colon. »Ich für meinen Teil gehe das Risiko ein.«

Noch einmal: Der Stadtrat hat zu dieser Zeit keine Ahnung, wer eigentlich hinter dem Geschäft steckt. »Wir wurden nie informiert«, sagt Hairston. »Auch später nicht.«

Dennoch ging der Deal mit 40:5 Stimmen durch. Hairston und Colon stimmten dagegen. Ich habe mich mit so gut wie allen Stadträten in Verbindung gesetzt, die dem Geschäft zugestimmt hatten, doch keiner wollte mit mir reden.

Bürgermeister Daley, der bereits ähnliche Leasingverträge für die Mautbrücke Chicago Skyway und eine Reihe von städtischen Parkgaragen abgeschlossen hatte, hatte das Geschäft über ein Jahr vorbereitet. Er war auf mehrere Investmentbanken und Unternehmen zugegangen und forderte sie auf, Angebote einzureichen, die auf den Einkünften für die 36 000 Parkuhren der Stadt im Zeitraum von 75 Jahren basierten. Morgan Stanley war eins dieser Unternehmen.

Und hier wird es interessant. Die Leute bei Morgan Stanley haben nun zweierlei zu tun. Zum einen müssen sie massenhaft Geld auftreiben. Und zum zweiten müssen sie für diese Investoren eine offizielle Fassade finden, eine »Verwaltungsgesellschaft«, die der Öffentlichkeit als Leasingnehmer vorgestellt werden kann.

Zu Teil eins gehörte, dass sich die Infrastrukturabteilung der Bank auf die Suche nach Leuten begab, die einen Batzen Geld investieren konnten. Unter anderem nahmen sie ihre Präsentation auch mit in den Nahen Osten und stellten die Parkuhren von Chicago in einem Raum voller Banker und Analysten in Abu Dhabi vor, bei der dortigen Investmentbehörde, die sich schließlich bereit erklärte, einen großen Anteil zu kaufen.

Und nun kommt die Ausarbeitung des Vertrags – und die ist wirklich genial.

Als das Geschäft im Dezember 2008 zur Abstimmung kam, hatte eine »Firma aus Abu Dhabi« dem Büro des Bürgermeisters zufolge lediglich 6 Prozent Anteil an dem Geschäft. Der Sprecher des Bürgermeisters Peter Scales hat es bis heute abgelehnt, diese Firma näher zu benennen. Doch wenn wir die Offenlegungsunterlagen lesen, stoßen wir auf mehrere mögliche Kandidaten, darunter eine Gruppe namens Cavendish Limited, die ihren Sitz in Abu Dhabi hat.

Abgesehen davon sehen die meisten Investoren, die zu der Zeit an dem Parkuhrendeal beteiligt waren, als darüber abgestimmt wurde, aus, als kämen sie entweder aus Amerika oder aus Ländern, deren Beziehungen zu den USA relativ unkompliziert sind. Das Teacher Retirement System of Texas hatte während des Verkaufs einen beträchtlichen Anteil in einem der Morgan-Stanley-Fonds, ebenso wie die Victorian Funds Management Corporation aus Australien und Morgan Stanley selbst. Ein Mitsubishi-Fonds namens Mitsubishi UFJ Financial Group hatte ebenfalls einen Anteil. Dazu kamen mehrere deutsche und australische Investoren.

Alle Unternehmen brachten gemeinsam die 1,2 Milliarden Dollar auf, mit denen sie als Sieger aus der Submission hervorgingen, und als sie das Geschäft in trockenen Tüchern hatten, riefen sie die Chicago Parking Meters LLC ins Leben. Diese neue Firma wiederum nahm eine bereits existierende Parkgebührenverwaltung namens LAZ unter Vertrag, die die Parkuhren anstelle der städtischen Mitarbeiter betreiben sollte. In der Presse wurde stets darüber berichtet, dass die Stadt Chicago ihre Parkuhren an eine Kombination aus Morgan Stanley, Chicago Parking Meters LLC und LAZ verpachtet habe. In einem Artikel der *Chicago Sun-Times* hieß es:

Auf Nachfrage des Finanzausschussvorsitzenden Edward M. Burke (14. Bezirk) räumten leitende Mitarbeiter des Bürgermeisters ein, dass die Gesellschaft, zu der Morgan Stanley Infrastructure Partners und LAZ Parking gehören, jüngst eine GmbH in Delaware gegründet hat, die jedoch in Illinois nie registriert wurde.

Doch zwei Monate nach Vertragsabschluss, im Februar 2009, änderte sich die Eigentümerstruktur vollständig. Scales ließ aus dem Büro des Bürgermeisters verlauten:

In diesem Fall hat, nachdem die Stadt das Angebot der Investorengruppe von Morgan Stanley über 1,15 Milliarden Dollar im Dezember 2008 akzeptiert und gutgeheißen hat, Morgan Stanley neue Investoren gesucht, um zusätzliches Kapital zu gewinnen und die eigene Belastung zu senken – wiederum keine ungewöhnliche Vorgehensweise.

Obwohl also mehrere Morgan-Stanley-Infrastrukturfonds im Dezember 2008 100 Prozent von Chicago Parking Meters LLC besaßen, tat die Firma im Februar 2009 einen Minderheitsinvestor auf – Deeside Investments, Inc. –, der einen Anteil von 49,9 Prozent übernahm. Tannadice Investments, eine Tochterfirma der staatseigenen Abu Dhabi Investment Authority, hält bei Deeside einen Anteil von 49,9 Prozent.

Morgan Stanley hatte also im Dezember 2008 eine Gruppe von Investoren beisammen, einschließlich sich selbst, die über 1 Milliarde Dollar aufbrachten. Ein großer Anteil dieser Investoren stieg dann im Februar 2009 aus und machte der Deeside Investments Platz, die zu 49,9 Prozent Abu Dhabi und zu 50,1 Prozent einem Unternehmen namens Redoma SARL gehörte, über das lediglich bekannt war, dass es eine Adresse in Luxemburg hatte.

Scales fügte hinzu, die »Firma« aus Abu Dhabi, die ursprünglich einen Anteil von 6 Prozent gehalten hatte, habe diesen um etwa die Hälfte reduziert, nachdem Tannadice eingestiegen war. Nach meiner Rechnung bedeutet das immer noch, dass Investoren aus Abu Dhabi mindestens 30 Prozent der Parkuhren in Chicago gehören. Gott weiß, wer die anderen wahren Besitzer sind.

Und jetzt kommt der richtig witzige Teil, denn das Geschäft war auch sonst ziemlich mies.

Um mit etwas Einfachem zu beginnen: Der Deal veränderte fundamentale Traditionen in der Kommunalpolitik von Chicago.

Stadträte, die einst Straßen sperren oder auch die Parkzeiten verändern konnten, um Jahrmärkte oder Festivals zu veranstalten, können das nun nicht mehr – und wenn sie es doch tun, müssen sie der Chicago Parking Meters LLC den entstandenen Verlust ersetzen.

Als beispielsweise der neue Eigentümer der Parkuhren dem Stadtrat Scott Waguespack mitteilte, dass er die tarifpflichtigen Parkzeiten von Montag bis Samstag 9 Uhr bis 18 Uhr auf 8 Uhr bis 21 Uhr, und zwar sieben Tage die Woche, ändern werde, wandte der Stadtrat ein, er wolle lieber die alten Zeiten beibehalten, zumindest für 270 Parkuhren. Die Chicago Parking Meters informierte ihn daraufhin, wenn er das wolle, so müsse er dem Unternehmen 608 000 Dollar für drei Jahre bezahlen.

Das größere Problem war, dass Chicago viel zu billig verkauft hatte. Daley und Konsorten bekamen rund 1,2 Milliarden Dollar für 75 Jahre Einnahmen aus 36 000 Parkuhren. Doch mehrere Stadträte fanden unter Mühen heraus, dass Daley die Einnahmen aus den Parkgebühren viel zu niedrig angesetzt hatte.

Als Waguespack, ausgehend von den 608 000 Dollar, die er hätte bezahlen müssen, zu rechnen begann, stellte er fest, dass das Unternehmen die Parkuhren auf etwa 39 Cent pro Stunde bewertete, das ergibt für 36 000 Parkuhren 66 Millionen Dollar im Jahr oder etwa 5 Milliarden für den Vertragszeitraum.

»Wenn sie den Bürgern von Chicago eine Zahl nennen sollen, dann sagen sie, die Parkuhren seien 1,16 Milliarden Dollar wert«, sagte Waguespack kurz nach der Vertragsunterzeichnung. »Aber wenn es darum geht, Morgan Stanley mit einer Zahl zu versorgen, dann behaupten sie, sie seien, was, 5 Milliarden Dollar wert? Um wen kümmern die sich eigentlich: um die Bürger oder um Morgan Stanley?«

Der Stadtinspektor jener Zeit, David Hoffman, untersuchte später den Parkuhrendeal und kam zu dem Schluss, dass Daley die Uhren mindestens 974 Millionen Dollar unter Wert verkauft hatte. »Die Verwaltung hat den Wert der Parkuhren für die Stadt nicht kalkuliert«, sagte Hoffman.

Und was noch schlimmer ist: Wenn sie das Geld wirklich im Voraus brauchten, warum mussten sie die Parkuhren überhaupt verkaufen? Warum haben sie nicht einfach eine Anleihe herausgegeben, um sich Geld gegen künftige Einnahmen zu beschaffen? Dann hätte sich die Stadt das Recht bewahrt, auf ihren eigenen Straßen zu parken.

»Es gab keinen Grund für diese Vorgehensweise«, sagt Clint Krislov, der die Stadt und den Bundesstaat verklagt, weil das Geschäft seiner Ansicht nach verfassungswidrig ist.

Als einige Stadträte nachfragten, warum die Stadt nicht einfach Kommunalanleihen herausgegeben habe, erhielten sie keine Antwort. »Da müssen Sie den Bürgermeister fragen«, sagt Colon.

Doch das Widerlichste an dem Geschäft ist, dass die Stadt nun gezwungen ist, die Kontrolle über ihre Straßen an eine private und zumindest teilweise in ausländischem Besitz befindliche Firma abzugeben, die sich praktisch nicht verantworten muss. Der ursprüngliche Vertrag enthielt drastische Preissteigerungen. In Hairstons und Colons Stadtviertel ging die Parkgebühr im ersten Jahr von 25 Cent auf über 1 Dollar pro Stunde nach oben und im Jahr darauf auf 1,20 Dollar. Und noch einmal: Die Stadt hat nicht das Recht, Straßen zu sperren, Parkuhren zu entfernen oder zu versetzen oder überhaupt etwas zu unternehmen, ohne dass sie vorher die Chicago Parking Meters LLC um Erlaubnis fragt.

Colon, in dessen Stadtviertel im vergangenen Jahr ein Kunstfestival stattgefunden hat, wird in Zukunft Festivitäten, bei denen Straßen abgesperrt werden müssen, wohl vermeiden. »Das wird von nun an einfach schwierig werden«, sagt er.

Im ersten Jahr der neuen Regelung ging Stadträtin Hairston im Wacker Drive in der Nähe des Sears Tower essen (heute heißt er

»Willis Tower« nach einer Versicherungsgesellschaft mit Sitz in London), parkte ihr Auto und wählte auf der Parkuhr »Max«, weil sie bleiben wollte, bis die Parkuhr für diesen Abend abgelaufen war. Sie sollte schließlich 32,50 Dollar bezahlen, da ihr die Chicago Parking Meters LLC das Parken über Nacht berechnete.

»Es gibt jede Menge Probleme – ich habe schon so viel Ärger damit gehabt«, sagt Hairston. »Wenn angezeigt wird, dass man noch acht Minuten übrig hat und nach sieben Minuten wieder da ist, wird einem trotzdem eine zusätzliche Stunde berechnet. Oder man erhält keine Quittung. Das ist Wahnsinn.«

Doch für mich ist das absolut Beste an der ganzen Sache, dass es keine Feiertage mehr gibt. Am Sonntag kann man nicht mehr umsonst parken. An Weihnachten oder Ostern kann man nicht mehr umsonst parken. Und nicht einmal an Tagen, an denen ein Held der Stadt gefeiert wird, kann man noch umsonst parken.

»Nicht einmal an Lincolns Geburtstag«, lacht Krislov.

»Nicht einmal an Lincolns Geburtstag«, seufzt Colon.

Sie wollten sich an Lincolns Geburtstag freinehmen? Tut mir leid, Amerika – *Pech gehabt, her mit dem Zaster!*

Und jetzt kommt noch das letzte vergnügliche Detail an diesem Geschäft. Der große Plan von Finanzchef Volpe sah vor, mit den Zinsen aus dem riesigen Geldberg das Haushaltsdefizit zu stopfen. Doch da die Zinsen im Keller blieben, musste die Stadt das Kapital angreifen. In wenigen Jahren ist das Geld wahrscheinlich weg.

»Wir hatten ein großes Loch im Haushalt«, gibt Colon zu. »Aber damit haben wir das Problem nicht gelöst. Wir haben im nächsten Jahr immer noch dasselbe Loch, und wo soll das Geld dann herkommen?«

Groteskerweise meinte ein selbstzufriedener Bürgermeister Daley etwa einen Monat nach Vertragsabschluss, dem frisch inaugurierten Präsidenten Obama, der ebenfalls aus Illinois stammt, einen Rat geben zu müssen. Er erklärte Obama, er müsse auch

einmal unkonventionell denken, um die Einnahmeprobleme des
Landes zu lösen.

»Wenn man öffentliche Vermögenswerte verpachtete – jede
Stadt, jeder Bundesstaat und die Bundesregierung –, müsste man
überhaupt keine Steuern mehr erhöhen«, sagte er. »Auf die Art
bekommt man mehr Geld für die Infrastruktur herein.«

Und Amerika befolgt Daleys Ratschlag. Da ich dies schreibe,
peitschen Nashville und Pittsburgh ihre eigenen Parkuhrenverträ-
ge durch, ebenso wie Los Angeles. New York hat es erwogen, und
auch die Stadt Miami hat soeben ihre Pläne für einen Leasingvertrag bekanntgegeben. Mittlerweile stehen Autobahnen, Flughäfen, Parkgaragen, Mautstraßen – so gut wie alles, was man sich
denken kann und was nicht niet- und nagelfest ist, und manches
ist genau das – zum Verkauf für anonyme Bieter rund um den
Erdball.

Als ich dem Abgeordneten aus Pennsylvania Joseph Markosek
erzählte, dass die Pennsylvania Turnpike Investoren aus dem Nahen Osten angeboten worden war, lachte er.

»Im Ernst?«, sagte er. »Das ist interessant.«

Markosek hatte entscheidenden Anteil daran, dass Gouverneur
Ed Rendells Pläne mit der Mautautobahn vereitelt wurden, doch
nicht einmal er hatte gewusst, wer die Käufer eigentlich gewesen
wären. Ihm war bekannt, dass Morgan Stanley beteiligt war, aber
das war auch schon alles. Er hielt es einfach prinzipiell für keine
gute Idee. »Es wäre für Pennsylvania ein schlechtes Geschäft gewesen«, sagt Markosek. »Es wurde viel darüber spekuliert, ob der
Gouverneur die Einmalzahlung einfach dazu verwenden wollte,
den aktuellen Haushalt auszugleichen, denn er hat in diesem Jahr
ein erhebliches Problem mit dem Etat. Aber den Leasingvertrag
hätten wir noch 74 Jahre gehabt.«

Dass diese Verträge abgeschlossen werden, lässt sich auf dieselbe Ursache zurückführen wie der Umstand, dass Investmentbanken in mit Hypotheken abgesicherten Mist investierten, von dem völlig klar war, dass er in die Luft fliegen würde, der aber im Moment dicke Boni einbrachte: Die Politiker, die diese Verträge abschließen, die Rendells und Daleys, sind längst in Pension, wenn die echte Rechnung fällig wird.

Willkommen im Archipel der Abzocker.

6

Das Billionen-Dollar-Pflaster
Die Gesundheitsreform

Am 21. Januar 2010 – nur wenige Tage nachdem ein rechtsgerichteter Politroboter und untalentierter Durchschnittstyp namens Scott Brown die glücklose Martha Coakley, fortan zu einem Dasein als Fußnote der Geschichte verdammt, bei der Wahl um den Senatssitz für Massachusetts geschlagen hatte – erhob sich Gene Taylor, der demokratische Kongressabgeordnete für Mississippi, bei einer Fraktionssitzung der Demokraten und versuchte mit seinem bedächtigen Golfküstenakzent, die Dinge ins rechte Licht zu rücken.

Nancy Pelosi, die Sprecherin des Repräsentantenhauses, war gerade dabei, ihre Fraktion aufzumuntern und zu überzeugen, dass Präsident Obamas Gesetzesvorlage zur Gesundheitsreform noch nicht gestorben war, dass der Verlust der sogenannten Supermehrheit der Demokraten im Senat aufgrund von Browns Überraschungssieg nicht bedeutete, es sei alles verloren, denn das Vorhaben könne immer noch umgesetzt werden. Pelosi sprach vom »Reconciliation-Verfahren« – einem parlamentarischen Manöver, bei dem ein Gesetz mit einfacher Mehrheit verabschiedet werden kann, anstatt eine sogenannte filibustersichere Mehrheit von sechzig Stimmen zu benötigen –, um eine abgespeckte Version der Reform durch den Senat zu bringen. Das hatte eine gewisse Ironie, denn wahrscheinlich hätten die Demokraten schon längst diesen Weg gehen sollen, aber erst jetzt in ihrer Verzweiflung kamen sie darauf zurück, nur um *irgendetwas* zu verabschieden, was man als »Gesundheitsreform« bezeichnen konnte. Taylor, dessen Wahlkreis in Mississippi die Stadt Biloxi und andere Orte an der von Hurrikan Katrina verwüsteten Küste umfasst, war sich nicht so sicher, ob diese Strategie funktionieren würde.

»Mich erinnert das an Katrina«, sagte Taylor den Demokraten. Und dann erzählte er ihnen, wie er und seine Familie beim Hurrikan etwa 30 Kilometer ins Landesinnere evakuiert worden waren. Nachdem der Sturm und der Regen ein wenig nachgelassen hatten, fuhr er zurück zu seinem Haus, um zu sehen, was noch übrig war.

»Ich fahre nach Süden, dann weiter mit dem Boot und dann nach Bay St. Louis«, berichtete er. »Und ich komme um die Kurve, wo früher einmal eine große alte Betonbrücke war. Und am Fuß der Brücke war früher der Jachtklub. Und ein bisschen oberhalb vom Jachtklub, da liegt mein Haus. Ich komme also um die Kurve, und da ist keine Brücke mehr. Kein Jachtklub. Und kein Haus.«

Taylor erzählte weiter, wie er zurück ins Landesinnere fuhr und seinen Nachbarn Bericht erstattete, die alle auf eine Nachricht warteten: »Da ist nichts mehr da.«

Und sie fragten: »Wie, nichts mehr da?«

»Es ist einfach alles weg.«

Er erzählte den Demokraten von einer Frau, die Taylors Bericht nicht glauben wollte: »Aber nicht *mein* Haus«, sagte sie mit breitem Südstaatenakzent. »Mein Haus kann nicht weg sein. Sie können doch mein Haus von Ihrem Haus aus gar nicht sehen, weil *mein* Haus hinter Corkys Haus liegt.«

Woraufhin Taylor erwiderte: »Mein Haus ist weg. Corkys Haus ist weg. Und *Ihr* Haus ist auch weg.«

Er erzählte weiter: »Aber die Frau ließ nicht locker: ›Sie meinen, das Dach ist weg?‹ Und ich sagte: ›Nein, Ma'am. Es ist *alles* weg.‹«

Er machte eine Pause, damit seine Geschichte ihre volle Wirkung bei den Abgeordneten entfalten konnte.

»Und so«, sagte er, »ist es auch mit der Gesundheitsreform.«

Doch wundersamerweise überlebte die Reform, und das Gesetz ging durch. Und damit vermied Barack Obama einen der schwersten Schläge gegen den demokratischen Prozess in der Geschichte unseres Landes. Ein Scheitern des Gesetzes wäre ein Schlag gegen die Demokratie gewesen. Nicht, weil es ein gutes Gesetz war – das war es ganz und gar nicht. Wahrscheinlich war es sogar das *schlechteste* Gesetz, das es je durch beide Häuser des Kongresses schaffte. Nein, das Beinahe-Scheitern von »Obamacare« offenbart eine furchtbar deprimierende Wahrheit über das politische System in Amerika, und die lautet, dass unsere Regierung so dysfunktional ist, dass sie sich eigentlich nicht einmal mehr in den Dienst privater Interessen stellen kann, die in unserem Land das Sagen haben. Taylor hatte unrecht, was das Gesetz betraf. Aber er hatte auch recht. *Etwas* war schon lange abhandengekommen.

Obamacare war eiskalt als zynischer politischer Deal entworfen worden: massive Zugeständnisse an die Pharmaindustrie in Form von gigantischen Subventionen und eine ebenso lukrative Gabe an die großen Versicherungen in Form der Krankenversicherungspflicht, die ein paar ohnehin reichen Versicherungsunternehmen 25 bis 30 Millionen neue Kunden beschert, die gezwungen werden, die Versicherungen zu künstlich aufgeblähten, staatlich garantierten Preisen abzuschließen.

Obamacare besteht im Grunde aus zwei rücksichtslosen Kolossen, die jeweils um die Macht ringen, aber an der Hüfte zusammengewachsen sind. Der Staat übernimmt fortan die Kontrolle über einen Sektor der amerikanischen Privatwirtschaft, der 16 Prozent des Bruttoinlandsprodukts ausmacht. Im Gegenzug übernimmt ebendieser Sektor dauerhaft die Kontrolle über etwa 8 Prozent des zu versteuernden Einkommens, um es in private Gewinne umzuwandeln. Trotz einer über ein Jahr anhaltenden-den Dauerberieselung durch die Medien und künstlich hochge-spielter Kontroversen in den Radiodiskussionssendungen ist den Amerikanern dabei größtenteils entgangen, dass die Regierung Obama versuchte, den ersten Machtkampf für sich zu gewinnen, indem sie dem anderen Koloss freie Bahn ließ.

Der zugegeben geniale Plan unseres seinerzeit frischgebackenen Präsidenten und seines eisernen Stabschefs – ein selbstüberzeugter und unglaublich unsympathischer Strippenzieher namens Rahm Emanuel, der an Karl Rove[22] erinnert, nur ehrgeiziger und mit mehr Haaren, dafür aber ohne dessen beruhigenden Sinn für Humor – sah vor, die Zustimmung der Versicherungs- und Phar-maindustrie zu Obamacare zu kaufen, indem die Regierung mit ihren schwachen Regulierungsmitteln das Einzige anbot, was sie hatte: das Recht, Steuern zu erheben.

Das Resultat war ein neues Gesetz, das sowohl den Staat als auch die Privatwirtschaft radikal verändern und darüber hinaus die schlimmsten paranoiden Ängste auf beiden Seiten des politi-schen Spektrums bestätigen wird.

Die erzkonservativen Anhänger der Tea Party protestierten das ganze Jahr 2009 gegen Obamacare, weil sie darin eine radikale sozialistische Umverteilung sehen. Und wissen Sie, was? Sie lagen gar nicht so falsch, obwohl diejenigen, die das Gesetz ausarbeite-ten, so wenig sozialistisch waren, wie es ein Mensch nur sein kann.

Und gleichzeitig erkannte die kastrierte Linke, die Anhänger-schaft, die so schwer dafür geschuftet hatte, dass Obama über-haupt gewählt wurde, in der Gesundheitsreform eine kryptofa-schistische Fusion von Staat und privater Wirtschaftsmacht, eine absurd teure Kapitulation der demokratisch gewählten Volksvertreter vor den geballten Interessen der Privatwirtschaft. Und auch *sie* lagen nicht völlig falsch, allerdings war die negative Ideologie (welche auch immer), gegen die sie protestierten, eher zufällig in das Gesetz hineingeraten.

In Wirklichkeit war Obamacare ein Handel, bei dem es nur ums Geld ging. Die Regierung wollte Milliarden an Subventionen und die Beiträge von Millionen unfreiwilliger Kunden gegen die Wahlkampfspenden der entsprechenden Branchen für die nächsten Jahre eintauschen. Ein perfektes Beispiel dafür, wie in der Ära der Spekulationsblasen Politik gemacht wird. Alle wirklich Mächtigen denken extrem kurzfristig, langfristiges Denken ist ihnen völlig fremd, und selbst die umfangreichsten und ehrgeizigsten Vorhaben sind ausschließlich durch kurzfristige Gewinne motiviert. Eine radikale Umgestaltung der gesamten Wirtschaft, nur um für zwei Wahlzyklen Wahlkampfspenden einzusacken – das steckt in Wirklichkeit hinter dem Gesetz zur Gesundheitsreform. Das mag absurd verkürzt wirken, aber es gibt keine andere einleuchtende Erklärung.

Dass die Gesundheitsreform ein völlig überzogenes Geschenk an die Wirtschaft war, blieb am Ende so gut wie niemandem in Washington verborgen. Eigentlich muss man nur schauen, wer einen der ersten Entwürfe für das Gesetz verfasst hatte – eine Referentin namens Liz Fowler, die im Februar 2009 in den Mitarbeiterstab von Senator Max Baucus aufgenommen wurde, nachdem sie einige lukrative Jahre fern der Politik für den Versicherungsriesen WellPoint gearbeitet hatte. Und vor ein paar Jahren, eben während dieses kurzen, lukrativen Intermezzos in der freien Wirtschaft, sagte Liz Fowler ganz offen: »Die Leute liebten mich, als ich in Washington arbeitete, denn ich entwarf Gesetze, bei denen Geld verschenkt wurde.«

Und dieses Mal hatte sie sich selbst übertroffen, auch wenn die öffentliche Wahrnehmung das ganz anders sah. »Es war ... ich glaube, das passende Wort dafür ist einfach ›schräg‹«, sagte ein benommen wirkender Dennis Kucinich einen Tag nach der Rede Taylors und dessen Vergleich, dass die Gesundheitsreform vom Hurrikan weggefegt worden sei. »Es gab den bewussten Versuch, daraus eine Auseinandersetzung zwischen der Linken und Rechten zu machen, obwohl das eine völlig unsinnige Interpretation war. Denn es war ein Deal, der im Hinterzimmer ausgehandelt worden war und der nichts mit der öffentlichen Wahrnehmung zu tun hatte. Da könnte man durchaus ein Buch darüber schreiben, wie die öffentliche Debatte dazu manipuliert wurde.«

Die endlose Auseinandersetzung um die Gesundheitsreform war ein schamloser Verrat am Vertrauen der Wähler und zugleich ein Beweis dafür, dass eine Nation, die glaubt, sie sei in Republikaner und Demokraten gespalten, einmal darauf achten sollte, dass mittlerweile eine dritte Partei in Washington regiert, die derartige Abkommen ausheckt und vor allem deshalb Erfolg hat, weil sie mit den formalen bürokratischen Abläufen in der Hauptstadt umzugehen weiß. Typisches Merkmal dieser Politik ist, dass die Regierung, wenn es denn unbedingt eine geben muss, absichtlich ineffektiv agiert und die Funktionen, die wir normalerweise vom Staat erwarten, nur unzureichend ausübt. Kompetent ist sie nur in einem Bereich: das Geld der Steuerzahler zu verschenken und dafür Wahlkampfspenden zu kassieren.

Im Sommer 2009 besuchte ich ein Krankenhaus, das gerade in eine ungleiche Auseinandersetzung mit einer Versicherung verwickelt war. Die missliche Lage des Bayonne Medical Center in New Jersey ist ein typisches Beispiel für das absurde Maß an Grausamkeit, Ineffizienz und unnötigen Ausgaben, die das amerikanische Gesundheitssystem zugrunde richten – dass die Amerikaner genau den Problemen ausgesetzt sind, mit denen auch das

Bayonne Medical Center zu kämpfen hat, machte die Forderung nach einer radikalen Reform des Gesundheitssystems im Präsidentschaftswahlkampf 2008 so erfolgreich.

An einem drückend schwülen Augustnachmittag betrat ich ein bescheidenes Besprechungszimmer im unscheinbaren kleinen Krankenhaus von Bayonne, umwabert vom undefinierbaren Gestank des nahegelegenen Hudson River. Der Verwaltungschef Dan Kane saß zusammen mit dem Pressesprecher John Dinsmore mit gefalteten Händen am Tisch und musterte mich nervös. Ich hatte das Gefühl, dass die beiden die Geschichte schon mehrfach – und immer erfolglos – mit zahlreichen anderen Journalisten durchexerziert hatten.

»Wir hatten also diesen Patienten«, begann Kane. »Er hatte kein so schweres gesundheitliches Problem, aber er nahm Coumadin.«

Der Patient hatte, erzählte er weiter, eine chronische Krankheit, gegen die er das gängige Blutverdünnungsmittel nehmen musste, und wurde deswegen zu Hause behandelt. Aber dann gab es Komplikationen, und er musste sich hier im Krankenhaus operieren lassen.

Er wurde also stationär aufgenommen, und die Ärzte setzten vor der Operation langsam das Blutverdünnungsmittel ab. »Wir machten gar nichts mit ihm, gaben ihm nur Zeit, um vom Coumadin wegzukommen«, sagte Kane. »Sobald das abgeschlossen war, operierten wir ihn, und alles lief hervorragend.«

Kurz darauf kam eine Nachricht von der Krankenversicherung des Patienten: Sie wollte nicht zahlen, denn die Operation sei nicht »zeitnah« durchgeführt worden.

Wenn das Krankenhaus die Operation »zeitnah« durchgeführt hätte, wäre der Patient auf dem Operationstisch verblutet, weil man jemanden, der Blutverdünner nimmt, nicht operieren kann. Die Ärzte der Bayonne-Klinik in New Jersey – in New Jersey mussten seit 2007 zehn Krankenhäuser schließen, weitere sechs haben Konkurs angemeldet (damit ist New Jersey ein Bundesstaat, der das amerikanische Kliniksterben und den Tod des amerikanischen Gesundheitssystems an vorderster Front miterlebt) – wiesen die Versicherung Horizon Blue Cross Blue Shield auf diese wichtige Tatsache hin. Keine Chance.

»Verstehen Sie, wir erklärten, dass der Patient gestorben wäre, wenn wir sofort operiert hätten. Aber die Versicherung blieb bei ihrer Weigerung zu zahlen«, erklärte mir später Eileen Popola, die Case-Managerin des Krankenhauses.

Popola schätzt, dass sie etwa die Hälfte ihrer Arbeitszeit damit verbringt, Ansprüche bei dieser einen Versicherung einzutreiben, die in New Jersey der Marktführer ist. Ihr Krankenhaus gibt an, dass die Hälfte der Mitarbeiter in der Verwaltung nur damit beschäftigt ist, Versicherungszahlungen einzufordern.

Das zeigt etwas, was wir eigentlich schon über das amerikanische Gesundheitssystem wissen: Ein Großteil der Kosten ist allen komplett egal und interessiert weder den Kongress noch sonst jemanden – ich spreche vom Verwaltungsaufwand. Weil wir kein Single-Payer-System (wie bei einer staatlichen Krankenversicherung) haben, weil es bei uns 1300 verschiedene Versicherungsgesellschaften gibt, die alle verschiedene Formulare und unterschiedliche Methoden zur Beurteilung der Ansprüche haben, ist der Großteil des nichtmedizinischen Personals in Krankenhäusern und Kliniken damit beschäftigt, Forderungen einzutreiben. Dass sich die Hälfte der Mitarbeiter in der Verwaltung der Bayonne-Klinik um die Abrechnung kümmert, ist nichts Ungewöhnliches.

Das amerikanische Gesundheitssystem ist, um hier einmal einen stark strapazierten Vergleich zu wählen, die kafkaeske Parodie eines ineffizienten Unternehmens, wo auf der einen Seite Ärzte stehen, die oft im Bruchteil von Sekunden dringend notwendige Entscheidungen über die Behandlung der Patienten treffen müs-

sen, und auf der anderen Seite ein riesiger Berg an verweigerten
Zahlungen der Versicherungen, über die hilflose, unterbezahlte
Verwaltungsangestellte später verhandeln müssen, damit die Ver-
sicherungen für ebendiese Behandlung aufkommen.

Studien belegen, dass der Großteil der ausufernden Kosten im
amerikanischen Gesundheitssystem vom Verwaltungsaufwand
verursacht wird. Mittlerweile ist eigentlich allgemein bekannt,
dass das amerikanische Gesundheitssystem mehr kostet als jedes
andere auf der Welt: Wie aktuelle Untersuchungen zeigen, ver-
schlingt das amerikanische Gesundheitssystem 16 Prozent des
Bruttoinlandsprodukts, verglichen mit Staaten mit einem »sozia-
listischen« System wie Frankreich (auf Rang 2) mit etwa 11 Prozent, Schweden mit 9,1 Prozent und Großbritannien mit 8,4 Prozent.

Amerikaner geben durchschnittlich 7200 Dollar pro Jahr für
die Gesundheitsfürsorge aus, in anderen OECD-Staaten sind es
dagegen nur 2900 Dollar. Für diese deutlich höheren Kosten bekommen wir eine höhere Säuglingssterblichkeit, einen größeren
Anteil an Fettleibigen, eine geringere Lebenserwartung, weniger
Ärzte (auf tausend Personen kommen in den USA nur 2,4 Ärzte,
in den anderen OECD-Ländern sind es im Schnitt 3,1) und weniger Betten für Akutfälle (2,7 auf tausend Einwohner, verglichen
mit durchschnittlich 3,8 Akutbetten auf tausend Einwohner in
den OECD-Staaten).

Mehr noch, die privaten Krankenversicherungen bieten für die
Versicherten so gut wie keinen finanziellen Schutz. Immerhin
stehen 50 Prozent der Privatinsolvenzen in den USA im Zusammenhang mit medizinischen Kosten, 75 Prozent der Betroffenen
sind eigentlich krankenversichert.

Aber woher kommen all die zusätzlichen Kosten? Unter anderem vom zusätzlichen Papierkram aufgrund unseres nichtstandar-
disierten Versicherungssystems. Eine 2003 durchgeführte Studie

des *New England Journal of Medicine* kam zu dem Schluss, dass die Verwaltungskosten 31 Prozent der gesamten Ausgaben im amerikanischen Gesundheitswesen verschlingen. Zum Vergleich: In Kanada sind es nur 16,7 Prozent. Und die Verwaltungskosten in den USA steigen nicht nur ein bisschen, sondern schnellen massiv in die Höhe: 1991 waren es noch 450 Dollar pro Kopf, 2003 lagen sie schon bei 1059 Dollar. Und das ganze zusätzliche Geld fließt in einen Bereich, der für die medizinische Versorgung der Patienten überhaupt nichts bringt: Verwaltungsangestellte, die sich um Forderungen streiten.

Die Klinik von Bayonne ist eins der sechs Krankenhäuser in New Jersey, die seit 2007 in Konkurs gingen. Bei meinem Besuch wurde die Klinik gerade umstrukturiert, und als die Regierung Obama im Sommer 2009 den Kongress mit der Ausarbeitung einer Gesundheitsreform beauftragte, kam die Klinik soeben wieder finanziell auf die Beine.

Doch sie hatte Probleme mit Horizon Blue Cross, wo man verärgert darüber war, dass die Klinik es gewagt hatte, aus dem Netzwerk der Vertragskrankenhäuser auszusteigen, denn dadurch gerieten die Einnahmen der Versicherung und nicht zuletzt auch der geplante Börsengang im folgenden Jahr in Gefahr, bei dem die Führungsetage natürlich ein Vermögen verdienen wollte.

Das derzeitige amerikanische Gesundheitssystem ist nicht auf Bundesebene reguliert, sondern vertraut auf ein dichtes Netzwerk mächtiger Versicherungsgesellschaften in den einzelnen Staaten und auf die bundesstaatlichen Regulierungsbehörden, zu denen die Versicherungen allerdings enge Beziehungen unterhalten. Jack Byrne, der jahrzehntelang CEO des Versicherungsriesen GEICO war, sprach mir gegenüber von einem »Kartellsystem« und erklärte, auf bundesstaatlicher Ebene sei die Beziehung zu den Aufsichtsbehörden entscheidend.

»Ich habe wahrscheinlich 10 bis 15 Prozent meiner Karriere bei

Treffen mit Regulierungsbeamten verbracht«, erinnert sich Byrne,
der mittlerweile seit sieben Jahren seinen Ruhestand genießt.
»Das machte enorm viel aus, so hat das System funktioniert.«

Horizon Blue Cross ist ein Paradebeispiel für ein lokales Kran-
kenversicherungskartell – die Versicherung dominiert die Branche
in New Jersey und operiert wie eine Mafiabande, die auf ihrem
Schutzgeld beharrt. Für ein Krankenhaus war es gefährlich, sich
ihrer Macht zu widersetzen. Die Entscheidung der Bayonne-Klinik, aus dem Netzwerk der Vertragskliniken auszusteigen, zog
schwere Repressalien nach sich: Die Versicherungsgesellschaft
überschwemmte die Klinik mit Formularen und Zahlungsverwei-
gerungen.

In einem Fall verweigerte sie die Zahlung für eine Patientin, die
ins Krankenhaus gekommen war und Antibiotikainfusionen erhalten hatte. Die Versicherung argumentierte, die Patientin sei
vor zwanzig Jahren Krankenschwester gewesen und hätte sich die
Infusionen daheim selbst verabreichen können.

»Und wenn der Vater Chirurg und die Mutter Anästhesistin
ist, muss man sich wahrscheinlich auf den Küchentisch legen und
die Herzoperation daheim machen lassen«, scherzte Kane.

Routineanfragen zur Genehmigung von Krankentransporten
zu Seniorenheimen und anderen Pflege- oder Reha-Einrichtungen
wurden oft bis zum Ende der Bürostunden oder bis zum nächsten
Morgen oder einfach so lange aufgeschoben, bis das Krankenhaus
die Kosten für einen weiteren Tag übernehmen musste. Popola
wurde mit Anfragen nach weiteren medizinischen Informationen
überhäuft, bevor Zahlungen genehmigt wurden: Schicken Sie
Kopien hiervon und davon, und wir melden uns dann wieder. In
der Zwischenzeit türmten sich immer mehr Kosten auf.

Am schlimmsten war jedoch, dass Patienten, die als Notfall in
die Bayonne-Klinik kamen, systematisch unter Druck gesetzt
wurden, sich in ein Krankenhaus zu begeben, das Vertragspartner

der Versicherung war – manchmal von Kurieren, die Horizon geschickt hatte. Sie schlichen sich an der Pforte vorbei und warnten die noch von der Narkose benommenen Patienten in ihrem Bett, wenn sie blieben, könnten sie auf Rechnungen von Zehntausenden Dollar sitzen bleiben.

Wenn die Kuriere von Horizon nicht durchkamen, schikanierten sie die Familie des Patienten mit Telefonaten oder riefen den Patienten selbst an. Egal, ob die Patienten einen Herzinfarkt oder einen Unfall gehabt oder ein schweres Trauma erlitten hatten – es gab sogar einen verschreckten Patienten, der aufstand und das Krankenhaus auf eigene Verantwortung verließ, nachdem er *einen Tag zuvor* unter Kammerflimmern gelitten hatte, was sehr oft tödlich enden kann.

Ein Arzt der Bayonne-Klinik (er wollte seinen Namen nicht nennen, weil er auf Patienten von Horizon angewiesen ist) sah zu, wie sein Herzpatient aus dem Krankenhaus spazierte, und schilderte mir die Geschichte wie einen fantastischen Traum: »Ich wollte meinen Augen nicht trauen.«

Eine Patientin, die ihren Namen ebenfalls nicht gedruckt sehen will, war mit Lungenentzündung ins Krankenhaus gekommen und erhielt nach drei Tagen Anrufe von Horizon. Die Versicherungsmitarbeiter sagten ihr, sie solle sich die Infusionsschläuche herausziehen, aufstehen und das Krankenhaus verlassen. »Die Leute von Horizon sagten mir, ich wäre fit genug, um aufzustehen, mich anzuziehen und das Krankenhaus zu verlassen«, berichtet sie. »Ich bekam Panik. Ich hatte Atemprobleme. Aber ich tat, was sie sagten.«

Man sollte meinen, es gäbe Rechtsmittel, mit denen sich Krankenhäuser gegen solche Taktiken wehren können, aber tatsächlich ist das Verhalten von Horizon im amerikanischen Gesundheitssystem *vorgesehen*. Das System gibt den regionalen Versicherungsgesellschaften die Macht, Versicherte genau auf diese Art zu be-

drängen und einzuschüchtern. Und dafür müssen die Versicherten
dann auch noch überhöhte Beiträge zahlen.

Die rechtliche Grundlage dafür liefert eins der schlimmsten
Gesetze in der amerikanischen Geschichte, ein Monster namens
McCarran-Ferguson Act, das ein fast noch beschämenderes Kapitel in unserer Rechtsgeschichte darstellt als die Gesetze zur Rassentrennung – und man versteht erst so richtig, was für ein
schlechter Kompromiss Obamacare ist, wenn man den McCarran-
Ferguson Act kennt, denn dann weiß man auch, dass man eigentlich unmöglich ein »Gesetz zur Gesundheitsreform« verabschieden
kann, ohne den McCarran-Ferguson Act zu ändern.

Fast jeder Amerikaner kennt den Sherman Antitrust Act, und die
meisten wissen auch, warum er verabschiedet wurde. Das Gesetz
aus dem Jahr 1890 (dessen Urheber John Sherman Vorsitzender
des Finanzausschusses und damit ironischerweise ein Vorgänger
des konservativen Senators Max Baucus war) sollte die Macht der
monopolistischen Superkonzerne brechen, die anfingen, die
amerikanische Wirtschaft zu dominieren.

Das ursprüngliche Gesetz entstand aufgrund einer Untersuchung der Praktiken der Versicherungs-, Kohle-, Eisenbahn- und
Ölindustrie in Ohio, wo Staatsbeamte Belege für eine Zusammenarbeit und für Preisabsprachen zwischen den Unternehmen
gefunden hatten, unter anderem auch bei John D. Rockefellers
Standard Oil. Das wirklich Amüsante am Sherman Antitrust Act
(und am Vorläufer für entsprechende Gesetze auf bundesstaatlicher Ebene, dem Valentine Antitrust Act von 1898 in Ohio) ist,
dass die meisten Amerikaner von heute die Zeit, als mächtige
Unternehmen regelmäßig gemeinsame Sache machten, das Angebot begrenzten und die Preise absprachen, als tiefste Steinzeit betrachten und sich unmöglich vorstellen können, dass es so etwas
in den modernen Vereinigten Staaten gibt.

Im Falle John Rockefellers in Ohio hatte der alte Geier gegen Ende des 19. Jahrhunderts alles so arrangiert, dass er praktisch die absolute Kontrolle über die Öllieferungen in Ohio hatte. Er konnte daher das Angebot verknappen, wie es ihm gefiel, und die Preise entsprechend in die Höhe treiben. Einmal wurde er tatsächlich nach dem Valentine Act im Hancock County angeklagt. Dabei wurde einem Geschworenen, einem gewissen Mr. C. J. Myers, zweimal ein Bestechungsgeld von 500 Dollar angeboten, wenn er dafür sorgte, dass kein einstimmiges Urteil der anderen Geschworenen (die Rockefeller unbedingt schuldig sprechen wollten) zustande kam. Anders als heutige Kongressabgeordnete, die das Geld ohne Zögern eingesteckt hätten, lehnte Myers die Bestechung ab und verpfiff stattdessen Rockefellers Handlanger, was neue Anklagen nach sich zog.

Der Sherman und der Valentine Act waren in den Anfangszeiten relativ ineffektiv, wurden später aber genutzt, viele berühmte Monopole zu zerschlagen: die Standard Oil Company, die in Exxon, Mobil, Chevron und Amoco aufgeteilt wurde, oder die American Tobacco Company, von der R. J. Reynolds und Liggett and Myers abgespalten wurden. Auch die American Railway Union musste klein beigeben, nachdem Bundestruppen im Rahmen des Pullman-Fiaskos 1893 einen Streik der Gewerkschaft zerschlagen hatten.

George Pullman, der millionenschwere Eigentümer der Pullman Palace Car Company mit ihren berühmten Schlafwagen, hatte seinen Arbeitern mehrmals hintereinander den Lohn gekürzt. Das Problem war, dass die meisten Arbeiter in Pullman, Illinois, lebten, einer Stadt, die Pullman gebaut hatte und die ihm praktisch gehörte. Seine Arbeiter waren gezwungen, in seinen Läden einzukaufen, seine Häuser zu mieten und so weiter. Als er wiederholt die Löhne kürzte, ohne jedoch die Preise in Pullman zu senken, verloren die Arbeiter die Geduld. Mit Unterstützung der Eisenbahnergewerkschaft unter Führung von Eugene Debs traten sie in Streik. Züge, in denen Pullman-Waggons mitfuhren, wurden boykottiert.

Pullman hatte nun die geniale Idee, seine Pullman-Wagen an die Postzüge anzuhängen. Da diese dann auch bestreikt wurden, wurde die Post nicht mehr zugestellt. Die Streikenden waren dadurch plötzlich Kriminelle, die die staatliche Post behinderten. Unter Berufung auf den Sherman Antitrust Act entsandte Präsident Grover Cleveland 20 000 Bundestruppen, die den Streik niederschlugen, damit die Züge wieder fahren konnten. Der Gewerkschaftsführer Debs kam für sechs Monate ins Gefängnis.

Doch die Geschichte hat zwei Seiten. Kurz darauf wurde der Sherman Antitrust Act dazu genutzt, Pullmans Vormachtstellung zu brechen. Solche Maßnahmen waren seitens des Kongresses notwendig, damit sich die Wirtschaftsbosse nicht wie Plantagenbesitzer zu Sklavenhalterzeiten aufführten. Der Kongress und einige Präsidenten (vor allem Teddy Roosevelt) kämpften hart dafür, dass die Gesetze auch angewandt und die Monopole zerschlagen wurden. Das zeigt den deutlichen Unterschied zwischen früheren Regierungen und dem, na ja, was heutzutage als »Regierung« bezeichnet wird.

Doch die Durchsetzung des Sherman Act ist nicht nur eitel Sonnenschein. Es gab eine wichtige Ausnahme beim Sherman Act, und das war die Versicherungsbranche, die aus Gewohnheit und in vielen Fällen auch vom Gesetz her nicht unter den Begriff »Handelsgewerbe« fiel, der in der Anti-Trust-Gesetzgebung zur Regulierung des Handels zwischen den Bundesstaaten verwendet wurde.

Und so hatten die Versicherungsgesellschaften über Jahrzehnte freie Bahn und konnten sich genau wie Rockefeller und Pullman aufführen, bis es Anfang der vierziger Jahre ein Versicherungskartell im Süden etwas zu weit trieb und vor dem Supreme Court landete.

Bei dem Fall ging es um eine Gruppe von Versicherungsfirmen, die ihren Sitz überwiegend in Georgia hatten und sich zur South-Eastern Underwriters Association (SEUA) zusammengetan hatten. Im Grunde machten sie denselben Mist wie Rockefeller in Ohio, sie schufen ein undurchdringliches lokales Kartell, das den gesamten Markt dominierte, und legten nicht nur die Preise fest, sondern schüchterten auch Anbieter und Kunden ein, indem sie drohten, sie überhaupt nicht zu versichern, wenn ihren Preisvorstellungen nicht entsprochen wurde.

Die Anwälte der SEUA argumentierten ziemlich widersinnig, die US-Bundesregierung habe nicht das Recht, Versicherungen als Handel zwischen den Bundesstaaten zu regulieren, weil Versicherungen irgendwie kein Handel seien. Sie stützten sich dabei auf Entscheidungen des Kongresses, die in vielen Jahrzehnten bestätigt hatten, wenn auch nicht immer direkt, dass sich der Sherman Act nicht auf Versicherungen bezog. Doch Bundesrichter Hugo Black und eine Mehrheit seiner Kollegen waren anderer Meinung und erließen das Urteil »U.S. vs. South-Eastern Underwriters Association«, in dem ein für alle Mal festgelegt wurde, dass Versicherungsunternehmen, die über Bundesstaatengrenzen hinweg operierten, unter den Begriff »Interstate Commerce« fielen und daher von der Bundesregierung reguliert werden konnten.

Der Supreme Court hatte gesprochen, aber die Versicherungsgesellschaften gaben nicht auf. Sie wandten sich sofort an den Senat, wo sie einen Verbündeten in Gestalt des unglaublichen Arschlochs Pat McCarran hatten, eines Senators aus Nevada.

McCarran hätte der Joe McCarthy seiner Zeit werden können, allerdings war er nicht ganz so publicitysüchtig wie Letzterer. Dafür gelangte er auf anderem Wege zu Ruhm. Er war Vorbild für die Rolle des schmierigen, bestechlichen Senators Pat Geary in dem Film »Der Pate – Teil II«, der seinen großen Auftritt in der Szene hat, als er von Michael Corleone für eine Kasinolizenz eine

hohe Schmiergeldzahlung verlangt. Dabei sagt er: »Ich verab-
scheue … die ganze Art Ihres Auftretens, das verlogene Gehabe.
Und das gilt für Ihre ganze beschissene Familie.«

Woraufhin Al Pacino die berühmte Antwort gibt: »Senator,
meine Antwort können Sie sofort haben. Das Angebot lautet:
keinen Cent. Nicht einmal den normalen Preis für die Konzession. Vielleicht bezahlen Sie den ja aus Ihrer Privatkasse.«

Doch McCarran diente nicht nur als Inspiration für einen der
größten korrupten Politiker der Filmgeschichte, sondern kämpfte
auch gegen vermeintliche kommunistische Verschwörungen und
setzte mit großem Tamtam den McCarran-Walter Act durch, der
Quoten für Einwanderer aus bestimmten Ländern und für Ange-
hörige ethnischer Gruppen festlegte. Außerdem ist er für den
McCarran Internal Security Act verantwortlich, der Parteien wie
beispielsweise die American Communist Party unter staatliche
Beobachtung stellte.

Trotz seiner Begeisterung für einen starken Staat vertrat Mc-
Carran eine ganz andere Haltung, wenn es um die staatliche Re-
gulierung der Wirtschaft ging. Er arbeitete fieberhaft daran, den
Versicherungsgesellschaften eine staatliche Aufsicht vom Leib zu
halten. 1944 tat er sich mit Homer Ferguson zusammen, einem
Senator aus Michigan, der ebenfalls ein Faible für Wettbewerbs-
verzerrung hatte, und brachte mit ihm den McCarran-Ferguson
Act durch den Kongress.

Witzigerweise inspirierte auch Ferguson Hollywood zur Rolle
eines korrupten Senators auf der Leinwand. Falls jemand den un-
terschätzten Film »Tucker« mit Jeff Bridges in der Hauptrolle
kennt: Lloyd Bridges spielt den korrupten Staatsbeamten, der mit
den großen Autoherstellern gemeinsame Sache macht und dafür
sorgt, dass der junge Autobauer und Erfinder Preston Tucker mehr
Zeit damit verbringt, sich gegen Phantomanklagen vor Gericht zu
wehren, als günstige, zuverlässige und sichere Autos zu konstruie-

ren. Die drei großen Autobauer, die damals seine Konkurrenz fürchteten, sind heute bezeichnenderweise praktisch pleite.

Gemeinsam brachten die beiden Dumpfbacken McCarran und Ferguson ihr Gesetz durch, das die Umsetzung des Supreme-Court-Urteils im Fall »U.S. vs. South-Eastern Underwriters Association« entscheidend behinderte und die Grundlage für eine jahrzehntelange Ausplünderung der Bürger durch die Versicherungen legte.

Selbst die Art und Weise, wie das unsägliche Gesetz zustande kam, ist ein Armutszeugnis für den demokratischen Prozess. Die Vorlage, die McCarran und Ferguson beim Senat einreichten und die dann auch vom Repräsentantenhaus verabschiedet wurde, sollte eigentlich die Autorität der Bundesstaaten über die Versicherungsbranche schützen, allerdings enthielt sie eine Klausel, die besagte, dass der Sherman Act gelte, wenn und falls sich die bundesstaatlichen Gesetze als unzulänglich erwiesen.

Der ursprüngliche McCarran-Ferguson Act sollte ausdrücklich nur vorübergehend gelten und laut Originalentwurf 1947 auslaufen. Weil das Gesetz in der Form gar nicht so strittig wirkte und ohnehin zeitlich begrenzt war, passierte es sowohl das Repräsentantenhaus (wo es ohne Debatte vom Justizausschuss genehmigt wurde) als auch den Senat, ohne dass groß darüber diskutiert wurde, geschweige denn, dass es ernsthaften Widerstand gegeben hätte. Franklin D. Roosevelt verwies bei der Unterzeichnung des Gesetzes ausdrücklich darauf, dass die Gültigkeit zeitlich begrenzt sei.

»Nach einer Übergangsphase«, erklärte Roosevelt bei der Unterzeichnung, »werden die Anti-Trust-Gesetze in der Versicherungsbranche voll wirksam sein.«

Aber jetzt kommt der Haken: Egal, wie eifrig ein Gesetz im Repräsentantenhaus oder Senat debattiert wird, es kann nach der Abstimmung in beiden Häusern immer noch in den Vermittlungsausschüssen, den Conference Committees, umgeschrieben werden, selbst wenn es dadurch die entgegengesetzte Bedeutung erhält.

In diesem Fall hatte der McCarran-Ferguson Act nach der Überarbeitung im Ausschuss eine wichtige neue Klausel erhalten: Ab dem 1. Januar 1948 sollten Sherman Act, Clayton Antitrust Act (eine Erweiterung des Sherman Act, die weitere Formen der Zusammenarbeit und Einschüchterung verbot) und Federal Trade Commission Act »auf die Branche der Versicherungen insofern angewandt werden, wenn dieser Bereich nicht durch bundesstaatliche Gesetze geregelt ist«.

Anders ausgedrückt war der McCarran-Ferguson Act nun keine vorübergehende Ausnahmeregelung mehr, die ausdrücklich vorsah, dass der Sherman Act ins Spiel kam, wenn die bundesstaatlichen Gesetze unzureichend waren, sondern ein dauerhaft gültiges Gesetz, das die Anwendung des Sherman Act, des Clayton Antitrust Act und des Federal Trade Commission Act ausdrücklich für alle Fälle *ausschloss*, für die bereits bundesstaatliche Gesetze existierten.

Dadurch erhielt die Versicherungsbranche eine dauerhafte Lizenz zur Ausbeutung ihrer Kunden. Und ohne staatliche Regulierung boten sich zahlreiche Möglichkeiten für die Versicherungsgesellschaften, sich untereinander abzusprechen und die Preise zu manipulieren. Sie konnten beispielsweise Schadensmeldungen zusammenfassen und über kartellähnliche Organisationen wie das Insurance Services Office (ISO) legal die Preise festlegen.

Die kriminellen Geschäftsmethoden, die Thriller wie Kurt Eichenwalds *The Informant* schildern, werden von den Versicherungsunternehmen ganz offen und legal angewandt. In diesem Buch geht es um die Bemühungen mehrerer Agrarkonzerne, dem FBI und ausländischen Polizeibehörden zu entwischen und gleichzeitig geheime Preisabsprachen für das Futterergänzungsmittel Lysin zu treffen.

»Wenn sich Bauunternehmer zusammenschlössen und die Preise für Ziegelsteine und Mörtel festlegten, kämen sie ganz schnell ins Gefängnis«, erklärt Robert Hunter von der Verbraucherschutzorganisation Consumer Federation of America, der unter Präsident Ford für die Versicherungsaufsichtsbehörde arbeitete. »Aber in der Versicherungsbranche ist das alles legal.«

Versicherungsgesellschaften können sich auch zusammentun und mit Boykotten oder Schlimmerem drohen, je nachdem, wie groß ihr Marktanteil oder wie klein der Bundesstaat ist, in dem sie aktiv sind, also je nachdem, wie sehr sie die Bevölkerung in der Hand haben.

Ein typisches Beispiel für das skandalöse Treiben der Versicherungen finden wir im Bundesstaat Mississippi, der sich bereits vor dem Wirbelsturm Katrina als Hochburg des organisierten Verbrechens einen Namen gemacht hatte. Im Jahr 2003 sorgte ein Kunstfehlerskandal in Mississippi für enormen Medienrummel. Zeitungs- und Fernsehleute strömten in den Staat und beschrieben, wie das System zur Erhebung von Schadenersatzansprüchen pervertiert wurde. Patienten erhoben wegen Kunstfehlern Anklage und forderten von Ärzten enorme Entschädigungen – die amerikanische Handelskammer und andere Organisationen sprachen in dem Zusammenhang von »Kasinojustiz«, was von ihren Marionetten in den Medien und im Kongress getreulich wiederholt wurde. Zweifellos gab es diese Fälle, doch viel weniger bekannt ist die Reaktion der Versicherungen darauf.

»Wir hatten in Mississippi eine Kunstfehlerkrise«, berichtet Brian Martin, Referent des Kongressabgeordneten Gene Taylor. »Daraufhin erklärten die Versicherungsgesellschaften: ›Wir versichern Frauenärzte, Neurochirurgen und Ärzte in Notaufnahmen nicht mehr gegen Kunstfehler, bis Mississippi das Schadensersatzrecht ändert.‹«

Bezeichnenderweise drohte hier nicht nur eine Versicherungsgesellschaft allein, und es wurde auch nicht gedroht, einzelnen Ärzten, die verklagt worden waren, die Versicherung zu kündigen. Eine ganze Gruppe angeblicher Konkurrenten handelte hier in schönster Eintracht und drohte, bestimmte Ärztegruppen nicht mehr zu versichern, unabhängig von der bisherigen Leistung der einzelnen Ärzte.

Taylor war Mitglied des Senats von Mississippi gewesen und hatte in dieser Funktion die Reform des Schadenersatzrechts unterstützt, um exzessive Schadenersatzansprüche zu begrenzen, die seiner Meinung nach wirklich ein Problem darstellten. Doch später als Kongressabgeordneter erkannte er ein bestimmtes Muster.

»Sobald der Aktienmarkt in den Keller ging und die Versicherungen nicht mehr genug Geld machten, gab es immer eine Krise bei den Schadenersatzforderungen«, erklärt sein Referent Martin.

Dann wütete 2005 der Wirbelsturm Katrina, und da zeigten sich die wahren Abgründe der Anti-Trust-Ausnahmeregelung für Versicherungen. Staatliche Stellen registrierten bei Katrina mindestens vier Stunden lang Sturmböen in Hurrikanstärke, und es war eigentlich für jeden in der Region völlig eindeutig, dass der Sturm einen Großteil des Schadens verursacht hatte – ich selbst war kurz nach dem Sturm in der Gegend von Biloxi und sah noch kilometerweit im Inland Häuser, die der Sturm einfach mitgerissen hatte.

»Es gab Leute, die in ihren Häusern standen, als der Wind sie zum Einsturz brachte«, sagte mir Marvin Koury damals, ein Immobilienberater in Gulfport, Mississippi, »und die Versicherungsgesellschaften behaupteten, es sei die Überschwemmung gewesen.«

Obwohl die Versicherungsunternehmen in größeren Bundesstaaten mit einer schärferen Versicherungsaufsicht wie etwa Louisiana aufgrund der Sturmschäden große Summen an die Hausbesitzer auszahlten, beschloss das Versicherungskartell in Mississippi

– in diesem Fall eine ad hoc entstandene Union der Versicherungen State Farm, Allstate, Nationwide, USAA und vieler anderer –, alle Ansprüche aufgrund von Sturmschäden abzulehnen, es sei denn, die Hausbesitzer konnten nachweisen, dass die Schäden durch Sturmböen getrennt von den Schäden durch Überschwemmung entstanden waren. State Form gab dazu direkt nach Katrina folgende Erklärung heraus:

> Wo Windböen gleichzeitig mit Überschwemmungen auftreten und Schäden am versicherten Objekt verursachen, besteht ein Anspruch auf Versicherungsleistungen nur für eine Versicherung gegen Flutschäden, falls vorhanden.

Von der Versicherung Nationwide gab es eine ähnliche Erklärung, in der den Versicherten mitgeteilt wurde: »Wenn die Schäden durch Wind und Überflutungen verursacht wurden, bestehen keine Ansprüche.«

Warum wurde der Schwarze Peter nicht dem Wind, sondern der Überschwemmung zugeschoben? Ganz einfach – für die Schäden durch Überflutung gab es ein staatliches, vom Steuerzahler finanziertes Hilfsprogramm! In dem Fall stellte das National Flood Insurance Program vielen ruinierten Hausbesitzern Schecks von Uncle Sam aus, damit sie ihre Häuser reparieren konnten. Und die Geschichte hat noch eine ganz besondere Ironie, denn die Regierung in Washington beauftragte private Versicherungsunternehmen mit der Auszahlung der Beträge, obwohl ebendiese Versicherungen ihren Versicherten die Zahlungen aufgrund von Sturmschäden verweigerten.

»Da haben wir beispielsweise State Farm«, erläutert Martin. »Die Agenten rennen herum, verkünden: ›Hier sind Ihre 250 000 Dollar von der Regierung für Ihre Überschwemmungsschäden, und ach übrigens, wir sehen hier keine Sturmschäden.‹«

Taylors Haus gehörte zu denen, für die State Farm nichts bezahlen wollte, was schlimm genug war – schließlich legte sich die
Versicherung mit einem Kongressabgeordneten an. Aber die Ver-
sicherungsleute waren auch so dreist, auch Trent Lott die Zahlung
zu verweigern. Dabei war es noch gar nicht so lange her, dass er
Fraktionsführer der Republikaner im Senat gewesen war, außerdem war Lott zweifellos einer der mächtigsten Männer Amerikas
(von Mississippi ganz zu schweigen).

Und was bot State Farm schließlich dem mächtigen Trent Lott,
der wollte, dass seine Versicherung (die nicht einmal ihren Sitz im
Bundesstaat hatte) für die Schäden an seinem Haus aufkam? Die
endgültige Antwort lautete:

> Keinen Cent. Nicht einmal den normalen Preis für die Konzes-
> sion. Vielleicht bezahlen Sie den ja aus Ihrer Privatkasse …

Das ist kein Witz. Lott war schließlich gezwungen, State Farm zu
verklagen, weil die Versicherung nicht für die Sturmschäden an
seinem Haus aufkommen wollte. Später gab er dazu eine Erklärung heraus:

> Heute habe ich mich einer Klage gegen meine langjährige
> Versicherungsgesellschaft angeschlossen, weil sie ihren Ver-
> pflichtungen mir gegenüber und auch gegenüber Tausenden
> anderen im Süden Mississippis nicht nachkommt, die vom
> Hurrikan Katrina verursachten Sturmschäden zu bezahlen.

Das Problem war nur, dass weder Lott noch sonst jemand rechtlich etwas gegen die Methoden der Versicherungen unternehmen
konnte. Denn vor langer Zeit, im Jahr 1980, war eine Ergänzung
zum Federal Trade Commission Act verabschiedet worden, die es
der Regierung in Washington praktisch verbot, gegen die Versi-

cherungsbranche zu ermitteln, schlimmer noch, sie durfte nicht einmal Studien durchführen.

Die Gesetzesänderung war zustande gekommen, nachdem die Federal Trace Commission (FTC)[23] angekündigt hatte, die Praktiken der Branche genauer unter die Lupe zu nehmen, beispielsweise wenn auf Grundlage der Kreditbewertung der Versicherten höhere Beiträge für Sach- und Unfallversicherungen erhoben wurden. Fast sofort wurden die Lobbyisten der Branche aktiv und verhinderten nicht nur die Untersuchung, sondern sorgten auch für die Verabschiedung von Abschnitt 6 des FTC Act.

Im Begleitbericht zur Gesetzesergänzung hieß es: »Gemäß der Ergänzung gelten die *investigativen und beobachtenden Befugnisse* [Hervorhebung durch den Autor] der FTC ausdrücklich nicht für die Versicherungsbranche.«

Eine Branche, die von staatlicher Seite praktisch die Lizenz hat, Preise festzulegen und sich zu weigern, rechtlich gültige Verträge einzuhalten, verdient immer Geld, unabhängig von der Wirtschaftslage.

Das erklärt, warum die Sach- und Unfallversicherer 2005 trotz Katrina, einer der größten Naturkatastrophen in der amerikanischen Geschichte, einen Gewinn in Höhe von 48,8 Milliarden Dollar nach Steuern machten – ein neuer Rekord, der den Vorjahresrekord von 40,5 Milliarden Dollar noch übertraf.

Im Jahr 2006, als kein Hurrikan die Bilanz trübte, verbuchte die Branche einen Gewinn von sage und schreibe 68,1 Milliarden Dollar nach Steuern. Die Versicherungen kamen damit durch, obwohl sie zwei Kongressabgeordnete richtig schlecht behandelt hatten, denn die Abgeordneten fanden einfach keine Möglichkeit, sich erfolgreich zu wehren. Die einzige Lösung wäre eine Aufhebung des McCarran-Ferguson Act gewesen. Zum Glück führte der verrückte Machtkampf mit Trent Lott 2005 zur Bildung einer Links-rechts-Koalition im Kongress, die es so noch nie gegeben hatte. Sie setzte sich zum Ziel, die Anti-Trust-Gesetze zu überarbeiten. 2007 tat sich Taylor mit Pete DeFazio aus Oregon und dem Republikaner Bobby Jindal aus Louisiana zusammen und schlug eine Aufhebung des McCarran-Ferguson Act vor. Im Senat verbündete sich Lott mit Mary Landrieu aus Louisiana und Pat Leahy aus Vermont und verfolgte dasselbe Ziel. Vergebens. Nicht einmal der Anblick des armen Trent Lott, der persönlich vorsprach und seine eigene traurige Geschichte erzählte, wie er von der State-Farm-Versicherung gelinkt wurde, konnte den Senat dazu bewegen, etwas zu unternehmen, auch nicht aus Gründen der Parteiverbundenheit.[24] Weder die Vorlage aus dem Repräsentantenhaus noch aus dem Senat kam je über die Ausschüsse hinaus. Gegen eine Gesetzesänderung wehrte sich praktisch jeder Versicherungslobbyist des Landes.

Die Versicherungsbranche gab in dieser Legislaturperiode übrigens über 46 Millionen Dollar für politische Spenden aus. Zum Vergleich: Pat Leahy, damals Vorsitzender des Justizausschusses, erhielt insgesamt 4500 Dollar Unterstützung, Ausschussmitglied John Cornyn, der gegen eine Gesetzesänderung war, bekam dagegen 287 000 Dollar.

Dann wurde Barack Obama gewählt – mit einem deutlichen Mandat der Wähler zur Reform des Gesundheitssystems. Nun konnte doch sicher etwas bewirkt werden, oder? Wie war es rein theoretisch überhaupt möglich, ein umfassendes neues Gesetz zur Gesundheitsreform zu verabschieden, das dem Staat die Kontrolle über die Krankenversicherungen gab, ohne mit der Ausnahmeregelung für Versicherungen im Anti-Trust-Gesetz in Konflikt zu geraten? Selbst wenn man außer Acht ließe, dass eine Gesundheitsreform ohne die komplette Aufhebung des McCarran-Ferguson Act sinnlos wäre, bleibt die Frage, wie ein so irrwitziges Vorhaben logistisch umgesetzt werden könnte.

Tja, Barack Obama und die Demokraten fanden einen Weg.

Und wie sie das machten, symbolisiert perfekt, um was es bei der ganzen Sache von Anfang an ging.

Gleich zu Beginn gab es im Repräsentantenhaus ein Treffen mit den Mitgliedern der drei Ausschüsse, in denen die Gesetzesvorlagen für die Gesundheitsreform ausgearbeitet werden sollten – im Ausschuss für Energie und Handel, im Committee on Ways and Means[25] und im Ausschuss für Bildung und Arbeit. Bei dieser Konferenz kam auch die Ausnahmeregelung im Anti-Trust-Gesetz für die Versicherungsbranche zur Sprache. Dabei zeigte sich, dass die Demokraten nicht die Absicht hatten, sich mit der Ausnahmeregelung auseinanderzusetzen.

Taylors Referent Martin war mit dabei und erklärt die Haltung der Parteiführung:

> Zunächst einmal dachten sie, das ist ein Problem des Justizausschusses, und wir haben hier Energie und Handel, Mittel und Wege und was nicht alles, das ist also nicht unser Problem. Das war das eine. Und das andere war, dass sie dachten, es würde eine starke öffentliche Komponente geben, und dadurch wäre ohnehin für den nötigen Wettbewerb gesorgt.

Es gibt wahrscheinlich kein besseres Beispiel für die Art und Weise, wie die Demokratische Partei denkt – oder vielmehr *nicht* denkt. Anstatt ein völlig wettbewerbsfeindliches Gesetz aufzuheben, das sechzig Jahre zuvor mehr oder weniger versehentlich verabschiedet worden war, entschied die Partei, mit der Schaffung eines staatlichen Versicherungsprogramms für den nötigen privaten Wettbewerb bei den Krankenversicherungen zu sorgen. »Im Grunde wollten sie keinen weiteren Streit vom Zaun brechen«, meint Martin.

Dumm, wie die Idee war, funktionierte sie natürlich auch nicht.

Die jeweiligen Vorsitzenden des Justizausschusses des Repräsentantenhauses und des Senats – John Conyers für das Repräsentantenhaus und Pat Leahy für den Senat – beschlossen, Ergänzungen
zu den verschiedenen Gesetzesentwürfen zur Gesundheitsreform
einzubringen, die nichts mit der eigentlichen Problematik zu tun
hatten, aber einen winzigen Bruchteil des McCarran-Ferguson Act
aufgehoben hätten.

»Beide Ergänzungen betrafen nur die Krankenversicherungen
und die Versicherung gegen ärztliche Kunstfehler«, erläutert Erica
Chabot, Referentin von Senator Leahy.

»Aber es kommt noch besser«, sagt Martin. »Nicht nur, dass sie
die Ausnahmeregelung für alle Versicherungsformen nicht aufho-
ben, sie fügten sogar extra noch eine Klausel ein, die besagte, dass
die Aufhebung nur für Preisabsprachen, Bieterkartelle und Ge-
bietsaufteilungen galt. Alles, was nicht in diese Kategorien fiel,
blieb weiter erlaubt.«

Leahy und Conyers versuchten einen kleinen Sieg zu erringen:
Anstatt die gesamte Versicherungsbranche zu regulieren, wollten
sie zumindest Gesetze verabschieden, die es den Krankenkassen
oder den Anbietern von Versicherungen bei Kunstfehlern verboten hätten, Preise untereinander festzulegen, Angebote abzusprechen oder die Märkte untereinander aufzuteilen. Sie versuchten
nicht einmal, ungerechte, wettbewerbsfeindliche Praktiken gene-
rell zu unterbinden.

»Aber was wäre, wenn beispielsweise eine Versicherung sagt:
›Sie bekommen das Produkt nur, wenn Sie auch dieses andere
Produkt kaufen‹? Wird das von der Änderung abgedeckt oder
nicht?«, fragt Martin.

Falls Sie sich fragen, warum so ein Gesetz überhaupt notwendig
sein sollte, wo es doch alle möglichen Gesetze gibt, die allgemein
betrügerische und ungerechte Praktiken verbieten, dann sei Ihnen
Folgendes gesagt: Diese Gesetze existieren zwar, aber es gibt keine

Bundesbehörde, die offiziell befugt wäre, die Versicherungsbranche rechtlich zu belangen. Auch das ist im FTC Act geregelt.

Also, rekapitulieren wir noch einmal: Keiner der ursprünglichen fünf Ausschüsse im Kongress, die an den Gesetzesvorlagen zur Gesundheitsreform arbeiteten – drei Ausschüsse des Repräsentantenhauses, dazu der Finanzausschuss des Senats unter Leitung von Max Baucus und der Ausschuss für Gesundheit, Bildung, Arbeit und Renten (Health, Education, Labor and Pensions Committee, kurz HELP) –, unternahm auch nur den Versuch, etwas gegen den Sonderstatus der Versicherungen zu unternehmen, der sie von der Anti-Trust-Gesetzgebung ausnahm.

Da haben wir also ein Kartellsystem, bei dem Patienten, Krankenhäuser und Ärzte auf Gedeih und Verderb einer Branche ausgeliefert sind, die von niemandem zur Rechenschaft gezogen wird und daher Zahlungen verweigern oder Preise festlegen kann, wie es ihr gefällt. Dieses System ist damit die direkte Ursache für die miese, oft sogar lebensbedrohlich schlechte Qualität unseres Gesundheitssystems und die explodierenden Kosten, die eine Reform überhaupt erst erforderlich machten. Und das alles nur wegen eines einzelnen Gesetzes! Trotzdem hielt es keiner der fünf demokratischen Vorsitzenden der Ausschüsse für nötig, dieses Gesetz zu ändern, als sie die Reform des Gesundheitssystems »in Angriff« nahmen.

Nachdem also die fünf Ausschüsse der ganzen Angelegenheit schön aus dem Weg gegangen sind, kommen Leahy und Conyers mit Ergänzungen daher, die das Problem anpacken, wenn auch, höflich ausgedrückt, mit Samthandschuhen. Sie bieten minimale Änderungen bei der Ausnahmeregelung, kleine Gummischlauchboote, die an die großen Tankerschiffe von Gesetzesvorlagen angehängt werden sollen, um den Genehmigungsprozess möglichst unbehelligt zu durchlaufen. In der ersten Version, die beim Versuch entstanden war, die drei verschiedenen Entwürfe der Aus-

schüsse des Repräsentantenhauses zu kombinieren (dem sogenannten Manager's Amendment), war die verwässerte Conyers-
Ergänzung enthalten.

Doch im Repräsentantenhaus begannen einige Abgeordnete
sich zu wehren. Nach einem harten August, in dem die Anhänger
der Teebeutel-Party demokratische Abgeordnete gezwungen hatten, in ihren Wahlkreis zu fahren, um sich bei hitzigen Bürgerversammlungen von mistgabelschwingenden konservativen Fanati-
kern als sozialistische Banditen beschimpfen zu lassen, fassten sich
einige mutigere Abgeordnete ein Herz. Bei einer Fraktionssitzung
der Demokraten wagte DeFazio einen letzten Vorstoß für ein
härteres Gesetz.

»Ich kam zurück und sagte zu allen: ›Hey, wir hatten hier einen
ziemlich traumatischen August‹«, erzählt er heute. »Ich sagte
auch: ›Ich habe vierzehn Bürgerversammlungen mit 8000 Leuten
gemacht, und es gab eine Sache, eine einzige Sache, bei der sich
alle einig waren, von den Anhängern der Tea Party bis zu den
Vertretern des Single-Payer-Modells, und das war, dass man die
Anti-Trust-Ausnahmeregelung für die Versicherungsbranche aufheben muss.‹«

Seine Rede bei der Fraktionssitzung erntete Applaus, und so
wurde mit der Unterstützung anderer Demokraten wie etwa
Louise Slaughter, die das Manager's Amendment formulierte, eine
komplette Aufhebung des McCarran-Ferguson Act auf den Weg
gebracht. Und die Gesetzesvorlage ging durch. Anders ausgedrückt, eine Aufhebung der Ausnahmeregelung wurde dem
Kongress vorgelegt und von den demokratisch gewählten Volks-
vertretern genehmigt.

Im Senat setzte sich Leahy den ganzen Herbst über weiter für
seine deutlich schwächere Ergänzung ein, unterstützt von Mehr-
heitsführer Harry Reid, der ursprünglich eine frühere Version von
Leahys Vorlage befürwortet hatte, die bei ihrem Versuch zur

Aufhebung der Ausnahmeregelung deutlich weiter ging. Nachdem Leahy ein bisschen Druck gemacht hatte, erlaubte ihm Reid schließlich am 1. Dezember, seine Ergänzung einzureichen und sie an eine frühere Version zur Gesundheitsreform anzuhängen, über die der Senat an Thanksgiving abgestimmt hatte. Und dann ...

»Tja, das ist irgendwie das Ende der Geschichte«, meint Chabot.

Sie war zu Ende, weil Leahys Ergänzung irgendwann zwischen dem 1. Dezember, als Reid der Einreichung zustimmte, und der Weihnachtspause, als der Senat tatsächlich über die endgültige Version des Gesetzes zur Gesundheitsreform abstimmte, komplett gestrichen wurde. Und da die ganze Zeit bekannt war, dass die Senatsversion des Gesundheitsgesetzes die Version war, die wirklich zählte, hieß das, dass die Ausnahmeregelung für die Versicherungen wieder einmal überlebt hatte.

Was war geschehen? Mindestens drei Kongressabgeordnete, mit denen ich mich unterhielt, sagten, dass es einen Deal gegeben habe – das Weiße Haus habe die Stimme Ben Nelsons gekauft, eines Senators aus Nebraska, der früher CEO der Central National Insurance Group gewesen war. Das Weiße Haus erklärte sich einverstanden, auf eine Änderung der Anti-Trust-Ausnahmeregelung zu verzichten, und sei sie noch so moderat. Nelson ist übrigens Allzeitrekordhalter, was Zuwendungen aus der Versicherungsbranche angeht – keine andere Branche hat ihn in seiner Laufbahn so großzügig bedacht, bislang sind es 1 259 000 Dollar.

»Nelson ist eng mit der Versicherungsbranche verflochten«, sagt ein Mitglied des Repräsentantenhauses. »Schließlich arbeitete er auch schon für die Versicherungsaufsicht von Nebraska. Das war Teil des Preises, den er verlangte.«

Wir sollten nicht vergessen, dass das nicht das einzige Bestechungsgeld war, das Nelson für seine Stimme kassierte. Die Parteiführung der Demokraten bedachte Nelson ebenfalls großzügig mit 100 Millionen Dollar, indem sie dafür sorgte, dass die Medicaid-Zahlungen in Nebraska fast komplett von anderen Bundesstaaten aufgebracht werden müssen.

Noch wichtiger ist aber, dass wir hier von einem Deal des Weißen Hauses sprechen, es war also durch und durch ein Abkommen der Demokraten. Bei Obamas »Initiative« zur Gesundheitsreform lautete die Strategie von Anfang an, die Gesetzesvorlage möglichst glatt über die Bühne zu bringen und den Widerstand der wichtigen Branchen auszuschalten, indem man bei den entscheidenden Fragen nachgab. Im Fall der Krankenkassen war das Weiße Haus eindeutig zu Konzessionen bei der Anti-Trust-Gesetzgebung bereit, weil man fürchtete, dass die Versicherungsbranche sonst mit einer Werbekampagne gegen Obama mobil machte. Dass sie das konnte, hatte sie Jahre zuvor mit der Kampagne gegen Clinton gezeigt.

»Das war ein Deal«, sagt Kucinich. »Sie haben PhRMA[26] versprochen, dass sie den Reimport günstiger, fürs Ausland hergestellter Medikamente nicht unterstützen und auch keine Großhandelspreise für Medicare-Medikamente aushandeln würden. Und den Krankenkassen haben sie ein anderes Geschenk gemacht. Sie haben darauf verzichtet, die Ausnahmeregelung der Anti-Trust-Regelung aufzuheben.«

»Das Seltsame ist, dass sie sich mit den Maßnahmen ja gar nicht die Unterstützung der Wirtschaft erkauft haben«, meint der Assistent eines demokratischen Abgeordneten. »Sie dachten, sie würden sie neutralisieren. Aber das taten sie nicht. Sie gaben sich einfach komplett geschlagen, und das als Eröffnungsstrategie in einem langen Krieg. Das war wie bei diesem fliegenden Suizidkommando in dem Monty-Python-Film, genauso machten die das.«

DeFazio sagt, er habe Anfang 2010 bei einer Sitzung der demokratischen Fraktion persönlich mit Obama gesprochen, etwa zu der Zeit, als die Republikaner den Senatssitz in Massachusetts gewannen, und ihn nach seiner Position zur Anti-Trust-Ausnahmeregelung gefragt.

»Er sagte mir«, berichtet DeFazio, »er habe es immer für ›seltsam‹ gehalten, dass für die Versicherungsbranche diese Ausnahme gelte. Er sagte aber auch, dass er seine sechzig Stimmen brauche.«

Der Grund für die Strategie der Demokraten ergibt sich aus ihrer Wahrnehmung des politischen Spielraums. Die Parteiführung hatte gar kein wirkliches Interesse daran, die Probleme im Gesundheitssystem zu *lösen*; ihr ging es vielmehr darum, etwas zu verabschieden, was als »Gesundheitsreform« durchging, ohne dabei ihre Wahlkampfspenden von der Versicherungs- und Pharmaindustrie zu gefährden oder sie den Republikanern zu überlassen.

Rahm Emanuels Politik lässt sich auf eine einfache Formel bringen: bei den Wahlen einen beeindruckenden Sieg einfahren und gleichzeitig massiv Wahlkampfspenden einsacken – ineinandergreifende Zahnräder, die weitere Deals nach sich ziehen und die Demokraten für mindestens zwei Wahlperioden im Amt halten würden. Und um das zu erreichen, mussten die Demokraten ihre eigenen Ziele verraten, denn nur dann erhielten sie die Unterstützung der entsprechenden Industrien.

In der Geschäftswelt ist das ein typisches Abkommen, eine kalkulierte Absprache im Hinterzimmer in der Art, wie sie die Demokratische Partei von heute ziemlich gut beherrscht. Doch der andere Teil des Deals, die Dynamik in der eigenen Partei, war weniger berechenbar. Von Anfang an war die Reaktion der eigenen Leute eindeutig das Problem, das die Parteiführung am meisten beschäftigte.

Die ganze Geschichte nahm ihren Anfang, als George W. Bush die phänomenalen Umfragewerte und das praktisch unbegrenzte

politische Kapital in der Zeit nach dem 11. September in nur
sieben kurzen Jahren mit seiner abgrundtiefen Inkompetenz ver-
spielte. Bushs Vermächtnis rücksichtsloser Staatsausgaben, stüm-
perhafter Außenpolitik und monströser Steuergeschenke an die
Reichen bereitete den Boden für die Demokraten, die die volle
Kontrolle errangen und die Republikaner auf eine Nebenrolle im
Fiasko um die Gesundheitsreform reduzierten. Sobald sich die
Demokraten dank Bushs Unbeliebtheit der magischen Mehrheit
von sechzig Sitzen im Senat näherten, lag das wahre Hindernis für
Obamacare plötzlich ganz woanders.

Mit einer sicheren Mehrheit in beiden Häusern mussten sich
die Demokraten plötzlich keine Gedanken mehr um die Abneigung der Rechten gegen eine sozialstaatliche Versorgung machen,
sondern eher, wie man die eigene Partei in den Griff bekam. Die
einzige rein ideologisch geprägte Opposition im breiten Spektrum
der Demokraten kam dabei von den Progressiven, die nicht nur
große Hoffnungen in eine umfassende Reform des Gesundheitssystems setzten, sondern auch aller Wahrscheinlichkeit nach jedes
Gesetz ablehnen würden, das Geschenke an die Wirtschaft umfasste.

Den Republikanern kam aufgrund ihrer eigenen Inkompetenz
nur eine Zuschauerrolle zu, und die Mainstream-Clinton-Demo-
kraten wollten eher an der Gesetzesvorlage mitwirken als sie blockieren, daher lag das eigentliche Problem bei der Verabschiedung
der Gesundheitsreform von Anfang an darin, den linken/progres-
siven Flügel der Demokraten zu überzeugen. Barack Obama
setzte dazu verschiedene Mittel ein, vor allem aber bediente er
sich eines alten politischen Kniffs: Er log.

Als sich Obamas erstes Jahr im Amt dem Ende näherte und gewisse Experten und Journalisten (mich eingeschlossen) begannen,
ihn zu kritisieren, weil er beunruhigend viele Wahlkampfverspre-

chen gebrochen hatte, gab es eine kleine PR-Kampagne auf den Kommentarseiten der großen Zeitungen. Darin wurde angedeutet, es sei unvernünftig, einen Politiker für den Bruch von Wahlkampfversprechen zu kritisieren, weil es unrealistisch sei zu erwarten, dass ein Kandidat im Wahlkampf nicht lügt.

Ein Sprecher des Weißen Hauses brachte das gegenüber einem Journalisten der *New York Times* ziemlich plastisch zum Ausdruck, als er nach den Aktivisten gefragt wurde, die immer wieder auf Obamas gebrochene Versprechen hinwiesen. Diese Kritiker, sagte er, »sollten mal dringend aus dem Pyjama kommen, sich ordentlich anziehen und erkennen, dass es kompliziert ist, ein so gespaltenes Land zu regieren«.

Doch im Falle Barack Obamas kamen die Beschwerden über gebrochene Versprechen – vor allem in Hinblick auf die Gesundheitsreform – nicht nur von weinerlichen, pyjamatragenden jugendlichen Idealisten, die nicht begriffen, wie hart es in der rauen Erwachsenenwelt zugeht.

Die Enttäuschung ging tiefer, und das hatte zwei Gründe: Zum einen gewann Obama den umkämpften innerparteilichen Vorentscheid über die Präsidentschaftskandidatur gegen Hillary Clinton mit dem denkbar knappsten Vorsprung – einen Sieg, den er größtenteils seiner erfolgreichen Eroberung des liberal-progressiven Flügels zu verdanken hatte. Man kann mit Sicherheit behaupten, dass Barack Obama nicht vor der Herausforderung gestanden wäre, ein so gespaltenes Land zu regieren, wenn er es zwei Winter zuvor nicht geschafft hätte, einen Großteil der demokratischen Wähler bei den Vorausscheidungen in traditionell liberalen Bundesstaaten wie Oregon, Minnesota und Washington davon zu überzeugen, dass es ihm mit der Bewältigung innenpolitischer Probleme im Allgemeinen und der Reform des Gesundheitssystems im Besonderen ernster war als Hillary.

Als Reporter, der mit Obamas Wahlkampftross mitreiste und

darüber berichtete, fiel mir auf, dass Barack Obama immer dann
zu rhetorischen Höchstleistungen auflief, wenn er inhaltlich vage
blieb und im Grunde nichts aussagte, doch immerhin war die
Gesundheitsreform sein zweitbestes Thema. Als Kandidat sprach
Obama bemerkenswert offen und eloquent über die Probleme des
aktuellen Systems. Und den meisten Applaus erhielt er oft, wenn
er über Politiker herzog, die vollmundige Versprechen zur Gesundheitsreform abgegeben hatten, aber nach der Wahl nichts
unternahmen.

»Wir sind es leid, dass Kandidaten Jahr für Jahr mit viel Getöse
und großen Versprechungen detaillierte Pläne zur Gesundheitsreform ankündigen, die dann unter dem politischen Druck in Washington und der Einflussnahme der Pharma- und Versicherungs-
industrie in Vergessenheit geraten, kaum dass der Wahlkampf
vorbei ist«, sagte Obama 2008 vor Wählern in Newport News,
Virginia.

Aussagen wie diese erinnern uns an den zweiten wichtigen As-
pekt der gebrochenen Versprechen Obamas: Hier ging es nicht
um gelegentliche Flunkereien. Obama äußerte sich im Wahlkampf
sehr ausführlich und regelmäßig zur Gesundheitsreform. Das
deutet weniger auf einen idealistischen Politiker hin, der eine
Kursänderung vornehmen muss, nachdem er mit der Realität
Bekanntschaft gemacht hat, sondern klingt viel mehr nach jemandem, der eine umfassende, *gezielte* Wahlkampfstrategie ver-
folgt, um sich mit leeren Versprechungen Wählerstimmen zu er-
kaufen.

Im Zeitalter des elektronischen Feedbacks und der Fokusgrup-
pen kann man sich nur schwer vorstellen, dass Obamas Wahlkampfteam nicht genau wusste, was es tat, wenn der Kandidat
einerseits versprach, den Reimport günstiger Medikamente zu
unterstützen, alle Verhandlungen im Fernsehen auf C-SPAN zu
übertragen und sich bei den Medicare-Medikamenten für Groß-

handelspreise einzusetzen, und andererseits schwor, er würde nie teure Krankenversicherungen besteuern, auf einer Versicherungspflicht bestehen oder ein Gesetz zur Gesundheitsreform unterstützen, das keine staatlich finanzierte Versicherungsoption umfasste. Bei all diesen Positionen und vielen weiteren vollführte er eine komplette Kehrtwendung.

Zudem klangen viele Versprechen aus Obamas Mund, als würden sie ihm nicht sonderlich schwerfallen. Mein persönlicher Favorit ist seine Aussage zur Versicherungspflicht, die er im Februar 2008 in einem Interview mit CNN machte. Obama *lacht*, als er nach einer Versicherungspflicht gefragt wird. »Wenn eine Verpflichtung eine Lösung wäre«, sagt er mit leisem Lachen, »könnten wir versuchen, Obdachlosigkeit mit der Verpflichtung zu beseitigen, dass sich jeder ein Haus kaufen muss.« Aber etwa ein Jahr später wurden sämtliche US-Bürger verpflichtet, sich eine Krankenversicherung zu kaufen.

Als Kandidat lachte Obama nur über die Vorstellung, dass der Reimport billiger Medikamente aus Kanada gefährlich sein könnte, aber als Präsident lehnte seine Regierung den Reimport aufgrund von Sicherheitsbedenken ab. Seine Wahlkampfaussage zur Besteuerung besonders teurer Krankenversicherungen, sogenannter »Cadillac-Versicherungen« (im Wesentlichen eine Wahlkampfidee von McCain), fiel ebenfalls eloquent aus. Obama war einer der wenigen Politiker, die begriffen hatten, dass es sich bei vielen dieser Cadillac-Versicherungen um besondere Leistungen für Gewerkschaftsmitglieder handelte, die zum Ausgleich für niedrigere Löhne ausgehandelt worden waren.

»John McCain nennt diese Versicherungen ›Cadillac-Versicherungen‹«, sagte Obama im Oktober 2008. »Es mag Fälle geben, dass der CEO eines Unternehmens zu viel des Guten bekommt. Aber was ist mit denen, die als Arbeiter am Fließband ein gutes amerikanisches Auto wie den Cadillac bauen? Was ist mit den

Stahlarbeitern … die zugunsten einer besseren Krankenversicherung auf Lohnerhöhungen verzichtet haben?«

Es waren nicht nur die Versprechen, die Wähler wie mich vor der Wahl beeindruckten, es war der tiefere Einblick, den der Kandidat in solche Themen vermittelte, gepaart mit einer scheinbar seltenen Bereitschaft, die Öffentlichkeit über diese Dinge aufzuklären. Obama verstand eindeutig, dass die Besteuerung der Cadillac-Krankenversicherungen Gewerkschaftsmitglieder unverhältnismäßig hart treffen würde, aber als Präsident machte er eine Kehrtwendung und drängte genau auf diese Steuer, als sich die Gesundheitsreform der Ziellinie näherte, und vermied damit die Alternative, eine progressive Millionärssteuer.

Besonders zynisch war Obama bei seinen plötzlichen Meinungsumschwüngen im Fall von Billy Tauzin, dem früheren Kongressabgeordneten von Louisiana, der in der Bush-Ära federführend an einem Gesetz zur Verschreibung von Medikamenten aus dem Jahr 2003 beteiligt war – ein umfangreiches Geschenk an die Pharmaindustrie, das dem Staat verbot, Mengenrabatte für die von Medicare gekauften Medikamente zu verlangen. Hier ist der Text eines Wahlkampfspots namens »Billy«, der Obama im Gespräch mit einer Gruppe Senioren zeigt:

Die Pharmaindustrie schrieb im Medicare-Gesetz zur Medikamentenverordnung fest, dass Medicare nicht mit den Pharmaunternehmen verhandeln kann. Und wissen Sie, was, der Vorsitzende des Ausschusses, der das Gesetz durchbrachte, arbeitete später für die Pharmaindustrie und verdiente 2 Millionen Dollar im Jahr. Stellen Sie sich das einmal vor. Das ist ein Beispiel für das uralte Spiel, das in Washington gespielt wird. Ich will nicht lernen, wie man das Spiel besser spielt. Ich will dem Spiel ein Ende machen.

Und jetzt raten Sie mal, wie es weiterging. Tauzin war einer der allerersten Gäste, die von Barack Obama ins Weiße Haus eingeladen wurden, und zählte bald zu seinen häufigsten Besuchern. Vom 4. Februar bis zum 22. Juli 2009 kam Tauzin elfmal ins Weiße Haus, das heißt im Schnitt etwa alle zwei Wochen, und handelte seinen berüchtigten Deal aus, im Austausch für Subventionen in Milliardenhöhe einige Obama-Werbespots zu finanzieren.

Rahm Emanuels Entscheidung, Tauzins Pharmalobby in den Hintern zu kriechen, erinnert sehr stark an Dick Cheney und seine gerichtlich bewiesene enge Beziehung zur Energiewirtschaft.

Ein weiterer Fall erinnert ebenfalls an die Korruption in der Ära Bush, genauer an den Armstrong-Williams-Skandal, bei dem ein konservativer Experte 240 000 Dollar vom Bildungsministerium erhielt, weil er öffentlich George Bushs No Child Left Behind Act unterstützte. Das war ein Gesetz zur Verbesserung der staatlichen Schulen. Die Obama-Regierung zitierte in ihrer Werbung für die Gesundheitsreform wiederholt die Arbeit Jonathan Grubers, eines Wirtschaftswissenschaftlers am MIT. Dabei wurde allerdings nicht erwähnt, dass Gruber, der sich das ganze Jahr über extrem enthusiastisch über Obamacare äußerte, in Form eines Beratervertrags für das Gesundheitsministerium 780 000 Dollar an Steuergeldern erhalten hatte.

»Wenn das George Bush gewesen wäre, hätten die Liberalen Zeter und Mordio geschrien«, meint der Autor und Aktivist David Sirota. »Aber hier schweigen sie.«

Warum? Tja, unter anderem weil das Weiße Haus praktisch sämtliche liberale, politisch engagierte Gruppen durch regelmäßigen Kontakt, durch Anleitung und Einschüchterung auf Linie hielt. Eins der wichtigsten Foren war dabei die wenig bekannte Gruppe Common Purpose unter Führung von Erik Smith, der früher Assistent für Dick Gephardt gewesen und nun zum Lobbyisten aufgestiegen war.

Zu den wöchentlichen Treffen im Capitol Hilton kamen Organisationen wie Change to Win, Rock the Vote und MoveOn, die dann von einem Vertreter des Weißen Hauses, normalerweise von Jim Messina, dem ehemaligen Referenten von Senator Max Baucus und legendären Washingtoner Einpeitscher, ihre Anweisungen erhielten – man könnte auch von Marschbefehlen sprechen.

Es sagt einiges aus, dass das Weiße Haus als Verbindungsmann zu den liberalen Aktivisten einen ehemaligen Mitarbeiter des ultrakonservativen Max Baucus wählte. Übrigens gestaltete Messina einmal einen schwulenfeindlichen Spot gegen einen Senator in Montana, der früher Friseur gewesen war. (Der Spot zeigte den Kandidaten in einem Friseursalon, wie er gerade einem Mann die Schläfen massierte, dazu eine Stimme aus dem Off: »Mike Taylor: So läuft es bei uns hier in Montana nicht.«)

»[Messina] war eine seltsame Wahl«, sagt Mike Lux, der in der Übergangsphase von Bush zu Obama als Verbindungsmann des Weißen Hauses zu progressiven Organisationen fungierte.

Interessant ist auch der Modus Operandi. Bei den Treffen wurde der Vertreter des Weißen Hauses manchmal von wichtigen Geldgebern begleitet. Der Einfluss des Weißen Hauses auf wichtige Finanzierungsquellen wie etwa die Democracy Alliance wurde jedenfalls von allen verstanden.

»Es gibt in der Democracy Alliance eine Gruppe von Spendern, die über den Verwendungszweck ihrer Spenden gemeinsam entscheiden, und natürlich sprechen sie regelmäßig mit dem Weißen Haus, welche Organisationen sich eignen«, erklärt ein ehemaliger Mitarbeiter Obamas. »Das ist einer der Gründe, warum manche Angst haben, das Weiße Haus zu verstimmen.«

Oft standen der Vertreter des Weißen Hauses und der edle Spender im wahrsten Sinne des Wortes Seite an Seite. Das wurde auch ausdrücklich in einer E-Mail an die Teilnehmer von Common Purpose erwähnt, in der die Anwesenheit von Larry Summers' Stellvertreterin Diana Farrell und von Michael Barr vom Finanzministerium angekündigt wurde, außerdem das Kommen eines »potenziell bedeutenden« Spenders:

> An alle:
> Eine Erinnerung an das Treffen von Common Purpose am Dienstagnachmittag um 15.30 Uhr mit der Bitte um zahlreiches Erscheinen.
> Wir rechnen damit, dass ein potenziell bedeutender Spender ... beim Treffen diese Woche dabei sein wird und dass auch Michael Barr oder Diana Farrell kommen und Fragen zu einem breiten Themenspektrum beantworten werden.

Es gab nicht nur indirekte Drohungen. Manchmal wurden die Teilnehmer regelrecht angebrüllt – der bekannteste Vorfall war wohl, als Rahm Emanuel persönlich aufkreuzte und Teilnehmer anschrie, die vorhatten, gegen die Blue Dog Democrats mobilzumachen, einen Zusammenschluss konservativer demokratischer Kongressabgeordneter. Er brüllte die Teilnehmer an, sie seien »verdammte Mongos«, und sagte ihnen, sie würden es nicht schaffen, die demokratische Siegesserie bei der Gesetzgebung zu unterbrechen, die offensichtlich Rahms ganzer Stolz war. »Wir gehen mit dreizehn zu null in die Abstimmung zur Gesundheitsreform«, schrie er. »Wir werden nicht mit dreizehn zu eins gehen!«

Die bizarre Tirade machte im geschwätzigen Washington sofort die Runde (»Ich wusste fünf Minuten später davon«, berichtet der ehemalige Obama-Mitarbeiter), aber irgendwie konnte Emanuel die Verbreitung in den meisten Medien verhindern. Einer der wenigen Berichte war eine bereinigte, politisch korrekte Version, in der Rahms eigentliche Worte zugunsten einer allgemein gefassten Darstellung unter den Tisch fielen: »Der Stabschef des Weißen Hauses, Rahm Emanuel, warnte diese Woche liberale Gruppen,

keine weiteren Spots gegen demokratische Kongressabgeordnete
zu schalten.«

Dass die Anweisung von Emanuel kam, überraschte eigentlich
niemanden, da die Gesundheitsreform zu bestätigen schien, was
viele Beobachter in Washington schon lange vermutet hatten,
nämlich dass Obamas Präsidentschaft im Wesentlichen vom Büro
des Stabschefs aus gesteuert wurde. Emanuel hatte in kurzer Zeit
enorme Macht erlangt, was unter anderem an bestimmten Eigen-
arten Obamas lag. Ein ehemaliger Mitarbeiter verglich ihn mit
einem anderen demokratischen Präsidenten, für den er gearbeitet
hatte, mit Bill Clinton.

»Clinton und sein Lebensstil… na ja, er kannte viele Leute,
und er hörte auch auf viele Leute«, erzählt er. »Obama ist anders.
Er bekommt die Marschrichtung von Rahm vorgegeben. Er redet
nicht nachts um vier mit allen möglichen Leuten, von denen
Rahm nichts weiß.«

Wie dem auch sei, Emanuels Einschüchterungsaktionen gegenüber den Obama-Fanclubs wie MoveOn und Unity 09 erklären, warum es in der Debatte über die Gesundheitsreform 2009
praktisch keine Äußerungen des linken Flügels gab, die die Öffentlichkeit über die Versicherungspflicht und andere Aspekte
aufgeklärt hätten.

»Einer der Hauptgründe, warum es keinen Aufschrei der Empörung gab, ist der, dass die Leute gar nichts davon erfuhren. Die
Leute bekommen ja nicht die E-Mails der Organisationen, deshalb wissen sie auch nicht, dass etwas nicht stimmt«, erklärt Jane
Hamsher, Gründerin und Bloggerin des Blogs Firedoglake. Sie
selbst war an einer Kampagne vom März 2009 gegen »Quertrei-
ber« unter den Demokraten beteiligt, die Kampagne wurde jedoch
vom Weißen Haus erfolgreich unterbunden.

Die Kampagne unter dem Namen »Campaign for America's
Future (CAF)« hatte ursprünglich die konservativen Demokraten

unter Führung von Evan Bayh, einem Senator aus Indiana, im Visier, die sich für die Abschaffung des Reconciliation-Verfahrens stark machten.

Die CAF wandte sich gegen mehrere Positionen der konservativen Demokraten, etwa zum Insolvenzrecht (der konservative Flügel lehnte es ab, dass bankrotte Hausbesitzer verhandeln konnten, um ihre Häuser zu behalten).

Die Kampagne wurde am Morgen des 24. März angekündigt. Bereits am Nachmittag ruderte die CAF zurück, nachdem es Kritik aus dem Weißen Haus gegeben hatte.

Dass die progressive Opposition erfolgreich zum Schweigen gebracht wurde, hatte zur Folge, dass es auch nie eine organisierte Protestbewegung an der Basis gab, die es mit dem erstaunlich energischen Auftreten erzkonservativer Gruppen und ihrem antisozialistischen Geschrei – aufgepeitscht von den rechtslastigen Anhängern des Talk Radio – aufnehmen konnte, die in jenem Sommer wieder einmal bewiesen, dass Politik, anders als für viele Anhänger der Demokraten, mehr heißt als das Tragen eines T-Shirts.

Der fehlende breite Protest von der Basis machte es den Demokraten sicher einfacher, für die Gesundheitsreform zu stimmen – trotzdem brauchten manche einen letzten aufmunternden Schub, um in den sauren Apfel zu beißen. Auf beiden Seiten des politischen Spektrums hielten demokratische Abgeordnete die Hand auf und bekamen massive Subventionen und andere Zugeständnisse für ihre Staaten, damit sie für H. R. 3590 stimmten. Den verrücktesten Rekord halten Nelson und die bereits erwähnte Mary Landrieu, die sich beide bereit erklärten, für die Reform zu stimmen, wenn ihr Bundesstaat 100 Millionen Dollar weniger für Medicaid zahlen musste bzw. 300 Millionen Dollar zusätzliche Gelder aus Washington erhielt.

Absprachen wie diese erhöhen die Last des gewöhnlichen Steuerzahlers, die ihm mit Obamacare aufgebürdet wird, um das Dreifache: Viele Amerikaner müssen nun erstens ihre eigene private Krankenversicherung abschließen, zweitens höhere Steuern zahlen, um die Versicherung aller Bürger mit niedrigerem Einkommen zu unterstützen, und drittens noch mehr Steuern zahlen, um die normalen Medicaid-Zahlungen an die Einwohner von Nebraska zu finanzieren, die dank Nelson und dem Weißen Haus nicht selbst für ihren Anteil aufkommen müssen. So war es jedenfalls ursprünglich vorgesehen.

Zur Belohnung der Abgeordneten gab es Subventionszahlungen, die man so noch nicht gekannt hatte: David Williams von Citizens Against Government nennt die Politiker, die da dahinterstecken, »Subventionsunternehmer«: »Es gab früher schon lächerliche kleine Projekte – ein Teekannenmuseum, die Tiger Woods Foundation und so weiter«, sagt Williams. »Aber jetzt ist es so, dass die Regierung die Medicaid-Zahlungen auf Hunderte Millionen oder Milliarden Dollar hochschraubt. Das hat den gleichen korrumpierenden Einfluss wie die Subventionen, an die wir uns schon gewöhnt haben, aber in einem nie gekannten Ausmaß.«

100 Millionen Dollar schienen der übliche Preis für die Jastimme. Nelson bekam seine 100 Millionen Dollar in Form von erlassenen Medicaid-Zahlungen. Daniel Inouye erhielt den gleichen Betrag für die Krankenhäuser von Hawaii. Und nach Connecticut gingen 100 Millionen Dollar für »eine medizinische Einrichtung ... an einer öffentlichen Forschungsuniversität in den Vereinigten Staaten, an der sich die einzige öffentliche medizinische und zahnmedizinische Fakultät des Bundesstaates befindet«.

»Wir wissen nicht einmal, ob das für die Stimme von Dodd oder von Lieberman war«, erklärt Williams. »Es könnte auch für beide gewesen sein.«

Am Ende spielte sich das Drama um die Gesundheitsreform also fast vollständig in der Demokratischen Partei ab. Und zwar in mehreren Akten.

Im ersten Akt hatten wir den Wahlkampf Barack Obamas, eines sympathischen Intellektuellen mit großer Anziehungskraft. Er lockte Millionen Wähler mit dem Versprechen in sein Lager, dass die Gesundheitsreform eine staatliche Beteiligung umfassen und so die Kosten reduzieren würde, ohne die Versicherungsbranche und Pharmaindustrie reich zu machen.

Zweiter Akt: Nach der Wahl lud Obama die Vertreter besagter Branchen schon früh ins Weiße Haus und handelte mit ihnen ein Abkommen aus, bei dem praktisch alle Wahlkampfversprechen gebrochen wurden. Dafür erhielt die Reform die Unterstützung der Wirtschaft.

Im dritten Akt gab man dann vor, gar kein Abkommen geschlossen zu haben (das Weiße Haus streitet bis heute ab, dass der von Tauzin eingestandene PhRMA-Deal stattfand). Stattdessen behauptete man, die Gesetzesvorlage, die Obama unterstützte, sei kein Geschenk an die Industrie, sondern einfach eine gute Reform – und um das zu beweisen, ging man zum vierten Akt über, in dem wiederholt die Arbeit eines MIT-Wirtschaftswissenschaftlers zitiert wurde, der fast 1 Million Dollar von der Regierung erhalten hatte.

Im fünften Akt wurden dann die eigenen Anhänger auf Linie gebracht, damit sie nicht mehr den konservativen Flügel der Demokraten kritisierten und stattdessen eine PR-Kampagne gegen eine völlig idiotische und irrelevante Protestbewegung der Republikaner unterstützten.

Im sechsten bis achten Akt gab man dem Senat die Schuld, er habe die guten Abschnitte der Gesetzesvorlage herausgestrichen. Dann kaufte man die letzten widerspenstigen Abgeordneten für 100 Millionen Dollar pro Stimme und ritt hinaus in den Sonnen-

untergang mit einem mehrere Billionen Dollar schweren Wohl-
fahrtsprogramm für die Wirtschaft, das ein ohnehin schon kaput-
tes System wahrscheinlich weiter kaputt machen, aber Rahm
Emanuel weiter enorme Spenden für die, na ja, kommenden zwei
Wahlperioden einbringen wird.

Und dann gab es natürlich noch den neunten Akt: Der Verlust
von Ted Kennedys Sitz im Senat, wodurch man trotzdem das
Reconciliation-Verfahren benötigte, jedoch ohne die Gelegenheit
zu nutzen, die Reform deutlich zu verbessern.

Natürlich stimmt es nicht ganz, wenn man behauptet, die monströse Reform gehe allein auf das Konto der Demokraten. Ein
Schwindel in diesem Ausmaß benötigte die negative Unterstützung aller Beteiligten im Washingtoner Politzirkus. Auch die
scheinbar bedeutungslosen Republikaner spielten dabei eine
wichtige Rolle.

Die schwachsinnigen und heuchlerischen Einwände stam-
melnder Trottel wie John Boehner und Mitch McConnell zu
Obamacare brachten jede progressive Kritik an der Reform in
Verruf und trugen dazu bei, dieses unglaublich korrupte Gesetz
noch tiefer in den Dreck zu ziehen, denn dank ihnen ist im Sit-
zungsprotokoll für immer festgehalten, dass das Gesetz in einem
Spielzimmer voller kindischer Erwachsenen verabschiedet wurde,
die kaum alt genug schienen, nicht mehr in die Hosen zu machen.

Anstatt die wahren und offensichtlichen Mängel der Reform
überzeugend darzulegen, vor allem die Bereiche, die das von den
Republikanern so vergötterte Prinzip des freien Marktes betrafen,
blamierten sich die Republikaner und brachten eine leicht zu
entlarvende Lüge nach der anderen vor und reduzierten den parlamentarischen Prozess am Ende auf einen Wettbewerb, bei dem
es darum geht, wer am längsten die Luft anhalten kann.

Obwohl die Verabschiedung der Reform von vornherein festzustehen schien und die Demokraten ihre Mehrheit von sechzig Stimmen in der Tasche hatten, versuchten sich McConnell & Co. an einer neuen Version von »Mr. Smith geht nach Washington« live auf C-SPAN, indem sie eine Marathonrede nach der anderen hielten und auf der vollen Debattierzeit von dreißig Stunden bestanden, wenn sie ihre Rede abbrechen mussten. Diese sinnlose Verzögerungstaktik führte in der Woche vor Weihnachten dazu, dass fünf Tage hintereinander immer erst nach Mitternacht abgestimmt wurde. Zwei Sitzungen endeten im Morgengrauen, eine um Mitternacht und zwei um 1.00 Uhr nachts, darunter auch die letzte Abstimmung an Heiligabend. Und nachdem die Republikaner praktisch jedem in Washington die Weihnachtsferien ruiniert hatten, jammerten sie der Presse vor, die Demokraten würden mitten in der Nacht schmutzige Tricks anwenden.

»Es ist doch völlig offensichtlich, warum die Mehrheit diese Vorlage heimlich ausgeheckt, sie mitten in einem Schneesturm eingebracht und angeordnet hat, dass der Senat um Mitternacht zusammenkommen und um 1.00 Uhr nachts darüber abstimmen muss, weil das Gesetz noch vor Weihnachten verabschiedet werden soll – dadurch soll verhindert werden, dass das amerikanische Volk erfährt, was die Vorlage enthält«, sagte Lamar Alexander aus Tennessee.

Und nachdem der Takt vorgegeben war, stimmte die unvermeidliche Idiotenparade von Fox und Murdoch ein, und Michelle Malkin in ihrer Rolle als Klein Goebbels in Stilettos hetzte gegen den »Vampirkongress« der Demokraten – wobei sie wohl übersah, dass der Begriff ursprünglich auf den von den Republikanern geführten Kongress unter Tom DeLay und David Dreier gemünzt war, die in einem Jahr 78 von 191 Gesetzesvorlagen nach 20.00 Uhr durch das Rules Committee peitschten, wobei 21 Beschlüsse erst richtig spät gefasst wurden, beispielsweise am Folgetag um 7.00 Uhr morgens.

Am Ende drohte das grässliche Gesetz nicht nur alle auf Jahrzehnte hin um Milliarden Dollar pro Jahr zu erleichtern, sondern
bot uns auch das Spektakel, unsere gewählten Volksvertreter in
Bestform zu sehen. Der Senat wurde auf ein kreischendes Kasper-
letheater an Weihnachten reduziert, und uns werden noch mehrere Jahre sinnloser Blockaden und legislativer Pinkelwettbewerbe
beschert werden, während unser Land mit seiner angeschlagenen
Wirtschaft von einer Rezession in die nächste taumelt und dabei
ist, zwei Kriege zu verlieren.

Über die Gesundheitsreform könnte man noch jahrelang schreiben, doch das Wichtigste ist, dass sie die völlige Hilflosigkeit der
Regierung offenbart hat, komplette Bereiche unserer Gesellschaft
im Zaum zu halten. Vom Ziel, die Missstände im Gesundheitswesen zu *beheben*, wollen wir gar nicht erst reden. Präsident Obama
hat Amerika gezeigt, dass seine Regierung nicht einmal das Recht
in Anspruch nehmen konnte, die Branche richtig zu regulieren,
nicht einmal mit einem historischen Wählerbonus im Rücken.
Dabei verschenkte er alles, was er zu bieten hatte, selbst das Recht,
Steuern zu erheben.

Die Verabschiedung von Obamacare wird weitere legislative
Flickschusterei nach sich ziehen, denn die Preise müssen noch
gesenkt und auch an der Anti-Trust-Ausnahmeregelung für Versicherungen muss noch nachgebessert werden. Möglicherweise ist
die Gesundheitsreform aber auch Vorbote einer revolutionären
neuen Vision für Amerikas Wirtschaft – eine Wirtschaft, wo
Unternehmen nicht mehr nur über Preise und Qualität konkur-
rieren, sondern auch über den politischen Einfluss. Gewinn wird
dann nicht mehr gemacht, indem man Kunden mit guten
Dienstleistungen lockt, sondern indem man staatliche Macht
nutzt, um die Märkte zu schützen und die Kunden in diese Märkte zu zwingen.

Unsere Politiker machen gegenüber Wirtschaftsführern oft den Fehler zu glauben, die Wirtschaft hätte ein Interesse daran, die Macht des Staates zu schützen, oder würde sie zumindest respektieren. Dabei wollen sich die Unternehmen einfach nur weiter bereichern. Wenn man ihnen dafür die staatliche Genehmigung erteilt, wird sie dankend entgegengenommen. Und wenn man das nicht kann, nehmen sie sie sich trotzdem.

7

Die große amerikanische
Spekulationsblasenmaschine

Im Winter 2008/09, als ich meinen ersten Artikel über die Finanz-krise für den Rolling Stone *schrieb und mich gerade in das Thema einarbeitete, fiel mir etwas Amüsantes auf. Der Schlüssel im Gespräch mit Informanten und in Interviews, egal zu welchem Thema, ist Humor. Wenn man da den richtigen Ton trifft, kommt man viel weiter. Nun merkte ich, dass bei den Finanzleuten, mit denen ich mich unterhielt, das Lachen auf meine Scherze oft ausblieb, wenn von der Investmentbank Goldman Sachs die Rede war. Es hieß auch nie einfach nur »Goldman«, sondern »die Scheißkerle«, »diese Schwanzlutscher« oder »diese schwanzlutschenden Scheißkerle von Goldman Sachs«. Der Name wurde mit so viel Verachtung ausgespro-chen, dass man meinte, die Leute würden in dem Moment das Telefon angeekelt vom Ohr weghalten, ähnlich wie die Tütchen mit Hunde-kacke, die man beim Gassigehen in New York aufsammeln muss.*

Nach ein paar Monaten fiel mir auch auf, dass jeder, der ein Bei-spiel für einen miesen Coup der Investmentbanken anführen wollte, auf Goldman Sachs zu sprechen kam. Die Bank wurde auch immer als Beispiel dafür genannt, wie Unternehmen ihre Verbindungen zur Politik nutzten, um sich abzusichern – bei Goldman, wurde mir ge-sagt, sei man Experte darin, Wahlkampfspenden zu nutzen, um In-vestitionen vor den Unbilden des Marktes zu schützen. Viele, mit denen ich sprach, arbeiteten für Unternehmen, die bei den staatlichen Sanierungsprogrammen eher stiefmütterlich behandelt worden wa-

ren, daher nahm ich an, dass ihre Sicht auf die Krise und auf Goldman davon beeinflusst wurde.

Nachdem ich einen Artikel über die AIG verfasst hatte, schlug ich meinen Redakteuren beim Rolling Stone vor, etwas über Goldman zu schreiben, eine Art Einstieg in das ganze Thema Investmentbanken und ein Überblick über die Entwicklung in den letzten Jahrzehnten. Wir brachten den Artikel, und im Nachhinein muss ich sagen, dass wir ziemlich viel ausließen. Ich habe versucht, das ein bisschen auszugleichen, indem ich den ursprünglichen Text ergänzte.

Mindestens ebenso interessant wie der ursprüngliche Artikel ist jedoch, was nach seinem Erscheinen passierte, als von allen Seiten Kritik auf uns einhagelte; eine ebenso bizarre wie lehrreiche Erfahrung. Ich wurde in den Medien regelrecht niedergemacht. (»Hören Sie auf, Goldman Sachs die Schuld zu geben!«, schimpfte Charlie Gasparino auf CNBC; ein anderes Radiogenie nannte mich einen »Schwachsinnigen«.) Die Spanne reichte von Fox bis zu The Atlantic. Zuerst dachte ich, dass es hier um typische Zuständigkeitsrangeleien ging: Die Insider gingen wütend auf jemanden los, der ohne große Spezialkenntnisse (die ich wirklich nicht hatte) in ihrem Fachgebiet wilderte und ihnen vorwarf, sie hätten in ihrem Job nicht richtig aufgepasst.

Damit muss man leben. Wenn Goldman Sachs wirklich nicht viel mehr war als ein Unternehmen mit zweifelhaften Pump-and-Dump-Operationen, also Aktienschwindel durch Kursmanipulationen (denn so beschrieben wir die Bank), dann war das definitiv ein Armutszeugnis für die Finanzpresse, die Goldman fast durchgängig als Stütze der Wirtschaft pries, geleitet von Finanzgenies. Wenn Finanzjournalisten wie Charlie Gasparino und Megan McArdle das so auffassten, gut – genauso war es gemeint.

Aber als der Aufruhr nach über einem Monat immer noch anhielt – eine Ewigkeit in der kurzlebigen Medienwelt –, erkannte ich, dass noch etwas anderes im Gange war. Im Rückblick wird mir klar, dass

*ich im Gefolge des Goldman-Artikels eine Lektion über die subtile
Wahrheit des Klassenkampfes in unserem Lande erhielt.*

*Das heißt: Man kann über die Reichen auf ironische Art herzie-
hen, so im Stil der Comedyserie »Arrested Development«, man kann
sich über Donald Trumps Frisur lustig machen, man kann sogar ab-
strakt kritisch über Wirtschaft sprechen und nüchterne Begriffe wie
»Einkommensungleichheit« benutzen. Aber in unseren Medien ist es
nicht erlaubt, den Reichen in den Hintern zu treten und dabei eine
klassenkämpferische Sprache zu verwenden. Das Tabu betrifft weniger das Thema als vielmehr den Ton. Man darf über die Faxen der
Reichen den Kopf schütteln und Grimassen schneiden, aber man darf
sie nicht als Gauner bezeichnen und unterstellen, dass sie gar nicht
besser oder klüger als alle anderen sind und deshalb ihren Reichtum
gar nicht verdient haben. Zumindest muss man damit warten, bis sie
verurteilt worden oder bankrottgegangen sind.*

*An Goldman zeigte sich dieses Medienprivileg par excellence. Das
größte Vermögen dieser alles andere als armen Bank war ihr unver-
dient guter Ruf aufgrund ihrer angeblichen Brillanz und Effizienz.
Goldman wurde stets als Bestätigung des Märchens von Ayn Rand
und Alan Greenspan dargestellt, deren Reichtum und Macht als Beleg
für ihren gesellschaftlichen Wert dienten. Die Mitarbeiter von Goldman verdienten Unmengen Geld; alles, was sie anpackten, wurde
quasi zu Gold, daher waren sie »Macher« und über jeden Zweifel
erhaben. Dieses Märchen war tief in der Finanzpresse verwurzelt, so
tief, dass jeder, der wagte, das Gegenteil zu behaupten, unabhängig
vom Wahrheitsgehalt seiner Aussage wütend attackiert werden musste.*

*Bei den massiven Anschuldigungen, die nach der Veröffentlichung
des Goldman-Artikels auf mich einprasselten, ging es weniger um ein
Wildern in fremden Medienrevieren als um eine Verteidigung des
Märchens. Ich glaube inzwischen, dass regelrecht Angst davor herrscht,
was passieren könnte, wenn die Geschichte in sich zusammenfällt –
denn wenn wir erst die Reichen demontiert haben, bleibt uns nur ein*

Haufen bankrotter Existenzen, die sich fragen, wo zum Teufel ihr Geld geblieben ist, ohne dass sie noch ein beruhigendes Märchen hätten, das sie abends in den Schlaf lullt.

Diejenigen, die in der Finanzwelt tätig sind, die Banker und Wertpapierhändler, die mit mir über »diese Scheißkerle« gescherzt haben, hatten diese Illusionen nicht. Wer richtig Geld machen will, darf für den ganzen Vorgang keinen Heiligenschein benötigen. Die Einzigen, die sich wirklich an diese Illusion klammerten, waren die Kommentatoren, die auch nicht davon abließen, als sich der Schein längst nicht mehr wahren ließ. Sechs Monate nach dem Erscheinen meines Artikels konnten sich nicht einmal mehr die Nachrichtenagenturen einen Hinweis auf Goldmans Ruf als »Vampirkrake« verkneifen. Doch selbst da machten sich die Manager von Goldman keine großen Sorgen um ihren sich rapide verschlechternden Ruf – und das war eigentlich der interessanteste Teil der Geschichte. Aber mehr dazu am Ende der aktualisierten Version meines ursprünglichen Artikels, den ich bis zum Schluss des Buchs aufgehoben habe, weil die Geschichte von Goldman Sachs – eines Unternehmens, das im Ruf steht, eine der cleversten und gerissensten Firmen überhaupt zu sein – die Geschichte einer großen Lüge im Zentrum unseres politischen und wirtschaftlichen Lebens ist. Goldman ist nicht die Firma der Genies, als die sie gern dargestellt wird, sondern eine Firma der Kriminellen. Und die Bank ist bei weitem nicht die Blüte einer demokratischen, kapitalistischen Gesellschaft, sondern die Apotheose der Abzockerära, ein parasitäres Unternehmen, das sich an die US-Regierung und den amerikanischen Steuerzahler herangemacht hat und uns alle schamlos aussaugt.

Über Goldman Sachs muss man vor allem eins wissen: Goldman Sachs ist überall. Die mächtigste Investmentbank der Welt ist ein großer Vampirkrake, der sich über das Gesicht der Menschheit gelegt hat und seinen blutsaugenden Stachel in alles hineinjagt, was nach Geld riecht. Die Geschichte der aktuellen Finanzkrise, die gleichzeitig auch die Geschichte des rapiden Niedergangs und Verfalls des geplünderten amerikanischen Imperiums ist, liest sich wie ein *Who's Who* ehemaliger Goldman-Mitarbeiter.

Die wichtigsten Akteure sind allgemein bekannt: Henry Paulson, der letzte Finanzminister unter George Bush, der davor in leitender Position bei Goldman war und als Minister ein verdächtig eigennütziges Programm entwarf, Billionen Dollar vom Finanzministerium an eine kleine Auswahl seiner alten Freunde von der Wall Street zu verteilen. Und Bob Rubin, Bill Clintons ehemaliger Finanzminister, der 26 Jahre bei Goldman arbeitete und später CEO der Citigroup Bank wurde – die Paulson wiederum mit 300 Milliarden Dollar an Steuergeldern zur Sanierung bedachte.

Dann wäre da noch John Thain, Arschloch und Chef von Merrill Lynch, der für sein Büro einen Satz neue Vorhänge für 28 000 Dollar und einen neuen Teppich für 87 000 Dollar anschaffte, als seine Firma gerade pleiteging; auch er ein ehemaliger Goldman-Banker, dem Paulson mit Milliarden Dollar unter die Arme griff, um der Bank of America bei der Rettung von Thains armseligem Unternehmen zu helfen. Und schließlich gibt es noch Robert Steel, ebenfalls früher in der Führungsetage von Goldman Sachs tätig und später CEO von Wachovia, der sich und seinen Managementkollegen goldene Fallschirme im Wert von 225 Millionen sicherte, als das Unternehmen den Bach runterging. Die Chefs der kanadischen und italienischen Nationalbank sind ehemalige Goldman-Mitarbeiter, ebenso der Präsident der Weltbank, der Leiter der New Yorker Börse, der derzeitige Stabschef im Finanzministerium, die beiden letzten Chefs der New York Federal Reserve Bank (die, wie es der Zufall so will, jetzt die Aufgabe hat, Goldman zu regulieren) – und so weiter und so fort.

Doch jeder Versuch, eine Geschichte über die ehemaligen

Goldman-Mitarbeiter in einflussreichen Positionen zu schreiben, wird schnell zu einem absurden, sinnlosen Unterfangen; ähnlich, wie wenn man eine Auswahlliste erstellt und erkennt, dass man nichts auslassen kann. Wichtig ist, dass man sich den Blick für das Gesamtbild bewahrt: Immer wenn Gefahr droht, dass die USA in den Orkus gespült werden, dann ist Goldman der Auslöser dafür – weil in unserem System des westlichen demokratischen Kapitalismus immer noch niemand erkannt hat, dass in einer Gesellschaft, die passiv vom Prinzip des freien Marktes und über freie Wahlen gelenkt wird, die organisierte Gier immer über die desorganisierte Demokratie triumphiert.

Die einmalige Reichweite und Machtfülle der Bank ermöglicht es Goldman Sachs, ganze Wirtschaftsbereiche zu steuern, immer wieder zu würfeln, während dieser oder jener Markt zusammenbricht, und sich dabei die ganze Zeit an den Kosten zu bereichern, die den Familien im ganzen Land zusetzen – hohe Benzinpreise, steigende Zinsen für Verbraucherkredite, Rentenversicherungen, die nur noch halb so viel wert sind, Massenentlassungen und zukünftige hohe Steuerbelastungen, um staatliche Rettungspakete für Unternehmen zu finanzieren. Das Geld, das wir verlieren, geht *irgendwo* hin, und im übertragenen wie im wörtlichen Sinn geht es an Goldman Sachs: Die Bank ist ein riesiger, komplizierter Apparat, der den nützlichen, sinnvoll eingesetzten Reichtum einer Gesellschaft in die am wenigsten nützlichste, verschwenderischste und unauflöslichste Substanz auf Erden verwandelt, in puren Profit für die Reichen.

Wie Goldman das macht? Ganz einfach, die Bank hält sich immer an dasselbe Rezept. Sie positioniert sich zentral inmitten einer Spekulationsblase, die wie eine gigantische Lotterie funktioniert und enorme Summen aus der mittleren und unteren Gesellschaftsschicht absaugt, unterstützt von einer Regierung, die zulässt, dass die Wirtschaft die Spielregeln diktiert, und dafür ein paar Cent bekommt, die die Bank ihrem politischen Schutzherrn gönnerhaft zuwirft. Diese Dynamik erlaubt es der Bank, der Wirtschaft Vermögen zu entziehen und der Demokratie die Lebenskraft. Daraus ergibt sich ein regressives Schneeballsystem, das uns ins Elend treibt und näher an eine Oligarchie bringt.

Dieses wahnsinnige Unterfangen läuft schon seit Jahrzehnten und soll auch noch so weitergehen. Wer verstehen will, wie wir in diese Krise hineingeraten sind, muss zuerst herausfinden, wohin das ganze Geld ging – und um das zu verstehen, muss man zunächst einmal wissen, mit welchen Gaunereien Goldman bereits durchgekommen ist: eine Geschichte, die sich über genau drei Spekulationsblasen erstreckt.

Goldman war nicht schon immer ein Wall-Street-Koloss, der zu groß ist, um ihn pleitegehen zu lassen, und auch nicht die rücksichtslose, dreiste Verkörperung des Friss-oder-stirb-Kapitalismus auf Speed – nicht schon immer, aber doch schon seit einiger Zeit. Die Bank wurde 1882 von einem jüdischen Einwanderer aus Deutschland namens Marcus Goldman gegründet, der die Firma zusammen mit seinem Schwiegersohn Samuel Sachs aufbaute. Die beiden waren Pioniere im Handel mit Geldmarktpapieren, was nur eine geschwollene Formulierung dafür ist, dass sie ihr Geld verdienten, indem sie kurzfristige Schuldverschreibungen an kleine Geschäftsleute in Manhattan verkauften.

Die Geschichte der ersten hundert Jahre der Firma Goldman lässt sich leicht erraten: Eine von beherzten Einwanderern geführte Investmentbank schafft es entgegen aller Wahrscheinlichkeit, zieht sich selbst an den Haaren aus dem Sumpf und macht Unmengen Geld. In dieser uralten Geschichte gibt es nur eine Episode, die man angesichts der jüngsten Ereignisse genauer unter die Lupe nehmen sollte: Goldmans katastrophaler Ausflug in den Spekulationswahn Ende der zwanziger Jahre, aber noch vor dem großen Börsenkrach. Ich spreche hier von der Einführung der heute berüchtigten »Investmenttrusts« wie der Goldman Sachs Trading Corporation, der Shenandoah Corporation und der Blue Ridge Corporation.

Wahrscheinlich lohnt es sich nicht, sich allzu sehr in die Details dieser gestrandeten Zeppeline der Finanzwelt zu vertiefen, allerdings klingen einige Eigenschaften nur allzu vertraut. Ähnlich wie die modernen Investmentfonds waren die Investmenttrusts Unternehmen, die das Geld großer wie kleiner Anleger nahmen und es (zumindest theoretisch) in eine breite Auswahl an Wertpapieren investierten, allerdings wurde die Art der Wertpapiere und ihre Anzahl oft vor der Öffentlichkeit geheim gehalten. Und so konnte ein ganz gewöhnlicher Bürger 10 oder 100 Dollar in einen Trust investieren und so tun, als würde er bei den Großen mitmischen. Ähnlich wie in den neunziger Jahren, als Neuerungen wie das Daytrading und Online-Trading scharenweise Trottel an die Börse locken, die als große Nummer gelten wollten, verleiteten auch die Investmenttrusts gewöhnliche Anleger zu Aktienspekulationen.

Damit begann ein Muster, das sich stetig wiederholen sollte. Goldman stieg mit leichter Verspätung ins Investmenttrustgeschäft ein, stürzte sich dann mit ganzem Eifer darauf und trieb es bald viel zu bunt. Der erste Versuch war die Goldman Sachs Trading Corporation. Die Bank emittierte eine Million Anteile zu 100 Dollar das Stück, kaufte alle Anteile mit dem eigenen Geld und verkaufte dann 90 Prozent davon zu 104 Dollar pro Stück an die gierigen Anleger.

Doch damit nicht genug, kaufte GSTC weiter rücksichtslos die eigenen Anteile auf und trieb die Preise immer weiter in die Höhe. Schließlich verkaufte die Corporation einen Teil der Anteile endgültig und legte einen neuen Fonds auf, Shenandoah, für den Millionen an Anteilen ausgegeben wurden – mit denen später

wieder ein neuer Trust finanziert wurde, die Blue Ridge Corporation. Der letzte Trust war eigentlich nur Fassade für eine endlose
Anlagepyramide, bei der sich Goldman hinter Goldman und
wieder hinter Goldman versteckte. Von den 7 250 000 ursprünglichen Anteilen an Blue Ridge gehörten 6 250 000 der Shenandoah Corporation, und die wiederum gehörte größtenteils Goldman Trading.

Das Ende vom Lied (klingt doch alles sehr vertraut, oder?) war
ein undurchsichtiger Unternehmenskomplex mit geborgtem
Geld, der extrem anfällig für jede Kursschwankung irgendwo in
der Kette war. Das klingt kompliziert, aber die Grundidee ist
nicht schwer zu verstehen. Man nimmt einen Dollar und leiht
sich mit diesem Dollar als Sicherheit neun weitere Dollar, dann
nimmt man diesen Zehn-Dollar-Fonds und borgt sich dafür
90 Dollar, nimmt die 100 Dollar und leiht sich, wenn man immer
noch Geldgeber findet, 900 Dollar, die man wieder in sich selbst
investiert. Wenn der letzte Fonds in der Reihe an Wert verliert,
hat man nicht mehr das Geld, um alle auszuzahlen, und alle sind
ruiniert.

Der berühmte Wirtschaftswissenschaftler John Kenneth Galb-
raith beschrieb die Blue Ridge und Shenandoah Corporation als
klassische Beispiele für eine wahnwitzige Hebelwirkung; im heu-
tigen Wert verloren die Banken durch Trusts wie Blue Ridge und
Shenandoah etwa 485 Milliarden Dollar, die dadurch wesentlich
zum Börsenkrach von 1929 beitrugen.

Springen wir etwa 65 Jahre nach vorn. Goldman überlebte den
Börsenkrach und gedieh dank des legendären Seniorpartners
Sidney Weinberg (berühmt dafür, dass er vom Portiersgehilfen
zum Kopf der Firma aufstieg) und wurde zum Emissionskönig
der Wall Street. In den siebziger und achtziger Jahren war Goldman nicht unbedingt der planetenvernichtende Todesstern mit
unbegrenztem politischen Einfluss von heute, aber immerhin ein

Unternehmen, das im Ruf stand, die klügsten und cleversten Köpfe der Wall Street anzulocken.

Seltsamerweise stand Goldman auch für eine relativ solide Geschäftsmoral und langfristiges Denken, da die Führungsetage auf das Firmenmantra »Langfristig gierig« gedrillt wurde. Ein ehemaliger Goldman-Banker, der die Firma Anfang der neunziger Jahre verließ, erinnert sich daran, dass seine Vorgesetzten auf ein sehr profitables Geschäft verzichteten, weil es langfristig betrachtet auf einen Verlust hinauslief. »Wir gaben Geld an unsere ›erwachsenen‹ Unternehmenskunden zurück, die [für sie] ungünstige Deals mit uns geschlossen hatten«, berichtet er. »Alles, was wir taten, war legal und fair ... ›Langfristig gierig‹ bedeutete, dass wir keinen Gewinn machen wollten, der unsere Kunden kollektiv zu viel kostete und dadurch den Markt verdarb.«

Aber dann geschah etwas. Man kann nicht genau sagen, was es war, vielleicht hatte es etwas damit zu tun, dass der Goldman-CEO Robert Rubin Anfang der neunziger Jahre Bill Clinton ins Weiße Haus folgte, wo er zunächst Clintons neuen Nationalen Wirtschaftsrat leitete und schließlich Finanzminister wurde. Begeistert griffen die amerikanischen Medien die Geschichte auf, wie ein Paar Babyboomer, Kinder der sechziger Jahre, Fleetwood-Mac-Fans und Yuppies sich im Weißen Haus einrichtete, schwärmten von (dem eigentlich unerträglichen) Rubin und bejubelten ihn als den klügsten Menschen, der je auf Erden wandelte.

Rubin war der Prototyp des Goldman-Bankers. Er wurde wahrscheinlich schon in seinem 4000 Dollar teuren Anzug geboren, und sein Gesicht war ständig zu einer entschuldigenden Grimasse verzerrt, weil er so viel schlauer als sein Gegenüber war. Stets trug er eine Mr. Spock ähnliche Emotionslosigkeit zur Schau; menschliche Gefühle schienen ihm fremd, man konnte sich höchstens vorstellen, dass er Albträume durchlebte, wenn er gezwungen wurde, in der Economy Class zu fliegen. Jedenfalls

drehte die Presse völlig durch, und es wurde praktisch ein nationales Klischee, dass alles, was Rubin vorschlug, wirtschaftlich das
einzig Wahre sei – ein Phänomen, das 1999 seinen Höhepunkt
erreichte, als Rubin zusammen mit Alan Greenspan und dem
damaligen Finanzminister Larry Summers auf dem berühmten
Titel des *Time Magazine* erschien, geschmückt von der Überschrift »Das Komitee zur Rettung der Welt«.

Und Rubins Vorschläge besagten in erster Linie, dass die amerikanische Wirtschaft, vor allem der Finanzmarkt, überreguliert
sei und dringend von sämtlichen Beschränkungen befreit werden
müsse. Während Rubins Amtszeit erließ das Weiße Haus mehrere
Maßnahmen mit drastischen Folgen für die Wirtschaft. Die Änderungen, die Rubin bei der Regulierung vornahm, sollten ihre
größte Wirkung erst in den Jahren nach seiner Zeit im Weißen
Haus entfalten, vor allem während der Immobilien-, Hypotheken- und Warenterminblase. Doch sein Vermächtnis umfasste
noch mehr, denn er versäumte es, regulierend einzugreifen, als
Goldman beim Internetboom den ersten wahnwitzigen Vorstoß
wagte, obszön hohe kurzfristige Gewinne einzusacken.

Das grundlegende Betrugsmuster in der Internetära ist auch
für finanzwirtschaftliche Analphabeten einfach zu verstehen. Man
muss sich das so vorstellen, als ob Goldman Wassermelonen mit
einer hübschen Schleife versehen, sie aus dem fünfzigsten Stock
geworfen und dann die Telefonleitungen freigeschaltet hätte, um
die Kaufgebote entgegenzunehmen. Bei diesem Spiel konnte man
nur gewinnen, wenn man sein Geld wieder abzog, bevor die Melone auf der Straße zerplatzte.

Das klingt heute völlig einleuchtend, aber damals wusste der
durchschnittliche Anleger nicht, dass die Banken die Spielregeln
geändert hatten und die Angebote verlockender wirkten, als sie
tatsächlich waren. Dadurch entstand ein zweigleisiges Investitionssystem – mit einem Gleis für die Banker und Insider, die die

wahren Zahlen kannten, und einem Gleis für die Laienanleger, die aufgefordert wurden, den in die Höhe schnellenden Kursen hinterherzujagen, obwohl die Banken wussten, dass die Steigerungen völlig irrational waren. Während sich Goldman später darauf verlegte, aus den gelockerten Regulierungsvorschriften Kapital zu schlagen, bestand die wichtigste Innovation in der Internetära darin, dass die Führungsetage die brancheneigenen Qualitätsstandards und Kontrollen über Bord warf. Ein bekannter Hedgefondsmanager erklärt:

Den wenigsten ist bekannt, dass die Banken nach der Großen Depression strenge Emissionsstandards eingeführt hatten. Jahrzehntelang hätte keine Investmentbank den Börsengang eines Unternehmens begleitet, wenn die Firma nicht bestimmten Anforderungen entsprach. Sie musste mindestens seit fünf Jahren existieren. Sie musste mindestens drei Jahre in Folge rentabel wirtschaften. Sie musste zum Zeitpunkt des Börsengangs Geld machen.

Aber Goldman warf plötzlich all diese Regeln über Bord. Die Banker gingen mit Wertlos.com, kaum dass die Firma fünf Minuten existierte, an die Börse. Die Öffentlichkeit hatte davon größtenteils keine Ahnung. Die Anleger gingen davon aus, dass die Unternehmen den Qualitätsanforderungen der Bank entsprachen.

Jay Ritter, Professor an der University of Florida, erläutert, dass der Niedergang der Emissionsstandards in den achtziger Jahren einsetzte.

Anfang der achtziger Jahre bestanden die wichtigsten Emissionsbanken auf drei Jahren Rentabilität. Dann war es ein Jahr, dann nur noch ein Quartal. Zur Zeit der Internetblase waren die Standards so weit gesunken, dass auch eine Rentabilität im kommenden Jahr nicht erforderlich war, schlimmer noch, es wurde nicht einmal Rentabilität in absehbarer Zukunft verlangt.

Goldman hat wiederholt abgestritten, dass die Richtlinien für einen Börsengang in den Internetjahren verändert worden wären, aber die Statistik widerlegt diese Behauptung. Wie schon damals bei den Investmenttrusts fing Goldman im Internetboom langsam an und drehte dann durch.

Nachdem Goldman 1996 den Börsengang einer kaum bekannten Firma namens »Yahoo!« begleitet hatte, die finanziell auf sehr wackligen Beinen stand, wurde die Bank bald zum IPO-König der Ära. Von den 24 Internetfirmen, deren Börsengang Goldman 1997 begleitete und über die Daten vorhanden sind, machte ein Drittel zum Zeitpunkt des Börsengangs Verlust. Im darauffolgenden Jahr, 1998, auf dem Höhepunkt des Booms, begleitete Goldman in den ersten vier Monaten achtzehn Unternehmen. Davon schrieben vierzehn beim Börsengang rote Zahlen.

Im folgenden April war die Zahl der Dotcom-Börsengänge an der Wall Street im Vergleich zu den ersten vier Monaten des Jahres 1998 um das Neunfache gestiegen. Bei diesen Börsengängen war die gigantische Summe von 45 Milliarden Dollar aufgebracht worden, damit übertraf sie das Gesamtergebnis für das komplette Kalenderjahr 1996. Goldman fungierte zu der Zeit für ein Fünftel aller Dotcom-Börsengänge als Emissionsbank und begleitete auch 1999 weitere 47 Börsengänge.

Bei den Börsengängen im Jahr 1999 handelte es sich bei vier Fünfteln um Internetfirmen (darunter Totgeburten wie Webvan und eToys), wodurch Goldman zur führenden Emissionsbank für Dotcom-Börsengänge während des Internetbooms wurde. Die Kurse der frischgebackenen Aktienunternehmen unter Goldmans

Fittiche waren deutlich schwankungsanfälliger als die der Konkurrenz: Der Kurs eines von Goldman betreuten Unternehmens lag 1999 im Schnitt 281 Prozent über dem Emissionspreis, der Durchschnitt an der Wall Street betrug 183 Prozent.

Wie erreichten die Unternehmen so außergewöhnliche Resultate? Eine Antwort liegt im sogenannten »Laddering«, was nur eine vornehme Formulierung dafür ist, dass der Preis der jungen Aktien manipuliert wurde. Und das funktioniert so: Nehmen wir an, Sie sind Goldman Sachs und die Firma Wertlos.com wendet sich an Sie und bittet Sie, sie beim Börsengang zu begleiten. Sie stimmen unter den üblichen Bedingungen zu: Sie legen den Emissionspreis fest, sagen, wie viele Aktien ausgegeben werden, und nehmen den CEO von Wertlos.com mit auf eine »Roadshow«, bei der er Anleger kennenlernen und ihnen Honig um den Bart schmieren soll. Außerdem bekommt die Bank eine Gebühr (normalerweise 6 bis 7 Prozent des Emissionsvolumens, was ein hübsches Sümmchen im Zehnmillionenbereich ausmacht, wenn es nicht sogar Hunderte von Millionen einbringt).

Dann erteilt man seinen besten Kunden das Recht, große Teile der neuen Aktien zum niedrigen Emissionspreis zu kaufen – nehmen wir an, Wertlos.com startet mit 15 Dollar –, und die Kunden versprechen im Gegenzug, später weiter mitzubieten und die Aktien auf dem offenen Markt zu kaufen. Nun verfügen Sie über Insiderwissen über die Zukunft der Aktie, das den Daytrader-Trotteln verborgen blieb, weshalb die sich nur an der Prognose orientieren können: Sie wissen mit Sicherheit, dass Ihre Kunden, die bereits x Aktien zum Preis von 15 Dollar gekauft haben, weitere Aktien zum Preis von 20 oder 25 Dollar kaufen werden, was praktisch die Garantie dafür ist, dass der Kurs über 25 Dollar steigen wird. Auf diese Weise konnte die Bank den Aktienkurs der neuen Firma künstlich hochtreiben, und das natürlich zu ihrem Nutzen – 6 Prozent Gebühren von 500 Millionen Dollar oder von 750 Millionen Dollar bei einem Börsengang sind keine Kleinigkeit.

Goldman wurde von den Aktionären verschiedener Internetfirmen, darunter Webvan und NetZero, mehrfach wegen dieser Laddering-Praktiken verklagt. Nicholas Maier – ehemaliger Manager von Cramer & Co., dem Hedgefonds, der damals vom mittlerweile berühmten TV-Plappermaul und Aktienguru Jim Cramer geleitet wurde (auch Cramer arbeitete übrigens einmal für Goldman) – behauptet, er sei von 1996 bis 1998, als er für Cramer arbeitete, bei den Aktiendeals mit Goldman wiederholt zum Laddering gezwungen worden.

»Nach dem, was ich mitbekam, war Goldman am schlimmsten von allen«, sagte Maier später. »Goldman hat die Blase richtig angeheizt. Und genau dieses Verhalten hat zum Crash geführt. Die hohen Aktienkurse beruhten auf einem illegalen Verfahren – sie wurden manipuliert, und am Ende waren es natürlich die kleinen Anleger, die sich einkauften und reinfielen.«

Goldman erklärte sich 2005 schließlich bereit, 40 Millionen Dollar Strafe an die Börsenaufsicht zu zahlen – lächerlich im Vergleich mit den Summen, um die es eigentlich ging. Aus der Bezahlung dieser absurd niedrigen Strafe sollte sich schon bald ein Muster entwickeln, mit dem sich Goldman aus der Verantwortung schlich und rechtlichen Problemen aus dem Weg ging. Passend dazu schaffte es die Bank, trotz der Laddering-Vorwürfe nie offiziell verurteilt zu werden.

Eine weitere Praktik, die Goldman während des Internetaktienbooms anwandte, ohne je dafür belangt zu werden, war das sogenannte »Spinning«. Dabei bot die Investmentbank der Unternehmensführung der Firma Aktien zum Vorzugspreis im Austausch für das Versprechen an, der Bank weitere Aufträge für Emissionsgeschäfte zu verschaffen. Dann legte die Bank normalerweise einen zu niedrigen Emissionspreis fest, sodass der Kurs der neuen, »angesagten« Aktien schnell stieg und die Gewinne gleich am ersten Verkaufstag hoch waren.

In einem Fall bot Goldman der eBay-CEO Meg Whitman (die außerdem im Aufsichtsrat von Goldman Sachs saß) und dem eBay-Gründer Pierre Omidyar angeblich Aktien im Wert von vielen Millionen Dollar zum Vorzugspreis an, wenn eBay auch in Zukunft auf die Dienste der Bank zurückgreifen würde.

Und das blieb nicht der einzige Vorfall dieser Art: Ein Bericht des für Finanzdienstleistungen zuständigen Ausschusses des Repräsentantenhauses zeigte 2002, dass Goldman in 21 verschiedenen Fällen Führungskräften der Unternehmen, deren Börsengang die Bank betreute, Aktien zum Vorzugspreis angeboten hatte, die dann meist schnell und mit großem Gewinn weiterverkauft wurden. Nach diesem Bericht kam Yahoo!-Gründer Jerry Yang ebenso in den Genuss dieser Sonderbehandlung wie zwei der ganz großen Schurken im Zeitalter der Finanzskandale – Dennis Kozlowski von Tyco und Ken Lay von Enron.

Bei Goldman war man über den Bericht hell empört und erteilte dem damaligen Ausschussvorsitzenden Mike Oxley und dem Kongress eine scharfe Abfuhr: »Das ist eine ungeheuerliche Verzerrung der Tatsachen«, verkündete Goldman-Sprecher Lucas van Praag. »Die Andeutung, dass Goldman Sachs an Spinning-praktiken oder anderen unangemessenen Maßnahmen im Zusammenhang mit der Zuteilung von IPO-Aktien beteiligt gewesen sein soll, ist schlicht falsch.«

Allerdings: Noch im gleichen Jahr erklärte sich Goldman zu einer Einigung mit der Staatsanwaltschaft von New York bereit (General Attorney war damals übrigens Eliot Spitzer, der zu dem Zeitpunkt noch nicht in Ungnade gefallen war), nachdem Goldman und elf anderen Unternehmen eine Anklage wegen Spinning und der Manipulation von Aktienkursen drohte. Wieder kam Goldman relativ glimpflich davon und musste nur 50 Millionen

Dollar zahlen. Im Rahmen der Einigung verpflichtete sich die Investmentbank außerdem, in Zukunft auf das Spinning zu verzichten, zur Belohnung entging Goldman wieder einer offiziellen Anklage, und auch die Regulierungsbehörden stellten die Ermittlungen gegen die Bank und den damaligen Vorsitzenden Hank Paulson ein.

Aber wen kümmert das alles? Warum sollte man ein paar reichen Typen ein paar vorteilhafte Aktienangebote missgönnen? Tja, dafür gibt es einige Gründe. Zum einen haben wir es hier mit Bestechung zu tun. Zum anderen wurde bei Praktiken wie Spinning nicht nur der ursprüngliche Emissionspreis gesenkt, sondern man enthielt den normalen Anlegern auch wichtige Informationen vor: Sie blieben völlig ahnungslos, dass Goldman den Emissionspreis bei den Börsengängen manipulierte, um sich weitere Aufträge zu sichern.

Der Finanzdienstleistungsausschuss des Repräsentantenhauses kam außerdem zu dem Schluss, dass Goldman auch noch Kaufempfehlungen aussprach, nachdem der Wert der Aktien bereits gefallen war, um sich so zukünftige Aufträge zu sichern. Professor Jay Ritter schätzte, dass die Unternehmen, bei deren Börsengang das Spinning angewandt worden war, etwa ein Fünftel weniger Gewinn machten. »Wir haben den Emissionspreis und das mögliche Abschneiden am Ende des ersten Handelstags berechnet und festgestellt, dass es 22,68 Prozent weniger waren«, sagte er. Anders ausgedrückt, ein Unternehmen, dessen Börsengang mit Spinning manipuliert wurde, könnte bei einer Emission von 100 Millionen Dollar 20 Millionen Dollar einbüßen.

Noch schlimmer waren sogenannte Soft Dollar Commissions. Dabei wandte sich Goldman an große institutionelle Anleger – Lebens- und Rentenversicherungen, Investmentfonds, Sparkassen und so weiter – und erklärte, ihr Zugang zu den angesagten Internetaktien würde davon abhängen, wie viel Emissionsaufträge sie der Investmentbank im Lauf der Zeit zuschanzen könnten. Wieder wurde dadurch der Emissionspreis künstlich nach unten gedrückt, mehr Anleger verleitet, schnellen Gewinnen hinterherzujagen, und der Markt allgemein verzerrt, weil relevante Informationen vor außenstehenden Anlegern geheim gehalten wurden.

»Das funktionierte im Grunde so, dass der Investmentbanker einen Anleger anrief und sagte: ›Wir machen da einen Börsengang, und das ist der Emissionspreis – ich bin Ihr Kumpel, würden Sie 10 000 Aktien nehmen?‹«, erklärt Tony Perkins, Unternehmer und Koautor des Buchs *The Internet Bubble*. »Und dann sagt er noch: ›Aber weil ich Ihr guter Kumpel bin und Ihnen 10 000 Stück beschaffe, müssen Sie beim nächsten Emissionsgeschäft auch an mich denken und mein guter Kumpel sein.‹«

Die Börsenaufsichtsbehörde »untersuchte« das Problem 1998, ließ die Sache dann aber im Grunde auf sich beruhen. »Die SEC sah darüber hinweg«, meint Ritter. »Und die Investmentbanker und Regulierungsbehörden schlossen daraus: ›Gute Beziehungen sind okay.‹ Dabei war das nur ein anderes Wort für Bestechung – ›Beziehungen‹.«

All diese Faktoren trugen dazu bei, dass die Dotcom-Blase in einer der größten Finanzkatastrophen der Geschichte mündete. Allein im NASDAQ wurden über 5 Billionen Dollar an Vermögen vernichtet – eine Summe, die erst im Licht der jüngsten Ereignisse nicht mehr völlig unverständlich wirkt. Aber trotz der enormen Vernichtung von Vermögen und massiven Arbeitsplatzverlusten, die größtenteils dem gnadenlosen Gewinnstreben der Banken zuzuschreiben sind, kamen die Goldman-Mitarbeiter richtig gut durch den Crash – ebenfalls ein typisches Muster für die Firma.

Im Jahr 1999 zahlte Goldman seinen 15 361 Mitarbeitern 6,4 Milliarden Dollar an Vergütungen und Bonusleistungen (im Schnitt 420 000 Dollar pro Kopf) aus, 2000 waren es 7,7 Milliarden Dollar für 22 627 Mitarbeiter (340 000 Dollar), 2001 wieder

7,7 Milliarden Dollar, dieses Mal aber für 22 677 Mitarbeiter (339 000 Dollar pro Kopf). Selbst 2002, als die Bank vom Crash am schwersten getroffen wurde, änderte sich an den Zahlen kaum etwas: Insgesamt wurden 6,7 Milliarden Dollar an 19 739 Mitarbeiter ausgeschüttet (341 000 Dollar pro Kopf), also praktisch genauso viel wie in den Jahren vor dem Crash.

Diese Zahlen sind wichtig, denn sie zeigen, dass die Wirtschaft seit dem Internetboom größtenteils vom Streben einzelner Banker nach den enormen persönlichen Bonuszahlungen getrieben wurde, die durch die Spekulationsblase erst möglich geworden waren. Die Parole der »langfristigen Gier« löste sich in Luft auf, weil es fortan nur noch darum ging, sein Geld zu bekommen, bevor die Melone unten auf der Straße zerplatzte.

Also, wenn man nun fünfzig Börsengänge von Internetfirmen mittels Laddering und Spinning begleitet hat und 45 davon im selben Jahr pleitegingen, wenn man dazu noch von der Börsenaufsicht erwischt wird und eine Strafe von 40 Millionen Dollar zahlen muss, tja, was ist dann? Bis die Börsenaufsicht endlich so weit ist, eine Strafe zu verhängen, ist die Jacht, die man mit den Bonuszahlungen aus den manipulierten Börsengängen finanziert hat, schon fünf oder sechs Jahre alt. Außerdem arbeitet man da wahrscheinlich schon nicht mehr für Goldman, sondern leitet das Finanzministerium oder ist Gouverneur von New Jersey.[27]

Als die Internetblase platzte, sah man bei Goldman keinen Grund für eine Änderung der Strategie, man suchte sich einfach eine neue Spekulationsblase. Und wie das Leben so spielt, gab es auch schon eine, nicht zuletzt auch dank des unermüdlichen Einsatzes von Bob Rubin.

Goldmans Rolle bei der nächsten globalen Finanzkatastrophe, der Immobilienblase, ist relativ einfach zu erkennen. Auf dem Höhepunkt des Immobilienbooms im Jahr 2006 emittierte Goldman Hypothekenpapiere im Wert von 44,5 Milliarden Dollar (hauptsächlich Collaterized Debt Obligations), viele davon an institutionelle Anleger wie Lebens- und Rentenversicherungen. Wie wir bereits gesehen haben, befand sich darunter jede Menge Schrott: Hypotheken, die auf einer Pyramide von Lügen und betrügerischer Information aufbauten. Wie verdient eine Bank mit dem Verkauf gigantischer Pakete Schrott mit D-Rating-Geld? Ganz einfach: Sie wettet gegen das Zeug, das sie selbst verkauft! Das wirklich Erstaunliche bei Goldman war die schiere Dreistigkeit, die die Bank während der Immobilienblase an den Tag legte. Goldman hatte die Frechheit, all die miesen, völlig unverantwortlichen Hypothekenpapiere von Verbrecherfirmen wie Countrywide zu übernehmen und sie an Rentner, Kommunen und alte Leute zu verhökern und die ganze Zeit so zu tun, als ob es sich nicht um Giftmüll handelte. Und als ob das nicht schon reichte, setzte sie auf den fallenden Wert der Papiere, die sie selbst verkaufte; das heißt, sie setzte auf eine Short-Position. Und schlimmer noch, sie prahlte damit in aller Öffentlichkeit.

»Mein Problem, das ich mit Goldman im Gegensatz zu all den anderen Banken habe, ist, dass die anderen Banken einfach nur dumm waren«, sagt der CEO eines Hedgefonds. »Sie kauften das Zeug und glaubten wirklich daran. Aber Goldman wusste, dass es Schrott war.«

Tatsächlich prahlte Finanzmanager David Viniar 2007, Goldman sei im Bereich Hypotheken abgesichert, weil man Leerverkäufe tätige. »Der Bereich Hypotheken ist weiter eine Herausforderung«, sagte er. »Folglich nahmen wir erhebliche Abschreibungen bei unseren langfristigen Investitionen vor ... *Allerdings orientierte sich unsere Risikoausrichtung auf dem Markt an fallenden Kursen, und diese Leerposition erwies sich als profitabel.*«

Ich fragte den CEO des Hedgefonds, wie es sein könne, dass

man Kunden etwas verkauft und gleichzeitig auf dessen Wertverlust setzt, vor allem wenn man mehr über die Schwächen des
Produkts weiß als der Kunde. Das müsste doch eigentlich Wert-
papierbetrug sein.

»Das ist natürlich Betrug«, sagte er. »Genau darum geht es
beim Anlagebetrug.«

Dem konnten später zahlreiche bekümmerte Anleger nur zustimmen. Nach dem Platzen der Immobilienblase wurde Goldman ähnlich wie nach der Dotcom-Blase von einer Klageflut
überschwemmt. Viele Anleger beschuldigten die Bank, sie habe
ihnen wichtige Informationen über die Qualität (oder eben die
mangelnde Qualität) der von Goldman aufgelegten Hypothekenpapiere vorenthalten.

So verklagte die Bankenaufsicht des Staats New York und von
New York City Goldman wegen des Verkaufs von Schrottpapieren
von Countrywide an den städtischen und bundesstaatlichen Pensionsfonds, der dabei 100 Millionen Dollar verloren hatte. Goldman wird dabei vorgeworfen, die Bank habe Anleger getäuscht,
indem sie fälschlicherweise vorgegeben habe, dass »Countrywide
über strenge und sorgfältige Auswahlverfahren ... ausreichende
Liquidität ... und einen konservativen Ansatz« verfüge.

Als Viniar mit den Leerverkäufen bei Hypothekenpapieren
prahlte, bezog er sich vermutlich auf die Credit Default Swaps,
die die Bank bei Unternehmen wie der AIG hielt. Das ist mit ein
Grund, warum die AIG-Pleite so beunruhigend ist: Wenn von
den Steuergeldern, die zur Rettung der AIG verwendet wurden,
mindestens 13 Milliarden Dollar an Goldman gingen, wurden
mit einem Teil davon die Wetten finanziert, die Goldman gegen
den Schrott platziert hatte, den die Bank selbst an alte Leute,
Kommunen und Bundesstaaten verkauft hatte. Anders ausgedrückt, Goldman kassierte bei der Immobilienblase doppelt ab:
Die Bank täuschte die Anleger, die den Hypothekenschrott kauf-

ten, indem sie auf den Wertverlust ihres eigenen miesen Produkts setzte, und dann schröpfte sie auch noch den Steuerzahler, indem sie dafür sorgte, dass er für die Wetten zahlen musste.

Halten wir noch einmal fest: Während die Finanzwelt am Abgrund stand, stieg die Bruttoentlohnung der Goldman-Mitarbeiter im Jahr 2006 auf 16,5 Milliarden Dollar für 26 000 Angestellte, was im Durchschnitt 634 000 Dollar pro Kopf macht. Ein Goldman-Sprecher erklärte dazu: »Wir arbeiten hier sehr hart.«

Herbst 2008. Nach dem Platzen der Immobilienblase, die, wie wir festgestellt haben, von Goldman kräftig mit angeheizt wurde, gibt es keine neue Spekulationsblase, die das Geschäft brummen lässt – dieses Mal ist das Geld anscheinend wirklich weg, verschwunden im Orkus der globalen Wirtschaftskrise. Dann trifft der damalige Finanzminister und ehemalige Goldman-Vorsitzende Paulson eine Reihe folgenschwerer Entscheidungen. Obwohl er im Frühjahr bereits die Rettung von Bear Stearns organisiert und den quasi privaten Sparkassen Fannie Mae und Freddie Mac mit Steuergeldern unter die Arme gegriffen hat, beschließt er, Lehman Brothers – einen der letzten Konkurrenten von Goldman – pleitegehen zu lassen, ohne einen Finger zu krümmen.

Am gleichen Wochenende gibt er grünes Licht für ein massives, 80 Milliarden Dollar schweres Rettungspaket für die AIG, einen angeschlagenen Versicherungsgiganten, der Goldman zufällig 20 Milliarden Dollar schuldet. Paulsons Entscheidung, sehr selektiv zu intervenieren, sollte den Wettbewerb an der Wall Street radikal verzerren. Goldmans wichtigster Konkurrent Lehman Brothers war am Ende, ebenso die Investmentbank Merrill Lynch, die bei einer vom Finanzministerium ausgehandelten Zwangsehe von der Bank of America übernommen wurde. Bear Stearns hatte bereits sechs Monate zuvor das Zeitliche gesegnet. Nachdem sich der Staub über dem Wrack der AIG gelegt hatte, blieben nur noch zwei der ehemals fünf großen Investmentbanken der Wall Street übrig: Goldman und Morgan Stanley.

Nach der AIG-Rettung verkündet Paulson sein staatliches Rettungspaket für die Finanzbranche, ein Maßnahmenpaket in Höhe von 700 Milliarden Dollar, das Troubled Asset Relief Program (TARP). Zum Verwalter und Verteiler des Geldes wird ein bis dahin unbekannter 35-jähriger Goldman-Banker namens Neel Kashkari erkoren. Um für eine Zuteilung infrage zu kommen, gibt Goldman bekannt, dass sich die Investmentbank in eine Bankholdinggesellschaft umwandeln wird – weil sie dadurch nicht nur Anspruch auf 10 Milliarden Dollar aus dem TARP-Fonds hat, sondern auf eine ganze Reihe staatlicher Gelder, die weniger öffentlichkeitswirksam verteilt werden, vor allem auf das Geld der Federal Reserve zum Diskontsatz. Der letzte große Rivale, Morgan Stanley, verkündet noch am selben Tag ebenfalls die Umwandlung in eine Holdinggesellschaft.

Niemand weiß, wie viel Geld Goldman oder Morgan Stanley bei der Federal Reserve aufgenommen haben, doch am Ende des Jahres hatte die Fed im Rahmen verschiedener Rettungsprogramme über 3 Billionen Dollar verliehen – und dank eines obskuren Gesetzes, das es der Federal Reserve erlaubt, Überprüfungen durch den Kongress zu blockieren, bleiben sowohl die Summen als auch die Empfänger nahezu geheim.

Und zum Glück für Goldman bedeutet die Umwandlung in eine Holdinggesellschaft auch, dass die zuständige Regulierungsbehörde und Aufsicht nun die Federal Reserve Bank von New York ist, die zu der Zeit von Stephen Friedman geleitet wird, einem ehemaligen Mitarbeiter von … na, Sie wissen schon.

Theoretisch verstößt Friedman gegen die Richtlinien der Federal Reserve, weil er immer noch im Vorstand von Goldman Sachs sitzt, obwohl er die Bank eigentlich beaufsichtigen sollte. Um das zu beheben, beantragt er eine Sondergenehmigung trotz Interessenkonflikts von Tom Baxter, dem Leiter der Rechtsabteilung der Federal Reserve, und bekommt sie tatsächlich.

Friedman sollte sich nach der Umwandlung Goldmans in eine Bankholding außerdem von seinen Goldman-Aktien trennen, aber er behält sie nicht nur, sondern kauft im Dezember 2008 noch *zusätzlich* 37 000 Aktien, wodurch er fast 100 000 Anteile an seiner alten Bank besitzt, die zu der Zeit etwas mehr als 13 Millionen Dollar wert sind.

Während der gesamten Krise kann Goldman keinen Schritt machen, ohne dass der Staat helfend eingreift. Ende September 2008 setzen sich Goldman-CEO Lloyd Blankfein und Morgan-Stanley-CEO John Mack bei der Regierung dafür ein, Einschränkungen für Short Seller zu erlassen, die ihre Unternehmen unter Druck setzen – und sie bekommen, was sie wollen: am 21. September beschließt die Börsenaufsichtsbehörde ein Verbot der Leerverkäufe bei etwa 800 Finanzaktien. Der Kurs der Goldman-Aktie steigt in der ersten Woche nach dem Verbot um 30 Prozent.

Das Leerverkaufsverbot war aus mehreren Gründen ärgerlich: Die gleiche Bank, die noch ein Jahr zuvor mit dem Vermögen geprahlt hatte, das sie bei Leerverkäufen anderer Wertpapiere auf dem Hypothekenmarkt gemacht hatte, brachte nun ihre Freunde in der Regierung dazu, sie vor Leerverkäufen zu schützen, weil sie es eben gerade für angebracht hielt.

Die kollektive Botschaft all dieser Ereignisse – der AIG-Rettung, der schnellen Genehmigung zur Umwandlung in eine Holdinggesellschaft, der TARP-Gelder und des Leerverkaufsverbots – lautete, dass im Falle von Goldman Sachs die Kräfte des freien Marktes nicht gelten. Die Regierung ließ vielleicht andere Marktteilnehmer über die Klinge springen, aber sie würde unter keinen Umständen zulassen, dass Goldman Sachs pleitegeht. Der indirekte Wettbewerbsvorteil wurde mit einem Mal zu einem offen erklärten, absoluten Privileg.

»Es war nicht einmal eine stillschweigende Übereinkunft«, erläutert Simon Johnson, Wirtschaftsprofessor am MIT und ehemaliger Mitarbeiter des Internationalen Währungsfonds, der die
amerikanischen Rettungspakete mit der korrupten kapitalistischen Vetternwirtschaft vergleicht, die er aus Entwicklungslän-
dern kennt. »Man ging einfach davon aus, dass die Regierung
Goldman immer retten würde.«

Die massive staatliche Unterstützung straft den Mythos von
Goldman als Ansammlung der brillantesten Köpfe der Welt Lügen. In der Finanzwelt klingt alles sehr kompliziert, aber wenn
man sich ein bisschen damit befasst, ist es das gar nicht. Überlegen
Sie einmal, wie schwer es Ihnen fallen würde, Geld zu verdienen,
würde man Ihnen jede Woche einfach so eine Milliarde Dollar
rüberschieben – und schon haben Sie eine grobe Vorstellung davon, wie sehr sich die guten Beziehungen von Goldman Sachs zur
Politik auszahlen.

»Es braucht schon ein gewisses Geschick, Geld zu 3 Prozent
aufzunehmen und für 5 Prozent weiterzuverleihen und dabei
Gewinn zu machen«, sagt Peter Morici, Professor an der University of Maryland. »Und natürlich braucht man weniger Geschick,
wenn man das Geld zu 2 Prozent leiht und zu 5 Prozent verleiht.
Und genau das passiert hier.«

Morici fügt hinzu, dass Goldman und andere Banken dank der
staatlichen Programme Geld auf Kosten ihrer arglosen normalen
Kunden machen. Da nun so viel billiges Geld zur Verfügung steht,
sind die Banken beispielsweise nicht mehr auf die Einlagen privater Anleger angewiesen, was die Zinsen (neben anderen Ursachen)
für Einlagenzertifikate nach unten getrieben hat. Doch viele ältere
Menschen haben bei ihrer Altersversorgung eben auf diese Zinsen
gesetzt und sind nun verraten und verkauft, weil die Regierung
lieber reichen Bankern beisteht als armen alten Leuten. »Da muss
die Großmutter zahlen, um Goldman zu helfen«, sagt Morici.

Aber jetzt kommt der eigentliche Clou. Nachdem Goldman
Sachs eine maßgebliche Rolle bei drei historischen Spekulationsblasen gespielt und dazu beigetragen hat, dass Anfang der 2000er
Jahre 5 Billionen Dollar an Vermögen im NASDAQ zunichte
gemacht wurden, nachdem Goldman toxische Hypothekenpapiere an Rentner und Kommunen verscherbelt und den Benzinpreis
ein halbes Jahr lang auf über 4,60 Dollar die Gallone hochgejagt
hat, nachdem Goldman hundert Millionen Menschen weltweit in
den Hunger getrieben und sich dank mehrerer Rettungspakete
Milliarden und Abermilliarden Dollar an Steuergeldern unter den
Nagel gerissen hat, sollte doch wohl die Frage erlaubt sein, wie
viel Goldman Sachs den Bürgern der Vereinigten Staaten denn im
Jahr 2008 zurückzahlte?

14 Millionen Dollar.

So viel hat die Bank 2008 an Steuern gezahlt: ein effektiver
Steuersatz von genau 1 Prozent, in Worten: *einem* Prozent. Die
Bank zahlte 10 Milliarden Dollar an Gehältern und Boni aus und
machte über 2 Milliarden Dollar Gewinn, dennoch überließ sie
dem Staat weniger als ein Drittel der Summe, mit der sie Lloyd
Blankfein bedachte, der 2008 42,9 Millionen Dollar verdiente.

Wie ist das möglich? Laut Jahresbericht sind die niedrigen
Steuern größtenteils Veränderungen in der »geografischen Durch-
mischung der Ergebnisstruktur« zu verdanken. Anders ausgedrückt, schob die Bank ihr Geld hin und her, damit die Gewinne
in Ländern mit niedriger Besteuerung gemacht wurden. Dank
unseres miserablen Besteuerungssystems für Unternehmen können Firmen wie Goldman ihre Gewinne ins Ausland verlagern
und die Besteuerung dieser Gewinne endlos hinauszögern,
schlimmer noch, sie können auf dieses unbesteuerte Einkommen
sogar noch Steuervergünstigungen in Anspruch nehmen. Deshalb
findet so ziemlich jedes Unternehmen mit einem halbwegs ge-
witzten Buchhalter einen Weg, gar keine Steuern zu zahlen. Ein

Bericht des obersten Rechnungshofes kam zu dem Schluss, dass in den Jahren 1998 bis 2005 zwei Drittel aller in den USA tätigen Unternehmen keine Steuern zahlten.

Das sollte eigentlich einen Aufschrei der Empörung nach sich ziehen – aber irgendwie sagte so gut wie niemand etwas, als Goldman seinen ersten Steuerbericht nach der Rettungsphase veröffentlichte. Der Kongressabgeordnete Lloyd Doggett aus Texas war einer der wenigen, der sich verärgert über die Dreistigkeit äußerte: »Während die rechte Hand um Rettungsgeld bettelt, versteckt die linke das Geld im Ausland.«

Nachdem der schwarze Sommer 2008 mit seinen Verlusten überstanden war, ging bei Goldman alles wieder seinen gewohnten Gang. Obwohl man gerade noch in den Abgrund des drohenden Bankrotts geschaut hatte, den die letzte Spekulationsblase heraufbeschworen hatte, wurden sofort neue Betrugsmaschen ersonnen. Die Bank war wie ein Junkie, der nach einer Beinah-Überdosis wieder zu sich kommt und noch im Krankenhaushemd aus der Notaufnahme rennt, um sich den nächsten Schuss zu setzen.

Einer der ersten Schachzüge nach der AIG-Rettung war die Verlegung des Quartalsabschlusses um einen Monat. Jahrelang hatte das erste Quartal bei Goldman am 1. Dezember begonnen und am 28. Februar geendet. 2009 wurde der Beginn jedoch auf den 1. Januar verlegt, das Ende entsprechend auf den 31. März. Das Problem war dabei nur, dass das vierte Quartal des *Vorjahrs* am 30. November 2008 geendet hatte.

Was geschah nun mit dem einen Monat, dem Zeitraum vom 1. Dezember bis zum 31. Dezember 2008? Goldman ließ ihn »verwaisen« und rechnete ihn in keinem Steuerjahr an. Obwohl der Monat 1,3 Milliarden Dollar an Verlusten vor Steuern und 780 Millionen Dollar an Verlusten nach Steuern auswies, wedelten die Buchhalter einfach mal kurz mit dem Zauberstab, und die

Verluste waren verschwunden, verloren sich à la Enron im Wurmloch des nichtexistierenden Monats. Ein Täuschungsmanöver vor aller Augen.

Während die Bank über eine Milliarde Dollar Verlust unter den Tisch fallen ließ, verkündete sie gleichzeitig einen sehr verdächtigen Gewinn in Höhe von 1,8 Milliarden Dollar für das erste Quartal 2009, wobei ein Großteil des Geldes wohl aus der vom Steuerzahler finanzierten AIG-Rettung stammte (obwohl die Bank in ihrem Quartalsbericht kryptisch behauptet, »die Gesamtauswirkung der AIG auf die Einnahmen betrug plus/minus null«). »Sie haben die Ergebnisse des ersten Quartals auf jede erdenkliche Art frisiert«, meint ein Hedgefondsmanager. »Die Verluste wurden in dem nicht berücksichtigten Monat versteckt und das Geld aus dem Rettungspaket als Gewinn ausgewiesen.«

Bei der überraschenden Trendwende im ersten Quartal fallen noch zwei weitere Zahlen auf: Zum einen zahlte die Bank die erstaunliche Summe von 4,7 Milliarden Dollar an Bonusleistungen und Gehältern aus, eine im Vergleich zum ersten Quartal 2008 deutliche Steigerung um 18 Prozent. Zum anderen sticht die Zahl von 5 Milliarden Dollar ins Auge – eine Summe, die eine fast sofort nach der Veröffentlichung des Quartalsergebnisses aufgelegte Aktie einbrachte. Zusammen bedeuten diese Zahlen Folgendes: Mitten in der Krise finanzierte Goldman eine Gehaltserhöhung in Höhe von 5 Milliarden Dollar für seine Mitarbeiter auf Pump und frisierte die Quartalsergebnisse, um Anleger anzulocken, und das nur wenige Monate nachdem die Bank mithilfe von Steuergeldern gerettet worden war.

Obwohl die Federal Reserve Bank die Anweisung erteilt hatte, die Resultate des staatlichen »Stresstests« für die geretteten Banken nicht publik zu machen, gab Goldman kurz vor der Veröffentlichung der Testergebnisse seine Aktienemission bekannt. Die Aktienemission erfolgte am 15. April 2008, später wurden

die 5 Milliarden Dollar auf 5,75 Milliarden Dollar erhöht; am
30. April legte Goldman außerdem noch Anleihen im Wert von
2 Milliarden Dollar auf. Am Ende der ersten Maiwoche wurden
die Ergebnisse des Stresstests schließlich veröffentlicht; Goldman
hatte natürlich mit Bravour bestanden.

Die Aktien und Anleihen zu diesem Zeitpunkt aufzulegen, war
mehr oder weniger ein offenes Signal an den Markt: Goldman
wusste bereits, dass die Bank den Test bestehen würde. Ein unver-
frorenes Herausposaunen der Botschaft, dass man als Insider über
Privilegien verfügte, und jeder an der Wall Street wusste, was das
zu bedeuten hatte. In einer Meldung des Finanzinformations-
dienstes Bloomberg vom 30. April konnte man das höhnische
Grinsen der PR-Abteilung der Bank förmlich spüren:

30. April (Bloomberg) – Goldman Sachs könnte durch den
Verkauf von Aktien und Anleihen signalisieren, dass es nächste
Woche bei der Veröffentlichung der Ergebnisse des staatlichen
Stresstests für Banken keine Überraschungen geben wird …

Nach den Vorschriften der Börsenaufsicht muss ein Unternehmen vor dem Verkauf von Aktien oder Anleihen nichtöf-
fentliche Informationen zugänglich machen. Lucas van Praag,
Sprecher für die in New York ansässige Bank Goldman Sachs,
lehnte einen Kommentar dazu ab.

Darüber hinaus schien die Bank genau zu wissen, welche Bedingungen die Federal Reserve stellen würde, bevor die Regierung ihr
erlaubte, ihre TARP-Schulden zurückzuzahlen – der Vorgang
sollte sorgfältig gesteuert werden, denn die Regierung wollte, zumindest theoretisch, nicht, dass die TARP-Empfänger das Geld
zu früh zurückzahlten, weil sonst darüber hinweggetäuscht werden könnte, dass die Banken immer noch in Zahlungsschwierig-
keiten steckten.

Also legte die Federal Reserve am 1. Juni ihre Kriterien fest: Banken, die Geld zurückzahlen wollten, mussten nicht durch den Einlagensicherungsfonds gedeckte Anleihen auflegen und verschiedene andere Bedingungen erfüllen, die Goldman offenbar alle schon im Voraus kannte.

»Sie schienen alles zu wissen, was sie vor der Veröffentlichung des Stresstests tun mussten, im Gegensatz zu allen anderen, die bis dahin warten mussten«, meint Michael Hecht von JMP Securities. »[Die Regierung] stellte als Teil des Stresstests die Bedingung: Wenn ihr die TARP-Gelder zurückzahlen wollt, müsst ihr Anleihen mit einer Laufzeit von fünf Jahren oder mehr auflegen, die nicht durch den Einlagensicherungsfonds gedeckt sind – und Goldman Sachs hatte das ein oder zwei Wochen vorher bereits getan.«

Anders als die Investmentbank Morgan Stanley, die ihre Verluste nicht in einem Phantommonat versteckte und auch keine aus der Luft gegriffenen Gewinne für das erste Quartal 2009 verkündete, wurde Goldman für gesund genug erklärt, um die TARP-Gelder zurückzahlen zu dürfen. »Wir würden gern wieder [aus TARP] rauskommen«, erklärte Goldman-CEO David Viniar und bezeichnete die Rückzahlung der TARP-Gelder als patriotische »Pflicht«.

Gut möglich, dass es eine Pflicht war, es war aber auch zufällig der letzte notwendige Schritt, um die Höchstgrenzen für Gehälter aufzuheben, die mit der Zuteilung der Gelder aus dem Rettungspaket verbunden waren. Sobald die Bank ihre »Pflicht« erfüllt hatte, konnten sich die Führungskräfte wieder ohne staatliche Einmischung ihre obszön hohen Gehälter auszahlen.

Genauso kam es auch: Goldman gab für das zweite Quartal einen beeindruckenden Gewinn in Höhe von 3,44 Milliarden Dollar bekannt. Nicht einmal ein Jahr, nachdem die Bank durch den Zusammenbruch der AIG ganz nah am Abgrund stand – und über Nacht in eine Bankholdinggesellschaft umgewandelt werden musste, um Geld aufzunehmen, weil sie anscheinend nicht einmal mehr die vorgeschriebenen fünf Tage Wartezeit überstanden hätte –, verkündete sie den höchsten Quartalsgewinn ihrer 140-jährigen Geschichte. Gleichzeitig erklärte Goldman, man habe bereits 11,4 Milliarden Dollar für Bonus- und Gehaltzahlungen für das Jahr 2009 beiseitegelegt, eine schwindelerregende Summe, die man schwerlich anders als ein herzhaftes »Ihr könnt uns alle mal« interpretieren konnte, falls jemand andeuten wollte, dass nach der Krise durchaus ein wenig Mäßigung angebracht wäre.

Dieser Gewinn im zweiten Quartal sollte sich als Wendepunkt für die Außenwirkung Goldmans erweisen. Von da an wurde Neuland betreten, und die Goldman-Führungskräfte wurden zu unfreiwilligen Mitwirkenden einer Medienstory, über die sie kaum noch die Kontrolle hatten. Allgemein ist man der Ansicht, dass die Bank bei ihrem Debüt als Medienparia eine miserable Figur machte und sich die Führungsetage geradezu absurd taub zeigte für die öffentliche Empörung über die Gier der Banken bei der Spekulationsblase, für die Goldman zum Symbol geworden war.

Das ist die eine Sichtweise. Da ich an der Sache nicht völlig unbeteiligt war, habe ich dazu eine eigene Meinung: Goldmans Medienauftritt Ende 2009 war nicht ganz so katastrophal, wie ihn viele Leute gern sehen würden. Gut, es stimmt, dass sich Leute wie Lloyd Blankfein, als sie gezwungen waren, ein bisschen weiter ins Rampenlicht zu treten, als unerträgliche Idioten entpuppten, bei deren Anblick man am liebsten mit der Faust auf den Bildschirm eingeschlagen hätte.

Die Goldman-Führungskräfte entschuldigten sich nie so richtig und rückten auch nicht von ihrem randianischen Glaubenssystem ab. Trotz aller Kritik beendeten sie das Jahr mit einem

Gewinn von 13 Milliarden Dollar, von dem sie jeden Cent behalten durften. Und sie vermittelten dem Land damit ein eindeutiges Signal: Die öffentliche Meinung ist in der Finanzwelt völlig irrelevant.

Goldmans Pechsträhne in jenem Sommer begann mit einem Enthüllungsbericht im *Wall Street Journal* über Stephen Friedmans Aktienkäufe. Der Artikel erschien in der ersten Maiwoche 2009, praktisch gleichzeitig mit der Veröffentlichung der Ergebnisse des Stresstests. Friedman war damals noch Vorsitzender der Federal Reserve Bank von New York, der mächtigsten der zwölf Regionalbanken im Federal-Reserve-System und damit auch wichtigster Regulierer der Wall Street. Nur wenige Tage nach der Veröffentlichung trat er zurück.

Etwa zur gleichen Zeit erschienen drei weitere Meldungen in den Medien, die der Bank jede Menge negative Publicity einbrachten. Dazu gehörten mein Artikel, ein Artikel von Joe Hagan im Magazin *New York* und eine Reihe von Berichten eines bis dahin unbekannten Bloggers, der unter dem Pseudonym »Tyler Durden« den Blog Zero Hedge verfasste.

Durdens Blog war im typischen Wall-Street-Jargon gehalten, und die Enthüllungen des Verfassers – der später von neugierigen Reportern als osteuropäischer Börsenmakler enttarnt wurde, dem die Wertpapierhändleraufsicht FINRA (Financial Industry Regulatory Authority) wegen Insiderhandels die Konzession entzogen hatte – machten selbst Wall-Street-Insider nervös. »Zero Hedge, Mann, davon bekomme ich Kopfschmerzen«, lautete ein typischer Kommentar meiner Informanten an der Wall Street.

Seit Anfang 2009 führte Durden einen Kreuzzug gegen Goldman und arbeitete sich dabei durch Informationen, die seiner Meinung nach lückenlos bewiesen, dass die Bank im Bereich Hochfrequenzhandel massive Kursmanipulationen an der New

Yorker Börse vorgenommen hatte. Durden kam zu diesem Schluss,
indem er die von der NYSE wöchentlich veröffentlichten Han-
delsdaten peinlich genau analysierte. Und was geschah? Die NYSE
änderte am 24. Juni einfach die Regeln und veröffentlichte die
Daten nicht mehr – offenbar, um Goldman vor den Untersuchungen von Zero Hedge zu schützen. Die Erklärung der New York
Stock Exchange lautete:

> Hiermit werden alle Mitgliedsorganisationen informiert, dass
> die New York Stock Exchange LLC (»NYSE«) die Vorschrift,
> die Handelsaktivitäten über den Daily Program Trading Report
> (»DPTR«) zu melden, aufheben wird. Die Maßnahme wurde
> von der Securities and Exchange Commission (»The Commis-
> sion«) genehmigt.

Der Krieg von Zero Hedge gegen Goldman wurde zu einer Sensation, als sich die anfangs so weit hergeholt wirkenden Verschwörungstheorien einige Monate später bewahrheiteten. Denn im
Sommer wurde ein russischer Goldman-Programmierer namens
Sergej Alejnikov verhaftet, weil er den Code des firmeneigenen
Programms zum elektronischen Hochfrequenzhandel entwendet
hatte. Alejnikov arbeitete also genau dort, wo Zero Hedge groß-
angelegte Manipulationen gewittert hatte.

Und tatsächlich erklärte Staatsanwalt Joseph Facciponti nach
Alejnikovs Festnahme: »Nach Angaben der Bank besteht die Gefahr, dass jemand, der weiß, wie man das Programm anwendet, es
dazu nutzen könnte, die Märkte auf unfaire Weise zu manipulieren.« O ja, das konnte man.

Hagans Artikel zielte in eine andere Richtung. Er wies vor allem darauf hin, dass Goldman im Gefolge des AIG-Desasters fast
selbst pleitegegangen wäre:

Als die Börse weiter auf Talfahrt war und der Kurs der Goldman-Aktie gefährlich absackte, drehten die Mitarbeiter der Firma durch, wie es eine ehemalige Führungskraft von Goldman formulierte, die weiterhin enge Verbindungen zur Bank unterhält.

Viele Partner hatten Anleihen auf ihre Goldman-Aktien aufgenommen, um sich ihre Wohnungen in der Park Avenue, die Ferienvillen in den Hamptons und andere Annehmlichkeiten leisten zu können, die man sich als Goldman-Mitarbeiter gönnt. Margin Calls der Händler gingen in den Büros der Goldman-Mitarbeiter ein. Als die Aktie auf 47 Dollar im Intraday-Handel fiel, war die Panik so groß, dass Blankfein und Chief Operating Officer Gary Cohn ihre Büros in der Führungsetage verließen und sich auf den Gängen zeigten, was viele Angestellte schockierte, da sie dort noch nie gesehen worden waren. Die beiden wollten nicht, dass ihre Mitarbeiter die Aktien verkauften und den Kurs dadurch noch weiter nach unten trieben. (Trotzdem verkauften viele; in den ersten neun Monaten der Krise wurden Mitarbeiteraktien im Wert von 700 Millionen Dollar zu Geld gemacht.)

Hagans Artikel war vor allem deshalb so wichtig, weil er unterstrich, dass Goldmans jüngste Erfolge völlig auf dem Geld der Steuerzahler basierten. Noch nicht einmal ein Jahr zuvor hatten die Goldman-Mitarbeiter panisch ihre Strandhäuser verkauft, jetzt suhlten sie sich in Gewinnen in Milliardenhöhe, und zwar dank Ihnen, mir und all den anderen Steuerzahlern in diesem Land.

Mein Beitrag zur Debatte war die Frage, ob es für eine angesehene Zeitschrift angemessen ist oder nicht, Lloyd Blankfein öffentlich als »Motherfucker« zu bezeichnen. Denn im Grunde lief die Empörung über den »Vampirkraken«-Artikel darauf hinaus.

Die Auslassungen der Finanzjournalisten und der Bank über den Artikel im *Rolling Stone* waren seltsam unspezifisch. Goldman-Sprecher Lucas van Praag bezeichnete den Artikel als »nicht gerade unterhaltsam« und als »hysterische Ansammlung von Verschwörungstheorien«. Van Praag versuchte es sogar mit Humor und meinte: »Allerdings fehlen wichtige Theorien wie Goldman Sachs als dritter Schütze [beim Attentat auf John F. Kennedy] und unsere Beteiligung bei der nachgestellten Mondlandung.«

Die Informationen im Artikel wurden von Goldman jedoch nie widerlegt. Spitzfindig bei den Fakten war die Bank nur bei der Aussage, sie sei eine der großen Nummern auf dem Hypothekenmarkt – mit leichter Häme wies Goldman darauf hin, dass ihre »ehemaligen Mitbewerber« wie etwa die von JPMorgan übernommene Investmentbank Bear Stearns in dem Bereich deutlich aktiver gewesen seien.

Um mich kümmerte sich Goldman überhaupt nicht – warum auch? –, andere Finanzjournalisten dagegen schon. An den Fakten hatten die wenigsten etwas auszusetzen, ihre Kritik richtete sich vor allem dagegen, dass ich die größere metarandianische Wahrheit nicht erkannt hätte, nämlich dass Goldman vielleicht korrupt sei und Einfluss auf die Regierung genommen hätte, um selbst dem Bankrott zu entgehen, aber dass das notwendig für das Land sei, denn die Besten und Klügsten müsse man nun einmal um jeden Preis retten. Wer würde sonst für unser täglich' Brot sorgen? Charlie Gasparino, willenloses Werkzeug bei CNBC, formulierte es am besten:

Und Gott sei Dank wandten sich Paulson und Bernanke nicht an die Redakteure vom *Rolling Stone* und baten dort um Hilfe. Ich sage es angesichts der klassenkämpferischen Stimmung im Land nur ungern, aber wenn die AIG kurz vor der Pleite steht und man als Regierung das Unternehmen umstrukturieren oder Möglichkeiten finden muss, wie man das Problem mit staatlichen Maßnahmen beheben kann, dann ist Goldman eine gute Adresse, um sich helfen zu lassen.

Gasparino schrieb das mitten in einem Artikel, der mit außergewöhnlichen Eingeständnissen gespickt war; am Ende stimmte er fast allem zu, was ich geschrieben hatte. Hier einige Beispiele:

> War Blankfein anwesend, als darüber und über Maßnahmen zur Rettung des Systems gesprochen wurde? Natürlich war er das. Wurde Goldman dabei vor dem Untergang bewahrt? Zweifellos … Man kann über das Rettungspaket sagen, was man will – es kam überstürzt und war nicht ganz hasenrein, aber es war notwendig … Selbstverständlich gab es Interessenskonflikte für die Bank – man muss nur an die Schulden denken, die AIG bei ihr hatte, und an die Verbindung zu Regierungskreisen – aber das war bei allen anderen Beteiligten nicht viel anders … Kein rational denkender Mensch kann leugnen, dass Goldman vom Status als staatlich gestützte Bank profitiert, denn die Bank verdient richtig Geld (3 Milliarden Dollar allein im zweiten Quartal) und benimmt sich wie ein Hedgefonds, den die Federal Reserve gerade gerettet hat. Sie nutzt ihren Status als Handelsbank, um günstig Geld aufzunehmen und auf dem Anleihemarkt Wetten zu platzieren … Ist Goldman zu mächtig? Vielleicht. War die Bank im September *too big to fail*? Wenn man sich die Bilanzen anschaut, wäre Lehmans Pleite im Vergleich zu der von Goldman nur eine Bagatelle gewesen.

Ähnliche Aussagen gab es zuhauf. Diejenigen, die über mich und den *Rolling Stone* herfielen, räumten ständig ein, dass die Fakten stimmten, ich jedoch die falschen Schlussfolgerungen daraus gezogen hätte. Megan McArdle vom *Atlantic* schrieb beispielsweise:

Nein, [Taibbis] Fakten sind falsch, seine Schlussfolgerungen
sind falsch, nur sein Unbehagen mit der Rolle, die Goldman
Sachs im öffentlichen Leben spielt, ist richtig ... Oder vielleicht
sollte man besser sagen, seine Fakten sind auch richtig, aber die
Mini-Erzählungen dazu sind auf absurde Art falsch, und das
macht auch die Meta-Erzählung verdächtig.

Denn natürlich übersah ich den Gesamtzusammenhang, nämlich
dass Goldman Sachs vielleicht korrupt ist und zu enge Beziehungen zur Regierung unterhält und viel zu viel Unterstützung aus
Steuergeldern bekommen hat, aber trotzdem kein geeignetes
Thema ist, um seiner Wut Luft zu machen, weil wir Goldman
Sachs einfach viel zu sehr brauchen, um uns über Wasser zu halten. Sobald das einmal ausgesprochen war, war es nur eine Frage
der Zeit, bis es in der *New York Times* vom Erzpriester der konven-
tionellen Weisheiten, von David Brooks, in Stein gemeißelt wurde. Brooks argumentierte, das Problem mit solchen Kritikern wie
mir sei, dass die Finanzkrise viele Ursachen habe (darunter der
wirtschaftliche Aufstieg Chinas), wir aber nur nach der einfachs-
ten Erklärung suchen würden: »Ganz populistisch muss man
einfach nur Goldman Sachs die Schuld geben.«
    Auch Brooks nahm nie Anstoß an den Fakten, die gegen Gold-
man Sachs sprachen. Er bestätigte sie sogar, behauptete aber, dass
es genau darum ginge, dass wir trotz der hässlichen Tatsachen
Banken wie Goldman Sachs in Kauf nehmen müssten. Seine
Ansicht ist im folgenden Abschnitt zusammengefasst:

Politische Populisten... können anscheinend nicht begreifen,
dass eine Politik, die auf der Bestrafung der Eliten gründet,
keine besser ausgebildeten Arbeitskräfte hervorbringt, keine
Investitionen, keine Innovationen oder all die anderen Dinge,
die für Fortschritt und Wachstum unerlässlich sind ...

Hamilton setzte sich für die Kapitalmärkte ein, Lincoln für die Banken, aber nicht, weil sie Börsenmakler und Banker so gern hatten. Sie taten das, weil sie wussten, dass eine dynamische kapitalistische Wirtschaft die Chancen für arme Burschen wie sie selbst vervielfachen würde. Sie waren bereit, die Exzesse der Banker zu tolerieren, weil sie begriffen hatten, dass keine Institution neuen Gruppen und neuen Menschen mehr Aufstiegschancen bieten kann als ein dynamischer Finanzmarkt.

Und darauf lief es letzten Endes hinaus. Es ging um die Privilegien bestimmter Klassen. Ja, Goldman hat vielleicht vieles verbrochen, hat womöglich sogar Milliarden unserer schwer verdienten Steuerdollars gestohlen, damit sich die Mitarbeiter Jachten und Prostituierte kaufen können, aber wir dürfen doch das Kind nicht mit dem Bade ausschütten!

Allerdings tat sich doch ein bisschen was. Der schöne Schein war beschädigt. Die Mainstream-Medien benehmen sich wie klassische Herdentiere: Genau in dem Moment, in dem sich über die Hälfte der Herde in Bewegung setzt, rennen sie alle los. Im Sommer 2009 war es nicht anders: Aus verschiedenen Gründen, unter anderem wegen der Skandale um Friedman und Alejnikov, wandte sich die öffentliche Meinung plötzlich gegen Goldman. Der Bank erging es nicht anders als George Bush gegen Ende seiner Amtszeit: Eben noch lag man ihm zu Füßen, im nächsten Moment ging man ihm an die Gurgel. Und von da an wurde mindestens ein Jahr lang in unzähligen Kommentaren und Leitartikeln über Goldman hergezogen. Dabei kam einiges ans Licht:

- Im August 2009 meldete die *New York Times*, dass Finanzminister Paulson und Lloyd Blankfein während der gesamten AIG-Krise in regelmäßigem Telefonkontakt gestanden hätten: ein Beleg dafür, dass Goldman die Beziehung zu seinem ehemaligen Mitar-

KLEPTOPIA

beiter genutzt hatte, um sich die 13 Milliarden Dollar zu sichern, die die Bank bei der Rettung der AIG erhielt. Amüsanterweise erschien der Artikel nur wenige Wochen, nachdem Gasparino die Vorstellung, »dass in diesen dunklen Tagen 2008, direkt nach dem Lehman-Zusammenbruch, als die AIG am Abgrund stand, Blankfein zum Telefon gegriffen und seinen alten Freund, den damaligen Finanzminister Hank Paulson, angerufen haben soll, damit der Staat der Bank unter die Arme greift«, als »Mutter aller Verschwörungstheorien« bezeichnet hatte.

• Die Finanzdienstleistungsbranche stand Anfang 2010 vor einer weiteren Katastrophe, als einige Zinsswaps platzten, die Goldman für Griechenland arrangiert hatte. Der Griechenlandskandal war eine Variante des Betrugsschemas, mit dem Banken wie Goldman und JPMorgan jahrelang Kommunen in den USA geschröpft hatten. Die Swaps erlaubten es den Städten, Gemeinden und Ländern, ihre Schulden umzufinanzieren, ähnlich wie die Hypothekenumschuldungen, die geldgierige Kreditgeber Mitte der 2000er Jahre anboten. Ein Zinsswap ist wieder einmal ein unreguliertes Derivat und funktioniert so: Ein Schuldner, der einen Kredit zu variablen Zinssätzen aufgenommen hat, zahlt einer Bank wie Goldman eine Gebühr und erhält dafür einen sicheren festen Zinssatz. In einem vereinfachten Beispiel wäre das so, dass Sie den Kredit für Ihr Haus zu variablen Zinsen abstottern und sich an Goldman wenden und dafür zahlen, dass die Bank das Risiko der variablen Zinsen übernimmt. Sie bekommen dafür im *Tausch* (Swap) einen neuen festen Zinssatz. Die Zinsswaps ermöglichten es Politikern, ihre Schulden über Jahre zu verbergen, in einigen Fällen (zum Beispiel Griechenland) erhielten die Beteiligten vor dem Swap sogar Bargeld. Ohne dass die Bevölkerung davon wusste, hatte die griechische Regierung künftige Einnahmen aus dem Betrieb von Flughäfen und Autobahnen an Goldman abgetreten und dafür schnell Bargeld erhalten. Als Meisterin der falschen Prophezeiungen erwies sich dieses Mal McArdle, die mich ein halbes Jahr vor dem Griechenlandskandal zusammenstauchte, weil meine Beschreibung der aggressiven Vorstöße Goldmans in den unregulierten Derivatemarkt zu allgemein gewesen sei. »Auf jeden Fall hat keins dieser Derivate viel mit Collateral Debt Obligations oder Credit Default Swaps zu tun; da könnte man gleich Aktien und Anleihen in einen Topf werfen, weil beide ›Wertpapiere‹ sind. *Soweit ich weiß, schlägt derzeit niemand vor, dass wir den Einsatz von Zinsswaps begrenzen müssen* [Hervorhebung von mir].«

• Ein frühes Beispiel für ein Zinsswap-Desaster ist Jefferson County in Alabama. Die Kommune ging 2008 praktisch pleite, weil sie eine Reihe von Zinsswaps mit JPMorgan getätigt hatte. Zahlreiche Mitarbeiter der Kommune mussten entlassen werden oder wurden in unbezahlten Urlaub geschickt, und die Einwohner müssen noch auf Jahre völlig überzogene Abwasserrechnungen bezahlen, um die Kommune irgendwie zu finanzieren. Goldman übte sich in seltener Zurückhaltung und hatte nicht direkt mit den Swapgeschäften in Jefferson County zu tun – aber nur, weil die Bank eine Zahlung in Höhe von 3 Millionen Dollar von JPMorgan angenommen und zugesagt hatte, sich zurückzuziehen und Morgan das Feld zu überlassen. Die Enthüllung über die Zahlung in Alabama löste keine große öffentliche Empörung aus, war aber ein typisches Beispiel dafür, wozu die Bank bereit war. »Ein ganz klarer Fall von wettbewerbsfeindlichem Verhalten«, nennt das Christopher »Kit« Taylor, ehemaliger Leiter der für Kommunalobligationen zuständigen Regulierungsbehörde.

Und schließlich und ganz wichtig wurde Goldman im Frühjahr 2010 von der Börsenaufsicht wegen Anlagebetrugs verklagt: ein Fall, der Schlagzeilen machte und auch an der Wall Street hohe

Wellen schlug. Hier die leichtverständliche Kurzversion des Skandals: 2007 beschloss ein Harvard-Absolvent und Hedgefondskönig namens John Paulson (weder verwandt noch verschwägert mit dem ehemaligen Goldman-CEO Hank Paulson), dass der Immobilienboom eine trügerische Illusion sei. Folglich suchte er Möglichkeiten, dagegen zu wetten. Er wandte sich an Goldman mit dem Auftrag, ein Paket mit faulen Subprime-Hypotheken zu schnüren, auf dessen Wertverlust er setzen konnte. Goldman war einverstanden und kassierte 15 Millionen Dollar Gebühren für den Deal und dafür, dass Paulson ein paar der toxischen Hypothekenpapiere im Portfolio selbst aussuchen durfte, das den Namen »ABACUS« erhielt.

Paulson entschied sich vor allem für Hypotheken mit variablem Zinssatz, die an Kreditnehmer mit geringer Bonität vergeben wurden, und für Hypotheken aus US-Bundesstaaten wie Florida, Arizona, Nevada und Kalifornien, wo die Immobilienpreise in jüngster Zeit sensationell in die Höhe geschossen waren. Metaphorisch ausgedrückt, suchte Paulson für zukünftige Besucher des Goldman-Bordells Prostituierte aus, die Junkies oder Bluter waren.

Und dann verkaufte Goldman diese toxischen Hypothekenpapiere als gute, solide Investitionen an seine Kunden, vor allem an zwei ausländische Banken, die deutsche Mittelstandsbank IKB und die holländische ABN-AMRO.

Laut Börsenaufsicht machte sich Goldman strafbar, als die Bank die beiden Kunden nicht über die wahre Natur von Paulsons Beteiligung aufklärte. Keiner der Kunden wusste, dass das Portfolio, in das sie sich einkauften, von einem finanziellen Brandstifter zusammengestellt worden war, der nur darauf wartete, dass alles in Flammen aufging.

Noch eine kurze amüsante Anmerkung: Die Enthüllungen über ABACUS unterstrichen auch Charlie Gasparinos Nostradamus-Qualitäten: Er machte sich über die Aussage in meinem Artikel lustig, »Goldman beging wahrscheinlich ›Anlagebetrug‹, weil die Bank auf den Wertverlust der gleichen Hypothekenpapiere setzte, deren Sicherheit sie all die Jahre garantiert hatte, sobald sie erkannte, dass die Milliarden gefährdet waren«. Gasparino spottete dazu: »Das muss er erst einmal beweisen.«

Wie dem auch sei, durch die Anklage der Börsenaufsicht nahmen die Vorwürfe endlich konkrete Gestalt an. Was für eine wunderbare Fügung, dass es ausgerechnet die Gestalt eines Franzosen namens Fabrice Tourre war. Der Goldman-Banker hatte den ABACUS-Deal eingefädelt und war in fast jeder Hinsicht die perfekte Verkörperung des dünkelhaften reichen Arschlochs. Mit seiner gestylten Frisur, dem frettchenhaften Auftreten, den teuren Anzügen und seiner, nun ja, französischen Art sorgte Tourre dafür, dass ganz Amerika angeekelt vor ihm zurückwich, ähnlich wie vor überreifem Käse, kaum dass man seiner ansichtig wurde. Und sein Anblick ließ sich nicht vermeiden, denn der US-Senat berief zu ABACUS einen Untersuchungsausschuss ein und zerrte Tourre und andere Goldman-Mitarbeiter ins Rampenlicht, um sie dort telegen zu teeren und zu federn.

Bei diesen Anhörungen lernte Amerika viel darüber, wie sich Goldman-Mitarbeiter verhalten, wenn sie unter sich sind. Die Amerikaner erfuhren, dass Tourre in einer E-Mail damit prahlte, wie viel Geld er mit einem Deal verdiente, von dem er wusste, dass er platzte und dass Kunden wie der holländischen Bank ABN-AMRO damit ein faules Ei ins Nest gelegt werden würde. »Immer mehr Leverage im System. Das Ganze kann jeden Moment zusammenbrechen«, schrieb er. »Nur ein potenzieller Überlebender, Fabulous Fab[rice] … steht mitten in diesen komplizierten, stark gehebelten, exotischen Deals, die er geschaffen hat!«

Des weiteren gab es E-Mails, in denen sich Goldman-Mitarbeiter über ähnliche Geschäfte austauschten, die sie arglosen Kunden erfolgreich aufgeschwatzt hatten – darunter auch ein

Paket mit Subprime-Hypotheken namens »Timberwolf«, das die
Mitarbeiter auf Geheiß der Führungsetage an den Mann bringen
sollten. In einer E-Mail vom 22. Juni 2007 schrieb der Goldman-
Manager Tom Montag an Daniel Sparks, den Leiter der Abteilung
für Hypothekenpapiere: »Junge, Timberwolf ist ein beschissener
Deal.«

Bezeichnenderweise wurden die Goldman-Mitarbeiter nur eine Woche später angewiesen, der Verkauf des miesen Timberwolf-
Pakets habe »oberste Priorität«.

Der gesamte E-Mail-Wechsel wurde im ständigen Untersuchungsausschuss des Senats publik gemacht. Damit war ein
Wendepunkt in der öffentlichen Wahrnehmung Goldmans erreicht. Der Vorsitzende Carl Levin nahm Sparks immer wieder
wegen des »beschissenen Deals« in die Zange.

»Sie wussten, dass es ein schlechtes Geschäft war, das geht auch
aus Ihren E-Mails hervor«, blaffte Levin. »Und wie viel von diesem beschissenen Deal haben Sie weiterhin an Ihre Kunden verkauft?«

Sparks war wie die meisten vorgeladenen Goldman-Zeugen
sehr ausweichend und weigerte sich zu antworten. Immer wieder
unterbrach er Levin, dessen berühmte, über die Glatze gekämmte
Haarsträhne jedes Mal vor Wut bebte, wenn er das Wort »beschis-
sen« wiederholte (insgesamt zwölfmal – sicher eine Premiere im
Senat!), und versuchte, die Wirkung dieser Enthüllung zu min-
dern, indem er den Senator aufforderte, ein »bisschen Kontext« zu
berücksichtigen.

»Ein bisschen Kontext wäre da sicher hilfreich ...«, murmelte
Sparks.

Unter den Zuhörern im Senat machte sich Unruhe breit, als
sich Sparks ständig auf den Kontext herausredete. Das Publikum
kicherte sogar lauthals, als Levin die E-Mail vom 1. Juli 2007
vorlas, in der die Goldman-Mitarbeiter aufgefordert wurden, dem

Verkauf von Timberwolf »oberste Priorität« einzuräumen. Das Lachen war deshalb so bemerkenswert, weil es noch vor einem Jahr unvorstellbar gewesen wäre, dass sich die Galerie der Journalisten und Zuschauer bei einer Anhörung des Senatsuntersuchungsausschusses so gut mit den Wall-Street-Praktiken auskannte, um über die Ungeheuerlichkeit einer Bank zu *lachen*, die ihr Verkaufsteam dazu drängt, exotische Hypothekenpapiere an den Mann zu bringen, nachdem die Führungskräfte eine Woche zuvor noch darüber gewitzelt hatten, was für ein beschissenes Produkt sie da kreiert hatten. In dem Moment wurde die Wahrheit darüber, was Banken wie Goldman tun, um an ihr Geld zu kommen, quasi zum Allgemeingut.

Goldman überlebte die anfängliche Empörung über den Skandal. Tatsächlich sank zwar der Aktienkurs der Bank um 12,8 Prozent, nachdem die Anklage durch die Börsenaufsicht bekannt wurde, sie erholte sich aber am nächsten Tag sofort wieder. Ein paar Tage später verkündete Goldman einen Gewinn von 3,46 Milliarden Dollar für das erste Quartal. Die Bank war immer noch im Geschäft, allerdings hatte ihr Ruf erheblich gelitten. In den nächsten Monaten zogen sich viele Anleger allmählich zurück, denn die Bank war ja nicht etwa überführt worden, dass sie den Steuerzahler geprellt oder brave Amerikaner um ihr Erspartes gebracht hätte, nein, sie hatte *ihre eigenen Kunden* betrogen. Vom Bekanntwerden der Anklage durch die Börsenaufsicht bis zur Einigung mit der SEC im Sommer 2010, 550 Millionen Dollar Strafe zu zahlen – ein Rekord, der dennoch nur einen Bruchteil dessen darstellte, was Goldman allein im ersten Quartal des Jahres an Gewinn gemacht hatte –, büßte die Goldman-Aktie fast 8 Milliarden Dollar an Wert ein. Die Nachricht, dass die Strafe nicht höher ausfiel (viele Analysten hatten mit über 1 Milliarde Dollar gerechnet), sorgte dafür, dass der Kurs innerhalb eines Tages wieder um 9 Prozent zulegte. Am Tag, an dem die Höhe der

Strafe bekannt wurde, machte die Bank wieder über 550 Millionen Dollar am Aktienwert gut.

Dennoch war das Image der Bank beschädigt. Das zeigte sich auch bei der Senatsdebatte um das Gesetz zur Reform der Finanzmarktregulierung, als Senatoren beider Parteien den Namen der Bank benutzten, um das Gesetz möglichst fragwürdig darzustellen. Ich war bei einer Debatte dabei, als Mike Enzi, ein Republikaner aus Wyoming, dessen Gehirn nicht größer als das einer Ameise ist, gegen die Regulierung hetzte, weil die Banken der Wall Street dieses Gesetz wollten (was nicht stimmt, wie ich bemerken möchte). »Goldman Sachs *möchte* dieses Gesetz!«, dröhnte er. Ein Jahr oder zwei Jahre zuvor hätte man sich unmöglich vorstellen können, dass ein republikanischer Senator sagte, etwas, was Goldman Sachs wolle, könne nur schlecht sein.

All diese Enthüllungen festigten Goldmans Status als perfektes Symbol für das kriminelle wichtigtuerische und dünkelhafte Denken der Banken in der Ära der Spekulationsblasen. Auch in die Popkultur hielt Goldman Einzug: Im Michael-Moore-Film »Kapitalismus: Eine Liebesgeschichte« gibt es eine Szene, in der Moore das Bürogebäude von Goldman in der Broad Street 85 wie einen Tatort mit Absperrband der Polizei umwickelt.

Goldman zeigte sich gegenüber dieser Kritik bemerkenswert taub. Zuerst begnügte sich die Bank damit, die verschiedenen Attacken spöttisch abzutun, aber mit der Zeit zeigte sich, dass sich einige Führungskräfte durchaus angegriffen fühlten. Sie verstanden die Vorwürfe nicht – sie dachten wirklich, sie hätten alles richtig gemacht, als sie habgierig jedem Dollar in greifbarer Nähe hinterhergejagt waren.

Die Aussage der Unternehmensführung vor dem Senat nach dem ABACUS-Geschäft machte deutlich, wie isoliert und ratlos Menschen werden können, wenn sie zu schnell zu viel Geld verdienen. Im für das öffentliche Ansehen der Firma entscheidenden

Moment stand Blankfein vor dem Senat und sagte doch tatsächlich laut und deutlich, er glaube nicht, dass sein Unternehmen verpflichtet sei, die Kunden darüber aufzuklären, dass man ihnen ein mangelhaftes Produkt verkaufe. »Ich glaube nicht, dass es eine Informationspflicht gibt«, sagte Blankfein und schaute ungläubig, dass man ihm die Frage überhaupt gestellt hatte.

Noch schlimmer war die Reaktion von Hypothekenchef Sparks, als Carl Levin ihn fragte, ob er etwas bedauere. »Bedauern heißt für mich, dass man das Gefühl hat, man hätte etwas falsch gemacht, und das habe ich nicht«, antwortete Sparks. Als man dem französischen Fatzke Tourre eine ähnliche Frage stellte, überlegte er kurz und sagte dann: »Ich bedauere diese E-Mails. Sie werfen ein sehr schlechtes Licht auf die Firma und auf mich. Und äh, nun ja – ich wünschte, ich hätte sie nicht verschickt.«

Sie benahmen sich wie Ehemänner, die in flagranti mit Edelnutten ertappt werden und, wenn sie von ihren Frauen zur Rede gestellt werden, nur sagen, dass es ihnen leidtäte, erwischt worden zu sein. Nun, allein schon aus rechtlichen Gründen konnten die Goldman-Manager nicht vor den Senat treten und sagen, es täte ihnen leid, oder zugeben, dass sie etwas Unrechtes getan oder erkannt hätten, dass es problematisch war, »beschissene Deals« an ihre Kunden zu vermitteln, ohne sie darüber aufzuklären.

Daher war auch niemand über die ausbleibenden Entschuldigungen überrascht, denn das wäre einem Schuldeingeständnis im Rechtsstreit gleichgekommen. Doch es war vor allem der Ton, der die Öffentlichkeit entsetzte. Wenn man von der eigenen Frau mit einer anderen erwischt wird, dann weiß jeder Mann, selbst wenn er nicht das geringste Bedauern verspürt, dass er *so tun* muss, als ob er es bereute. Man kann der Gattin nicht einfach direkt ins Gesicht sagen: »Ich verstehe nicht, warum du dich so aufregst.«

Aber genau das taten die Goldman-Manager. Es war nicht unbedingt so, dass sie logen, sondern dass sie zu denken schienen, sie

würden die Wahrheit sagen. Sie schienen wirklich zu glauben, sie
wären im Recht. Ein Mitarbeiter eines Senators, mit dem ich mich
nach den Anhörungen unterhielt, lachte noch Wochen später
darüber. »Das ist ein bisschen so, wie wenn jemand mit offenem
Hosenladen rausgeht und mit heraushängendem Schwanz die
ganze Straße entlangläuft«, sagte er. »Man denkt sich: Hat derjenige denn keine Freunde, keine Frau, einfach *niemanden*, der ihm
sagt, wie schlimm er herumläuft? Es war, als ob die Typen es
wirklich nicht gewusst hätten.«

Bereits vor der Anhörung im Senat gab es dafür zahlreiche
Hinweise. Brian Griffiths, internationaler Berater bei Goldman
Sachs, markierte Ende 2009 einen neuen Tiefpunkt, als er den
Besuchern der St. Paul's Cathedral in London jenen bereits er-
wähnten Fehlschluss zumutete: »Die Aufforderung Jesu, andere
so zu lieben wie uns selbst, ist die Billigung des Eigennutzes.«
Und: »Wir müssen Ungleichheit als eine Möglichkeit akzeptieren,
größeren Wohlstand und mehr Chancen für alle zu erreichen.«

Und wenig später lieferte Lloyd Blankfein höchstpersönlich in
einem bemerkenswerten Interview mit der Londoner *Times* das
Zitat des Jahres:

Ist es möglich, zu viel Geld zu verdienen? »Ist es möglich, zu
viel Ehrgeiz zu haben? Ist es möglich, zu erfolgreich zu sein?«,
fragt Blankfein zurück. »Ich möchte nicht, dass die Mitarbeiter
in dieser Firma denken, sie hätten so viel wie möglich für sich
erreicht und könnten dann in Urlaub gehen. Als Hüter der
Interessen unserer Aktionäre und übrigens auch zum Nutzen
der Gesellschaft möchte ich, dass sie mit dem fortfahren, was
sie tun. Ich möchte ihren Ehrgeiz nicht beschränken. Mir fällt
es schwer, Gründe für eine Beschränkung ihrer Bezahlung zu
finden.«

Also geht alles weiter wie immer, obwohl die meisten Menschen darüber laut aufjaulen vor Zorn? Goldman Sachs, die Säule der freien Marktwirtschaft, Keimzelle des Superbürgers, beneidet und bewundert, wird weiter Geld scheffeln und reicher sein als Gott? Ein schelmisches Grinsen schleicht sich in Blankfeins Gesicht. Man kann ihn einen Bonzen nennen, der die Öffentlichkeit verhöhnt. Ihn als boshaft bezeichnen. Oder als was immer man will. Er selbst sagt, er sei nur ein Banker, der »Gottes Werk verrichtet«.

Das mittlerweile berüchtigte Interview mit dem »Gottes-Werk«-Zitat hätte der letzte Tropfen sein können, der das Fass zum Überlaufen bringt, der Anlass für Goldman, zumindest in naher Zukunft jegliche Hoffnung aufzugeben, seinen Namen in der Öffentlichkeit wieder reinzuwaschen. Aber jetzt wird es erst richtig interessant. Denn aus Goldmans Sicht stellte sich eher die Frage: Na und?

Rückblickend hatten Journalisten wie David Brooks von der *New York Times* zumindest in einem recht: Es ist sehr einfach, mit dem Finger auf Goldman Sachs zu zeigen. Derzeit ist es einfach, eine PR-Schlacht gegen die Bank zu gewinnen, ähnlich einfach, wie man Stalin, Charles Manson, Union Carbide oder die Syphilis schlechtmachen kann – denn das, was die Bank tut, lässt sich nicht verteidigen. Das sind Verbrecher. Und wenn man ihr Tun öffentlich macht, können nicht einmal die Amerikaner die Augen davor verschließen.

Das also wissen wir jetzt. Und was nun? Jetzt liegen alle Karten auf dem Tisch, und Amerika und die Wall Street starren einander an wie ein Ehepaar, das kaum noch Geheimnisse voreinander hat. Aber etwas zu wissen und etwas dagegen zu unternehmen sind zwei Paar Stiefel.

Banken wie Goldman müssen sich relativ wenig um die öffentliche Meinung kümmern, weil den Bürgern als einzige Verbindung zur Macht nur die Wahlen bleiben, und das ist ein holpriger und sehr unvollkommener Zugang. Eine Bank in der Größenord- nung von Goldman hat dagegen ein ganzes Netzwerk enger Be- ziehungen mit direktem Draht zur Politik. In vielen Fällen sind die wichtigen Positionen von den eigenen Leuten besetzt. Und während die Wähler im besten Fall ihre Vertreter (die unweiger- lich von den Banken finanziert werden) unter Druck setzen kön- nen, Untersuchungen und Ermittlungen wegen Verstößen aufzu- nehmen, die schon vor Jahren begangen wurden, hat die Bank bereits fünf, sechs oder sieben neue Schurkereien ersonnen, die so kompliziert sind, dass die Öffentlichkeit Jahre braucht, um sie auch nur ansatzweise zu durchschauen.

Aber zumindest ist der Mythos dahin. Die Betreiber der großen amerikanischen Spekulationsblasenmaschine produzieren nichts, sondern wollen immer nur nehmen, das wissen wir jetzt. Stellt sich nur die Frage, was wir mit diesem Wissen anfangen.

Epilog

Sommer 2010: Weitere Anhörungen zur Finanzkrise in Washington, dieses Mal zur Rolle der Derivate als Auslöser der Krise. Die Zuschauerreihen im höhlenartigen Ausschusssitzungssaal im fünften Stock des Dirksen-Senatsgebäudes sind dicht besetzt, allerdings meist mit Lobbyisten – nur wenige Journalisten sind anwesend. Die Ölkatastrophe im Golf von Mexiko ist jetzt das große Thema, für die Finanzwelt interessiert sich kaum noch jemand. Vor einem Jahr sah ich bei den Anhörungen des Ausschusses für Finanzdienstleistungen viele bekannte Gesichter aus der Wahlkampfberichterstattung – jetzt bin ich der einzige politische Journalist, den ich in der Menge ausmachen kann.

Der heutige Zeuge vor dem Ausschuss zur Finanzkrise ist Steve Kohlhagen, ein ehemaliger Berkeley-Professor. In den neunziger und ersten Jahren des neuen Jahrtausends leitete er die Abteilung für Derivate und Risikomanagement bei First Union, dem Vorgänger von Wachovia – einer Megabank, die nicht zuletzt wegen Fehlspekulationen mit Hypothekenpapieren vor zwei Jahren zu existieren aufhörte.

Ein Typ von Wachovia also. Ich frage mich, was *er* über diesen Schlamassel zu sagen hat.

Die Fusion von Wells Fargo und Wachovia wurde am 12. Oktober 2008 offiziell bekanntgegeben, am selben Tag, an dem Barack Obama seine berühmt-berüchtigte Begegnung mit Samuel Wurzelbacher aus Ohio hatte, besser bekannt als »Joe, der Klemp-

ner«. Bei der letzten Debatte zwischen John McCain und Barack
Obama drei Tage später in Hempstead, New York, wurde viel
darüber geredet, welcher Präsidentschaftskandidat der bessere
Freund der amerikanischen Mittelschicht und speziell der Klempner sei, aber das plötzliche Verschwinden der viertgrößten Geschäftsbank des Landes wurde mit keinem Wort erwähnt. Der
Wachovia-Deal war eine der vielen Geschichten in der Krise, von
denen die Öffentlichkeit nie groß erfuhr – die Bank war ein perfektes Symbol für die nach der Krise üblichen oligarchischen
Hinterzimmerdeals im Stil eines Drittweltlands, bei denen öffentliche und private Interessen durcheinandergerieten.

Als das Wachovia-Portfolio im Herbst 2008 nach dem Platzen
der Immobilienblase massiv an Wert einbüßte, begannen die
Anleger ihr Geld abzuziehen. Staatliche Stellen wie Obamas zu-
künftiger Finanzminister Tim Geithner (damals noch Leiter der
New Yorker Federal Reserve Bank) und Sheila Blair, Leiterin des
Einlagensicherungsfonds FDIC, erklärten die Bank zu einer
»systemrelevanten« Einrichtung und begannen, hektisch nach einem Käufer zur Rettung des Unternehmens zu suchen.

Wie bei der Übernahme von Bear Stearns durch JPMorgan
Chase und der Übernahme von Merrill Lynch durch die Bank of
America, als der Steuerzahler in beiden Fällen Megafusionen finanzierte, obwohl es dadurch zu einer *noch* stärkeren Konzentration im Bankensektor mit einer noch stärkeren Gefährdung kam,
mühten sich Regulierer wie Geithner und Bair, mithilfe von
Steuergeldern mögliche Käufer wie Citigroup und Wells Fargo zu
bestechen, die angeschlagene Bank zu schlucken. Ursprünglich
sollte mit FDIC-Geldern eine Rettung durch Citigroup finanziert
werden, doch Anfang Oktober gab es bei den Verhandlungen im
Hinterzimmer eine Wende, und Wells Fargo präsentierte sich als
der neue Wachovia-Retter.

Wells Fargo hatte sich ursprünglich gegen eine Übernahme

Wachovias gesträubt. Doch zwei Maßnahmen veranlassten die Bank, ihre Meinung zu korrigieren. Zum einen änderte der damalige Finanzminister Hank Paulson das Steuergesetz und stellte so für Wells Fargo eine Steuererleichterung in Höhe von fast 25 Milliarden Dollar in Aussicht. Zum anderen verabschiedete der Kongress das TARP-Rettungspaket, über das Wells Fargo eine Finanzspritze von ebenfalls 25 Milliarden Dollar erhielt.

Am 3. Oktober, also genau an dem Tag, an dem das Rettungspaket beschlossen wurde, entschied sich Wells Fargo, der Regierung zu helfen und Wachovia zu übernehmen, zum Schnäppchenpreis von 12,7 Milliarden Dollar. Etwa eine Woche später wurde der Kauf offiziell bekanntgegeben. »Das ist natürlich ein sehr aufregender Moment in der langen Geschichte von Wachovia und Wells Fargo«, sagte Richard Kovacevich, CEO von Wells Fargo.

Halten wir noch einmal fest: Amerikas viertgrößte Bank geht nach Hypothekenspekulationen pleite und wird für 12,7 Milliarden Dollar an Wells Fargo verkauft, nachdem Wells Fargo wiederum 50 Milliarden Dollar an Rettungsgeldern und Steuererleichterungen von der Regierung erhalten hat. Die aus der Fusion hervorgegangene Bank ist die zweitgrößte Geschäftsbank des Landes und vermutlich deutlich »systemrelevanter« als Wachovia allein. Und dank des schönen Finanzpolsters konnte Wells Fargo 2008 nach der Fusion seinen Mitarbeitern 977 Millionen Dollar an Bonuszahlungen zukommen lassen.

Steve Kohlhagen, der Zeuge in der Ausschusssitzung zur Finanzkrise, hat mit all dem selbstverständlich nichts zu tun – er schied schon während George W. Bushs erster Amtszeit bei First Union aus. Aber als ehemaliger Leiter der Derivateabteilung bei einem der größten Derivatehändler des Landes hat er sicher Interessantes zu erzählen. Selbst wenn er nicht direkt schuldig ist, denke ich, bricht er vielleicht schluchzend zusammen und legt ein

Geständnis ab. Gibt zu, dass er Wachovia ins Verderben getrieben hat, als er unendlich viele toxische Collateralized Debt Obligations gekauft hat. Oder vielleicht entschuldigt er sich im Namen Wachovias dafür, dass die amerikanischen Steuerzahler gezwungen wurden, Wells Fargo mit Milliarden zu überreden, eine völlig abgebrannte, hässliche Braut in Gestalt von Wachovia zum Altar zu führen.

Vielleicht aber auch nicht. Nachdem der Ausschussvorsitzende Phil Angelides sich bei der Vorstellung Kohlhagens bereits den ersten Schnitzer erlaubt hat – er hat vergessen, ihn als »*Doktor* Kohlhagen« anzusprechen –, beugt sich der ehemalige Wachovia-Chef vor und schüttelt gönnerhaft den Kopf. »›Mister‹ genügt«, sagt er.

Dann spricht er über die Ursachen der Finanzkrise. Er erklärt, dass freiverkäufliche Derivate wie die Collateralized Debt Obligations, die Wachovia in den Untergang trieben, oder die Credit Default Swaps, die der AIG zum Verhängnis wurden, »absolut keine Rolle als Verursacher der Finanzkrise« spielten.

Au weia. Ich nehme mal an, dass er so etwas sagen muss. Aber er macht weiter: »Die Ursache für die Finanzkrise war schlicht und ergreifend der Vorsatz der amerikanischen Regierung, einer Bevölkerungsgruppe den Besitz von Eigenheimen zu ermöglichen, die sich diese bis dahin nicht leisten konnte.«

Da haben wir es. Die Finanzkrise hatte überhaupt nichts mit übergroßen Finanzinstituten zu tun, die gigantische Geldsummen aufnahmen und alles fröhlich verzockten, weil sie wussten, dass der Staat eingreifen und sie retten musste, wenn sie pleitegingen. Nein, es waren arme Schwarze, die unsere Wirtschaft in die Rezession trieben, weil sie von der Regierung gedrängt wurden, sich Häuser zu kaufen, die sie sich nicht leisten konnten.

Man muss schon ein *sehr* gesundes Selbstbewusstsein haben, um sich bei einer Senatsausschusssitzung hinzustellen und zu behaupten, arme Leute und Sozialhilfeempfänger seien schuld an der Finanzkrise – vor allem wenn die eigene Bank mit 50 Milliarden Dollar an Steuergeldern gerettet werden musste. Und Kohlhagen tat im Grunde genau das.

Ein paar Minuten später bot der nächste Zeuge, Albert »Pete« Kyle, Professor für Finanzen an der University of Maryland, seine Analyse der Krise an. Er nannte als einen der Hauptgründe die »staatliche Eigenheimförderung« und schlug als Lösung vor: »Wir müssen uns von der Idee des Eigenheims als wünschenswertem gesellschaftlichem Ziel um seiner selbst willen lösen.«

Und so ging es ein paar Stunden lang weiter – verschiedene Zeugen und selbst einige Ausschussmitglieder gaben ähnliche Erklärungen zum Besten. Irgendwann fing ich an zu lachen. In Amerika nimmt jedes politische Thema, egal wie kompliziert, irgendwann den gleichen rhetorischen Gang. Komplexe gesellschaftliche und wirtschaftliche Phänomene werden in leichtverdauliche Schlagwörter zerstückelt, in einen T-Shirt-Slogan für die Anhänger von Fox News und in eine Parole für die Demokraten. Und bei der Senatsausschusssitzung zwei Jahre nach der Krise ging mir auf, dass sich die beiden Seiten nun auch hier auf ihre T-Shirt-Interpretation der Wirtschaftskrise geeinigt hatten.

Die Republikaner hielten sich an die dämliche Version, mit der die Kohlhagens dieser Welt die Öffentlichkeit beglückten, nämlich dass die Finanzkrise von armen Faulenzern verursacht worden sei, die in zu großen Häusern leben wollten. Wenn man zwei Jahre später ein bisschen an der Oberfläche der republikanischen Rhetorik kratzte, blieb wirklich nicht viel mehr übrig – viel Gejammer um das Eigenheimförderprogramm in Form des Community Reinvestment Act von 1977 und Fannie Mae und Freddie Mac, wobei »Social Engineering« als Schlagwort für staatliche Hilfe für Minderheiten verwendet wurde, ähnlich wie wenn man immer wieder zur Hundepfeife greift, bis die Dressur sitzt. »Privates Unternehmertum vermischt mit Social Engineering«, wie es Richard Shelby, Senator aus Alabama, formulierte.

Die Haltung der Demokraten war etwas komplizierter. Sie hatten kein Problem damit, Unternehmen wie Goldman Sachs öffentlich für die Katastrophe verantwortlich zu machen, doch hinter verschlossenen Türen waren es natürlich Demokraten wie Geithner, die als Wasserträger für die Wall Street fungiert und Klüngeleien wie die Wachovia-Rettung und die Citigroup-Sanierung (die besonders bemerkenswert ist, da Geithners früherer Boss, Clintons ehemaliger Finanzminister Bob Rubin, im Vorstand von Citigroup saß) arrangiert hatten. Barack Obama nahm mit seiner Wall-Street-Kritik den Mund sehr voll, aber kaum, dass er gewählt war, heuerte er das Führungspersonal von Goldman und Citigroup an, zukünftig die Wirtschaftspolitik im Weißen Haus zu gestalten, und seine Reform der Finanzmärkte hatte mehr absurde Schlupflöcher als ein Schweizer Käse. Die Reaktion der Demokraten auf die Exzesse der Wall Street erinnert an ihre Haltung zum Irakkrieg: Theoretisch waren sie dagegen, aber in der Praxis unternahmen sie kaum etwas.

Ein paar Wochen nach der Ausschussanhörung gab es noch weitere aufschlussreiche Momente zur Geschichte der Finanzkrise. Der bereits erwähnte Gesetzentwurf zur Reform der Finanzmärkte, der Dodd-Frank Act, wurde verabschiedet – ein Fiasko, weil er nicht vorsah, die Unternehmen, die *too big to fail* waren, vom Zocken abzuhalten. Und die Börsenaufsicht einigte sich im ABACUS-Fall mit Goldman Sachs auf eine Zahlung von 550 Millionen Dollar, was von der Wall Street als endgültiges Armutszeugnis in Sachen Krisenbewältigung und Bestrafung der Übeltäter bewertet wurde. Der Aktienindex war, als die Einigung bekanntgegeben wurde, 100 Punkte nach unten gerutscht, erholte sich aber im Lauf des Tages wieder und lag bei Handelsschluss nur noch 7 Punkte im Minus, angetrieben von der allgemeinen

Stimmung der Händler, dass nicht mit weiteren Strafen zu rechnen war. Die Geschäfte gingen wieder ihren gewohnten Gang.

Allgemein schien jeder gern einen Schlussstrich unter die Sache ziehen zu wollen. Die Gründe lagen auf der Hand. Die Finanzkrise war viel zu kompliziert und chaotisch, um in die übliche vereinfachte Links-rechts-Version zu passen. Kurzzeitig hatte sie dafür gesorgt, dass das Monster der amerikanischen Oligarchie aus dem Ozean emportauchen und raus auf den Strand kommen musste, wo alle es sehen konnten. Als die Wirtschaft implodierte, war das Land vorübergehend in den Genuss des seltenen Spektakels einer parteiübergreifenden politischen Katastrophe gekommen, an der Republikaner wie Demokraten mit ihrer seit Jahrzehnten vorgenommenen Deregulierung gleichermaßen Schuld trugen, weil sie damit die Tür zum Zeitalter der Abzocker weit aufgestoßen hatten. Die Krise zwang eine Nation, die sich an den Gedanken gewöhnt hatte, dass sie sich nur alle vier Jahre politisch entscheiden musste, zum wirklich ersten Mal in ihrer Geschichte zu der Erkenntnis, dass ganz alltägliche Gegebenheiten wie Zinsen, Benzinpreise, Bankautomatengebühren und Bonitätsbewertungen von politischer Tragweite sind.

Die herrschenden Mächte wollen nicht, dass die Menschen in diesem Land über solche Dinge nachdenken. Wenn die Leute unbedingt politisch aktiv sein müssen, dann im vorgegebenen Rahmen, bei der Wahl zwischen den von der Wall Street gesponserten Demokraten und den von der Wall Street gesponserten Republikanern. Am liebsten sollte die eine Hälfte der Bevölkerung wie die Anhänger der Tea Party gegen die überzogene Macht des Staates demonstrieren und die andere Hälfte, die Anhänger der *Huffington Post*, gegen die übermäßige Macht der Konzerne. Aber auf keinen Fall sollten die beiden Seiten über die größeren Zusammenhänge nachdenken und sich fragen, ob das eigentliche Problem nicht eine Kombination von beidem ist.

Amerikaner mögen es in der Politik gern einfach, aber in Kleptopia geht es schwer kompliziert zu – ein riesiges Labyrinth aus
finanziellen Verordnungen und Statuten, in dem ein paar tausend
Banker und Händler Millionen Kunden mithilfe von Finanz-
instrumenten schröpfen, die viel zu knifflig sind, um sie in den
Abendnachrichten zu erklären. Sich in diesem Chaos zurechtzu-
finden erfordert einige Anstrengung und Aufmerksamkeit, und
nur wenige Politiker, egal in welcher Partei, haben Lust, den
Bürgern dabei zu helfen. Tatsächlich verhält es sich sogar genau
umgekehrt: Ihnen wäre es lieber, wenn wir den fadenscheinigen
Pseudoerklärungen für die Krise glaubten, bei denen armen
Hauskäufern die Schuld gegeben wird oder ein paar schwarzen
Schafen wie der AIG. Oder es heißt, es wäre einfach nur Pech
gewesen.

Auf die wirklich substantiellen Fragen für die moderne Wirtschaft haben die gewöhnlichen Bürger so gut wie keinen Einfluss.
Ihnen ist in der Regel nicht einmal bekannt, dass Entscheidungen
wie die über neue Eigenkapitalvorschriften für die Banken der
Welt überhaupt getroffen werden. Doch die Lobbyisten der Branche bringen sich in Position, um hinter den Kulissen an den
neuen Vorschriften mitzuwirken. Während wir uns über mexikanische Babys stritten, arbeiteten in hochrangigen Washingtoner
Kanzleien wie Skadden, Arps, Slate, Meagher & Flom bereits
Hunderte Anwälte an den ungelösten Fragen der Dodd-Frank-
Bill. Und das ist nur eine von vielen Kanzleien. Tausende Lobbyisten legten sich ins Zeug, und Millionen Dollar wurden dafür
aufgewendet.

So läuft das in Amerika. Unsere eigentliche Regierung arbeitet
meist unter Ausschluss der Öffentlichkeit, und die wirklich wichtigen Entscheidungen darüber, in welche Richtung sich unsere
Gesellschaft entwickelt und nach welchen Regeln sie leben wird,
werden überwiegend im stillen Kämmerlein getroffen, von ano-

nymen Juristen, Bürokraten und Lobbyisten, Regierungs- und Wirtschaftsvertretern gleichermaßen.

Während die Erinnerung an die Finanzkrise immer mehr verblasst, werden zahlreiche verstörende und unangenehme Fragen, die durch die Ereignisse der letzten Jahre aufgeworfen wurden, unbeantwortet bleiben. Der Wachovia-Deal war nur eine von vielen massiven staatlichen Interventionen zugunsten der sogenannten Privatwirtschaft, die im sprichwörtlich verräucherten Hinterzimmer von einem Dutzend Staatsbediensteten und Vertretern der Industrie ausbaldowert wurden.

Dabei passierte in einigen wenigen kurzen Monaten im Jahr 2008 so einiges:

1. Im März 2008 setzte Finanzminister Henry Paulson dem bankrotten Unternehmen Bear Stearns die Pistole auf die Brust und zwang es zu einem Verkauf an JPMorgan Chase für den lächerlichen Preis von 2 Dollar pro Aktie (der später auf 10 Dollar erhöht wurde). Chase erhielt außerdem 30 Milliarden Dollar an staatlichen Garantien. Der Stückpreis von 2 Dollar pro Aktie war so niedrig, dass sich John Mack, CEO von Morgan Stanley, als er davon erfuhr, öffentlich wunderte, ob es sich um einen Tippfehler handle und es nicht eigentlich 20 Dollar sein müssten. Ein paar Monate später nahm der Einlagensicherungsfonds FDIC die angeschlagene Bank Washington Mutual unter seine Fittiche und verkaufte sie für gerade einmal 1,9 Milliarden Dollar sofort weiter an Chase; Washington Mutual sollte später klagen und behaupten, der Einlagensicherungsfonds und Morgan hätten sich abgesprochen, um den Kaufpreis für Morgan zu drücken.

2. Paulson, ein ehemaliger Goldman-Mitarbeiter, stand in ständigem Telefonkontakt mit dem neuen Goldman-CEO Lloyd Blankfein, als Paulson über die AIG-Rettung verhandelte. Das

Ergebnis ist bekannt: Mindestens 13 Milliarden Dollar gingen direkt an Goldman Sachs, den zentralen Kontrahenten der AIG.

3. Etwa zur Zeit des AIG-Deals erklärte sich die Bank of America bereit, mit Hilfe staatlicher Unterstützung die angeschlagene Investmentbank Merrill Lynch zu übernehmen. CEO von Merrill Lynch war übrigens ein weiterer ehemaliger Goldman-Mitarbeiter, der berüchtigte John Thain, der Schlagzeilen machte, weil er einen Teppich im Wert von 87 000 Dollar für sein Büro bestellte, während seine Firma aufgrund rücksichtsloser Hypothekenzockerei kurz vor der Pleite stand.

Ein paar Monate später, im Dezember 2008, entdeckte Ken Lewis, CEO der Bank of America, dass Merrill Milliarden Dollar an Verlusten geheimgehalten hatte und die Übernahme rückgängig zu machen versuchte. Er reiste nach Washington und sprach mit Paulson darüber, der offenbar drohte, sowohl die Leitung als auch den Vorstand des Unternehmens abzusetzen, wenn die Bank of America aus dem Geschäft ausstiege. Nach diesem Gespräch war Lewis, dessen Bank über das TARP-Rettungsprogramm 25 Milliarden Dollar in bar erhalten hatte, plötzlich wieder von der erzwungenen Fusion überzeugt. Etwa einen Monat später erfuhren die Aktionäre der Bank of America zum ersten Mal von den Milliardenverlusten und den Millionen an Bonuszahlungen, die Thain noch in letzter Minute arrangiert hatte – als die Aktionäre der Übernahme zugestimmt hatten, hatten sie nichts davon gewusst. So zahlte Thain in den letzten Tagen von Merrill Lynch beispielsweise dem ehemaligen Goldman-Mitarbeiter Peter Kraus einen Bonus von 25 Millionen Dollar, obwohl Kraus nur wenige Monate bei Merrill gewesen war.

In Lewis' Fall ermittelte inzwischen die Staatsanwaltschaft. Andrew Cuomo, Attorney General von New York, warf Lewis vor, er habe den Aktionären auf Anweisung von Paulson und von

Ben Bernanke Informationen über die Verluste von Merrill vorenthalten. »Mir wurde gesagt, ›wir wollen keine öffentliche Enthüllung‹«, sagte Lewis.

Es gab noch weitere derartige Geschichten. Da war der unglaubliche Zufall, dass Warren Buffett Ende September 2008 beschloss, der damals angeschlagenen Bank Goldman Sachs 5 Milliarden Dollar anzuvertrauen, eben in der gleichen Woche, als die Bank wunderbarerweise vor dem Bankrott gerettet wurde, weil Geithner ihr genehmigte, sich über Nacht in eine Holdinggesellschaft umzuwandeln – wodurch Goldman kostenlos jede Menge Geld bei der Federal Reserve aufnehmen konnte. Oder der merkwürdige Umstand, dass Barack Obama einen aktuellen Mitarbeiter von Citigroup (Michael Froman) mit der Leitung seines Wirtschaftsteams zur Gestaltung der Übergangsphase beauftragte, genau zu der Zeit, als Geithner über ein lächerlich großzügiges staatliches Hilfspaket für Citigroup verhandelte – dessen Ernennung zum Finanzminister genau an dem Tag verkündet wurde, an dem die Rettung von Citigroup beschlossen wurde.

Nimmt man all diese Geschichten zusammen, erhält man einen bizarren Schnappschuss einer Volkswirtschaft, in der die alte kapitalistische Vorstellung nach Adam Smith, dass Unternehmen aufgrund ihrer Leistungen Erfolg haben oder scheitern und ihr Wert ausschließlich vom Markt festgelegt wird, über Bord geworfen wurde. An ihre Stelle trat ein System, bei dem Fusionen und Bankrotte nicht vom Markt bestimmt, sondern von Regierungsbeamten wie Paulson, Geithner und Bernanke ausgehandelt wurden und ihr Wert nicht darüber festgelegt wurde, was die Anleger zu zahlen bereit waren, sondern über den politischem Einfluss ihrer Unternehmensführung.

Anfang 2008 hießen die fünf größten Investmentbanken in Amerika Morgan Stanley, Goldman, Bear Stearns, Lehman Bro-

thers und Merrill Lynch; am Ende des Jahres waren Morgan und
Goldman durch die Umwandlung in Geschäftsbanken in einer
Nacht-und-Nebel-Aktion gerettet worden, Bear Stearns war mit
JPMorgan Chase verkuppelt worden, Merrill Lynch und seine
durch Zockereien verlorenen Milliarden waren der jämmerlichen
Bank of America untergeschoben worden, und Lehman Brothers
hatte mit Hank Paulsons Erlaubnis das Zeitliche gesegnet. Die
Konzentration im Bereich Finanzdienstleistungen hatte sich
massiv erhöht, sowohl bei den Investmentbanken (wo durch das
Verschwinden von Bear, Merrill und Lehman nur noch Morgan
und Goldman als Chefs im Ring übrig blieben) als auch bei den
Geschäftsbanken (seit der Krise liegen Chase, Wells Fargo und die
Bank of America alle über der gesetzlichen Vorschrift, über nicht
mehr als 10 Prozent aller amerikanischen Einlagen verfügen zu
dürfen).

Auch einige Jahre nach der Krise wurde in einem Land, dessen
Bürger von sich behaupten, fuchsteufelswild über den wachsenden
staatlichen Einfluss zu sein, auffallend wenig über die bizarre Folge
von Ereignissen gesagt, in deren Verlauf die gesamte Wirtschaft
mithilfe staatlich ausgehandelter Hinterzimmerdeals umgebaut
und die Finanzmacht in die Hände einiger weniger Akteure an der
Wall Street abgegeben wurde, die niemandem verantwortlich
sind. Wir wissen immer noch sehr wenig darüber, was in dieser
Zeit vor sich ging, wer wen anrief und welcher Bank was versprochen wurde. Wir müssen Telefonprotokolle einsehen, E-Mails,
Briefwechsel und die Sitzungsprotokolle. Wir müssen erfahren,
was Leute wie Paulson, Geithner und Bernanke in den entscheidenden Augenblicken im Jahr 2008 taten.

* * *

Anfang Februar 2011 hatte ich ein interessantes Erlebnis, das viel darüber verrät, wie Enthüllungsjournalismus funktioniert, auch wenn der Leser nur selten davon erfährt. Innerhalb weniger Tage lernte ich fast so viel über die Wall Street wie zuvor bei meinen jahrelangen Recherchen. Damals arbeitete ich an einem Artikel, der eine einfache Frage stellte: Warum war kein Banker der Wall Street im Gefolge der Finanzkrise ins Gefängnis gekommen? Aus juristischer Sicht ein schwieriges Thema für einen Artikel, weil allein schon die Prämisse unbequeme Unterstellungen birgt. Nichts macht einen durchschnittlichen Anwalt bei einer Verleumdungsklage nervöser, als wenn sein Mandant einen über beste Verbindungen verfügenden reichen Manager als Verbrecher bezeichnet, der ins Gefängnis gehört, obwohl er offiziell von allen Anschuldigungen reingewaschen wurde.

Mein Artikel konzentrierte sich auf mehrere Fälle prominenter Wall-Street-Banker, die in Skandale verwickelt waren. Informanten und Zeugen hatten gegen sie ausgesagt, doch die Börsenaufsicht und die Staatsanwaltschaft hatten sie laufen lassen. Dazu gehörten beispielsweise Richard »Der Gorilla« Fuld von der nicht mehr existierenden Bank Lehman Brothers, der luschenhafte Joe Cassano, ehemals Leiter der Abteilung Finanzprodukte der AIG, und der noch amtierende Verwaltungsratsvorsitzende von Morgan Stanley, John Mack.

Es wurde ein langer Artikel, und die Überprüfung der Fakten war ungewöhnlich schwierig, weil wir uns um eine Sprache bemühten, die sowohl genau als auch juristisch einwandfrei war. Schon unter normalen Bedingungen kostet mich der Faktencheck jede Menge Nerven, aber dieses Mal fiel mir bei unserem Material ein besonderes Problem auf. Sobald wir diese oder jene Missetat einer bestimmten Bank erwähnten, erhob einer der Rechercheredakteure einen auf den ersten Blick durchaus vernünftig wirkenden Einwand.

»Aber das Problem ist doch, dass das streng genommen gar nicht illegal war«, hieß es dann.

Nehmen wir zum Beispiel die Rückkaufvereinbarungen namens »Repo 105«, mit denen bei Lehman Brothers Milliarden Dollar an Verlusten vertuscht wurden. Dabei führte die Bank Vermögenswerte in ihren Bilanzen, zum Beispiel Wertpapiere, die sie dann aber bei bestimmten Geschäftspartnern wie beispielsweise UBS parkte. Die Partner überwiesen Lehman dafür Milliarden Dollar an Bargeld. Die Transaktionen erfolgten normalerweise zum Quartalsende und wurden von Lehman als »echte Verkäufe« behandelt, deren Erlös als Einnahmen aus ehrlichen Geschäften verbucht wurde. Die Anleger dachten, die Bank würde durch den Verkauf von Wertpapieren über Milliarden Dollar an Einnahmen verfügen.

Aber kaum hatte ein neues Quartal begonnen, gab Lehman das Geld zurück und bekam dafür seine Wertpapiere wieder, während die Geschäftspartner eine kleine Gebühr für ihre Mühe erhielten. Das ist ähnlich, wie wenn man seinen wertlosen alten Pontiac Grand Am Baujahr 83 am Ende jedes Monats, wenn die Miete fällig wird, in der Garage seines Nachbarn parkt, sich von besagtem Nachbarn 1500 Dollar leiht, um die Miete zu bezahlen, mit dem Geld dann die Miete bezahlt – und dann Mühe hat, den Kredit zurückzuzahlen, um Anfang des Monats sein Auto zurückzubekommen.

Die Rückkaufvereinbarungen mit dem schönen Namen »Repo 105« waren daher keine Verkäufe, sondern Anleihen; im Grunde lieh sich die Bank am Ende jedes Quartals mehrere Milliarden Dollar und schönte so ihre miesen Bilanzen, die sie dann im Quartalsbericht den Anlegern auftischte. Um auf unser Beispiel zurückzukommen: Lehman behauptete quasi, das wertlose alte Auto sei für 1500 Dollar verkauft worden, dabei behielt es der Nachbar einfach als Sicherheit.

Auf dem Höhepunkt der Spekulationsblase, als die irrwitzigen Schulden und der Anteil an Fremdkapital die Bank zu überwältigen drohte, nutzte Lehman wiederholt die »Repo-105«-Transaktionen, um die wahre Misere der Bank vor der Außenwelt zu verschleiern. Allerdings brauchte man dafür Komplizen, die den Bilanztrick abnickten. Lehman trug die Transaktionen verschiedenen Wirtschaftsprüfungsunternehmen an, doch alle lehnten ab; nur Ernst & Young erklärten sich schließlich bereit, ein Gutachten zu erstellen, das die Legalität der Transaktion bestätigte (doch selbst dann fand man nur im Ausland eine Kanzlei, die das Geschäft absegnete). Als man bei Lehman Brothers beschloss, in jedem Quartal Anleihen in Höhe von 50 Milliarden Dollar zu vertuschen, hatte die Bank ein Gutachten einer bekannten Kanzlei (der britischen Wirtschaftskanzlei Linklaters) und ein Gutachten der Wirtschaftsprüfer (Ernst & Young) in der Hinterhand und somit die Bestätigung, dass ihre Transaktionen legal waren, obwohl alle Beteiligten wussten, dass sie sich auf sehr dünnem Eis bewegten. Der damalige Chief Operating Officer Bart McDade nannte die Repo-105-Transaktionen »eine weitere Droge, von der wir abhängig sind«.

Als ich daranging, einen Artikel über die Sache zu schreiben, war die Geschichte bereits ausführlich in der Öffentlichkeit dokumentiert worden; ein Konkursexperte namens Anton Valukas hatte alles in einem 2200 Seiten langen Untersuchungsbericht dargelegt, der im März 2009 veröffentlicht wurde. Doch selbst in den Redaktionsräumen des *Rolling Stone* hatten wir Probleme, eine Möglichkeit zu finden, die mittlerweile allgemein bekannte Aussage zu veröffentlichen, dass Lehman Brothers unrecht getan hatte, weil sich die Bank einfach ein Gutachten gekauft hatte, das ihr ein legales Vorgehen bescheinigte.

In der Redaktion wussten alle, vom Rechercheassistenten bis zum Chefredakteur, über die Vorgänge Bescheid – Lehman Bro-

thers hatte mit Scheingeschäften die Bilanzen geschönt –, aber
hier ging es nicht um die Wahrheit, sondern um juristische Fein-
heiten. Ohne eine Anklage durch die Börsenaufsicht oder ein er-
folgreiches Strafverfahren gegen Lehman konnte man nicht einfach schwarz auf weiß behaupten, dass Lehman und/oder Ernst &
Young eine Straftat begangen hatten, weil man sonst Gefahr lief,
verklagt zu werden.

Und hier kommen wir zu einem weiteren wichtigen Knack-
punkt der Geschichte: Die Anwälte, die diese Banken und Finanzunternehmen anheuern, sind nicht nur die besten des Landes,
sondern haben alle einmal selbst in hochrangigen Positionen für
die Aufsichtsbehörden oder die Staatsanwaltschaft gearbeitet. Allein der Gedanke, sich gegen diese Leute zu stellen, ist nervenauf-
reibend, weil sie im Justizsystem oder was davon noch übrig ist,
über einen Heimvorteil verfügen; sie treffen auf lauter ehemalige
Kollegen, von den Richtern bis zu den Staatsbediensteten und
Behördenmitarbeitern.

Wie auch immer, ein paar Tage bevor der Artikel (mit dem
Titel »Why Isn't Wall Street in Jail?«) in Druck ging, rief ich wegen
einer anderen im Artikel genannten Person beim entsprechenden
Anwalt an und fragte, ob er einen Kommentar dazu abgeben
wolle. Nicht, dass wir immer um einen Kommentar bitten, aber
in diesem Fall war es angesichts der sensiblen Rechtslage praktisch
ein Muss; wir wollten sicherstellen, dass alles absolut korrekt war.
Das galt auch, obwohl der Artikel keine aktuelle Meldungen
enthielt, wir fassten nur zusammen, was bereits in der offiziellen,
überaus zahmen Geschichte der Finanzkrise über seinen Mandanten geschrieben worden war, im Bericht des Untersuchungsaus-
schusses zur Finanzkrise.

Der Anwalt war in diesem Fall, wie so oft, ein ehemaliger
Mitarbeiter der Strafverfolgungsbehörden, genauer ein ehemaliger
Staatsanwalt. Gleich bei unserem ersten Telefonat sagte er mir, er

werde darauf »bestehen«, dass der *Rolling Stone* eine Erklärung seines Mandanten abdrucke, und zwar komplett. Na gut, wir denken darüber nach, antwortete ich.

Der Anwalt regte sich sofort auf. Er sagte, wenn ich ihm nicht zusichere, die Erklärung komplett abzudrucken, *verlange* er, mit dem Chefredakteur zu sprechen – und wenn ich nicht kooperierte, würden wir uns schon bald in einer Situation befinden, wo »wir einander nicht helfen können«.

Bei seinem letzten Satz zog ich sofort den Schwanz ein. Man stellt sich nicht gern vor, was passieren könnte, wenn ein ehemaliger Staatsanwalt in Hinblick auf die eigene Person droht, er könne eine »wenig hilfreiche« Haltung einnehmen.

Um allen Seiten Gehör zu verschaffen und sicherzustellen, dass wir richtig recherchiert hatten, trafen wir uns schließlich mit besagtem Anwalt und seinem Assistenten in den Redaktionsräumen des *Rolling Stone.* Das war ziemlich viel Aufhebens wegen eines relativ kleinen Abschnitts in einem Artikel, der, wie bereits gesagt, gar nichts Neues aufdeckte.

Der Kernpunkt unserer Aussage über den Mandanten des Anwalts ist schnell genannt – im Grunde bekräftigten wir, dass sich der ehemalige Manager an der Wall Street an einer bestimmten gängigen Finanztransaktion beteiligt und Anleger später darüber falsch informiert hatte. Sagen wir zur besseren Erklärung einfach, dass ich schrieb, der Manager habe sich zu einer bestimmten Zeit im Quartal in seinem Wohnzimmer *hingesetzt* und den Anlegern später gesagt, er sei die ganze Zeit *gestanden.*

Der Anwalt präsentierte Papiere mit allen möglichen Argumenten. »In Schriftstück 1 sehen Sie«, erklärte er, »dass sich alle beteiligten Parteien darauf geeinigt haben, dass das Möbelstück, das auf diesem Foto vom Wohnzimmer zu sehen ist, *kein Stuhl* ist, sondern ein *Gegenstand, um sich auszuruhen.* Hier in Schriftstück 2 erfahren Sie, dass unter Abschnitt 105-D Schrägstrich 97

Punkt X des Möbelgesetzes steht, dass *Sitzen* als Tätigkeit definiert wird, die ›auf einem Stuhl erfolgt‹, und ich denke, Sie werden mir zustimmen, dass die unterzeichnenden Parteien von Anfang an übereinkamen, dass das abgebildete Möbelstück *kein* Stuhl ist, daher kann man nicht behaupten, dass mein Klient jemals saß. Schriftstück 3 zeigt die Bestätigung eines unabhängigen Gutachters, dass mein Klient kein Experte fürs Sitzen ist und daher nicht dafür zur Verantwortung gezogen werden kann, was er in der Öffentlichkeit über das Sitzen aussagte …«

So ging das fast zwanzig Minuten lang. So gut wie nichts, was der Anwalt sagte, hatte einen Bezug zu dem, was wir im Artikel schrieben, doch aus Sicht eines unbeteiligten Zuschauers war seine Vorstellung faszinierend – natürlich alles totaler Schwachsinn, aber brillant, ähnlich wie wenn man einen Kobe Bryant oder Michael Jordan der Juristerei dabei beobachtet, wie er die Zonenverteidigung für einen Korbleger durchbricht. Während der Besprechung ging mir auf, dass der Anwalt bei den Behörden, die seinen Richie-Rich-Klienten ins Visier genommen hatten, die gleiche Verteidigungsstrategie angewandt hatte. Ganz offensichtlich hatte er sie damit überzeugt. Anders ausgedrückt, hatte der Schwachsinn, den er auftischte, funktioniert! Ein unglaubliches Armutszeugnis für unsere Regulierungsbehörden.

Als wir später ein bisschen nachhakten und auf eine unwiderlegbare Tatsache im Verhalten des Klienten hinwiesen, runzelte der Anwalt die Stirn. »Schauen Sie, Sie arbeiten für eine Zeitschrift, die sich der sozialen Gerechtigkeit verschrieben hat«, sagte er. »Aber die muss für alle gelten, für Arme wie Reiche.« Nachdem wir den Anwalt in allen Punkten angehört hatten, gingen wir mit Argusaugen noch einmal den Teil des Artikels durch, in dem von seinem Mandanten die Rede war. Da wir die Fakten so genau geprüft hatten, mussten wir nur an einigen Stellen unsere Formulierungen ändern. Doch die Geschichte zeigt, dass man selbst dann unglaublich vorsichtig sein muss, wenn man nur die Schlussfolgerungen wiederholt, die staatliche Stellen bereits über die Beteiligten gezogen haben.

Bei der Arbeit der Regulierungs- und Strafverfolgungsbehörden geht es nur darum, wer die besten Anwälte hat und wer diese Anwälte *sind.* Und die Wahrheit lautet schlicht und ergreifend, dass sich die Wall Street die besten Anwälte gekauft hat, und selbst diejenigen, die noch keine eigene Kanzlei haben, werden bald so weit sein, und das wissen sie. Auch wenn sie als Staatsanwälte anfangen und angeblich das gemeine Volk vertreten; früher oder später werden sie wie der Anwalt, der uns in der Redaktion besuchte, in Flakgeschütze zur Verteidigung der Millionäre umgewandelt, die ihr juristisches Wissen nutzen, um jeder Behauptung, ihr Mandant hätte gegen das Gesetz verstoßen, mit Paragrafengeschützen zu begegnen und Bollwerke aus Akten zu errichten.

Ich erzähle diese Geschichte, um zu erklären, warum so viel schiefgehen kann und trotzdem niemand dafür zur Rechenschaft gezogen wird.

Nun ist das mit Recht und Gesetz so eine Sache: Unabhängig davon, was in den Gesetzbüchern steht, müssen die Menschen in verantwortlichen Positionen dem Inhalt der Gesetze zumindest allgemein zustimmen und für ihre Einhaltung sorgen, sonst sind die Gesetze wirkungslos. Und wenn eine größere Gruppe einflussreicher Personen gemeinsam beschließt, dass es per se nicht illegal ist, Milliarden an Schulden vor den Anlegern zu vertuschen oder Hauseigentümer mit mörderischen Hypotheken zu betrügen oder mit Schrottderivaten zu handeln und sie ausländischen Banken als Investitionen mit AAA-Bewertung anzudrehen – dann betrifft dieser Konsens jeden. Er durchzieht die Börsenaufsicht und die Staatsanwaltschaft, wo ohnehin ehemalige und zukünftige Angestellte der großen Anwaltskanzleien arbeiten, eben dort, wo dieser Konsens ausgeheckt wurde.

Und der Konsens sickert auch ins öffentliche Bewusstsein, sodass selbst bei einer Zeitschrift wie dem *Rolling Stone* die bloße
Entscheidung, diese Betrügereien und Diebstähle als falsch und
illegal zu bezeichnen und die Bestrafung der Übeltäter zu fordern,
umstritten ist – selbst uns verkrachten Geisteswissenschaftlern,
die wir das politische Geschehen aktiv verfolgen und uns für links
halten, fällt dieser Schritt schwer. Es ist nicht nur der drohende
Rechtsstreit, obwohl das natürlich ein sehr reales Problem ist,
sondern das Gefühl, dass dieser Konsens die Geisteshaltung in
unserem Land schon so lange dominiert, dass man sich doppelt
und dreifach vergewissern muss, bevor man jemanden als kriminell bezeichnet. Wenn man dann andererseits über die kleinen
Verbrechen auf der Straße nachdenkt, über die Jungs, die mit
Kokaintütchen dealen oder Autos aufbrechen und die Stereoanla-
ge klauen, fordert man im Geiste sofort deren Verhaftung und
Bestrafung. Intellektuell betrachtet, spricht nichts gegen den in-
stinktiven Wunsch nach Strafe und Gerechtigkeit.

Wenn ich hier kurz abschweifen dürfte: Vergegenwärtigen wir
uns zum Vergleich kurz die Einstellung der Amerikaner zum
Drogenhandel. Das Dealen auf der Straße ist streng genommen
eine rein wirtschaftliche Tätigkeit, ein freiwilliger Handel zwischen zwei Erwachsenen im gegenseitigen Einverständnis. In den
USA ist das verboten, aber man könnte argumentieren, dass das
ein Irrtum der Geschichte ist; Drogenhändler verstoßen nicht
überall auf der Welt gegen das Gesetz, und vor hundert Jahren
wurden manche Drogen auch in unserem Land noch ganz legal
verkauft. Doch in den letzten hundert Jahren wurde der Handel
mit Betäubungsmitteln in den USA stark kriminalisiert, und um
dieses mittlerweile illegale Geschäft hat sich ein massiver Polizeiapparat entwickelt. Bezeichnenderweise ist der Drogenhandel oft
der wichtigste Wirtschaftsfaktor in armen Vierteln, wo nur wenige Weiße wohnen.

Dass der Verkauf und Konsum von Drogen nicht allgemein als *Unrecht* gilt, zeigt sich schon daran, dass sich die große Mehrheit der Bevölkerung einschließlich einiger Präsidenten schon einmal ohne große Gewissensbisse daran versucht hat. Wenn man weiß ist und Geld hat, ist die Wahrscheinlichkeit groß, dass man seit der Highschool immer mal wieder gekifft und zumindest gelegentlich auch ein paar härtere Sachen probiert hat. Halten Sie sich deshalb für kriminell? Gewiss nicht. Es ist nur zufällig so, dass eine gewisse Form der ökonomischen Tätigkeit, auch wenn sie gewaltfrei ist, in unserer Gesellschaft rein theoretisch illegal ist. Wenn man das Risiko, bestraft zu werden, vermeiden will, kann man diese Tätigkeit nicht offen ausüben, wenn man sich beispielsweise gerade auf dem Gelände der Harvard University oder Penn State University befindet, und schon gar nicht, wenn man in einer von der Polizei stark kontrollierten Straße in der Bronx oder in East St. Louis lebt.

Für mich besteht da kein Unterschied zu dem Verkaufsverbot für Blue Jeans, das ich bei meinem Auslandssemester in der Sowjetunion kennenlernte; dabei war der Einkauf und Verkauf auf dem Schwarzmarkt so verbreitet und moralisch akzeptiert, dass sich Parteimitglieder und andere hochrangige Funktionäre keine Gedanken machten, wenn sie in der Öffentlichkeit westliche Kleidung trugen (mir fallen da spontan Raissas Pelze und Mischas Maßanzüge ein), trotzdem gab es einen gigantischen Polizeiapparat, und man konnte sofort verhaftet werden, wenn man dabei erwischt wurde, wie man beispielsweise ein Paar holländische Socken auf dem Roten Platz an einen Touristen verkaufte. Obwohl die meisten Sowjetbürger verstanden, dass an diesen Tätigkeiten moralisch nichts falsch war, stellten die wenigsten Fragen, wenn die Polizei mal wieder einen *Farsowschik* (Schwarzmarkthändler) abführte. So war es eben; jeder wusste, dass beim Kauf und Verkauf von Schwarzmarktgütern für einen Parteisekretär, der seine

Geschäfte im Hinterzimmer des Modegeschäfts *Dom Modeli* ab-
wickelte, andere Regeln galten als für einen bankrotten zwanzig-
jährigen Studenten auf den Straßen von Leningrad.

Was hat das alles nun mit Finanzkriminalität im modernen
Amerika zu tun? Nun, auch nach der Finanzkrise, als das Land
von Arbeitsplatzverlusten, Zwangsversteigerungen und steigenden Rohstoffpreisen erschüttert wurde, zögerte die breite Öffentlichkeit weiterhin, eine Bestrafung der Verantwortlichen zu fordern. Allein schon der Vorschlag, dass mächtige Banker ins Gefängnis sollten, weil sie Investoren angelogen, Verluste vertuscht
und bei Transaktionen Informationen über die Handelsstrategie
der eigenen Kunden zu ihrem Vorteil ausgenutzt hatten, stieß auf
eine Mauer undurchdringlicher Skepsis. »Sind das wirklich *Verbrechen*?«, wurde immer wieder gefragt. »Waren die nicht einfach
nur gierig? Kann man wirklich jemanden hinter Gitter bringen,
weil er versucht hat, *Geld zu verdienen*?«

Denken Sie jetzt noch einmal an unseren Vergleich mit dem
Drogenhandel. Ein Mann verkauft auf den Straßen von Harlem
Tütchen mit Hasch; eine wirtschaftliche Transaktion zwischen
zwei Erwachsenen im gegenseitigen Einverständnis, Dritte sind
nicht beteiligt. Aber wenn ein Banker 1 Million Dollar (oder 10
oder 100 Millionen Dollar) an falsch bewerteten Hypothekenpapieren an eine Pensionskasse verscherbelt, gibt es kein gegenseiti-
ges Einverständnis, denn der Käufer weiß ganz offensichtlich
nicht, dass er im Grunde gefälschte Wertpapiere erwirbt und sein
Fonds Geld verlieren wird. Und bei diesem Geschäft gibt es jede
Menge Opfer, all die Ruheständler und Anleger, die mit ansehen
mussten, wie ihr mühsam Erspartes dahinschmolz.

Aber die Leute haben immer noch nicht kapiert, dass eine so
destruktive Transaktion eine Straftat ist, für die man ins Gefängnis
kommen kann. Treibt man die Verteidigung der Banker auf die
Spitze, kann man sagen, dass die Geschäfte legal waren, weil man

nicht schlüssig beweisen kann, ob die Banker wussten, dass die von ihnen angebotenen Wertpapiere wertlos und hoch riskant waren.

Der Gedanke, dass die Banker nicht ahnten, was für einen Schrott sie verkauften, ist natürlich absurd – Banken wie Goldman Sachs verkauften ganze Pools an Hypothekenpapieren, bei denen sich über 50 Prozent der Schuldner nicht ausgewiesen hatten, als sie die Hypothek aufnahmen. Bei anderen Pools waren Hypotheken im Wert von fast 1 Milliarde Dollar vergeben worden, obwohl der Eigenkapitalanteil der Kreditnehmer weniger als 1 Prozent des Darlehens betrug. Nicht einmal der dümmste Wertpapierhändler konnte glauben, dass von Hypotheken, bei denen die Kreditnehmer sich weder ausweisen noch selbst etwas ansparen mussten, 60 oder 70 Prozent als investitionswürdig eingestuft werden würden. Aber die Verteidiger der Banker beharren darauf, dass man ohne einen konkreten Beweis für deren Wissensstand beim Verkauf der Papiere nicht von einer Straftat sprechen könne.

Stellen wir uns einen Dealer vor, der Abflussreiniger anstelle von Heroin verkauft und, ohne eine Miene zu verziehen, behauptet, er habe *nicht gewusst*, dass der Abflussreiniger seinen Kunden schaden könnte. Würde so etwas durchgehen? Und nehmen wir weiter an, dass ein Dutzend Kunden erkrankt und an dem Zeug stirbt, das er ihnen angedreht hat: Können Sie sich vorstellen, dass dann jemand argumentiert, man könne den Dealer nicht belangen, weil man keine Beweise habe, dass er wirklich Bescheid wusste? Aber bei Finanzverbrechen ist das so. Millionen Menschen weltweit verloren bei diesen Geschäften ihr Erspartes, aber trotzdem behaupten wir, man könne die Banker nicht bestrafen, weil man nicht mit Sicherheit wisse, was in ihrem Kopf vorging, als sie diesen finanziellen Abflussreiniger verkauften.

Aber schön und gut: Wir akzeptieren, dass wir den Bankern einen Vorsatz nachweisen müssen. Hier kommt der Beweis – von den Managern der beiden Subprime-Hedgefonds von Bear Stearns, derentwegen die Bank letzten Endes pleiteging. Wir kennen die E-Mails, die als Beweismittel bei der Verhandlung zugelassen wurden, und können daher belegen, dass Ralph Cioffi und Matthew Tannin wussten, dass ihr Fonds voller Schrottpapiere toxisch war, sie die Anteile aber trotzdem munter weiter an Anleger verkauften. Im April 2007, lange bevor die Fonds den Bach runtergingen, schrieb Tannin in einer E-Mail an Cioffi: »Ich denke, wir sollten den Fonds jetzt schließen ... der gesamte Subprime-Markt ist hinüber.«

Er schrieb außerdem: »Der Subprime-Markt sieht verdammt mies aus ... wenn AAA-Papiere systematisch heruntergestuft werden, gibt es einfach keine Möglichkeit für uns, Geld zu verdienen – niemals.« Drei Tage später erzählte er Anlegern, er fühle sich »sehr wohl mit genau dieser Situation«. Und: »Es gibt keinerlei Grund zu denken, dies sei eine einzige Katastrophe.«

Anleger, die in den Bear-Hedgefonds investiert hatten, verloren insgesamt 1,6 *Milliarden* Dollar. Genauso sehen Verbrechen an der Wall Street aus: Finanzdienstleister belogen Anleger, und es gibt sogar Dokumente, die das belegen. Dennoch sprachen die Geschworenen Cioffi und Tannin frei. Dies ist ein seltener Fall, bei dem das Versagen der Justiz nicht auf eine Verschwörung mächtiger politischer Interessen und handlungsunfähiger Regulierungsbehörden zurückzuführen ist; hier haben es ganz normale Bürger auf der Geschworenenbank versaut, die sich nicht dazu überwinden konnten, den Zusammenbruch des Bear-Stearns-Fonds als Straftat zu betrachten, die geahndet werden muss.

Dass die Subprime-Hypotheken von Tannin und Cioffi in erster Linie wertloser Schrott waren, der als grundsolide, perfekt abgesicherte Investition ausgegeben wurde – Abflussreiniger anstelle von Heroin –, wurde gar nicht berücksichtigt. Die Staatsanwaltschaft konzentrierte sich ausschließlich auf die Frage des vorsätzlichen Handelns, und die Geschworenen erkannten einfach keine Straftat. Den Gerichten lagen sogar die E-Mails als Beweis vor; die reichen Abzocker wussten, dass ihr Fonds eine Titanic war, die auf einen Eisberg zusteuerte, trotzdem wiesen sie die Passagiere nicht an, sich in die Rettungsboote zu flüchten. Aber damit noch nicht genug.

Nach dem Freispruch von Cioffi und Tannin hagelte es Kritik, dass man die armen Männer überhaupt vor Gericht gezerrt hatte. Genügte nicht die Schande mitzuerleben, wie ihre Fonds den Bach runtergingen? (Nebenbei bemerkt: Das Argument »An der Wall Street ist die Schande schon Strafe genug« ist unglaublich weit verbreitet. Selbst ein hochrangiger Mitarbeiter einer Regulierungsbehörde sagte mir privat einmal, die lächerlichen 80 000 beziehungsweise 100 000 Dollar Strafe für Mitarbeiter von Citigroup, die Milliarden Dollar an Schulden vertuscht hatten, seien angemessen, denn: »Allein schon die Anklage gegen den Chief Financial Officer einer Firma wie Citigroup ist ein echt harter Brocken.«)

Ein Juraprofessor an der University of Illinois brachte den Konsens im Fall Bear Stearns auf den Punkt. Er sagte, beim Bear-Fiasko gehe es um »ein übliches Geschäftsgebaren, bei dem sich die Sichtweise der Märkte rapide verschob, und diese Männer wurden vor Gericht gezerrt, weil sie an einem Tag bestimmte Ansichten äußerten und am nächsten Tag anders handelten«. Er fügte hinzu: »So etwas hätte nie Anlass zu einer Strafverfolgung geben sollen.«

Im Endeffekt liegt der Grund, warum die Öffentlichkeit Mühe hatte, ein Verbrechen im Treiben dieser Leute zu erkennen, in der Identität der potenziellen Straftäter. In fast jedem anderen Bereich gilt Betrug nicht nur als theoretisch illegal wie etwa der Verkauf von Jeans auf dem Roten Platz oder der Verkauf von Gras auf dem Washington Square, sondern als verachtenswert und verabscheu-

ungswürdig, weil es sich um ein gefährliches und zerstörerisches
Verbrechen handelt, bei dem Opfer zu Schaden kommen.

Selbst als Eddie Antar dabei erwischt wurde, wie er als »Crazy
Eddie« mit seinem Elektronikhandel Kunden betrog und die
Wirtschaftsprüfer täuschte, die sein »Inventar« in Augenschein
nehmen wollten, indem er Lagerhäuser mit leeren Kartons füllte,
forderte niemand, den guten alten Crazy Eddie laufen zu lassen,
weil er doch nur versucht hatte, »Geld zu verdienen« und »ein
übliches Geschäftsgebaren, bei dem sich die Sichtweise der Märkte rapide verschob«, an den Tag legte. Den Leuten war klar, dass
Eddie ein Betrüger war, daher war es auch keine Überraschung,
als bekannt wurde, dass er zahlreiche weitere Straftaten begangen
hatte, vom Frisieren seiner Bilanzen bis zum Umverpacken ge-
brauchter Waren, die er wieder als neu verkaufte.

Das eigentlich Bemerkenswerte an den Verbrechen der Wall
Street war jedoch, dass die Öffentlichkeit eilfertig nach Entschuldigungen für die Übeltäter suchte. Fast einmütig war man der
Meinung, dass einige Taten der Banker zwar dubios waren und
vielleicht von ungesunder Gier zeugten, die Transaktionen jedoch
theoretisch legal und sicher nicht so schlimm gewesen waren, um
sie hinter Gitter zu bringen.

Dieser Glaube an die grundsätzliche Legalität des Geschäftsmodells Wall Street sorgte nicht nur dafür, dass die Betrügereien
im Zusammenhang mit der Immobilienblase nicht gründlich
strafrechtlich untersucht wurden. Nein, es kam noch viel besser,
die gleichen Übeltäter blieben auch verschont, als sich wie im
Falle von Crazy Eddie im Nachhinein herausstellte, dass die
meisten in zahlreiche andere Straftaten verwickelt waren, etwa
Bestechung (zum Beispiel im Jefferson County, Alabama), Insi-
derhandel (die Hedgefonds der Galleon Group und viele weitere),
nichtverbuchte Einnahmen (beispielsweise Lehman-CEO Dick
Fuld), Bilanzierungstricks im Stil von Enron (die »Repo-105«-

Transaktionen), systematisches Front-Running (Ausnutzen vertraulicher Informationen über die Handelsstrategie eines Kunden [vor der Durchführung der in Auftrag gegebenen Transaktion]), das zur Zeit der Bankenrettung um sich griff, bis zu den fast absurd anmutenden Betrügereien von Unternehmen wie New Century oder Countrywide, bei denen die Hypothekenmakler einfach ein paar Blätter, auf denen von einer festverzinslichen Hypothek die Rede war, über den Vertrag für eine Hypothek mit mörderischem variablen Zinssatz legten und armen alten schwarzen Frauen freundlich sagten: »Einfach hier unterschreiben«, und sie so um ihr sauer Erspartes brachten. Diese Typen *raubten alte Damen aus*, und wir konnten uns nicht überwinden, sie hinter Gitter zu bringen. Das ging weit über das alte Klischee hinaus, dass die Reichen die besseren Anwälte haben und damit vor Gericht im Vorteil sind. Hier ging es um die öffentliche Wahrnehmung und unser Bewusstsein. Wir wollten einfach nicht wahrhaben, dass diese Leute kriminell waren und Straftaten begingen. Aber wenn wir selbst entsprechende Verbrechen auf den Straßen und in den Geschäften unserer Heimatorte begangen und davon profitiert hätten, hätten nur die wenigsten von uns mit der gleichen Logik argumentiert, wenn wir vor Gericht gebracht worden und im Gefängnis gelandet wären.

Graham Greene beschrieb dieses Phänomen in seinem Roman *Unser Mann in Havanna*. In seiner Schilderung der Zustände Kubas unter dem Diktator Batista spricht er von einer »folterbaren Klasse«. In einer Szene erklärt ein korrupter Polizeichef, der seine Opfer foltert und ein Zigarettenetui aus Menschenhaut besitzt, Greens britischem Antihelden Wormold den Unterschied:

»Haben Sie ihn gefoltert?«

Hauptmann Segura lachte. »Nein. Er gehört nicht zu den Folterbaren.«

»Ich wusste nicht, daß es beim Foltern Klassenunterschiede gibt.«

»Mein lieber Mr. Wormold, es ist Ihnen doch sicherlich klar, daß es Leute gibt, die damit rechnen, gefoltert zu werden, und andere, die der bloße Gedanke daran empören würde. Man foltert nie, außer in einem gewissen gegenseitigen Einverständnis.«[28]

In den USA ist es heute genauso. Wir haben eine Klasse, die man ins Gefängnis stecken kann, und eine Klasse, die man nicht belangen darf. Die kleinen Diebe, die brav einsitzen und sich pflichtbewusst wöchentlich auf dem Revier melden, wenn sie auf Kaution freigelassen werden, handeln aufgrund einer Art gegenseitiger Vereinbarung und akzeptieren widerstandslos, dass sie im Gegensatz zu jemandem wie Dick Fuld ihre Gefängnisstrafe verdient haben. Und die Edelkriminellen von der Wall Street, die nicht ins Gefängnis müssen, obwohl sie viel schlimmere Straftaten begangen haben, regen sich auch noch über die bloße Vorstellung auf, dass sie eventuell doch zur Rechenschaft gezogen werden sollten. Und sie sind nicht nur empört, sondern hetzen einem gleich einschüchternde Anwälte auf den Hals, Bulldoggen der Juristerei, die sie verteidigen und argumentieren, wie unangebracht es sei, auch nur daran zu denken, dass sie unrecht gehandelt haben könnten. Sie wehren sich nicht nur dagegen, ins Gefängnis zu kommen, sondern kämpfen auch dafür, dieses System des gegenseitigen Einverständnisses zu erhalten.

Doch dieses System begann im Herbst 2011 zu bröckeln, als im Finanzdistrikt von Manhattan eine Reihe spontaner Demonstrationen unter dem Schlagwort »Occupy Wall Street« stattfand, die überraschend auf jede größere Stadt (und sogar einige kleinere) in den USA und in anderen Ländern übergriffen. Daraus entstand eine Massenbewegung, wie sie die Welt vielleicht seit den sechziger Jahren nicht mehr erlebt hat. Anfänglich wurde die Bewegung von beiden Seiten des politischen Spektrums kritisiert – peinlicherweise auch von Leuten wie mir –, weil sie keine einheitlichen Forderungen hatte und in ihren Zielen zu unspezifisch war.

Aber als sich immer mehr Menschen der Bewegung anschlossen, wurde klar, dass sie mit ihrer einfachen Botschaft einen Nerv getroffen hatte, nämlich dass es in Amerika und anderenorts nicht um den Konflikt Rechts gegen Links geht, sondern um eine zunehmende Zahl Armer gegen ein paar wenige Reiche, deren Vermögen immer größer wird. Die Bewegung brachte diese Idee auf den Punkt, indem sie ihre Anhänger als »die 99 Prozent« bezeichnete, während die Bonzen der Wall Street oder diejenigen, die sie verteidigten (wie zum Beispiel Mike Bloomberg, der ungeliebte New Yorker »Bürgermeister der Milliardäre«), das »eine Prozent« waren. Ich war ein bisschen aus dem Häuschen, als ich bei einem Spaziergang durch den Zucotti-Park zum ersten Mal die »99-Prozent«-Schilder sah, denn genau das habe ich in diesem Buch geschrieben:

Wenn die amerikanische Politik Hand und Fuß hätte, dann gäbe es bei uns nicht zwei etwa gleich große politische Parteikolosse, die unablässig um dieselben 5 bis 10 Prozent unentschlossener Wähler kämpfen, die Blauen gegen die Roten. Vielmehr müssten sich die Parteien auf Wohlhabende und Habenichtse aufteilen: Eine Handvoll fieser Banker von der Upper East Side würde sich gegen 280 Millionen stocksaure Kreditkartenkunden und Kreditkunden um das Amt bewerben.

Ich habe lange geglaubt, eine Massenbewegung gegen die Wall Street hätte einen schweren Stand, weil die Verbrechen der Banken zu komplex sind, um sie der Öffentlichkeit zu vermitteln. Aber wie sich herausstellte, benötigte das simple Konzept, dass der Großteil der Bevölkerung politisch einer Handvoll egoistischer, knauseriger und korrupter Oligarchen ausgeliefert ist, die den Schlüssel zur Macht fest in Händen halten, keine großen Erklärungen, da die Bürger in den letzten Jahren nur allzu oft Bekanntschaft mit ihrer eigenen Machtlosigkeit gemacht hatten, sich gegen die wirtschaftliche Ausbeutung zu wehren.

Und sobald die Idee Fuß gefasst hatte, griffen die Protestierenden plötzlich offen bis dahin anonyme Financiers und Verwaltungsbeamte an und nahmen ihre Rolle bei Problemen wie der wachsenden Einkommensungleichheit und der Straffreiheit der Banker unter die Lupe. Die ersten Protestplakate der »Occupy-Wall-Street«-Bewegung mit Aussagen wie »Die Scheiße ist am Kochen« waren noch etwas vage, wenn auch absolut zutreffend, doch im Laufe der Wochen wurden die Aufschriften konkreter, etwa »Warum ist Greenspan nicht im Knast?« oder »Wo ist mein Rettungspaket?« oder »Ich besetze die Wall Street, weil die Bank mein Haus besetzt hat« – was darauf hindeutet, dass die Bürger seit der Krise einiges kapiert haben.

In gewisser Weise kommt »Occupy Wall Street« genau zur richtigen Zeit. Nach dem Crash von 1929 brauchten die Amerikaner drei oder vier Jahre, bevor sie ernsthaft auf die Straße gingen. Und erst 1937, ganze acht Jahre nach dem Einsetzen der Großen Depression, erlebte das Land wirklich staatserschütternde Akte zivilen Ungehorsams wie den berühmten Streik in Flint, als Arbeiter eine Fabrik von General Motors besetzten.

So etwas kann wieder geschehen. Allerdings handelt es sich bei den Protesten immer noch um eine Randerscheinung, denn es gibt noch Millionen Amerikaner, die zwar ihre Häuser und Ersparnisse verloren haben, aber trotzdem nicht auf die Straße gehen. Ich glaube, der Großteil wartet darauf, dass die Wall Street von sich aus eingesteht, dass die Verantwortlichen der Finanzkrise eine Strafe verdienen oder zumindest eine Reform erforderlich ist.

Aber das wird nie passieren. Ich bin überzeugt, wenn immer mehr Menschen das erkennen, werden sie nicht auf die Erlaubnis der Banken warten, sich über den Verlust ihres Geldes, ihrer Kredite und Kreditwürdigkeit aufzuregen. Dann werden sich die Gesetze für unsere Wirtschaft ändern. Bis jetzt denken die Bürger noch, sie bräuchten eine Erlaubnis, weil sie vieles von dem, was passiert ist, nicht verstehen, denn die Details wirken kompliziert, und die verantwortlichen Banker haben hervorragende Anwälte, die helfen, die Sache zu vertuschen.

Tatsächlich – und das ist auch die Botschaft der »Occupy-Wall-Street«-Bewegung – ist die Sache bei weitem nicht so kompliziert, wie sie scheint. Wenn man die Worthülsen und langwierigen Erklärungen und die gekauften Rechts- und Wirtschaftsprüfergutachten weglässt, haben wir es hier ganz einfach mit Diebstahl, Lüge und Betrug zu tun. Das sind Straftaten, und dafür muss man ins Gefängnis, Punkt. In *Kleptopia* geht es um die Durchsetzung von Recht und Ordnung, und die Geschichten im Buch sind Räuber-und-Gendarm-Geschichten. Wer sie als etwas anderes bezeichnet, will die Verbrechen nur verschleiern.

Die Finanzkrise war für die meisten Amerikaner erschreckend, deprimierend und verwirrend zugleich. Jahre später sind die Ereignisse zumindest ein wenig klarer geworden. Das Thema ist gar nicht so schwer zu verstehen, und die Beteiligten sind bei weitem nicht so schlau, wie sie uns weismachen wollen. Es geht ganz einfach um Diebstahl, egal, wie die Anwälte es nennen. Zwar herrscht oft Verzweiflung angesichts der Frage, was gegen die Krise zu unternehmen ist – alles scheint so komplex, und die Finanzwirtschaft und das Regulierungssystem wirken so zerrüttet –, doch für mich ist der erste Schritt ganz einfach. Man muss die Leute, die gestohlen haben, ausfindig machen und sie zu Haftstrafen verurteilen; das wäre doch schon mal ein Anfang.

Experten stellen oft rhetorische Fragen zu den vermeintlichen Problemen bei der Bestrafung von Finanzverbrechen. »Was würde es denn bringen«, fragen sie, »wenn wir diesen oder jenen Banker wegen Betrugs hinter Gitter brächten?« Eine Gefängnisstrafe für Dick Fuld oder John Thain würde »überhaupt nichts ändern«, behaupten sie.

Ein interessanter Einwand, aber überlegen Sie doch mal: Wann stand denn jemand bei einem Prozess gegen einen Autodieb auf und argumentierte, eine Gefängnisstrafe sei nicht angebracht, weil damit die *Autodiebstähle nicht enden würden*? Wir argumentieren nicht so, weil das absurd ist; so bewerten wir Gerechtigkeit nicht. Das Hauptproblem der Finanzkrise besteht darin, dass sie die Ungleichheit systematisiert und zwei politische Systeme geschaffen hat: eins für die Wall Street und eins für die übrige Bevölkerung, die die finanziell folterbare Klasse stellt. Natürlich hat das Land tiefreichende wirtschaftliche Probleme, die schwer zu lösen sind, aber das Problem der Ungleichheit lässt sich relativ schnell beheben. Wenn wir die Banker der Wall Street zwingen, unsere Gesetze zu befolgen und unser Rechtssystem zu akzeptieren, wer weiß – womöglich sehen sie sich dann sogar bald als Bürger ein und desselben Landes. Und benehmen sich auch so.

Anmerkungen

Ein Großteil der Informationen in diesem Buch stützt sich auf Interviews mit Bankern, Regulierungsbeamten, Kongressabgeordneten und deren Mitarbeitern. Die meisten sind namentlich genannt, einige jedoch nicht. In diesen Fällen wurde die Anonymität bewusst gewählt – im Kapitel »Die heiße Kartoffel« beschreiben »Andy« und »Miklos« allgemeine Praktiken der Branche und sollen durch die Anonymität vor möglichen Problemen mit ihren Arbeitgebern geschützt werden. Ähnlich verhält es sich mit den Informanten im Kapitel »Die ausgelagerte Autobahn«, deren Arbeitgeber sicher nicht glücklich wären, wenn sie wüssten, dass ihre Leute mit mir gesprochen haben, obwohl die Informationen, die ich dabei erhielt, eher allgemeiner Natur und nicht sonderlich geheim waren.

Weil Informationen im Bereich der Finanzdienstleistungen so wertvoll sind, kann der Ruf, dass man sich mit Journalisten unterhält, der Karriere eines jungen Bankers oder Börsenmaklers gewaltig schaden. Daher habe ich an verschiedenen Stellen im Buch die Identität meiner Gesprächspartner verschwiegen, damit sie wirklich offen mit mir über die Geschäftspraktiken der Branche sprechen konnten. In fast allen Fällen, vom Kapitel über den Warenterminhandel über das Hypothekenkapitel, für das ich mit Leuten wie »Andy« und »Miklos« redete, die mit Hypothekenpapieren im Wert von Milliarden Dollar handelten, bis zum Kapitel über Goldman Sachs, bei dem ich mich mit Hedgefondsmanagern und Börsenmaklern unterhielt, die geschäftlich mit Goldman zu tun gehabt hatten, ging es mir bei den Informationen um allgemeine Prozesse, das heißt um den alltäglichen Gang der Geschäfte. Nur an einer Stelle im Buch, am Ende des Kapitels »Die heiße Kartoffel«, wo von den Verhandlungen um die AIG die Rede ist, vertraute ich auf anonyme Quellen, die mir neue Informationen über bis dahin unbekanntes Material beschafften.

In diesem Teil erhielt ich Informationen von Personen, die auf hoher Ebene mit den Verhandlungen zu tun hatten, als es darum ging, die Tochterunternehmen der AIG solvent zu halten und ihre Übernahme durch staatliche Stellen zu verhindern. Ich versuche, im Text deutlich zu machen, dass ich die Sichtweise der einzelnen Beteiligten darstelle, die der Ansicht sind, dass die am CDS-Geschäft mit der AIG beteiligten Unternehmen ihre ausstehenden Forderungen als Druckmittel nutzten, damit die AIG und später die Federal Reserve das Geld zurückzahlten (hätte die AIG auf das Guthaben ihrer Tochterunternehmen zurückgreifen müssen, wären zahlreiche »kleine Sparer« mit ihren Renten- und Lebensversicherungen gefährdet gewesen). Einer meiner Informanten, Eric Dinallo, ehemaliger Leiter der für die Versicherungsaufsicht zuständigen Regulierungsbehörde von New York, wird namentlich genannt. Ich hatte jedoch noch andere hochrangige Quellen, die mir diese Version bestätigten. Zweifellos gibt es Beteiligte, die die AIG-Rettung anders sehen. Dennoch bleibt es eine Tatsache, dass einige die Situation so interpretierten, wie sie hier beschrieben wird, und ich halte das für wichtig, weil es die Kernaussage des Buchs aufgreift – dass die Verantwortung dafür, in unserer Gesellschaft für Ordnung und finanzielle Stabilität zu sorgen, zeitweise privaten finanziellen Interessen übertragen wurde, von denen selbst hochrangige Staatsbedienstete der Ansicht sind, dass sie den gewöhnlichen Steuerzahler als Geisel nehmen, um sich ihren Profit zu sichern.

Die Quellen im übrigen Buch erklären sich überwiegend selbst; meist stützte ich mich auf Interviews mit namentlich genannten Personen oder auf bereits veröffentlichtes Material.

1 Martin Mull: amerikanischer Schauspieler, Comedian und Maler.

2 Hockey Mom: eine Mutter, die ihre Kinder zum Eishockey bringt, sich für sie einsetzt und sie anfeuert – wie eben Sarah Palin.

3 Bernard (Bernie) Sanders: seit 2007 Mitglied des US-Senats für den Bundesstaat Vermont. Der parteilose Sanders hat sich der Demokratischen Partei angeschlossen, ist aber der erste bekennende Sozialdemokrat in den USA, der in den Senat gewählt wurde.

4 Charles Ellis (»Chuck«) Schumer: Politiker der Demokratischen Partei, dienstälterer der beiden Senatoren des Bundesstaats New York.

5 Anspielung auf Ayn Rands Roman *Atlas wirft die Welt ab*, übersetzt von Leopold Voelker, Baden-Baden 1959, von dem im folgenden Kapitel noch die Rede sein wird.

6 Alan Greenspan: *Mein Leben für die Wirtschaft. Autobiografie*, Campus, Frankfurt/M. 2007, S. 48. (In der deutschen Ausgabe fehlt der erste Satz der zitierten Stelle, in dem Greenspan sich auf Prescott Bush bezieht.) Man beachte die Berufung auf bekannte Namen – das Namedropping –, eine Angewohnheit, die sich all die Jahre wie ein hartnäckiger Herpes durch Greenspans Reden und Schriften zieht. In seiner Autobiografie finden sich unzählige Namensnennungen; die Intensität, mit der sie heruntergeleiert werden, erinnert schon fast an Gogol. Nehmen wir als Beispiel den

Abschnitt über die Party zu seinem fünfzigsten Geburtstag, die seine damalige Freundin Barbara Walters für ihn gab: »Die Gäste waren Menschen, die ich zu meinen New Yorker Freunden zählte: Henry und Nancy Kissinger, Oscar und Annette de la Renta, Felix und Elizabeth Rohatyn, Brooke Astor (die ich im zarten Alter von 75 Jahren kennenlernte), Joseph und Estée Lauder, Henry und Louise Grunwald, Arthur Ochs ›Punch‹ Sulzberger und seine Frau Carol sowie David Rockefeller« (ibd., S. 103). Natürlich dachte der Kongress, als er 1913 den Federal Reserve Act verabschiedete, nicht im Traum daran, dass die USA eines Tages einen Mann zum Chef ihrer Zentralbank ernennen würden, der mit einer Fernsehkorrespondentin liiert sein und damit angeben würde, dass Oscar de la Renta zu seinen besten Kumpels zählt. Greenspan wirkt schon immer so, als ob er einfach nicht an sich halten kann, wenn es darum geht, mit seinen Freunden zu prahlen – das schien ihm stets ungeheuer wichtig –, weshalb sich einem der Gedanke aufdrängt, ob das vielleicht der Grund dafür ist, dass seine Notenbankpolitik bei der Ostküstenschickeria immer viel besser ankam als die Maßnahmen seines Vorgängers Paul Volcker, der berühmt-berüchtigt für seine schäbige äußere Erscheinung und einsiedlerische Art war.

7 Rand: *Atlas wirft die Welt ab*, a. a. O., S. 337.

8 Ibd., S. 332.

9 Ibd., S. 343.

10 Die Federal Housing Administration (FHA) soll eigentlich Kredite an einkommensschwache Hauskäufer vergeben.

11 Die Overseas Private Investment Corporation (OPIC) ist eine staatliche Gesellschaft, die private Investitionen und Beteiligungen im Ausland fördern soll, Kredite für Investitionsprojekte zur Verfügung stellt und Kreditgarantien gibt.

12 Primärhändler fungieren als Mittler auf dem US-Staatsanleihemarkt, indem sie US-Staatsanleihen einerseits direkt mit der Fed handeln und sie andererseits ihren Kunden (darunter ausländische Banken und Institutionen) weiterverkaufen und von diesen kaufen.

13 »Ich würde Mr Greenspan nicht nur erneut ernennen. Falls Mr Greenspan sterben sollte – was Gott verhüten möge –, würde ich ihn abstützen und ihm eine dunkle Brille aufsetzen«, sprach der damalige Präsidentschaftskandidat John McCain im Jahr 2000. »Immer Ärger mit Bernie« (Originaltitel »Weekend at Bernie's«) ist eine schwarze Filmkomödie aus dem Jahr 1989.

14 Commodity Futures Trading Commission (CFTC): Aufsichtsbehörde für den Warenterminhandel.

15 Collateralized Debt Obligations (CDO): forderungsbesicherte Schuldverschreibungen. Credit Default Swaps (CDS): Kreditderivate zum Handeln von Ausfallrisiken.

16 »Subprime« bezeichnet Kreditnehmer mit geringer Bonität unter 660 Punkten nach dem FICO-Score. Vor 2002 gingen Kredite mit einem Gesamtwert von weniger als hundert Milliarden Dollar pro Jahr an Subprime-Kreditnehmer.

17 Collateralized Mortgage Obligations (CMO): besicherte Hypothekenobligationen.

18 Agency-Backed Securities sind Wertpapiere, die von staatlich unterstützten Instituten besichert werden, zum Beispiel den Sparkassen Fannie Mae und Freddie Mac.

19 RMBS: Residential Mortgage Backed Securities, durch private Wohnimmobilien besicherte Anleihen.

20 Troubled Asset Relief Program (TARP): Rettungsprogramm, bei dem die US-Regierung zur Stabilisierung des Finanzsektors Anteile an Finanzinstituten aufkaufte.

21 Gensler und Rubin waren unter Bill Clinton bis 1999 im Finanzministerium.

22 Karl Christian Rove war bis August 2007 stellvertretender Stabschef des Weißen Hauses und für George W. Bush einer der wichtigsten Berater.

23 Federal Trace Commission (FTC): Behörde zur Bekämpfung des unlauteren Wettbewerbs und zur Überwachung der Kartellgesetze.

24 In Lotts rührseliger Rede »Mein Haus! Sie haben mir mein verdammtes Haus genommen!« vom 7. März 2007 heißt es: »Erst nach Hurrikan Katrina begriff ich das wahre Ausmaß dessen, was es bedeutete, dass die Versicherungsbranche von unserem Anti-Trust-Gesetz ausgenommen ist. Als ich am eigenen Leib das moralisch verwerfliche Verhalten der Branche in ihrer Reaktion auf Katrina zu spüren bekam, begann ich, mich für die Geschichte, die Begründung und die Frage zu interessieren, ob es klug ist, eine so generelle Ausnahme von der staatlichen Aufsicht zu erlauben.«

25 Committee on Ways and Means (»Mittel-und-Wege-Ausschuss«): zuständig für Haushalts-, Finanz- und Steuerpolitik und die sozialen Sicherungssysteme.

26 Pharmaceutical Research and Manufacturers of America (PhRMA): Verband der amerikanischen Arzneimittelhersteller und Biotechnologiekonzerne.

27 Einen wirklich amüsanten Moment in der Geschichte dieser Finanzkatastrophe bescherten uns die Worte von Jon Corzine, Gouverneur von New Jersey, der Goldman von 1997 bis 1999 geführt hatte und seinen Abschied mit einem Aktienpaket im Wert von 320 Millionen Dollar versüßt bekam (dank gewisser Praktiken waren die Goldman-Aktien natürlich enorm im Wert gestiegen). Corzine sagte 2002: »Von ›Laddering‹ habe ich noch nie gehört, ich kenne nicht einmal den Begriff.«

28 Graham Greene: *Unser Mann in Havanna,* übersetzt von Lida Winiewicz, Wien 1959, S. 169.